1902-2022
山西大学 建校120周年
THE 120TH ANNIVERSARY OF THE SHANXI UNIVERSITY

大学堂走出的山大人

山西大学校友故事

主 编 / 黄桂田

西出版传媒集团
山西人民出版社

图书在版编目(CIP)数据

大学堂走出的山大人：山西大学校友故事 / 黄桂田主编. —太原：山西人民出版社，2022.8
ISBN 978-7-203-12265-4

Ⅰ. ①大… Ⅱ. ①黄… Ⅲ. ①山西大学—校友—生平事迹 Ⅳ. ①K820.7

中国版本图书馆CIP数据核字(2022)第066447号

大学堂走出的山大人：山西大学校友故事

主　　编：黄桂田
责任编辑：王新斐　冯灵芝
复　　审：李　鑫
终　　审：梁晋华
装帧设计：王　蕾　郭　华

出 版 者：山西出版传媒集团·山西人民出版社
地　　址：太原市建设南路21号
邮　　编：030012
发行营销：0351-4922220　4955996　4956039　4922127（传真）
天猫官网：https://sxrmcbs.tmall.com　电话：0351-4922159
E—mail：sxskcb@163.com　发行部
sxskcb@126.com　总编室
网　　址：www.sxskcb.com

经 销 者：山西出版传媒集团·山西人民出版社
承 印 厂：山西出版传媒集团·山西人民印刷有限责任公司

开　　本：720mm×1020mm　1/16
印　　张：34.5
字　　数：550千字
版　　次：2022年8月　第1版
印　　次：2022年8月　第1次印刷
书　　号：ISBN 978-7-203-12265-4
定　　价：158.00元

编委会

编写组

主　编：黄桂田

副主编：程芳琴

编　辑：王雪丽　李秀彬　王世杰　史继红　王璐瑶

编　审：王雪丽　李秀彬　石海红　郝静静　王世杰　李雪枫

序

在山西大学迎来建校一百二十周年华诞之际，由校友总会及校友工作办公室牵头组织并编辑的《大学堂走出的山大人——山西大学校友故事》文集如期付梓。这对于更好地传颂校友故事、回顾办学历史、弘扬山大精神、推动学校发展，都是一件非常有意义的事。

一百二十年来，山西大学与祖国同行，与时代共进，始终坚守"得天下英才而育之"的使命追求，为国家和社会培养了数十万优秀人才。他们在不同的工作岗位上，"为完成祖国交给我们的任务而奋斗"，书写了令母校为之骄傲的人生华章。这部《大学堂走出的山大人——山西大学校友故事》文集将一批批山大校友初心不改、砥砺前行的奋斗历程，通过一个个感人的故事，立体、生动、鲜活地再现于读者面前，感人肺腑，催人奋进。

学校创始人岑春煊、李提摩太的故事，把我们的思绪带回到风云激荡的晚清时期，让我们深切感受到先贤兴学育人的期盼和白手创校的艰辛；被称为"人民功臣"的张国器、战斗在隐蔽战线的闫又文，是山大人在革命战争年代甘洒热血的写照；在东京审判中声张人类公义、展现国家尊严的大法官梅汝璈，生动诠释了山大人爱国奉献的使命追求；中国石油地质奠基人孙健初、地质学家王曰伦，为新中国经济建设呕心沥血，开创先河；中华人民共和国成立后的首任校长邓初民、"铁牛老人"阎宗临，是享誉全国的著名教育家，他们提出的教育理念在山西乃至整个中国高等教育史上具有极大的影响；国学大师姚奠中于学具识，于道能悟，于艺亦精亦通，“身为鸿儒，而通于艺者亦造上乘”，中科院院士彭堃墀，长期从事量子光学、量子信息等领域的实验与理论研究工作，取得了一系列重大原创性成果，他们是当代山大学人的杰出代表；历史学家郝树侯、著名诗人马作楫，数十年坚守教学一线，与百廿学府相伴一生，三尺讲台见证了他们在平凡中的伟大；奥运冠军董栋、时代新人高思恩，是奔跑在新时代的新一代山大人，他们用优异的表现传承了山大精神……翻开这部厚厚的书卷，仿佛在同山西大学的历代先贤进行着超越时空的对话，仿佛在同这些杰出校友亲切地促膝交流，又仿佛从不同的视角回顾和感受山西大学波澜壮阔的百廿历程。

在一百二十年的历史长河中，在不同领域建功立业的优秀校友灿若星河、不胜枚举。他们聚是一团火，在山西大学这片学术沃土上，一代代学子追求真理、刻苦求知，一代代学人严谨治学、勇攀高峰，磨砺并锻造出“中西会通，求真至善，登崇俊良，自强报国”的光荣传统和“勤奋、严谨、信实、创新”的优良校风。他们散作满天星，有的成为科教领域的专业人才，有的成为服务人民的优秀干部，有的成为创新创业的先进模范。当然，我们还有更多更多的校友，他们也许只是社会中的普通一员，毕其一生为国家、为社会、为家庭默默付出、默默奉献。但是，正是这一个个平凡的身影组成山大校友的浩浩画卷，正是这一个个平凡的山大人让“山西大学”四个大字熠熠生辉！

需说明的是，校友总会及校友工作办公室为编辑《大学堂走出的山大人——山西大学校友故事》，征集了大量不同时期、不同领域的校友故事。因篇幅所限，这部文集仅收录了山西大学不同历史时期 112 位优秀校友的故事，美中不足，略有遗憾。我们将进一步对征集到的文稿进行认真的整理汇总，在今后继续做好校友故事的征集和编辑工作，将更多优秀校友的感人故事展现在大家面前。

历史不仅记录着过去，更指引着当下，昭示着未来。山西大学从晚清初创、抗战烽火、革命建设、改革发展中一路走来，书写了波澜壮阔的办学篇章。在民族复兴的新时代，在第三个甲子的新起点，我们这所历经磨难的学府成为国家“双一流”建设高校，迎来了更加光明的美好前景。这一重大突破，离不开党和国家建设高等教育强国、大力优化高等教育区域布局的战略部署，离不开历代师生数十年的孜孜以求和不懈奋斗，同样离不开包括广大校友在内的社会各界人士长期以来的关心厚爱和鼎力支持。全校师生无限感恩这个伟大的时代，衷心铭记广大校友对学校发展念兹在兹的关爱和不遗余力的支持。

学校将把各界校友的关心和厚爱，转化为昂扬奋进的澎湃动力，脚踏实地，追求卓越，加快建设高水平综合性研究型大学，奋力迈向中国优秀知名大学行列，谱写百廿学府兴学育人的光辉篇章，为建设高等教育强国、为民族复兴的伟大事业，做出新的更大贡献。

相信这本文集的出版，对于丰富校史资源，弘扬山大精神，激励新时代的山大师生抢抓机遇、昂扬奋进，实现百廿学府的振兴崛起，一定会发挥积极作用；也一定会在广大校友中间产生良好的反响，进一步凝聚海内外山大人的智慧和力量，激励全体校友传承山西大学的优良传统，在实现民族复兴的时代洪流中，展现山大人的新形象，做出山大人的新贡献。

中共山西大学党委书记 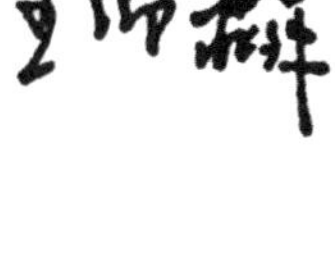

二〇二二年三月

目　录

先生篇

学子篇

先生篇

学堂创始人岑春煊

岑春煊（1861—1933），初名春泽，字云阶，广西西林人，少时就读于泗城云峰书院，后随父亲赴任地读书。光绪十五年（1889）父亲去世后，岑春煊以恩荫入仕，正式步入晚清政坛。戊戌变法期间，因积极投身维新变法，得光绪皇帝青睐，先后担任广东、甘肃布政使。光绪二十六年（1900）义和团运动中，因保驾有功授陕西巡抚，后调任山西巡抚，任内处理山西教案、放垦蒙地、筹建山西大学堂，对近代山西产生了深远的影响。后历任四川、云贵、两广总督等职，坚持推行新政。中华民国成立后，他顺应时代潮流，赞成民主共和，支持二次革命，参加护国、护法运动。在风云变幻的清末民初政局中，岑春煊爱国忠君，肃贪惩腐，坚持改革，与时俱进，向世人展现了他顺时而动的人生足迹。

爱国忠君，力主变法维新

岑春煊1861年5月2日出生于广西西林县那劳村，原名云霭，同治末年改名春泽，后又改为春煊，字云阶，晚年自号炯堂老人，时人亦称岑西林。其父是“同光名臣”岑毓英。岑毓英（1829—1889），字彦卿，号匡国，1862年在平定云南叛乱中升任云南布政使，后继任云南巡抚、云贵总督，1875年因马嘉理事件丁忧回籍，之后又历任贵州巡抚、福建巡抚、云贵总督。岑春煊出生于官宦世家，1879年其父命其入京学习，同年由国学生加捐主事、签分工部学习行走。岑春煊家世显赫，少时顽皮，时人将其与劳子乔、瑞澄并称“京城三少”，但他天资聪慧，读书勤奋，灵气十足。光绪十一年（1885），岑春煊参加广西乡试，顺利考中举人。光绪十五年（1889）父亲去世后，受余荫庇护，官运亨通，1892年官至大理寺卿。甲午中日战争战败，民族危机加深，进一步激发了岑春煊的爱国情怀。戊戌变法期间，岑春煊积极推行维新思想，大力支持改革变法，主张裁汰冗官，吁请皇帝图强，深得光绪青睐，被擢升为广东布政使。岑春煊到粤后，大刀阔斧改革，裁撤冗官，肃贪惩腐，深得清流之誉。

戊戌变法失败后，岑春煊受到牵连，被遣为甘肃布政使。岑春煊到甘之后，不忘上奏弹劾谭钟麟及其心腹王存善等人，揭露其营私舞弊、渎职虐民之恶行，最后谭钟麟被罢免官职。在这期间，内忧外患加重，民族危机加深，中国局势发生重大变化。光绪二十六年（1900），义和团运动爆发，八国联军侵华，而清廷政治腐败，国防空虚，危机重重，难以抵御侵略。后北京失守，慈禧太后和光绪帝仓皇出逃。岑春煊闻讯后，毅然率军从兰州启程，昼夜疾驰至北京“勤王”，竭诚扈从至西安，因护驾有功，深得慈禧宠信，被提升为陕西巡抚。1901年调任山西巡抚，到晋处理山西教案遗留问题。

重视文教，创山西大学堂

清末新政期间，清政府对创建学堂、培养人才这一问题十分重视，并大力支持教育改革，推动教育近代化。庚子事变后，英国传教士李提摩太指出晋省酿祸之重的原因是民智不开，提议由晋省筹赔款银五十万两建立学堂。岑春煊主张变法维新，戊戌变法期间就已提出“必先兴学”的观点，大力呼吁兴办教育，促进西学。就任山西巡抚的岑春煊大力推动教育事业的发展，积极将重视文教付诸实践。1901 年 5 月，李提摩太为解决山西教案，提出《上李傅相办理山西教案章程》共七条，其中一条是“共罚全省银五十万两，每年交出银五万两，以十年为止。但此罚款不归西人，亦不归教民，专为开导晋人知识，设立学堂，教导有用之学，使官绅士庶子弟学习，不再受迷惑，选中西有学问者各一人总管其事”，在太原设立一所中西大学堂。7 月他又派出教士敦崇礼、叶守真、文阿德等人来太原商讨创办中西大学堂事宜，岑春煊给予热情接待。但由于山西官绅的反对,学堂一事没能达成协议。同年 11 月，岑春煊派洋务局提调、候补知县周之骧奔赴上海与李提摩太会商，拟定草案。根据草案，晋省筹银五十万两，分期交付李提摩太开办中西大学堂，“十年以内，学堂课程及延聘教习及考选学生，均归该总教习主政；十年以外，学堂房屋及一切书籍仪器概交晋省，并不估价”。这样，设定课程、聘请教习、挑选学生均由李提摩太主持，岑春煊认为“未免侵我教育之权”，要求周之骧极力与之磋商。经过多方商讨，双方在上海签订了《晋省开办中西大学堂合同八条》，合同声明对中西大学堂与山西大学堂一样看待，但实质是防止外人干预山西教育之权。

1901 年 9 月，清政府下令教育改革后，岑春煊立即着手将山西原有的书院加以整顿，将太原两大书院晋阳书院和令德堂合并为山西大学堂。从厘金项下拨银六千两，晋阳、令德两书院原有支款一万两整顿税契后，每年可长银二万七千两，全数拨作开办大学堂的费用。同时他还决定，正斋、专斋同时并举，均为三年毕业。山西大学堂于 1902 年 5 月 8 日正式开学成立，晋阳书院和令德堂的学生转入新设立的山西大学堂。1902 年 4 月，李提摩太携同所聘的中外教习来到太原拟办中西大学堂时，发现山西大学堂正在建设当中并接近尾声。他“考虑到在同一个城市里建立两所竞争性的学校在实践上是不可行的”，因此建议把两者合并为一所大学，将学校分为两个部分：一部为中学专斋，由中国人负责管理，专门教授中国的传统学问；一部为中西大学堂并入的西学专斋，由其负责管理十年，教授西学科目。6 月 7 日，岑春煊拟定《山西大学堂创办西斋合同二十三条》,双方在太原签字。之后,他将合同与《中西大学堂归并山西大学堂作为西学专斋暨合同缮具清单折》一并呈报清政府。6 月 10 日，合同得到清政府的批准。6 月 26 日，西斋在总教习敦崇礼负责下整理完毕，宣布山西大学堂西斋成立。岑春煊亲自参加了西学专斋在临时校址——省城皇华馆举行的开学典礼。由此,山西大学堂原设部分改为中学专斋，与并入的西学专斋共同组成了新的山西大学堂。山西省第一所中西合体的新式大学堂由此诞生，是近代中国最早建立的近代化大学之一，是我国省立大学的先声，也是中西合璧、取长补短、硕果累累的大学之一。山西大学堂的创办，培养了大量优秀人才，促进了山西教育事业的发展，带动了山西工业的进步，推动了山西近代化进程。

历官六省，顺时代之潮流

在山西任职期间，除上述改革，岑春煊还十分重视军事改革，裁撤绿营，减轻财政压力，改练晋军，加强军事力量，除此之外，还主张振兴农工商务。1902 年 7 月，岑春煊改任广东巡抚，后因四川会党起义，清廷命其赴成都任四川总督。他在四川任职期间，平定叛乱，推行新政，创办四川高等学堂、武备学堂，创办警政，惩处贪官污吏。1903 年 3 月，清廷为平息广西天地会起义，令岑春煊署理两广总督，专责广西军务。他到任后，大力惩治贪官恶吏，一举弹劾四十余名官员，时人称他为“官屠”。除此之外，他竭尽全力在广东推行新政，推进各方面的改革。在此期间，他兴建新式学堂，创办了两广实业学堂、广东法政学堂等专业学校，并大力支持师范教育的发展。同时他展开军事改革，精简武员，创办军事学堂，扩充军事人才。这些措施促进了两广地区的近代化进程。

1906年，清政府宣布“预备立宪”，统治集团内部出现多个派别，以岑春煊和军机大臣瞿鸿禨为首的清流派与以袁世凯为首的北洋派斗争最为激烈，引发了“丁未政潮”，岑春煊在政争失败后退隐。1912年中华民国成立后，岑春煊顺应时代潮流，公开支持革命阵营，赞成共和。1913年，袁世凯背叛革命，岑春煊表示支持孙中山“二次革命”，之后还参加了护国、护法运动。1920年，他力主南北议和，后与孙中山政见分歧，事后通电辞职，退居上海，不问政治。1933年4月27日，岑春煊于上海去世。

岑春煊一生忠君爱国，果勇无私。适时应务，坚持改革，活跃在晚清民初四十余年的政治舞台中心，在近代历史的长河中扮演了重要角色。从1901年4月到1902年7月，岑春煊任山西巡抚期间，是清末政治中至关重要的一段时期，也是他政治生涯的高峰期。在内忧外患的山西，他妥善处理山西教案，放垦晋边蒙地，主张军事改革，筹建山西大学堂；他顺应时代潮流，积极推进改革，施展个人抱负，推动近代山西的发展。在动荡变幻的清末民初政治中，他是忠心耿耿的封建官员，是虎啸风生的激进改革派，也是与时俱进的共和拥护者。总而言之，他的一生为后人留下了不可或缺的历史印记。

魏晓锴，历史文化学院教授、博士生导师

李提摩太与山西大学堂

走进山西大学校史文化路，穿越波澜壮阔的历史画卷，在史迹斑驳的山西大学堂砖石牌楼前，一尊雕像亲切而默然地矗立着。他就是山西大学堂的创始人之一——英国浸礼会传教士李提摩太。李提摩太1870年来华，创造了一个又一个辉煌：成为浸礼会在中国北方的唯一代表；丁戊奇荒中成为东西方联合赈灾的核心人物；主笔《时报》，执掌广学会，传播西学，倡言改革，极大地启迪了民智；全方位、深度地参与戊戌变法，成为对中国政局影响最大的传教士，等等。尤其是创建和经营山西大学堂，更是其在中国近代教育史上浓墨重彩的一笔，实现了他的最终梦想，成就了他在华事业的辉煌。

1900年义和团运动期间，爆发“山西教案”。1901年4月，八国联军侵占北京后，进逼山西。山西巡抚岑春煊立即电请李提摩太来晋，“负责解决晋省教案与商务问题”[①]。5月29日，李提摩太向李鸿章递交《上李傅相办理山

①山西大学纪事编纂委员会：《山西大学百年纪事（1902—2002）》，中华书局2002年版，第1页。

西教案章程》共七条，提议："共罚全省银五十万两，每年交出银五万两，以十年为止。但此罚款不归西人，亦不归教民，专为开导晋人知识，设立学堂，教导有用之学，使官绅士庶子弟学习，不再受迷惑，选中西有学问者各一人总管其事。"① 李鸿章同意，并全权交由李提摩太负责。1901 年 11 月，李提摩太与洋务局候补知县周之骧在上海签订《晋省开办中西大学堂合同八条》草案，规定"大学堂成立后十年内由李提摩太总管，一切章程课程均由其斟酌妥定"②。李提摩太遂在上海开始筹备，延聘洋华教习，购置教学设备。4 月下旬，李提摩太一行抵达太原，却看到了岑春煊根据清政府"着各省所有书院，于省城改设大学堂"③ 的诏令，将原有令德书院与晋阳书院合并组建的山西大学堂已然于 5 月 8 日在太原贡院成立。"考虑到在同一个城市里建立两所竞争性的学校在实践上是不可行的……既浪费大量经费，又将使中外不和"，李提摩太提议将"中西大学堂"与"山西大学堂"合并，"把两者归并为一所山西大学堂，一部专教中学，一部专教西学"。6 月 7 日，双方签署《山西大学堂创办西斋合同二十三条》，"将中西大学堂改为西学专斋，专教西学，归入晋省奏设大学堂办理"；"晋省筹款司库平纹银五十万两作为大学堂西学专斋经费，请李提摩太代为经理，以十年为期，扣足十年或未届十年而款项用尽，均作为期满，交由晋省官绅自行管理"；除此之外，还对西斋经费使用、学生食宿、学籍管理、考试毕业及教习聘任等内容一一规定。④6 月 9 日，岑春煊下令将皇华馆学台衙门拨给李氏，作为西斋临时斋舍。6 月 26 日，西学专斋开学，李提摩太任节制兼总理，注册学生 95 人。山西大学堂原来部分改为中学专斋，中、西两

①李提摩太：《西士李提摩太君上李傅相办理山西教案章程》，见杨凤藻编：《皇朝经世文新编续集》卷十九，文海出版社1972年版，第1411页。

②山西大学纪事编纂委员会：《山西大学百年纪事（1902—2002）》，中华书局2002年版，第4页。

③汤志钧、陈祖恩：《中国近代教育史资料汇编——戊戌时期教育》，上海教育出版社1995年版，第319页。

④陈学询：《中国近代教育史教学参考资料（下）》，人民教育出版社1987年版，第249页。

斋并存的山西大学堂就成为“国内省一级创办最早的大学”[①]和辛亥革命前我国仅有的三所大学之一。

西学专斋成立后，李提摩太虽很少居留太原，但他却时时关注着专斋的建设，指导着专斋的发展。一是亲自访聘教习，组建了一支英国籍占到75%，学历水平颇高，且年龄结构相对合理的洋教习队伍，尤其是敦崇礼、苏慧廉等总教习的延聘，直接奠定了大学堂的发展基础。二是亲自指导课程表的制定。在李提摩太“设有用之课,育有用之才”[②]“专为开导晋省人民知识不再受迷惑”[③]思想的指导下，西学专斋完全采用英式办学模式，分预科、专科两个阶段。课程也多是西学课程，如数学、物理、化学、工学、矿学、英文、地理、世界史、法律、格致、体操、博物、图画等。此外，还举办了体操、网球、足球等丰富多彩的体育活动。三是引入英国教学管理模式。李提摩太也委托总教习按照英国教学管理模式展开具体教学：实行班级授课制，实行分班教学；注重实验教学、实地调查等。四是开展留英教育。在李提摩太的提倡呼吁、全程关注、全力支持之下，1906至1912年，山西大学堂共派出三批留英官费生39人、自费生4人，其规模仅次于江苏省。[④]留英学生在英期间，发奋读书，还积极支援国内革命活动；毕业归国后，他们又积极投入山西的教育、实业第一线，对民国时期山西经济、文化的发展产生了较大影响。正如有学者指出的那样：“（山西大学堂）留英生是个精英群体，无论是在英学业水平，还是归国后成就，他们都可圈可点。”[⑤]五是教材编译。通过多方考察，李提摩太决定从西学专斋办学经费中，每年拨出1万两白银，于1902年8月在上海江西路惠福里口210号设立了山西大学堂译书院，附设于西学专斋，是继同年5

①田正平：《中国教育史研究（近代分卷）》，华东师范大学出版社2001年版，第183页。

②李提摩太：《中国的教育问题》，见陈学询：《中国近代教育史教学参考资料（下）》，人民教育出版社1987年版，第51页。

③朱有瓛：《中国近代学制史料第二辑（上册）》，华东师范大学出版社1987版，第1012页。

④田晶洁：《近代山西留学生研究》，天津师范大学2012届硕士论文，第54—55页。

⑤高圣恩：《清末山西的官派留学活动》，载《晋阳学刊》，2003年第6期。

月由京师大学堂上海译书局与南洋公学译书院合办的大学译书院之后的中国第二所大学译书院。译书院先后聘请英、美、日译员及校阅者10余人，翻译了23种25册国内急需的教材，“足供师范高等各学校之用”。[①]

1910年11月，因为“深信现代教育已在山西省深深扎根了”[②]，李提摩太决定西学专斋不必等到十年期满，就交付给中国政府，并立刻辞去大学堂督办之职。1911年2月，苏慧廉正式办理移交手续，6月，全部交接完毕。从1902年6月26日成立到1911年2月，存在了近十年的西学专斋以其独特的办学模式、教学风格和组织形式为中国大学教育的创制及发展做出了诸多有益探索，它的创办不仅使得山西大学堂成为壬寅大学堂中硕果仅存的一所，开省内创建大学之先河，并且提供了英式办学模式的范本，促进了山西省各地新式教育的发展，极大地推动了近代教育体制变革。同时，西学专斋还通过科学教育活动、培养科学人才为山西地方社会乃至全国的近代化都做出了重大贡献，并对山西地方的政治、文化也产生了广泛影响。诚如新常富所言：“山西大学堂者，晋省创办学堂之起点也……是校（山西大学堂）建于省垣之东南隅，地势宽展，规模宏大，诚不愧为大学之名焉……总之，大学一堂，建设完全，已无遗憾，人材荟萃，大有可观。科学之发达基于此，实业之振兴基于此，异日促文明之进步，俗渐改良，普教育于家庭，人皆知学，蒸蒸日上，使数千年守旧之习惯，一扫而清之。”[③]

山西大学堂的影响有多大，李提摩太的威望就有多高。1902年6月岑春煊就亲自对李提摩太说：“这两项伟业[④]都应归功于你！倘若没有你在这里，

①《山西大学堂设立西学专斋始末记》，清宣统三年七月立石碑，存于太原侯家巷原山西大学堂旧址。

②[英]苏慧廉：《李提摩太在中国》，关志远、何玉译，广西师范大学出版社2007年版，第250页。

③[瑞典]新常富：《晋矿》，山西大国民印刷厂1913年版，第136—139页。

④即开办山西大学堂和修建铁路。这条由李提摩太于1902年倡议修建的铁路，从河北正定到太原，全长283 公里。1907年完工的正太铁路是山西境内第一条铁路。

这两件事是不会付诸实施的。”[①] 1907 年山西巡抚恩寿上奏为李提摩太等西斋教员请赏，清廷赏赐李提摩太头品顶戴、二等双龙宝星。1908 年，李提摩太回到山西，原大学堂学生、时任省谘议局议长的梁善济召集省城所有中等以上学校的师生在广场举行盛大的欢迎大会。梁善济致辞：“今日欢迎先生的学校师生来自军事、农林学校，来自普通中学，来自大学堂，那些学校的校长几乎都是山西大学堂昔日中西斋的毕业生，这不仅在太原府，而且山西的许多县城，正由于大学堂毕业生们的努力，各类学堂似雨后春笋般在山西大地上出现，给山西教育注入了生机。这一天，我们均应感谢尊敬的山西大学堂西斋的创立者、尊敬的李提摩太先生。”[②] 1910 年 11 月 12 日，李提摩太再次回到太原。据记载：“李先生由沪至晋，欢祝之声盈于道路，至以一见其面为荣。”[③] 山西巡抚丁宝铨率省城官员及全体师生于 11 月 13 日在大学堂礼堂召开欢迎会，并在会上演说中对李提摩太对大学堂的贡献赞不绝口。同时，丁宝铨还为李提摩太请奖，“赏给三代正一品封典”[④]。1911 年，梁善济亲撰《山西大学堂设立西学专斋始末记》，指出：“山西之有西学专斋也，自英儒李提摩太先生始。夫非常之举，黎民所惧，以民俗伊塞刁安固有之区，一旦输以新学知识，遂一跃而入文明之域，士气学风且驾他省而上之，是非李先生之力乌能及此，然使非当时巨公硕彦有以独见其大，而知斯举之不可缓，则其效果亦未必有如今之卓著。天下事易于乐成，难于图始，古今人情不甚相远也。……先生诚我晋之功人哉。”[⑤] 此文被刻入碑石，与《山西大学堂西学专斋教职员题名碑》一起，立在校园里，并保存至今。当时李提摩太已回国。梁

①[英]李提摩太著：《亲历晚清四十五年：李提摩太在华回忆录》，李宪堂、侯林莉译，天津人民出版社，2005年版，第285页。

②《西斋十年》，见沈迦：《一条开往中国的船：赴华传教士的家国回忆》，新星出版社2016年版，第83页。

③王杰等：《学府典章：中国近代高等教育初创之研究》，天津大学出版社2010年版，第174页。

④潘懋元等：《中国近代教育史资料汇编（高等教育）》，上海教育出版社2007年版，第77页。

⑤王杰等：《学府典章：中国近代高等教育初创之研究》，天津大学出版社2010年版，第174页。

善济还仿照此碑，以银为质，专做了两块长一米见方的银牌，交苏慧廉带回英国赠李提摩太作为纪念。

诚如学者所评价，“载入高等教育史册的英国人只有浸礼会传教士李提摩太”[①]，李提摩太和他开创的山西大学堂已然成为中国高等教育的一座丰碑。一百二十载的光阴荏苒，不变的是山大人对李提摩太这位创始人的永远尊敬与怀念，那座伫立在山西大学校史文化路尽头的李提摩太雕塑和山大人代代薪火相传的“中西会通”的办学精神，就是最好的见证。

杨彩丹，历史文化学院副教授

①[加拿大]许美德：《中国大学：一个文化冲突的世纪》，教育科学出版社，2000年版，第36页。

邓初民校长的山大情怀

寒来暑往，岁月流转。走在山西大学充满勃勃生机的校园里，不经意间总会看到和听到许多以“初民”命名的景与物，从初民广场、初民学院、初民讲坛到邓初民讲堂，不一胜数。在跨越时空的对话中，山西大学以这样的方式存续着与这位学者的联系和记忆，正如当年邓初民这位中华人民共和国成立后山大的首任校长，选择将自己最重要的一段人生与山西大学紧紧联系在一起，为山西大学在中华人民共和国的高教事业发展中留下了深深的印记。

邓初民校长与徐特立先生（上海新闻报记者摄）

1948 年 12 月，在党的周密安排和沿途护送下，当时身居香港的邓初民和一批著名民主人士乘船北上，顺利抵达北京，并饱含热情地投入新中国成立的各项筹备工作中。

众多事务缠身之时，他的任职去向也为各界所关注，各方人士和多所高校纷纷向他发出邀请。当时，著名教育家、曾担任中国人民大学校长 17 年之久的吴玉章亲自拜访他，邀请他到华北大学（中国人民大学的前身）工作；负责接管复旦大学的潘震亚先生再三邀请邓老到复旦工作；林伯渠和董必武等人力邀他回故乡武汉大学。山西方面则是双管齐下，一方面，通过张友渔向邓老发出诚挚邀请；另一方面，当时山西主要领导裴丽生等人多次与他直接联系，恳请他到山西工作。

以今日来看，无论是当时的华北大学、上海复旦还是其故乡武大，都可谓相对较好的选择。但邓老经过认真考虑和权衡，最终选择了山西大学。他曾说："山西更需要人才，我应该为这里再做一些工作。"

邓老之所以选择山西，是因为他与山西有着不解之缘。1919 年邓初民从日本留学归国，最早在山西工作，宣传马克思主义思想，启蒙青年走上革命道路。抗战初期，他再次来到山西劝阎倒蒋，宣传抗日主张。因此，1949 年，当周恩来总理就到武汉大学还是山西大学任校长征求邓老的意见时，他最终选择了与山西再次结缘。1949 年 9 月 8 日《光明日报》刊登新闻："华北人民政府九月八日任命邓初民为国立山西大学校长。"1949 年 5 月底，山西大学各学院及师生陆续从北平迁回太原。此时的山西大学百废待兴，面临着诸多发展问题。当时邓老身兼数职，且多为国家层面的重要工作：他要投身于正在紧张筹备、关乎国是的新政协会议，还担任着民革和民盟两个党派的领导职务，要筹备成立中国社会科学工作者协会，要为中国史学会的成立修改纲领草案，要参加高教部关于院系变更、体例制度设定等诸多工作；与此同时，他仍坚持着学术研究，正在筹备出版为中华人民共和国成立献礼的几本著作。

已年过六旬的邓老尽管公务异常繁忙，但接管山大工作后，他就立即筹谋学校的整体规划和发展目标，将其思路刊发于《光明日报》；与此同时，他又躬身力行，于细微处悉心处理山大事务。

就这样接连数月，他往返于山西大学的工作与其他国家要务中，他在日记中写道："早起，把山西大学给我的关于恢复、改革、发展的各种材料拿来细看，准备黄丽泉来可以详谈。午后三时，赴中南海勤政厅第一会议室开第三小组会，六时半散会；晚七时赴东总布胡同二十四号参加救国会例会。""早十时到中南海开《共同纲领》组会；晚约山大黄丽泉、张伯昌、郑文华、刘君旭、张静山等谈山大问题，主要为山大组织规模、院系情况，尽早开课，招收新生，草拟预算诸问题。"面对师生的期待，邓老在出席山西大学留平同人茶会时勉励大家："一、山大已被政府当局重视，前途很有希望；二、需要内部团结，共同努力；三、要实事求是；四、要能适应环境，改造自己，要负责。"邓老对山大的发展运筹帷幄，擘画在胸。他协调有方，眼光笃定，以其在学界、教育界、政界的影响为山西大学奔走呼吁；他多次与钱俊瑞、张友渔、张宗麟等人商讨山西大学的资金、人才及专业事宜，亲自解决山大的资金问题，还亲临北平招生处关心山大招生情况，在极短的时间内，就使山西大学初具规模。1949 年 10 月，时任高教会秘书长的张宗麟看望邓老时高兴地说，此时"山大人财两旺，新生有四五百人，器材近四十亿"。山西大学在中华人民共和国成立之初便有了一个良好的开端。1950 年 3 月 29 日，邓初民当选为山西省政府副主席；6 月 3 日，邓初民正式接到中央人民政府主席毛泽东签署的山西大学校长任命通知书。

然而，邓老在新政协会议期间突然病倒，周恩来总理立即安排上海的专家为其诊疗。其实，在 1947 年到香港后，他的身体就已出现问题，不曾想这次病情愈发严重。在京治疗期间，邓老仍心系山大，为山西大学在京协调关系，争取经费，延揽人才，尽心竭力。

作为一名教育家，他精准定位山西大学的办学理念和方向，准确把握思想引领在高等教育和育人实践中的核心地位，涵养大学精神。他深知，学校每个环节的扎实工作是实现这些目标的基础。身体稍有好转后，邓老便来校工作。每次校务会议他都亲临会场，主持会议。每遇一些专业课程调整、住房调配、设施修葺等有分歧争议的问题，他都能充分听取与会者的意见，集思广益，并提出合理化的建议。

师资队伍是学校发展的基石，也是山西大学最为迫切的问题。“所谓大学者，非大楼之谓也，有大师之谓也”，但由于山西地处偏远，生活条件差，很难吸引和留住人才。对此，邓老握发吐哺，不辞劳苦，以真诚之心、恳切之情，建立了一支当时在全国颇有影响的人才队伍，奠定了新山西大学的发展根基。

为了诚邀费振东先生（费孝通的大哥），邓老多次到他的住处拜访，真诚交谈，深入交流，表达了欢迎他来山大的殷切期盼。费先生被邓老求贤若渴的真诚所打动，同意出任山大财经学院工商管理系教授并兼工商管理系主任。曾策动傅作义起义投诚的杜任之，当时任华北大学（中国人民大学前身）政治系主任，邓老多次与他恳谈，最终杜任之回到山西，出任山西大学财经学院院长。他还与时任山西省委书记王世英等领导商议，先由山西省文教厅厅长赵宗复担任师范学院院长。此外，邓老凭借他在学界的学识和威望，延揽了朱敬梓、陈迩冬、梁园东、严德浩、程高楣、吴煌等一大批著名学者入职山西大学，为诸多传统学科及新兴学科的发展储备了人才队伍。多年后，这些教授仍念念不忘邓校长对他们学术和生活的悉心关照，对老校长的真挚情感溢于言表。

当时，也有很多旧友向他推荐人选，但邓老并非来者不拒，一概录用。他深知，人才队伍关乎学校发展前景，丝毫马虎不得。他说：我们山大竭诚欢迎思想进步、学识优良的专家、名教授来参加这项文化建设工作，但绝不能降低人才标准。

在山大期间，邓老以他深厚的学识引导师生正确认识马克思主义的思想引领作用。他时常教导学生：“政治思想水平是保证各项任务的首要环节，高度的政治思想水平在我们干部中的作用，是在促使我们懂得工作的目的和重要意义。”邓校长的每一次讲课，都挤满了热情的老师和学生。他为师生讲时势、讲政治、讲马克思主义哲学、讲党史、讲知识分子改造。他亲切慈祥的面容、谦逊儒雅的学者风范，以及充满感染力的讲话，深深地影响和打动着山大的师生们。每念及此，师生们感怀颇深。

邓老调回北京后，依然牵挂着山西的教育事业，关心着山西大学的发展。他仍为山大师生介绍学术资源，为山大的对外交流搭建桥梁，为山大的人才培养创造条件。那份嵌入血脉的情感，在时光的流淌和温润中，愈发熠熠生辉。

七十多年过去了，邓校长的师者风范、学养情怀和精神财富在一代又一代的山大人中流传，深深地印刻在了山西大学的历史底色中。邓老不仅把对事业的真诚、对山西大学的情怀留在了这里，也把他治学严谨的态度和宝贵的学术资源留在了这里。

张原，邓初民曾外孙女，太原师范学院文学院副院长、教授

俯仰不随人　以史鉴古今

——著名历史学家、教授梁园东

一

梁园东（1901—1968），原名佩衷，字公宇，1927年改名园东。山西省忻州市温村人。父亲梁际蓉，是旧民主主义革命志士。清末留学日本，参加了同盟会。辛亥革命期间，参加了太原起义，后弃官从事实业，开办了有相当规模的蚕桑试验场，同时在太原市开设了丝绸销售店，而这个店，后来就成了共产党地下活动的掩护据点之一。梁际蓉的思想行动，对青年时期的梁园东起到了很好的教育作用。

1916年，梁园东15岁，考入省立第一中学。六年学习期间，他节衣缩食，刻苦攻读。特别突出的是他对书籍的爱好，他经常出入新旧书店，广事搜购，对新出书刊更是绝不放过。很快他家成为一般读书人中藏书最多的人家，他自己也成为学识相当渊博的年轻人。

1922 年，梁园东中学毕业，考入北京大学哲学系。梁园东是一个热情、刚正、有抱负而又沉静好学的人，面对北洋军阀统治下内忧外患越来越严重的现实，他坐不住了。“一接触到共产主义思想，便一下子看见了前途。”他后来回忆说，马克思主义使他进入了一个“全新的世界”。在北大求学的第三年，经共产党员钱壮飞的介绍，他加入了中国共产党。该年 10 月，他在《大夏》杂志发表了第一篇论文《十年来之中国外交》，表现了他对国事的关切和对军阀卖国外交的愤慨。

1926 年，梁园东在北京大学毕业后被党组织派到武汉，参加党领导的全国农民协会工作。不久，由于工作需要，又被派回山西太原，任国民师范教员，同时参加党的宣传组建活动。他是当时山西党的负责人之一，其间，他和梁春霆、赵镜如、续俭等人，筹办出版了《滂沱》杂志。这是一份不定期刊物，通过文艺宣传革命，先后发行了四期。与此同时，他又组织了“滂沱社”，吸收进步青年，以进山中学学生为主，发展到百余人，使“滂沱社”成为当时和后来学生运动的重要力量。

1927 年，蒋介石发动四一二政变，叛变革命，梁园东在友人掩护下，逃离太原，只身赴上海。他在苦闷中感到，要解决中国的前途问题，应先对中国的社会、中国的历史做深入广泛的了解，从此便转向文教战线，同时开始对中国社会历史做系统的研究。他先后在上海劳动大学、浦东中学任教，在大东书局任编辑，最后在大夏大学任历史系教授兼系主任。其间，他除编著了初高中历史课本外，还出版了《五代中国史》《中国文学史》《爪哇史》等书。同时在各文史杂志上连续发表论文三十余篇。在史学方法上，他发表了《古史辨的史学方法商榷》长文，特别是他发表的《中国社会的基础》《中国社会的前途》和《中国社会问题的核心——实在是组织问题而非经济问题》等文，初步体现了对马列主义、唯物史观的运用。他的一系列论文，是当时文化反围剿战斗的一部分。梁园东在当时的上海，不是一个宁静的学者，而是与时代脉搏息息相关的文化战士。

二

1937年到1946年夏，他先后由大夏大学转湖南师范学院、四川白沙女子师范学院、武汉大学任教授。在这九年间，他在教学的同时，仍继续搞学术研究。在考证方面，他发表了《景亳考兼论〈商颂〉年代》和《桃花石为天子》等文章，又因当时研究边疆史的需要而译注了《回纥史》一书。在武汉大学的梁园东，虽僻处乐山，但积极支持民主运动，与进步人士有不少联系，并有机会听到周恩来的时事报告，认识了周恩来同志。周恩来了解到他的家属仍在老家，便专电延安转山西忻县地区民主政府予以照顾。

1946年8月，梁园东随武汉大学迁回武昌。迁回武昌后不久，梁园东支持缪浪三教授创办俄语学习班，他自己也积极学习俄语，为直接阅读苏联书刊做准备。1948年，他参加了地下党领导的“新民主主义教育协会”，负责武大支部工作。在汉口举行的全市人民庆祝解放大会上，他应邀发表了热情洋溢的讲话，这年他48岁。中华人民共和国建立后不久，梁园东还主持了新成立的“武汉史学会”，印发了他的《研究古史的方法》一文。

三

1950年8月，梁园东接受山西大学校长邓初民和副校长赵宗复的邀请，任山西大学历史系教授兼师范学院院长。1953年秋，师范学院独立建院，他被任命为山西师范学院院长。这几年是梁园东心情最舒畅、精力最充沛的时期，他一心一意为实现多年的理想抱负、为年轻的人民共和国文教事业的发展贡献自己的力量。山西大学基础比较薄弱，他到校后，首先大力延聘教师。他从全国各地招聘来不少有名望、有学问、有教学经验的教授、副教授，较快地配备起师院各系的教师班子。当时的邓初民校长，是他的老朋友，是著名的学者教授；赵宗复副校长，尽管多年从事党的教育行政工作，但从不放弃科研，常发表文史方面的文章，他们相得益彰；再加上中华人民共和国成立后教师们积极性高涨，一时学习、学术空气相当浓厚。梁园东身为院长，行政工作之外，既不放弃教学，也不放松科研。他开始把多年来的研究心得，写成一部通史。1951 年夏，他又受省教育厅委托，创办了六个专修科，一下子增加了 400 名新生。他除加聘了十来位教师外，还充分发挥在校教师的潜力，解决了教学方面的一系列困难。他的办公室只有一个干部、一个工人，一切行政工作都由他一人处理。而他还能挤出时间听教师们讲课，不时提出合理的建议。他就这样不知疲倦地愉快工作着！

梁园东非常重视科学研究，他以爱才而著名，对教学好的教师，要求他们科学研究也好。他在百忙之中没有忘记抓学报，经一年多的准备，《山西师范学院学报》第一期于 1957 年 2 月出版，他在其上发表了《关于〈诗经·噫嘻〉篇的解释问题》，是与憩之《关于〈周颂·噫嘻〉的解释》一文进行商榷的,实际也是与郭沫若进行商讨。在此文前后,他还在《文汇报》上发表了《中国史的问题》一文，被收入《新华》半月刊。之后又在《山西师范学院学报》第四期上发表了《处理中国上古史的方法问题》，还向中国史学会提出《有关中国史分期的意见书》。

1956 年秋，梁园东受九三学社中央的委托，负责筹备太原分社，并担任了分社主任委员。在他的带动下，太原各高等学校许多教学科研有成就的教授专家，纷纷参加九三学社，为党的统一战线发展起了很好的作用。

四

梁园东在学术上特别是在史学上的贡献是多方面的。第一方面是对史学方法的论辩，第二方面是对古史分段或分期的探讨。梁园东的言论，对后来进一步用历史唯物主义研究中国史得出较正确的结论，是起了积极促进作用的。

梁园东的历史研究更重要的一方面贡献，是对中国前途的探索。梁园东于 1933 年 1 月发表的《中国社会的前途》及《中国的社会问题的核心——实在是组织问题而非经济问题》中清晰地表明了自己的观点,就是要求“革命”。梁园东紧接着还发表了一篇《中国民族的特点》的文章，大声呐喊“起来吧，中国民族”，显然他所谓的“最合理的生活组织”、所谓“大同主义”，实质上是社会主义、共产主义的同义语。

梁园东对古史的考证，也是他史学研究贡献的一个重要方面，有 17 篇论文。其中有的是对民族的起源、发展、迁移的考证，如他对“图腾”的研究，就下了不少功夫。

梁园东对民族方面的研究，值得特别注意的是用大量确凿的史料，驳斥日本侵略者制造的谬论。他指出：中国东北以至朝鲜半岛自古以来即为中国民族的分布地，为中国文化的支配地，是早为中国所治理的区域。日本人说东北不是中国国土，完全是胡说。

梁园东对古史的考证，都是在充分掌握史料的基础上经过精密的分析研究而做出的，故能独具只眼……

梁园东在史学研究上不随人俯仰，致力于深广的研究，有着实事求是的科学态度，这正是学者们应有的态度。

姚奠中，山西大学中文系原教授，山西省政协原副主席

留得浩气在人间

——武林奇人陈盛甫教授

陈盛甫（1902—1996），山西大学体育系的创建者之一。他在体育系工作了近五十年，桃李满天下。他的爱国情怀、他的教育思想、他的教学艺术、他的精湛技艺，像一部传奇故事，至今仍流传在山西各地的学校里、教案中、操场上。

坎坷经历

陈盛甫出生在山东武城，年幼多病，6岁起跟随祖父习练八段锦，后拜鞠朝栋、杨明斋、赵宝成、张克勤等武术名家为师，练就了一身武艺。1926年上海东亚体专毕业后到青岛铁路中学任教，带领的青岛铁中篮球队曾获全国亚军，并有三名队员入选国家队，代表中国参加了在美国举办的奥运会。作为山东省武术队教练带队参加了在南京举办的全国武术擂台大会，队员陈济生获得全国冠军。1937年，他投笔从戎，参加了敌后抗日工作，先后任莒县、恩县县长等职，后担任山东省政府视察员，组织当地武装进行抗日。在一次殊死战斗中被俘，他被押往抚顺煤矿做劳工，后凭借一身武艺成功逃脱，并将被俘经历写成一本回忆录（《痛定思》，现存山大图书馆）。山东省主席沈鸿烈为该书题写了序言，并称陈盛甫为抗日英雄。抗战胜利后，他担任济南女子师范体育兼语文老师，1949年调到山西组建山西省体育运动委员会并任杏花岭体育场场长。1951年创办山西大学体育科，任副主任。他还创建了山西武术研究会，为山西武术发展打下良好基础。1959年全国第一届运动会，他担任武术竞赛裁判长，为毛泽东主席做讲解，他常对人说，那是他最幸福的时刻。

上善若水

1977年恢复高考，体育系招收了5名武术特长生。第一节课就是陈老师上的。陈老师走到场地中间，凝神聚气，双目圆睁，露出精光，一套初级长拳让大家都看呆了。陈老师的长拳，周身柔弱无骨，劲力像蛇一样传动，腰身异常灵活，犹如波浪荡漾，手眼身法步工整协调，给人以美的享受。陈老师对我们说，打拳要柔和，中国的武术文化尚中尚柔，外柔内刚，老子说上善若水，这个柔看似简单，却很不容易，需要很深的理解和苦练，只有周身内外一体才能体会到柔，做人也是一个道理，对待同学、朋友、家人要温柔、和气，柔和可以改变人的气质，可以平气血、强体质，是修身之道啊！这第一节课太有意义了，令我们终生难忘。

三人行必有我师

1986 年全国传统武术比赛在太原举行，陈老师任裁判长。清晨陈老师看运动员们练习，发现有一个 10 岁左右的小女孩在练剑，而且有些组合动作很流畅、优美，他就仔细地欣赏起来。待小女孩练完收式，陈老师对小姑娘说：你可以教教我你的剑术套路里的几个动作吗？小姑娘看着他这位老爷爷，有些不知如何是好，这时她的教练跑过来说：不可不可，您是知名的武术大家，怎么能让她教您啊。陈老师笑着说道：“小孩子动作无拘无束，身体柔软协调，我们是比不上的。老子说要柔若婴儿啊，我们正是要练到孩童这般柔和流畅才行啊。”教练恍然大悟：“噢，是这样啊，看来教学相长，我应该在孩子们身上发现和挖掘他们的天性，训练也要顺着天性而为才是。”陈老师说：“所以我才想跟她学习一下，体会一下孩童的柔和轻灵，你看，这真是三人行必有我师。”

说起陈老师的虚心好学，就得提一提他求学鞭杆的事。鞭杆是陈老师最爱的武术项目，他一根鞭杆从不离身。鞭杆是山西省非物质文化遗产项目之一。1950 年春的一个早晨，陈老师走到一片树林，见一位老者正在林间练短棍。他动作独特，很有功夫，发现有人观看立刻停止了练习。陈老师快步走到他跟前说：“老先生很有功夫，练的是什么技艺？”他说：“我什么也不会，只是瞎活动。”说着头也不回地走了。几经询问得知，这位老者是五台张含之，是鞭杆专家，他功夫好，鞭杆技法丰富多彩，但他脾气古怪不教人，想找他学的人都被他拒绝了，有找他比武较艺的都被他用鞭杆制伏了。陈老师想，既是这么好的东西，我们应该把它挖掘出来。得知张含之的住处后，他就径直去拜访老先生。张含之见了陈老师很冷淡，陈老师诚恳求教，希望老先生收他为徒，老先生说：“你若真心想学，得答应我的几个要求。一是不要让别人知道我教你，二是不要让人看见你练习鞭杆，三是不能教别人。”陈老师表示能遵守。这样，张含之收下了陈老师这个弟子，开始教陈老师鞭杆。此后，每日上午 10 点至 12 点，他风雨无阻地练习鞭杆。陈老师用了约半年工夫学会了“陀螺鞭”的全部内容，又经过长时间苦练，达到了动作准确熟练、劲力协调，受到了张含之的赞许。张含之是旧社会过来的老一辈武术家，对功夫技艺非常保守，对陈老师说：“你要独自刻苦练习，好好掌握，千万不要露出身手来，以免遭殃。这套鞭招招实用，你可细心钻研，必要时可用于防身制敌。”陈老师遵照张含之的嘱咐，每日闭门苦练，深钻了三年。1953 年在内蒙古呼和浩特召开华北运动会，会上指定要武术裁判员表演，当时的裁判员都是老武术家，都有各自独到的功夫，陈盛甫在鞭杆上下的功夫最大，表演吧怕受张老师的指责，表演其他项目，又担心技不如人。经过权衡利弊，最后他决定表演鞭杆，使之公开，为的是广泛传播这武林瑰宝，让更多的民众身体健康，回去后再向张含之老师好好解释。于是陈老师在大会上坚定地选择了表演鞭杆，这一表演一鸣惊人，大家都没有想到这一根短棍竟然如此精彩，内容如此丰富。这引起了大家的好奇心，许多裁判员、教练员、运动员都围着陈老师询问情况并请求学习。回到太原，陈老师将想法和实情都对张老师讲了，张老师开始时很生气，急得直跺脚，陈老师真诚地表示：“鞭杆是武术瑰宝，应该让更多的人学练，造福社会，来的人肯定都是虚心求教的，我不怕麻烦，接待他们没有问题，您放心吧。”在陈老师的多次劝说下，张含之最终也明白了这是件大好事，就高兴地允许他传授鞭杆技艺了。后来陈老师在继承传统套路的基础上加以创新，编写成《鞭杆》一书，并录像正式出版，陈老师被武术界誉为山西鞭杆的传人。

知行合一

1982 年，陈老师招了两个武术研究生，当时全国也就有十几个武术研究生。陈老师非常高兴，决心将毕生所学传授下去，同时制订了系统又细致的培养方案。陈老师鼓励他们，要身在山大，胸怀世界，做到博学而精修，知行合一，对所研究的内容一定要有认知和体会，不能只是查阅文献，而是要躬身实践，体验武术中的核心修身功法，进行刻苦的训练。陈老师还带着研究生亲身实践，当时他已经是 80 岁的高龄，每天早晨五点半准时在体育馆门前练习，内容有导引、吐纳、太极拳、形意拳、鞭杆，等等。他要求研究生技术动作要做到准确、自然，熟练到自动化，更进一步要求内外合一，细心体认身体内在的感应和变化，并将其一一记录，记下心得，每周要交周记，并根据周记进行一次深入的技术和理论研讨。

陈老师一生奉行知行合一，从不盲目夸大某种方法和理论的效益，也不否定某种看似简单方法的作用，他希望学生不仅理论上要通，技术上更要精。其研究生毛明春刚毕业留校时正赶上准备参加全国太极拳比赛，陈老师亲自指导，每天要训练四次，仅太极拳套路就要练习 20 遍。陈老师经常说："场上一分钟，场下十年功。要取得好成绩就要狠下苦功。"毛明春演练的太极拳最终取得了优异成绩，之后代表国家到瑞士、日本、美国、巴西、韩国等国进行武术文化交流活动，受到高度的赞扬。

陈盛甫老师阅历丰富，兴趣广泛，严于律己，宽以待人。他每天早晨 4 点半起床，练一小时内功，5 点半出门习练武术套路，6 点半开始授徒，从未间断。在陈老师 95 岁高龄时，毛明春协助陈老师在北京出版了鞭杆、导引养生功的视频录制，成为我国武术界珍贵的资料。

陈老师一生从事体育教育，总结出了正、诚、爱、知、启、耐、严、实、公、活十字教师要诀，培养出了一批又一批的优秀学生；他精通中国传统养生保健功、长拳、太极拳、形意拳、八卦拳、鞭杆等，出版多部武术著作。他曾任全国体总委员、全国武协委员、国家级武术裁判、中国武术科学学会委员、山西省体委委员、体总山西省分会副主席、山西省武协主席等多个职务，获"全国健康老人""中国国际武术节武术贡献奖""全国普通高校优秀老体育教师""中国十大武术名教授"等荣誉。

陈老师是我们学习的好榜样，他的一生给山西大学留下了宝贵的精神财富。

陈小兵，体育系 1974 级校友，陈盛甫之孙，北京校友会会长；毛明春，体育学院教授

东京审判之中国首席法官

——民族脊梁梅汝璈

梅汝璈（1904 年 11 月 7 日—1973 年 4 月 23 日），律师、法学家，曾在山西大学法学院出任教授。1946 年代表中国出任远东国际军事法庭法官，参与了举世闻名的东京审判，对第一批 28 名日本甲级战犯的定罪量刑工作做出了突出的贡献。中华人民共和国成立后，历任第一届全国人大代表、全国人大常务委员会法案委员会委员、全国政协委员。

恐怕没有一个中国人不知道抗日战争，没有一个人会忘记那饱蘸着鲜血与眼泪的十四年。可是，你可曾遥望过这样一道背影，他在远东国际军事法庭上叱咤风云，他背脊笔直，慷慨激昂，为了祖国和同胞据理力争，不曾退让半分。他的话至今仍在我们心间回荡：

“我不是复仇主义者，我无意于把日本军国主义欠下我们的血债写在日本人民的账上，但是我相信，忘记过去的苦难可能招致未来的灾祸。”

他是举世瞩目的东京审判中代表中国的首席法官，他的名字叫梅汝璈。

青葱岁月的梅汝璈，清华大学这所全国顶尖的学府为他打开了观望世界的大门，在北京度过勤恳丰富的四年之后，年仅 20 岁的梅汝璈踏上了海外进修之旅。

尽管梅汝璈以大法官的身份为人所熟知，但是在美国的斯坦福大学，他最初是在文学院就读，之后才转入芝加哥大学学习法学。他学习刻苦而认真，接受着西方三权分立系统下的法哲学教育。他 24 岁就获得了法学博士的学位，堪称天纵英才。这样的人才拥有一帆风顺的人生，是顺理成章的事情。至少在人生旅途的前半程，梅汝璈顺风顺水。28 岁那一年，梅汝璈回到国内，以教师身份重新回到大学校园。

不过梅汝璈第一所任教学校不是自己的母校，而是与清华大学颇有渊源的山西大学，在山西大学教授政治学与法学。他毫不避讳地告诉学生：培养自己的母校和自己任教的学校，都是以“庚子赔款”为经济基础建立的，这不是真正的耻辱，真正的耻辱是中国的经济、科技、教育样样不如西方，并勉励学生奋力雪耻。梅汝璈在山西大学度过了四年时光，此后他又受聘到南开大学任教。1937 年，抗日战争爆发，梅汝璈随南开大学一起迁往云南，在西南联大继续教书。时局动荡，可梅汝璈一直在战火中坚守着自己的岗位。颠沛流离之中，他手中的书本不曾放下。不论是山西大学、南开大学还是后来的西南联大、复旦大学，甚至是中央政治学校，梅先生的学生遍布海内。他不仅帮助学生树立法治精神，更身体力行地教他们做有骨气、知耻辱的中国人。

1945 年，抗日战争胜利，对广大中国老百姓来说，这是平安生活的开始。而对梅汝璈来说，这是他一生辉煌也是一生坎坷的起点。

1946 年 3 月 19 日，这是梅汝璈人生中最为关键的几个日子之一。祖国的河山慢慢变得遥远而模糊，他怀着满腔的热忱和坚定的信念离开故土。在他第一次踏上日本东京之时，国内以《中央日报》为首的报刊，在头版头条刊登了这样一则新闻：“清算血债：远东国际军事法庭审判官梅汝璈今飞东京。”他不是只身前往的，他的身后，有四万万中国人民的殷切期盼，有数以千万计冤魂的未白之冤。这位清癯的学者肩上担负的是整个民族的希望。即使前进的路上步履维艰，他也不能后退半步。

东京帝国饭店是梅汝璈落地之后的第一站，中国同胞以及反法西斯战争同盟军在这里为他接风洗尘。宴会上展开了一场宝剑赠英雄的佳话，时任国立中央大学校长顾毓琇先生将一柄雕饰精美的宝剑赠予梅汝璈，梅汝璈深施一礼，郑重地接过了宝剑，而后执剑在手，拔剑出鞘："我既受国人之托，定将勉力依法行事，断不使战争元凶逃脱法网！"

文人傲骨，壮士慨词。梅汝璈的话字字掷地有声，接下来他用将近千日的毫不妥协，坚定地践行着自己的诺言——誓死捍卫民族尊严！然而"弱国无外交"从来都不是历史书上的一句空话，在开庭之前，梅汝璈就已经遇到了困难。

各国共同认定的远东军事法庭宪章上没有关于座次的规定，法官们为此争执不休。按照常规，应该按照受降签字的顺序来安排各国法官席位的次序，可庭长却怀有私心，希望与英美派法官呈众星捧月之势。但无论按联合国安理会五强的顺序还是按照受降的十一个国家的国名字母顺序排列，都不能满足庭长的私愿。梅汝璈作为中国的代表，坚持以受降国的签字顺序为标准。

"如果各位都不认同这个标准，那不如按照各位的体重来决定座位顺序。体重大的人居中，反之则在侧。这样即使我坐在最边角，也对本国政府有了交代，也好再另派体重者来参与审判。"

梅汝璈的话否决了庭长任意妄为的提议。然而事情并没有得到真正的解决，在正式开庭的当天上午，庭长直接蛮横地宣布了各国审判官的座次，并用盟军总部的名号以示威压。此话一出，举座皆惊。在他国法官议论纷纷的时候，梅汝璈果断地脱下了法袍，直白地表示了他对这种不合理安排的拒绝。庭长十分尴尬，不断劝说，但梅汝璈仍旧坚定不移，并组织法官们以投票的方式，最终达成了一致：按照受降国签字顺序安排座位。

中华民国的国旗在众国旗的第一位飘扬，身着法袍的梅汝璈这才落座。他争的不是自己的脸面，而是全体中华儿女的尊严。

这只是一个开始，想要把恶贯满盈的日本战犯绳之以法，还需要付出更多的努力。英美的强势、其余国家的不配合、内外兼有的阻力……整整两年的时间，梅汝璈把全部精力都倾注在这件事上，未曾有一日懈怠。

1948年4月，这次大规模审判终于结束。以梅汝璈为首的中国审判团拿回了起草判决书的自主权，他日日埋首在如海浩瀚的法庭记录之中，孜孜不倦，代表着四万万中国人民，书写下十万余字的判决书。

法治时代，一切需依法量刑，但侵华日军在华夏土地上犯下的罪状，罄竹难书！

庭审接近尾声，困难却没有消失。在座的法官来自不同的国家，各有其律法，大不相同。对于战犯是否处死刑的问题，法官们各执一词，有的弃权，有的反对，有的坚持，印度的法官甚至表示要无罪开释全体战犯，以宽容之心感化他们。

楚霸王乌江自刎只因无颜面对江东父老，梅汝璈如若不能将屠戮无数中国百姓的罪魁祸首送上绞刑架，也无颜归国。可死刑的判决需要半数以上的人赞同，照当时的形势，是必然得不到六票赞同的。他心急如焚，寝食难安，恨不得把一天中的二十四小时都拿来与他国法官磋商。

一次说服不了，那就两次、三次。整整七天时间，梅汝璈辗转于法官之间，列举着他两年间搜集来的日军暴行罪证。根根白发悄然出现在这位不到四十五岁的中年人鬓角。在最后投票表决时，梅汝璈暗自收紧了手掌，紧张地等待这些天辛苦的回报。

一票，两票，三票，四票，五票，六票！

当远东军事法庭以一票的微弱优势，宣判对7名日本甲级战犯处以死刑时，激动和畅快如潮水冲刷着在场每一位中国人的心田。身着丝质法袍的梅汝璈眼角湿润，他终于撕碎了日军的虚假宣传，将双手沾满鲜血的28名甲级战犯全部送上了刑场！

消息传回国内，举国欢庆，“梅汝璈”三个字印在了中国人民的心中。

东京审判结束，南京国民政府任命梅汝璈为司法部部长，发去电报令他回国就职。可两年半在外，梅汝璈对国内的局势并不是一无所知。他心中已经暗暗做了决定，所以推诿着迟迟不就任。梅汝璈清楚，只有中国共产党才是这个国家最好的归宿。

1949年夏，梅汝璈终于从日本南岸乘船归国。荣归故土，他做的第一件事就是联系中国共产党，并在之后联系新闻媒体，发表了自己想要弃暗投明的意愿。共产党自然欢迎这位俊杰的加入。中华人民共和国成立之后，梅汝璈应邀出席中国人民外交学会成立大典。此后,他正式为新中国外交贡献力量。

今天，梅汝璈先生离开我们已经四十余年了，可他的英灵常在，他那坚守公平正义、爱国奉献的精神，那在苦难之中仍点亮精神灯烛的情怀，仍然感染着后世的人们。

我们不该忘记、不敢忘记也不能忘记那一段历史，更要铭记曾有这样一位中间人，被称为“民族的脊梁”。

山西大学校友会根据网络资料整理

赤子情怀 “铁牛老人”

——著名历史学家阎宗临

一

阎宗临（1904年6月—1978年10月），字琮琳，又名已然，晚年自号铁牛老人，著名历史学家。他出生于山西省五台县一个中农家庭，家里生活虽不富裕，但勉强过得去。阎宗临从小喜欢读书，7岁入村中小学，他学习刻苦，成绩优异，深得老师赏识。1924年中学毕业，携带老师乔松岩资助的十元钱独自去了北京。这个山乡里的穷孩子，从此走出了山村。

阎宗临来到北京，以第一名的成绩被录取至梁漱溟在曹州办的重华书院，虽有梁漱溟支付的食宿费和杂费，但他的志趣在文学和史学，无奈返回北京继续学习。阎宗临和梁漱溟这段师生缘虽然短暂，但梁漱溟学问的博大精深、为人的善良宽厚，却在阎宗临的心中留下了深刻的印象，梁漱溟从此成为他终生敬重的老师。

阎宗临对鲁迅先生十分仰慕，非常希望能聆听先生的教诲。于是，在狂飙文人高长虹带领下拜访了鲁迅先生。据《鲁迅日记》载，这天是 1925 年 2 月 8 日。从此，阎宗临常去鲁迅那里。鲁迅对早期的狂飙社是十分关心、支持的。当时一批进步青年，经常聚集在鲁迅身边，讨论问题，交流心得。有一次，阎宗临就青年应该读什么书请教鲁迅，鲁迅告诉他："除线装书和印度书外，都可读。"后来又说："我读中国书时总觉得能沉静下去，与实际人生离开，读外国书（除了印度）时，往往就与人生接触，想做点事。"这些教诲，给阎宗临很大的影响，是促成他赴法勤工俭学的重要原因。到法国后，在一段时间内他还和鲁迅有书信联系，鲁迅曾寄赠书籍给他（见《鲁迅日记》，1926 年 8 月 10 日）。

阎宗临在晚年回忆青年时代见到鲁迅这位文化巨人的情景和感受时，曾说："鲁迅伟大的精神，犹如一座高山，风雨吹荡它，云雾包围它，但是人们在那里呼吸时，比别处更自由、更有力。"

阎宗临赴法国勤工俭学时间是 1925 年 12 月 5 日。阎宗临到法国后，先在巴黎一边学法文一边打零工，做过推土工、油漆工和锅炉工。1929 年冬，注册进入瑞士伏利堡大学，学习欧洲古代、中世纪的文化和历史。阎宗临在渴求知识的强烈愿望驱使下，以坚强的毅力克服了重重困难，吃尽了苦头，也得到了许多好心人的帮助，终于实现了继续学习的愿望。岱梧教授是著名的教育家，他认为，阎宗临是这所学校近十年内最优秀的学生，当他得知阎宗临刻苦求学的经历时，深为同情和感动。从此，他对阎宗临像对自己的孩子一样，不仅指导他学习，在经济上也给予他帮助。阎宗临获得硕士、博士学位以及到意大利、英国查阅资料的费用，都是由岱梧教授资助的。岱梧教授的关怀和帮助，使阎宗临得以顺利地完成他在伏利堡大学的学业。

阎宗临在瑞士学习时，多次拜访罗曼·罗兰，还曾把罗曼·罗兰写的《米开朗琪罗传》译成中文，罗兰为这个译本写了序言。阎宗临在青年时代有幸拜会鲁迅和罗兰这两位东西方的文化巨人，聆听他们的教诲，成为他们彼此敬重的见证人，这是很有意义的。

抗日战争爆发，祖国处于生死存亡的危急关头。他深感在民族遭受苦难的时候祖国的命运远比个人的安危更重要，携新婚妻子匆匆回国，回到山西太原。阎宗临被聘为山西大学历史系教授兼系主任。很快日军占领太原，山西大学停办。阎宗临夫妇一起南下汉口。几经沧桑，他先后在广西大学、桂林师院、无锡国专等校任教，并积极参加文化方面的抗日救亡活动。他还应中山大学历史系之聘，讲授世界古代史、中世纪史、希腊罗马专题等课。

1950 年 8 月，应山西大学副校长赵宗复邀请，他携全家回到山西太原，回到山西大学工作。从此，他一直都在山西大学（曾改名为山西师范学院）工作，曾任历史系教授、系主任、副教务长、研究部主任等职，并当选为省政协委员、省人大代表及省人民委员会委员。

二

阎宗临是我国著名的历史学家。他在学术上的贡献，主要体现在两方面：一是对世界文化史的研究，二是关于中西交通史的研究。阎宗临是我国最早研究杜赫德的学者，他的研究成果是具有开拓性的。

阎宗临是一位学风严谨的学者，他为了写博士论文，曾七次前往罗马、梵蒂冈查阅图书馆及教会档案馆的有关材料。他有很好的语言知识，精通法文、拉丁文，英文、日文和德文也都懂一点，因此他收集到大量珍贵的有关中西交通的资料。他发表的众多论文涉及罗马教廷与清政府的关系，传教士与康熙、雍正等清廷统治者的关系以及传教士在清初各地的活动等问题。阎宗临在传教士与中西交通方面所做的研究有许多重要的发现，具有极高的学术价值。如关于雍正三年（1725）教皇本笃十三遣使来华一事，阎宗临写道：“可惜汉文资料甚少，中西文专著中，亦未提及。余在罗马传信部档案中，发现今所刊印之资料，心窃为喜，以后治清初中西交通或中外交涉史者，将有所依据。”阎宗临的论文填补了这段历史的空白。再如《身见录》的发现。《身见录》是迄今所知中国人撰写的第一部欧洲游记，有重要的史料价值，罗马国立图书馆有一份抄本，夹在《名理探》一书中，阎宗临发现后将其拍照带回，断句校注，在1941年《扫荡报·文史地》副刊52—53期上全文刊布，这是很有意义的。

阎宗临的发现是建立在翔实的史料基础上的，这应该得益于他在欧洲的辛勤收集和丰富的语言知识，因而，能见到国外学者容易忽视、国内学者难以见到或者即使见到也难以读懂（如拉丁文）的资料。1998年出版的《阎宗临史学论文集》收录了这些论文及其博士论文的部分译稿，引起学术界的重视，学术界给予高度评价。阎宗临在半个世纪以前的科研成果，其原创性和资料上的优势，依然令人耳目一新。

阎宗临在山西工作期间，十分重视和提倡对山西地方史的研究。他常说：“爱国先从爱家乡做起。封建时代的读书人还懂得恭敬乡梓，社会主义时代的史学工作者不更应该爱自己的故乡吗？”他多次强调地方史研究和乡土教材建设的重要性，并身体力行。他亲自为《身见录》等古文献做了笺注，在山西地方史研究上开辟了一个新领域，同时也表达了他热爱故乡的拳拳之情。

三

阎宗临非常热爱教育事业，他一生只从事过一种职业——教师。从30岁在北京中法大学任教授以来，他一直没有离开过大学讲堂。当教师是他从小的愿望。他从事教育工作40多年，中间曾经有多次选择职业的机会，但他不慕虚荣，不图厚利，就是在生活最艰苦的战争年代，也自甘清贫和淡泊，坚持在教育岗位上。他对教育工作有一种崇高的使命感和责任感，他非常赞赏一位西方教育家的话："太阳下面最美好的职业是教师。"

1937 年 9 月初，阎宗临从瑞士回到山西太原，当时的职业选择有两种，一是阎锡山正缺一个外文秘书，二是到山西大学任教。阎宗临选择了后者，到山西大学教书。

中华人民共和国成立后，阎宗临更是勤勤恳恳、全心全意地为教育事业贡献了自己的全部力量。他对待教学态度是非常认真的。尽管教学经验丰富，但每次讲课，他都要重新准备，不断补充新的资料和研究进展情况。他曾对一位即将走上讲台的青年老师说："一个老师登讲台，就像一个演员登舞台一样，一定要严肃认真，有板有眼，一丝不苟，切不可随心所欲。"他对学生的学习要求甚严，他教过的学生，现在有的已是著名的教授了，他们说："当年想在阎先生的课上混学分是办不到的。"

对于教学，阎宗临有自己的理解。1960 年，长子守胜从北京大学物理系毕业，留校任教，他马上写信鼓励儿子安心教学，并抄录了希腊史学家普鲁塔克的一段话："一个人的智慧，不是一个器具，有待老师去填满，而是一块可以燃烧的东西，有待教师去点燃。"1962 年，阎宗临在山西大学开学典礼上做了《注重培养独立思考能力》的讲话，重申了上述思想，他谆谆告诫大学生们，要胸怀大志，刻苦攻读，但不要死记硬背、贪多求全，要注重锻炼自己的思维能力和自学能力，不断扩大自己心智的结构与能量，养成独立思考的习惯。这些都是他多年教学的经验之谈。

阎宗临深明身教重于言教的道理，一生律己甚严。他在学术上和社会上都有一定的地位和声望，但他从不以名流自居，也不计较个人得失。他待人和蔼、宽容，对事正直、认真，衣着、生活都很简朴，言谈典雅而富有幽默感，因此，他不是以地位和声威赢得人们尊重，而是以学问和道德赢得了人们的尊重。

阎守诚，历史系 1961 级校友，首都师范大学历史系原教授、博导，历史研究所所长

毛泽东主席的“一字师”

——著名学者、诗人和历史学家罗元贞教授

罗元贞教授是享誉海内外的著名学者、诗人和历史学家。他从1952至1993年，在山西大学历史系任教达40余年，是深受师生爱戴的一位可敬的长者。

一

罗元贞教授（1906年11月—1993年5月），广东兴宁人，出生于一个富裕的农民家庭。他一生经历坎坷，就像和他同时代的许许多多知识分子一样，深刻地打上了那个时代的鲜明烙印。

先生9岁上学，15岁到县城读高等小学。12岁那年，先生第一次接触到了《红楼梦》，虽然那时还不大读得懂这部古典文学名著，但对书中的诗词曲赋他却表现出浓厚的兴趣。从那以后，读诗作诗成为先生一生最大的爱好。此外，先生一生对中国古代史尤其是隋唐五代史情有独钟，有极高的学术造诣，这大概也与他早年对古典诗词的偏爱有很大关系。

1929年，对已经23岁的青年罗元贞来说，是他人生道路上发生重大转折的关键时期。经同乡伍扬俊同志（共产党员）的介绍，他就读于许德珩先生主办的社会学院。当时有许多进步学者、著名的民主人士、左翼作家甚至是秘密共产党员任教于该院，如邓初民、冯雪峰、王学文、冯力超等就曾在那里任教。罗元贞先生在那里多次见过鲁迅，亲耳聆听过鲁迅的教诲，接受了进步思想的熏陶，学习了《共产党宣言》、辩证唯物论与历史唯物论，同时还学会了日语。

1931年春，罗元贞先生来到北平，就读于北京大学东语系。几经风雨，1935年考入东京早稻田大学文学院，开始了在日本的留学生涯。1937年夏，抗日战争全面爆发，先生回国任《时事日报》总编辑。1939年初，北京大学邀请他去任教。1946年春，中共和谈代表叶剑英将军抵北平，先生即去拜访，受到热情接待。后来，先生还曾把他的部分诗作寄给叶帅及茅盾等旧识互相切磋。

随后几年，罗元贞先生在长春大学文学院历史系、东北师大任教。1952年春，时任山西大学校长的邓初民先生，将罗元贞教授从东北师大调来山西大学历史系任教授。从此以后，先生一直在山西大学工作，直至去世，把自己的大半辈子都奉献给了山西大学。

二

罗元贞先生一直在教学和科研第一线上辛勤耕耘。他热爱教育工作，德智体并重，教书育人，成果颇丰，可谓桃李满天下。

到山西大学历史系工作以后，他曾担任中国古代史教研室主任。那时，新生的山大朝气蓬勃，面貌一新，名流荟萃，罗元贞先生以更大的热情将自己的全部精力投入教学和科研之中。

罗先生认为，大学教授应该政治思想好、工作态度好、教学效果好、业务水平高，能编写有水平的讲义，发表有水平的论文或著作，能做有水平的专题报告，掌握一门以上的外语，文科教授应该掌握本国的古汉语，有培养研究生的能力。罗元贞先生是这样说的，也是按照他心目中的大学教授的标准严格要求自己的。罗先生为历史系、中文系、外语系等开设中国古典文学（诗词）、中国古代史、隋唐五代史、日语等多门课程。他尤其精通中国古代史，这门课程号称通史，上下数千年，特别难讲。而先生则一人从头到尾，上起原始社会，下迄近代，讲过数遍……先生认为大学文、史两系要给学生开设外语课程，并且结合自己所长，亲自培训外语教师，后来又在自己带的研究生中，亲自教授日语。

改革开放以后，先生再次焕发了青春，以古稀之龄亲自带研究生。1988年，先生83岁高龄离休时，还带出了最后一届研究生。笔者在读研究生时，师从先生门下，受业三年，亲耳聆听先生的教诲。这些教诲，至今已逾十余载，仍历历在目。

三

罗元贞先生治学严谨、刻苦，在科研上孜孜以求、锲而不舍，写出了许多有价值的论著，在学术上的贡献非常突出。

第一，在中国古代史研究领域建树颇多，曾发表过许多有独立见解的论文，对隋唐史研究做出了一定贡献。他是中华人民共和国成立后应用马克思主义观点和方法研究武则天的最早的学者之一。他在1951年9月22日的《光明日报》上发表的《武则天问题批判》，是我国第一篇正确评价武则天功过是非的文章，文章发表后，震动了当时的学术界。另外，罗元贞先生虽然不是山西人，但他把自己学术生涯的大半辈子贡献给了山西的教育事业，他对山西、对太原的感情很深，并以诗答曰：

行路难分性远游，况吾八十几春秋；

迎具祖国山河丽，更喜诗朋乐唱酬。

第二，在诗词方面有很高造诣。先生非常精通中国的古典诗词，这不但体现在他对古典诗词有很深的研究和体悟上，而且他还是一位颇负盛名的诗人。至今，在海内外都广为流传着有关“一字师”的传说。

据说事情是这样的：1952年元旦，先生给毛泽东主席寄去一信，对中国共产党和人民解放军（包括光荣牺牲的无数将士），为人民推翻了“三座大山”，打倒了蒋家王朝，解放了旧中国，建起了新中国，深表谢意。并附上一页说，“我爱读《毛泽东诗词选》，已能全部熟背。我认为，七律中间四联，是两副对联，特别要讲究，要力求工整，最忌重字。今主席《七律·长征》第五句‘金沙浪拍云崖暖’，和第三句‘五岭逶迤腾细浪’，浪字相重，颇为刺目，可否改为‘金沙水拍’？”令先生没想到的是，元月5日，邮递员送来一个特大信封，左下角印着“中共中央办公厅”，打开一看，里面有个未封口的白色小信封，装着一张八行短信，是毛泽东主席亲自用毛笔写的回信！不久，先生从东北师大调到山大历史系任教，所以这两校都有许多师生知道先生建议毛主席改诗之事。后来，毛主席在《七律·长征》自批道：浪拍改为水拍，“这是一个不相识的朋友建议如此改的。他说不要一篇内有两个浪字，是可以的。”此事经多家媒体披露，为海内外人士所熟知，这就是有关“毛泽东的一字师”的由来。不过，后来先生曾多次讲过，对此“殊荣”，愧不敢当。

由于在诗词领域的极高造诣，他在全国的诗词楹联界享有盛誉，曾先后受聘为中华诗词学会、中国楹联学会以及全国各地二十多个诗词学会、诗社、联社的顾问，还被聘为美国纽约四海诗社的顾问，将中国传统文化领域的这朵奇葩进一步发扬光大。

第三，在语言学方面的贡献。先生对古汉语、现代汉语和日语都有很深的研究。早在20世纪30年代，先生就著有《错白字考查》一书。后来又发表了许多这方面的论著，如《应正确使用祖国的文字》（《山西青年》，1980年第5期）、《要维护祖国语文的纯洁和健康》（《山西青年》，1980年第11期）等。

第四，由于有良好的古文与古诗基础，先生对于诗文字句的优劣正谬特别敏感，容易发现问题，且直言不讳。那几年，报上常说“使用知识分子”“合理使用知识分子”，先生一看，心里不是味道，于是给时任《光明日报》总编辑、中宣部部长的邓力群同志去信，信中说：“古来说‘使用工具’（家伙）‘使用牛马’‘使用奴隶’，而今在尊重知识分子声中，竟说‘使用知识分子’，太不礼貌，太不文明了！应该改成‘任用知识分子’。”中宣部新闻局于 1984 年 3 月 10 日向全国新闻单位通报：“山西大学教授罗元贞最近来信提出：使用知识分子的说法，不如改为任用知识分子好。邓力群部长阅后，批道：可以。以后新闻单位不要再提使用知识分子。”诸如此类，不胜枚举。

先生一生从教，桃李满园，凡受业于他门下的学生，都对罗先生的爱国情操与高风亮节深有体会。当他听说中英签署联合声明，香港回归祖国有期，一口气连赋两首诗，抒发自己的期盼之情：

国耻百年已有奇，香江无母叹无依。
中英签约普天庆，合浦珠还喜可期。
因地权宣决胜筹，一邦两制创新猷。
传来喜讯人心热，内外繁荣更上楼。

先生一生坎坷，但他从不怨天尤人，而是乐观豁达，自强不息。所以在 80 多岁高龄时，仍然精神旺盛，思维敏捷，连续几年被评为“山西省健康老人”。罗元贞先生是一位深受敬仰的老教授，他一生致力于祖国的教育事业，无私奉献，辛勤耕耘。正是由于有了像罗元贞教授这样许许多多享誉海内外的老师、学长，山西大学历史系才会有今天这样的辉煌、这样的办学规模。缅怀先哲，展望未来，饮水思源，心潮澎湃，我们祝愿母校昂首阔步，不断开拓进取，开创山大的美好明天。

王永平，首都师范大学历史系副教授，曾师从罗元贞先生攻读隋唐史专业

毕生治史学　著述传后世

——历史学家郝树侯先生

郝树侯教授，1907 年 1 月 26 日生于山西省定襄县寇村一个农民家庭。他幼名隆今，学名建梁，字树侯，自号柳岑乡人、泉阴庐主。1913 年始在家乡上中小学，曾以第一名的成绩考入山西国民师范学校（后改名山西教育学

院国文系），毕业后留校任教。抗日战争爆发后，任晋察冀边区成立的定襄学院教授、定襄教宣联席会议委员。1940 年后，任流亡的山西省教育厅秘书，兼任第二联中历史教师。自 1942 年至去世，一直在山西大学工作。在抗战期间和解放战争时期，与山西大学始终在一起，颠沛流离到晋南、陕西秋林、北平等地，历任讲师、副教授、教授。中华人民共和国成立后，担任过十多种社会和学术文化兼职。他早年右臂残疾，后来练就一手左臂书法，自成一体。先生从教六十年，师德高尚，教育有方，毕生治史学，雨露桃李遍三晋；著述传后世，遗志继承有来人。

郝树侯先生学贯古今，文史兼长，治学严谨，富于创见。无论是鸿篇巨制还是短文序跋，均是用心之作。先生是山西地方史权威，在山西地方人文史地研究领域成就卓异。早在上中学时，他就编出《定襄县小志》，开办过学术讲座。在国师期间，曾主编过《采社杂志》，任图书馆馆长。在山西大学任职之初，就创编了《山西大学校刊》。迄今，先生共出版有《中国历史要籍及选读》《本国史纲》《外国史纲》《元好问诗选》《傅山传》《杨业传》《太原史话》等九种专著；发表过《编纂地方志的设想》等论文百余篇；《忻口撤防》① 等诗词百余首；阎冯史料及杂文两百余篇。他倡导山西地方史与文化的研究，主编出版了《山西地方史研究》两辑； 所著《太原史话》增订重版达 5 次；审核过《傅山、荀子、淮南子评注》，写有《霜红龛文前言》。在任山西省政协文史资料委员时，编写了《山西地名的来历》及介子推、祁隽藻、李镕经、贺炳煌等人的传记，校订过《力宏抒怀录》等书。在去世的前两年仍孜孜不倦致力于科研，撰写了近代人物杂记若干篇。先生的学术成就深得国内外学术界赞许，有的作品被译成英、日文版。

郝树侯教授以其公认的学术地位赢得了我省文化界、史学界和社会各界的共同赞誉，曾被推举为山西历史学会理事长、中国史学会理事；曾担任太原

①郝树侯：《忻口撤防》（塞上传来又撤防，千人万马走仓皇；将军裹革难瞑目，壮士偃旗欲断肠。落月回光流水赤，鬼灯影闪暮山苍；棋输一着全盘紊，忍看烽烟到晋阳。注：1937年，七七事变后，逢雁门失陷，忻口撤防）。

市政协委员、市政协文史研究会主任委员、山西省政协委员、省政协文史研究会副主任委员、省文史资料研究会顾问、山西省地方志编纂委员会和古籍整理规划小组成员、三晋文化研究会和山西省诗词学会顾问，为山西的文化事业做出了不可磨灭的贡献。

郝树侯教授正直坦率，胸襟广阔，追求进步，学有专攻。20 世纪二三十年代即开始学习研究《共产党宣言》《费尔巴哈论》《反杜林论》等马克思主义著作和《共产主义 ABC》《中国青年》《向导》等进步专刊。抗日战争时期，他积极参加抗日救亡运动，为抗日民主政府培养了大批军政人才。为此，他受伪政府迫害，外出避难。在陕西宜川秋林镇流亡时，他在省教育厅任职，又主编了《战教月刊》，阐发战时教育推进问题。中华人民共和国成立后，他在中国共产党的领导下，更是倾心于教育事业，以其高尚的师德和精湛的学识，培养和影响了一批批大学生和研究生，桃李满天下。

郝树侯先生在 85 岁高龄时仍雄心勃勃，致力于中国文化研究，他从历史角度观察，认为炎黄子孙确实创造、形成了中国民族文化独具的精神，并总结为四个特点:（1）中国人懂得辩证法。孔子提出“知我罪我”的辩证观点，大易老子加以阐发，医术兵法具体应用。即使从民间谚语也能够看出，不识字的乡民，也充满了辩证思维。（2）中国的哲学是为人的。孔子的孝悌忠信是对自己周围人的，老子，“为人己愈有，与人己愈多”、墨子，摩顶放踵、今天的见义勇为，正是具体表现。（3）言行一致、心口如一是社会安定的支柱，即便以营利为目的的商人也讲信用。（4）秦汉以后形成自上而下的等级管理制度，但聪明的君主，如李世民、康熙、乾隆等摸索治乱兴衰的规律，奖励廉吏，保全直臣；好的官吏都懂得恩威、宽猛、进退的交互作用。他认为把这些史料充实扩大，就可以编写一本具有中国民族文化特色的《中国治术文选》。可惜因为去世，先生的这一计划只好留待后人完成。

郝树侯教授诲人不倦，乐于助人。对慕名来访的青年学生，他总是热情接待，从“为人”“为学”两方面给学生们以教益。他教导学生在撰写论文时要注意“掌握义理、考据、辞章三者合一的精神，亦即思想性、科学性、系统性和形象性四者结合”的原则；他还教导学生做学问必须要“博学之，审问之，慎思之，明辨之，笃行之”。他常常为青年教师和学生提供研究资料，不厌其烦地指导和审阅后辈的文稿，解答方志及古文化方面的疑问，以奖掖后学为乐事。对于与自己学术观点不同且有创新的青年，他深为赞许，倍加鼓励。在他的热心提携和精心培育下，不少人成绩斐然。

郝树侯教授为人诚实忠厚，且淡泊名利。他曾把自己的做人准则概括为“淡泊明德，宁静致远，独来独往，精其在己”十六个字。他不但这样要求自己，而且教育学生也要全心全意为人民工作，不要追名逐利。在生活上要艰苦朴素；在事业上要有独到见解，要有所发明、有所创新，不要人云亦云，一生平淡无奇，在工作上要精益求精。他虽为山西大学元老，是仅有的几位著名资深教授，却从未因个人待遇、名利问题提过什么要求，对申请享受政府特殊津贴也是一推再推。在身体不适、年迈不便的日子里，每当校系领导到家里探望先生时，他总是笑谈春秋，宏论万代，绝少谈到个人的哪怕是些许的要求，其道德和品质常常使同侪和学生感怀不已。

郝树侯教授生前曾写下“翠叶银花晋水清，唐槐周柏见精神”的诗句以自勉或赠人，他的这两句话其实正是他正直一生的真实写照，堪称道德文章俱风范。

张民省，政治与公共管理学院教授；刘益龄，山西省史志院副院长

关于奠中先生二三事

鲁迅先生写有一篇《关于太炎先生二三事》，纪念他的老师章炳麟。我把鲁迅先生的题目借来，为我的老师姚奠中先生八十寿辰写一点文字，以表示作为一个弟子的敬意。我之所以敢这样斗胆，是因为这里存在一种因缘——姚先生是章太炎晚年在苏州创办国学讲习会时招收的研究生，他是亲炙了太炎先生耳提面命教诲的真正的“门墙桃李”。而我，虽不才，却也有际遇——是姚先生在“文化大革命”后招收的第一批研究生之一员。论起承传来，我

竟是“太炎先生再传弟子”呢，至于贤或不肖，那又是另一说了。依照老传统，我不该在文中直书姚先生其名，而该用字或号的。姚先生本名豫泰，奠中是字，今以字行，我也算没有错了规矩。

就读姚门，三年时光。那时候百废待兴，一切都有草创的意味。恢复高考招生之后，姚先生一下子招了十一名研究生。他很久以前可能培养过一两个研究生，但事隔多年，忽然招来一个“班”，怎么个培养法，不但姚先生，全国的老专家、老教授，都有点摸着石头过河，各出机杼呢！除了外语、哲学等公共课及另请一位先生开古文字课外，姚先生亲自开了中国古代思想、《汉书·艺文志》学术思想、文艺学和古文论、中国文学史专题和科研实践等课程。学术思想为基本教材，梳理学术传统的渊源流变，是一门融文、史、哲为一体的课。现在回想起来，也就是四五年后人人都在讲谈的“文化”。文艺学和古文论打通现代和古代的文艺思想，使学生获得高屋建瓴的视角。文学史专题从《诗经》《楚辞》、司马迁到李杜、苏辛，到《红楼梦》，厘清了两千年文学发展的脉络。结合讲授，先生让我们把几种不同的文学史读本对读细阅，参校同异，做详细笔记。科研实践课则培养动手能力，先生亲自带领我们选注编写了三部书稿。这样不仅使我们参与了选、编、注、写的全过程，熟悉了各种工具书、原始资料的使用，掌握了做科研的基本方法，而且实际搞出了好几项科研成果。这一套设计方法，真是事半功倍，既出人才，又出成果，充分体现了姚先生教育思想的“活”和教学方法的“巧”。在当时的时代背景下，这一点是很突出且不同凡响的。当时曾有个别同学不理解先生的路数，抱怨读文学史的研究生不多讲读具体作品，毕业工作以后，经过几次成功与失败，才悟了过来。不拓展思路、不理会“门径”，就是读上几十篇、几百篇诗文，终究还是在“门外”转悠。

姚先生是朴学大师，治学从小学（文字、训诂、音韵）和学术史角度入手。先生特别专精的是先秦诸子和诗词考评。对明清小说，涉猎广博而未专治。我出于自己的气质、经历和读书背景，不知怎么着，一下子钻进了《红楼梦》，搞起了“探佚”这个有点“歪门邪道”的研究。我写的第一篇论文《探春的结局——海外王妃》得到先生的肯定和支持。此后我写了一系列探轶论文，又得到著名红学家周汝昌先生的热情鼓励。对此，姚先生不仅没有丝毫芥蒂，而且由此与周先生从不相识到结为学友。后来我的论文结集出版，周、姚两先生分别写了序言和前言。周先生是酷爱红楼的，姚先生则在前言中一开头就说："我不喜欢《红楼梦》……"相映成趣，成为学坛佳话。姚先生尽管自己不喜红楼，可是仍然在前言中客观、准确、科学地评价了我的研究成绩。后来周先生来信，对姚先生的气度和识解极表感佩。我在北京见到周先生时，周先生又一次和我谈到，像姚先生这样阔大实在难得。周先生把自己咏红的诗写给姚先生，姚先生也写了一首绝句奉答：

证梦当年苦用心，雪芹异代得知音。

读君佳句见怀抱，作育英才情意深。

以"作育英才"为人生追求，这确是姚先生的卓荦之处。姚先生在给周先生的一封信中谦说自己著述不丰，周先生回信说，您是一位了不起的朴学家、教育家，岂必"著作等身"才算对人类有贡献呢！

其实姚先生出版有论文集，发表过论文百余篇，编写过十多种著作，在诗词创作、书法、绘画、篆刻方面都有很深的造诣，是一位多才多艺、学养极为深厚的人。我听到过这样的"轶事"：先生蹲"牛棚"、烧锅炉时，有人拿《康熙字典》上查出的难字僻字来考先生，却没能难住他，可见先生功力之深。先生曾不无得意地对我说，他烧锅炉和进行其他劳动都是一把好手，常被工人师傅"重用"！先生说，什么事只要肯动脑筋，就能找到诀窍。

就我多年的接触、了解，姚先生是一位"用世"之心极强的人，对社会的责任感总是萦绕于怀。因而不管逆境、顺境，无论是教学、行政还是社会活动，只要做一件事，就会全力以赴，从没有"偷闲"的自私打算。我个人的看法，虽然姚先生对庄子深有会心，但主要是看中了庄子不计较个人得失的"豁达"的那一面，本质上，姚先生实在是一位很纯粹的"儒者"，颇有孔子救世的情怀，连庄子也被"儒家化"了，常常是只问耕耘，不问收获，只求此时心安，不管身后名业。这种格局的"儒道互补"自然是很感人的，因而先生的精神状态总是那么昂扬向上，从不叹老嗟卑，就是在境遇最逆之时，也能保持乐观，为社会尽力所能及的责任。但因此，各种学术之外的活动也就过多侵占了他的时间，许多颇有创见的学术见解不能深化为宏大的体系发表出来而成为沧海遗珠。历史上有一些绝顶聪明的人，当逍遥派，满腹经纶，代为自娱，无名利之想，亦无刻意之求，因此他们往往带走得多，为后人留下得少。历史上还有一些人，关切世事，总是难以忘掉社会苍生，因而为许多具体的事情耗费了他们的精力和才智，他们往往是带走得多，留下得少，因为他们的许多好见解没有机会被筑成杰作。姚先生是后一种人，虽然别人感到遗憾，但他自己也许是“求仁得仁”吧。姚先生“不喜欢”《红楼梦》，对“个人主义”的作家不如对关切社会的作家更有兴趣，原因可能在此吧。我曾经代一位朋友向姚先生求字，那位朋友是个浪漫派，想让姚先生写一张“开辟鸿蒙，谁为情种”的条幅，姚先生不肯写，说我的字得代表我自己呀。最后姚先生写了一幅鼓励积极向上的字给他。

我赞赏姚先生青年时代过蒙城庄子庙写的几首五古中之几句：“世人唯寂寞，庄周独多情。隐词皆感激，高歌同哭声。”姚先生独许庄周“多情”而扬弃了他的虚无悲观，这就是我前面所说的把庄子思想“儒家化”。姚先生因此对社会“多情”，对朋友“多情”，对学生“多情”。凡出自姚门的弟子无不具有“如沐春风”之感，有许多师生情谊的故事。著名历史学家、原山西师范学院（山西大学一度被取消，改此名）院长梁园东教授是姚先生的老朋友，20世纪50年代初姚先生就是应梁院长之邀从南方回山大执教的。姚先生对老朋友梁园东教授的去世始终未能忘情，亲自主持并一再督促我跑北京、上海各大图书馆，把梁先生20世纪三四十年代发表在各种刊物上的学术论文一一查出，复印拍照，终于选编出版了《梁园东史学论集》，使学海遗珠再现光芒，并亲自撰写了《梁园东教授传》冠于书前，对梁先生的生平和学术做了详尽的介绍和科学的评价。姚先生促成此事，实在比出版自己的论文集要热心得多。尽管梁园东先生是我的岳祖，扪心自问，没有姚先生的鞭策，我恐怕缺乏足够的热情和韧劲玉成其事。

正是这段对社会、对人间绵绵不断的情，构成了姚先生人格和风格的核心，并映射到他的学术、诗词、书画等各个方面。尤其是书法，姚先生虽以其为“余事”，实已达到很高的境界，社会对之有崇高的评价。我的私意，姚先生将以一位成就卓著的教育家、颇有建树的社会科学家、入贤入圣的书法家和尽诚竭节的社会活动家而名世。十几年前我刚入学受教于姚先生时，曾写过一首小诗芹献于先生，自以为能得先生之神。就录下它作为本文的结束吧。

风骨形神百炼成，人间炉火自纯青。

冰心犹比童心炽，一泻丹崖春永生。

梁归智，中文系原教授，辽宁师范大学原教授，曾师从姚奠中先生攻读古典文学专业

腐殖酸工作的先行者

——著名化学家教育家、翻译家、科普作家申泮文院士

申泮文先生是一名教育工作者，同时也是一名优秀的科学工作者，他是我国当代无机化学学科的奠基人之一，著名化学家、教育家、翻译家、科普作家，是我国化学家中著译出版物最多的人。他曾任南开大学有机化学研究所副所长、南开大学新能源材料化学研究所学术委员会主任。1959—1978年任山西大学化学系副主任、教授。1959年，他积极援建山西大学，帮助建立起山西大学化学系。1980年当选为中国科学院化学学部委员（院士）。申泮文先生执教无机化学基础课逾40年，编写和翻译化学专著多种。他长期从事无机合成和金属氢化物化学研究，在申泮文先生的一生中，似乎从来没有停下脚步这一说。

始终坚持科学研究

申泮文（1916 年 9 月—2017 年 7 月），祖籍广东省从化市，出生于吉林省吉林市。他青少年时期刻苦学习，追求进步。1936 年考入南开大学化工系就读。抗日战争全面爆发后，他的求学生涯只得暂告中断。身受国破、校毁、辍学之痛的他，深感“天下兴亡，匹夫有责”，毅然投笔从戎，南下参军。淞沪沦陷后，他随“临时大学湘黔滇旅行团”步行赴滇，进入西南联合大学。他用两年时间完成了三年的学业，于 1940 年毕业于西南联合大学化学系。在此期间，他接受了良好的爱国主义教育和优质的科学文化知识教育，确立了教育强国的宏愿，并为此倾注了毕生的心血。申泮文先生说过，自己的一生就做了两件事——化学和爱国。爱国主义教育已经融入他的一言一行之中，融入他的教师生涯当中。

1959 年，他主动参与支援山西大学建校的任务，举家迁往太原，在一片空白的基础上建成了山西大学化学系，一干就是二十年。他把一生最美好的时光献给了山西大学化学系的建设和成长，付出了大量心血和努力，做出了巨大的贡献。“文化大革命”时期，申泮文先生也没有停止科研的脚步。他的行为受限，但他的思想并没有被禁锢。在山西大学预备搞彩色电视机时，他创造性地提出合成基质材料硫化锌的新方法，提高了硫化锌的产量。申老先生不畏困难，没有条件就制造条件，随后展开了氢化物课题的研究，自己跑指标、找经费组建实验室，开始氢化铝锂的合成工作，并进行大规模生产。当时山西省地方干部对知识分子有偏见，在他做研究时，就表达了对他的严重不满，几经波折，在那样艰难的情况下，申泮文先生又转移方向，主动寻找机会工作。因工业产量不足，农业化肥短缺，国家提倡用腐殖酸代替化肥。申泮文敏锐地抓住这个机会，到山西各地考察腐殖酸资源的分布，绘制成《山西省风化煤腐殖酸资源的分布图》。同时，经过艰苦的努力，研究出一整套腐殖酸的提取、检测方法。除此之外，申泮文通过私人关系进入已关闭的图书馆查阅资料，将一些先进科学成果综述后介绍到国内，发表于《国外科技动态》

杂志。他的这些工作受到老一辈科学家的关注和赞赏。最终他因为在腐殖酸方面的突出贡献被称为腐殖酸工作的先行者。

注重培养年轻教师

1959年建立山西大学化学系时，当时山西在教学方面比较弱，山西教育局听说申泮文很有能力，就邀请他给山西省高中以上的教师办一个讲习班。讲习班学员两百多人，申泮文是主讲，讲大学一年级的化学知识，约办了两个月，提高了山西省中学化学的教学水平。申泮文先生注重教师培养，不因为教师过去的错误而否定其能力，大胆任用和培养他们。申泮文先生擅长组建团队，在做从铀矿中提取铀的实验时带着张靓华等几个教师一起工作，研究过程中，帮助年轻教师积攒下了丰富的经验。“文化大革命”期间，申泮文带领王恕昌和张靓华组建团队，在实验室生产氢化铝锂提供给军方。此外，申泮文先生带领教师编写教材，共同开展腐殖酸的研究工作。在申泮文的帮助下，两个社办企业腐殖酸出口给山西挣了45万美元外汇。申泮文始终关注国家发展，他强调科学研究一定要与国家的经济发展紧密结合，为祖国生产的第一线服务，在这方面他为年轻教师树立了优秀的教师形象。申泮文先生注重年轻力量，在他看来，在教学方面，与其从国外引进一个博士不了解教学实际，不如自己培养“土货”。

理论和应用研究

申泮文先生是教育工作者的优秀代表，他对安排教学课程有自己的一套理论。当时尝试系里推行教学改革，调整了化学各学科的授课次序。有人认为无机化学只有事实材料，没有理论，学生感觉非常枯燥，认为应先讲物理化学，之后其他的学科才好学。申先生冒着风险坚决拒绝，他认为这样的思想跟矛盾论正好相矛盾，矛盾论是先有感性认识，再提升到理性认识，然后再回来实践。这种教学改革缺少前面的感性认识，想直接进入理性认识，一定会遇到困难。

申泮文先生也是学生的优秀代表，他坚持将理论运用到实践中去，为山西的腐殖酸研究、推广工作做出很大贡献：最早办化验室、培训班；接着发明了风化煤腐殖酸的简易提纯法，产品纯度不低于 95%；在“开门办学”中走遍了山西大地，对风化煤腐殖酸资源进行了普查，画出了山西腐殖酸资源分布图；再后来发明了腐殖酸盐的简易合成法；还用比色法解决了中和过程中腐殖酸盐的滴定终点难以判断的问题。他在我国化学教育研究领域创下了多项第一：编写出我国化学界第一部中文教材；研制出我国第一代镍氢电池；第一个在化学教学中应用计算机技术；主持完成我国第一部多媒体化学教科书软件；最早开展金属氢化物化学研究，等等。他的这些工作受到老一辈科学家的关注和赞赏。申先生为祖国化学事业洒下无数汗水，他勇于创新、活到老学到老的精神永存于学生心中。

七十余载任教生涯，申泮文是中国执教时间最长的化学教师，并被评为“中国最令人感动的教师”之一。作为中国科学院院士，他没有留学背景，也没有取得过博士学位，但这丝毫不影响他在化学界所取得的成就。他一生总共留下 70 余万册、3000 余万字的著作。他是教师，也是英雄，是青年学子努力的目标，是每一位了解他事迹的人敬重的前辈。

张勇、苏媛毓，化学化工学院教师

将生命汇入永恒

——我国著名译配大师邓映易先生

邓映易，精通德语、英语，在音乐方面有很深的造诣，是我国不可多得的译配大师。译配有《欢乐颂》《小夜曲》《雪绒花》《铃儿响叮当》《友谊地久天长》等2000多首中外歌曲。出版了《黄河儿女情》(英汉对照)歌曲集中的27首,《黄河一方土》(英汉对照)歌曲集中的《媒婆篇》等12首，并将曹植的《七步诗》、秦观的《春日》等译成英文。

艺术有追求，始终不离弃

邓映易，1920年9月17日出生于河南安阳，后随父母迁居到北京长辛店。先生的父亲是清末留学法国的机械工程师，母亲曾就读于北京女子师范大学。可以说，邓老的幼年是在良好的家庭教育中度过的。12岁那年，她进入教会学校贝满女中学习，并开始发表文学作品。1935年，一二·九运动爆发，邓映易参加了我党领导下的中华民族解放先锋队的宣传活动。1938年，邓映易进入辅仁大学，学习社会学和德文，后来她又在燕京大学学习了一年宗教哲学及各项音乐课程。其间，邓映易结识了一批诸如冰心、雷洁琼等畅谈理想、报效祖国的师长前辈和同窗学友。1943年，邓映易从辅仁大学毕业，进入上海国立音专学习声乐和作曲，在那里得到史密斯夫人、哈尔瓦特夫人、苏石林等世界著名声乐教师的指导。1945—1947年，正是解放战争最为紧张激烈的时候，她和许多进步同学一边战斗，一边学习，等待着胜利的到来。1950年邓映易考入上海音乐工作团，从此她以极大的热忱投身于中国的文艺工作当中，先后在中央歌舞团、中央乐团合唱队等部门工作，赴朝鲜慰问演出，并前往苏联、波兰访问，参加世界青年联欢节。在频繁的演出活动之余，为方便声乐演员学习，更为了让中国人民分享其他国家丰富而优秀的文化，自1957年起，邓映易开始了她的歌词译配生涯，她先后译配有《贝多芬第九交响乐》第四章中的大合唱《欢乐颂》《致远方的恋人》，舒伯特著名的套曲《美丽的磨坊姑娘》《冬之旅》《天鹅之歌》和其他选曲多首，舒曼的《妇女的爱情与生活》以及收入当时最为群众所喜爱的《外国名歌200首》中的50余首英美歌曲。其中，《欢乐颂》获得了20世纪华人经典作品金奖，唱片经常被国家作为和平友好的象征赠送给世界各国友人。她的作品，很大程度上，填补了当时我国译配领域的空白。

生活有波折，痴情为艺术

“我从北京调到山西也是响应党的号召，到最艰苦的地方去，到祖国最需要的地方去。”1963 年，43 岁的邓映易调到山西大学艺术系从事教学工作。对她而言，音乐已融入她的骨血之中，成了她生命中不可或缺的一部分，到哪里工作、做什么工作并没有什么特别意义，所不同的只是她诠释音乐的方式而已。

“我喜欢教授歌曲，让人们从幼年时起，口中就能发出和平善良的歌声，唱出智慧和慈爱的语言，并感染他人，转变那些凶残仇恨之人的心，让爱心和美好充满人间。”邓老有着宽广博爱的胸怀和坦诚无私的气度，在生活中多了理解、多了宽容、多了温和，并在教学生涯中表露无遗。

初到山西时，生活条件非常艰苦。听她女儿邓欣欣说，当时他们一家五口住在学校两间没水没暖气的教室里，邓映易从无怨言，尽职尽责做着自己的本职工作。作为一名教师，她对自己的学生循循善诱，悉心教诲，还从生活上对学生格外的关心照顾。在黄土高原这块热土上，邓老以赤子般的真诚奉献了自己的全部才华。声乐教育家周小燕赞誉她说：“我国声乐界学生能走出国门，有一半功劳在你身上。”在音乐系庆祝邓老执教 40 周年大会上，系主任陈士斌感慨地说：“我们这一代是唱着邓老译配的歌曲走过来的。”如果说音乐是美的化身，邓老便是美的传播者，她用自己无私的奉献默默影响了身边的许多人。

婚姻生活对她而言，似乎总是可遇而不可求的奢望，明明离得很近，用手去抓时却什么也把握不住。邓映易有过两段婚姻，尽管有无尽的伤痛与哀思，她却选择了坚强地活着，挺直脊梁迎接风雨，并用开朗与乐观笑看命运的无常，包括折翼的爱情、寂寞的人生……不论你是站着还是跪着，命运都会不加改变地到来，以为跪着就矮了一截，命运的风暴就会刮不到，这只是一种天真。毫无疑问，邓老深刻地领悟了这一真谛。

“天使”的追求，美丽的人生

“我一生喜爱唱歌，一生都在唱歌。从呱呱坠地的第一声啼哭直至呼吸停止，即使没有声音了，我的心仍在歌唱，我希望一切美的、善的歌曲为更多的人歌唱，并向更多的人传播。我希望这世界处处回荡着美妙欢畅的歌声，使人们生活得更美好、更幸福愉快。”

这是邓老的心声，也是一位来自遥远的音乐之邦的“欢乐天使”的祝福。然而，回顾邓老一生，却是坎坷多舛，不论是心脏疾病还是曾经受伤的腰椎，纵使住院，身有病痛，她都认为是命运对她的考验，依然将快乐与爱心传递给身边的每一个人。

74 岁时邓老双眼都患了白内障，她依然将曹植的《七步诗》、秦观的《春日》等多首中国古诗翻译成了英文。屈服或是坚持只能自己抉择，漫漫人生路，她没有被孤独磨去所有的激情与活力，没有让自己的世界失去阳光，没有让自己的心被阴暗一点点吞噬。她在自己的文章《本命年与红腰带》中这样写道：“猴年终于退位，让位给了鸡年。我们要干杯庆祝。”

阴云终于散去了……

“欢乐女神圣洁美丽，灿烂光芒照大地，我们怀着异样的热情来到你的圣殿里……”

1998 年在日本举行的第十八届冬季奥运会开幕式上，著名指挥家小泽征尔指挥演奏了《欢乐颂》，那一刻全世界响起了同样的歌声。

2002 年 5 月 8 日是山西大学百年校庆的日子，邓老高高兴兴地参加了校庆盛典，更高兴的是她过去关于贝多芬、舒曼的歌曲译作重版了，还出版了《英文经典歌曲 107 首》《马勒的大地之歌》及与外语系杨德友、王明华等老师合作译配的《拉赫玛尼诺夫歌曲集》（83 首）、《普罗科菲耶夫歌曲集》（21 首）、《柴可夫斯基歌曲集》（21 首）、《外国歌曲男高音咏叹调》（62 首）、《舒伯特歌曲 100 首》中的 74 首、《海顿、莫扎特、贝多芬歌曲 50 首》……

她在日记中写道：“7 月 1 日是党的生日，我回忆起入党十余年来所走过的每一天，我想，我把自己的时间和精力都用在了山西青年学生和老年合唱团上，为山西培养了许多优秀的音乐工作者，没有给党丢脸。同时，我为自己能成为优秀共产党员的一分子而高兴……”

她喜欢红色，喜欢一切鲜活的有生命力的东西。她曾骄傲地说：“红色好看，红色充满激情。”人常说青春是短暂的，稍不留意就会年华消逝，但是只要保持一颗稚子之心，精神就会不老，青春也便成了永恒。

音乐，不仅仅是一种单纯存在的事物，它渗透着人类的文明和智慧，浸润着人类的心愿和感情，它是一种精神力量，一种可以感染、激励许许多多人的力量。“有音乐在，你的灵魂就不会寂寞。”而音乐就是邓老的生命，就是这曾经陷入困境中的生命，以永恒的纯真、美丽和善良解读生活，进而散播开去，让欢乐荡漾在每一个人的心中。

多年前，一位美丽善良的姑娘对爱情无限憧憬，何尝不是对痴心艺术追求的写照：

“即使明天你青春美丽，都像幻影一样地消逝。请你深信我将永远真诚爱你，对你爱情始终不渝，我将仍像今天这样永远爱你，哪怕美丽的青春消逝，我愿用我一切的忠诚愿望，使你永远像这样美丽。当你失去今天可爱的青春美丽，你的红颜被泪水洗去，那时你会相信我的忠实爱情，海枯石烂坚定不移。我的心永不变，它将永远爱你，我的真诚始终如一，就像好葵花永远朝着太阳，不管太阳落下或升起。”

——邓映易　译

山西大学校友会供稿

一生只为“史学”来

——捻军史研究专家江地教授

江地先生早年参加抗日战争，20 世纪 50 年代中期，开始在山西大学历史系执教，直到 1992 年去世，长达 36 年之久，培育了一代又一代的山大学子，并且在中国近代史研究领域取得了巨大成就，成为国内最负盛名的一代捻军史研究专家。

投笔从戎，道路坎坷

江地（1921 年 9 月—1992 年 1 月），原名李广澎，山西省沁水县中村镇人。江地满一周岁的时候，父亲病逝，幼年丧父的江地，与祖母、母亲和兄长、姐姐们一道，在李家大院度过了艰辛的童年。他在阳城中学读了一年的初中，再到晋城的崇实中学读了一年半初中。

1938 年 3 月，江地参加了山西青年抗敌决死第三纵队和牺牲救国同盟会翼城中心区联合举办的青年抗日救亡训练班，从此走上了革命道路，不久就加入了中国共产党。1938 年 5 月，江地被组织上送往延安抗日军政大学，成为第五期五大队的学员。1939 年 8 月，江地到刚刚成立的沁水县委报到，化名李唯琦，担任县委秘书和县委青年部长。此后，坎坎坷坷，屡遭挫折。

锲而不舍，自学成才

江地虽没有受过正规系统的高等教育，然而他注重实践，能找准方向，重点突破,锲而不舍。他的学术成就,已经成为 20 世纪山西大学的骄傲和自豪。

中华人民共和国成立后，江地来到了省会太原的山西工农速成中学教书。他教语文，也教历史和政治，后来以讲授历史课为主。因工作需要，他产生了编写中学教课用的中国近代史课本的想法。凭着工作热情和坚忍不拔的毅力，他不停地借书、读书、抄书，学着写讲义，学着写论文，日复一日，年复一年，一次次地尝试，终于在抄写的过程中，有了意外的收获，那就是将中国近代史的脉络基本搞清楚了，可以说是在专业上有了一定的基础。他结合自己在革命队伍中的亲身经历和体会，编撰了一本 20 多万字的中国近代史讲义。凭着顽强拼搏的奋斗精神，他终于闯过难关，迎来人生道路上的柳暗花明。

1952 年的春天，江地开始重新编写中学近代史课本，此刻他对太平天国时期的捻军产生了兴趣，这是他治学道路上的一次突破。当时研究太平天国史的专家学者，对与太平军并肩作战的捻军大都是一笔带过，没有人重视或者说还没有人来得及对捻军进行系统的思考研究，许多问题都无法说清楚。于是，江地萌生出全面研究捻军史的想法，并迅速付诸行动。经过一年的努力，他按时间顺序编写了一篇两万多字的关于捻军的专门章节。随后，他边写作边学习，几个月之后，就将捻军史初稿扩展到了 10 万字的规模。与此同时，江地尽自己最大的努力，写成一篇约 8500 字的文章《皖北根据地失守和沃王张洛行殉难——捻军小史的一节》，寄给《光明日报》。这是江地在史学研究领域的一个里程碑，是他生前始终怀念的一段记忆。那时，《光明日报》

委托邓广铭、荣孟源和周一良三位著名学者负责史学副刊的稿件，荣孟源先生负责中国近现代史稿件的审读。荣先生看到江地的处女作后，用史学家的敏锐眼光发现了论文的价值所在,稿件寄出的三个星期后见了报。《光明日报》1953 年 8 月 8 日的史学栏目，江地的署名文章几乎占据了整整一个版面。对于一个步履维艰的自学者来说，这样的成功意味着什么，我们不难想象。正是因为当年荣孟源先生的慧眼识珠，史学界此后有了一位闻名全国的捻军史专家。此后的三十多年里，江地先生与荣孟源先生保持了很好的友情。江地尊重这位不拘门阀、扶持新人的史学前辈，荣先生赏识这位才识俱佳的史坛学人。

江地早期作品都是在国家顶尖级的学术刊物或国家一流的出版社出版。最早发表在《光明日报》和《历史研究》这些最高级别报刊上的学术论文，奠定了江地在中国近代史领域的地位。之后，他相继写出《论太平天国西北战争》《论后期捻军战争》《论西捻军的抗清斗争》等系列论文，其中《论东捻军的抗清斗争》，发表在 1954 年第 5 期的《历史研究》上。1956 年，三联书店出版了江地的第一本史学专著《捻军史初探》。就在这一年，江地来到了《山西大学学报》编辑部工作，同时开始在历史系教授中国近现代史课程。到山西大学工作的第一个十年是他学业不断进步、知识结构不断拓展的十年。1963 年，江地又发表了《论太平天国和捻军起义的关系》，他的才识得到了史学界的认可。

笔耕不辍，著作丰厚

江地在捻军史研究领域取得了巨大成功，他的研究不仅填补了中国近代史领域的许多空白，又丰富了近代农民战争的研究，他的学术成就得到国内外史学界的一致好评。

20 世纪 50 年代以来，江地先生关于捻军史的论著达到了百余万字，他发表的捻军史论有几十篇，出版的捻军史论著有 5 部之多。1981 年 9 月，人民出版社出版了他的专著《捻军史论丛》；1985 年，齐鲁出版社出版了先生的《捻军史调查与研究》。这一系列专门研究捻军的著作是迄今为止国内捻军史研究领域的最高学术成就，这些著述也奠定了江地先生捻军史首席专家的坚实地位。

江地先生涉猎的研究领域比较宽泛，除了捻军史研究使他成为国内最有名的捻军专家外，他在“文化大革命”前发表的学术论文还有《阿古柏运动的性质》《论太平天国北伐战争》《牺盟会、决死队和十二月政变》《山西辛亥革命》《抗日根据地在山西的建立和发展》等。十一届三中全会以后，江地先生在整理过去一些著述的同时，不断推出史学新作。他参加了上海辞书出版社出版的《辞海》有关条目的编写，并在《社会科学战线》《山西大学学报》《历史教学》等全国有名的杂志上发表了多篇颇有分量的史学专论，他在学术界的知名度得到进一步巩固和提高。

江地先生的捻军史研究在国际上产生了较大的影响。日本、美国、苏联、法国、波兰、新加坡、荷兰等国家，不断有人援引他的观点。比如，美国纽约霞浦有限公司出版了华盛顿大学历史系教授裴宜理的论著《中国人对于捻军起义的看法》，其中收录了江地的《论捻党》和《关于捻军正名问题》两篇论文。

学而不厌，诲人不倦

江地先生在山西大学历史系执教 30 余年，学生遍布大江南北、九州内外；几十年间，所开课程以中国近代史为主。20 世纪 70 年代末期，他开始指导研究生，开设的课程有中国近代史、清史、捻军史和太平天国史、山西地方史、史学专著研究、研究方法指导、论文指导等。江地自己说过，年轻的时候，他在山西大学每周讲授 8 个课时，年年如此，中间几乎没有间断过。待到年逾花甲以后，给本科生授课少了一些，又带上了研究生。山大历史系听过中国近代史课的学生有数千人之多，不少人认为，江地是他们印象最深的先生之一。江地先生对自己的学生不摆架子，不讲亲疏，因材施教，有的放矢。他的授课方式生动活泼，课堂气氛既轻松有趣又严肃认真，许多学生至今都对江地先生的授课内容记忆犹新。江地从20世纪50年代中期以来就步入史学界赫赫有名的少数专家行列，全然一副意气风发的学者模样，非常富有感染力。

江地从1978年开始兼任大量社会职务，因此社会活动较多，要挤占一定的时间，但他遵循不耽误课的基本原则，有时要外出开会，他常常是会议结束后便立即返校；有时早晨下了飞机、火车，还要赶到学校上课；因开会耽误的课他都想尽办法补上。他无疑是山大历史系的一名责任感、使命感极强的优秀教授。

先生人品高洁，学问渊博，他勤奋的治学精神、谦逊的做人态度，是史学界的骄傲，江地先生的等身著述也已成为山西大学一笔非常可贵的精神财富。

孙丽萍，山西省社会科学院人文研究中心主任、研究员，曾师从江地先生攻读中国近代史专业

岁月沧桑　壮心弥坚

——著名诗人、教授马作楫先生

他，没有万贯缠腰，没有名震四海，也没有壮语烈行。

他，可以忍受无数屈辱，可以承担一切不平，也可以包容所有伤害。

在与诗为伴的人生旅途上，他怀着对祖国的深厚情感以及对生活的无限挚爱，用双脚走自己的路，用双手写自己的心，认认真真教书，老老实实写诗，清清白白做人，坎坷一生，勤奋一生，辉煌一生！

进步少年，与诗结缘

1923年1月，马作楫出生于山西省忻州市大檀村，12岁时考入了忻州城内的高等小学校。那时，校长石子山的讲演铿锵有力，激发了学生们的爱国热情，使他终生难忘，从此他认识到“天下兴亡，匹夫有责”的报国心是祖国儿女必不可少的。

抗战初期，马作楫随同亲戚奔赴西安，并以流亡学生的身份被收容进国立五中，之后随学校又颠沛流离到甘肃天水。面对祖国大好河山的沦亡，他悲愤不已，继续发愤学诗、写诗，且有了一些小小的成绩。譬如一首名为《夜思》的七言绝句：“更声落后一声鸡，夜色蒙蒙月向西。凄冷客床当多暮，故乡万里思征鼙。”在思乡之外更有对祖国命运的深深关切。

那时的马作楫不仅注重在文学特别是诗词方面知识的充实，也开始和同学牛汉、郗潭封等共同谈论时事和创作诗歌。回想起当年贫苦的生活，马老淡然一笑：“可我们爱好诗，与诗结下了不解之缘，所以精神是富有的。”

1946年，正在北平夏令营学习的马作楫恰逢山西大学在北平招生，他报考了教育系，从此进入自己梦想的殿堂继续深造。执着的他全身心地投入诗歌创作上，把自己的满腹激情借助诗词表达出来：

> 你也被异国的军舰轰击过，你也曾被敌国如醉汉的军队，大摇大摆地踏进过你的城门。还有那无理的条约和贷款，还有那踩着你灵肉的脚步，一些些都说是自由平等……
>
> ——《城》

随后他又和李毓珍教授等编辑出版了民盟的地方刊物《北风》，旨在以诗的形式“争取民主，仅对内战”。他的第一本诗集《忧郁》也正是以“北风诗社”的名义出版的。

苦恋创作，笔耕不辍

《忧郁》的出版，标志着马作楫诗歌写作的成熟，是他创作生涯的第一个里程碑。马老就这本诗集谈道："这些诗篇多少反映了我这个青年学生在旧社会时的追求、彷徨、苦闷和忧郁。"诗如"我痛哭我沉沦已久的命运，如哭我飘飘没有方向的灵魂；我哭我脚步之回旋的舟，永年在做着多余的悠游；我哭我看见了每一座城，相似而又陌生……"（《城》）非常深刻地反映出当时"国统区"的社会状况。

1949年，马作楫代表山西大学的学生参加了山西省首届文艺学术工作者代表大会，在毛泽东《在延安文艺座谈会上的讲话》精神指导下，明白了诗歌创作的方向。1950年马作楫大学毕业，正值山西大学中文系建立，他主动要求留在中文系，并得到了赵宗复副校长的大力支持。此后，在教书的同时他从未放松过诗歌创作，每逢情志涌动时，总不忘拿起笔来随时写写。"文化大革命"期间，他除了一些约稿外，几乎没有真正意义上的创作，写诗就更是一个遥远的梦了。

随着党的十一届三中全会的胜利召开，诗人马作楫也迎来了自己诗歌创作的又一个春天，他痛快地放开喉咙大声歌唱着，释放着自己被压抑多年的激情……马老的创作一直没有离开过校园，所以以校园为题材的诗歌在他所有作品中占有相当比重，但读者依然能感受到其作品并未过分地受到生活空间的制约，"诗的形式，特别是最明显的诗的语言节奏、韵律，是十分重要的。节奏使词与词之间、词与短句之间产生和谐的音乐性的美感。韵律使诗的句与句之间，起相互共鸣的作用，加强诗的内容与感染力"。1999年出版的诗集《怀念》，就是他真情实感的流露。

回顾马老50多年来的创作历程，可将其分为三个阶段：一是中华人民共和国成立前对黑暗的诅咒及追求光明的心志表露。这时的诗歌"哀婉而不孱弱，潺湲而不滞涩"，是"哀怨的雨"，是"人性的管弦乐"。二是中华人民共和国成立后讴歌新社会。这一时期则明显地多了一些朴素与明快，对身边的人与景都赋予了美丽和纯洁。三是改革开放后他创作生涯的第二次高峰，这其中不仅有家园故居的宁静温馨，还有名山古迹的奇异之境。

言传身教，为人师表

1950年毕业留校后，马作楫一直从事教学工作，先后讲过“文选及习作”“写作”“现代文选”“现代文学”“现代文学名著选”“新诗专题”等课，不论讲课还是批改作业，他都抱着极其认真的态度，特别是有一段时间每改完一篇学生作文，他都要附上几百字的评语及意见，为学生指点迷津，他从来都是一丝不苟。

执教期间，他很注重学生的人品教育，特别是培养学生文品与人品的一致，因为人品是基础，没有好的人品绝对不会写出格调高、立意好的作品来。学生在一篇《师情难忘》的文章中这样写道：“据我所知，得到马老师帮助的人成千上万。”“不论是大事、小事，好办的事、难办的事，顺心的事、烦心的事，只要找到马老师，都会得到他的鼎力相助。我的工作调动，对于马老师来讲，可能是很平常的一件事，他可能已经淡忘，但我却终生难忘。”

马老奉教师为最崇高的职业，并用全部的爱与热情培养出无数和他一样爱岗敬业、成绩突出的学生。他认为“青年是未来，是希望”，和学生们在一起，自己的心永远年轻、有朝气。每每谈到他心爱的学生，马老总是兴致盎然：“不论什么时候，我从心灵深处都永远不会忘记我的学生们，他们从来不计较我知识的不足和教学上的缺点。虽然我没有教好他们，可是他们对我的厚爱却始终感染着我……”

学生张伯龄感念当年马老对他的帮助，曾以《赠马作楫恩师》一文，深情写道：

> 一别恩师四十年，重逢我亦两鬓斑。无边往事心头涌，千言化作一跪间。老白一壶意长久，无弦琴上情绵绵。归来长恨无所报，遥寄小书祝寿安。

在40余年教学生涯中，马老无时无刻不把学生放在首位，时时处处为学生着想，甘当人梯。同时他又怀着一颗赤诚之心，坚守在自己的岗位上，几十年如一日，兢兢业业。

淡泊名利，为人谦和

写过马老的人很多，篇篇佳作中都能看到一致的认可和赞扬，即马老的人格力量，他的谦逊平和及乐观豁达。

面对自己几十年来取得的成绩，马老淡然处之。他这样客观而毫不留情地解剖自己的不足："我是一个平凡的人，只是写了几首诗而很幸运地被人们所肯定而已。"学生张明芳说："马老师是个诗人，更是个教师，不一定所有人都能读懂并且喜欢他的诗歌，但有一点无人不敬佩，那就是他的人品，可以肯定地说，凡是跟马老师有过交往的人，总有这样的感慨：他诗如其人，人如其诗。"

在这物欲横流、纷繁多变的社会里，马老始终坚守着心灵的净土，几十年来在风风雨雨中处变不惊，从不谈自己心灵深处所遭受的伤害。他没有抱怨，没有哀叹，在默默忍受的同时，执着而乐观地追求着属于自己的梦。马老曾这样写道："文艺界著名作家、诗人、文学编辑和我的良友、学生，他们为我撑起了诗海航行的风帆，使我与诗苦苦相恋，在涛声和帆影中，我饱享人世间的温馨。"(《岁月苍茫》)尽管社会曾给予他不堪回首的苦难，但是他以老一辈知识分子特有的坚贞和勇敢的毅力，不懈地奋斗着，不计较也不退缩。正如《寒鸦》一诗所写：

> ……寒鸦不记屈辱与苦涩，也会忘掉经受过的风雨沧桑，她会随遇而安，因她有超逸的思想。

马老以乐观明朗的笔调，以寒鸦的"屈辱与苦涩"来隐喻自己过去的不幸，却丝毫看不到他对社会的不满和气愤。

马老的诗歌成就是很高的，诗歌界专家们认为，即使将他与当代诸位大师相提并论，也毫不过分。但是由于诗人生活环境的局限，致使他没能得到应有的地位及评价。这对于我国诗坛是个损失，而对马老也是相当不公平的。然而淡泊名利的马老豁达坦然地接受了这一事实，反而觉得人们对自己已厚爱有加了。

诗曰：“老骥伏枥，志在千里；烈士暮年，壮心不已。”马老如是！

山西大学校友会供稿

心随朗月高　志与秋霜洁

——杰出食用菌专家刘波教授

一

能够采访刘波老师，是我的荣幸。

老先生是慈祥的、亲切的，没有拒人千里的疏冷客气，我心里充满了感动！

坐在刘波老师的书房里，我悄悄地调整着自己的心绪，想要提出此次采访的问题。谁知我还没有开口，刘波老师倒先说话了，他先对自己做了一个评价，说：“我认为我是一个在学术和政治上都很成功的人。”听了这话，我着实吃了一惊，不是因为他的成功，而是源于他的自信和坦率。在随后的交流中，我才顿悟：自信与谦逊其实并不矛盾，在所谓的成功者的行列里，只有滥竽充数的人，才会害怕承认自己的成功；而真正的成功者们从来都是敢于肯定自己的，因为他们有艰辛的奋斗史和累累的成果足以证明自己。刘波老师便属于后者。是的，他谦和的笑容、成书的文稿，无不向我昭示着一种精神和力量。这种精神是心如规矩、志如尺衡般的学而不倦；这种力量是泰山崩于前而面不改色。正是这样的精神和力量铸就了刘波老师在学术和政治上的重大成就。

二

1927 年 3 月，刘波出生于天津市武清区黄花店。父亲是一个造酒厂的总经理，厂址在距北京 30 公里的青云店，因此，家庭经济还算殷实。父亲很忙，没有太多的时间去关心和教育他，然而父亲性格中的开明和乐观、忍耐与坚强却是刘波最先汲取到的一种精神营养，这使得他在此后的人生路上受益匪浅。

1948 年，刘波考上了当时的中国大学生物系。第一个寒假后，中国大学与北师大合并，组成理学院第二部。1949 年适逢山西大学向中央申请创办理学院，而中央经过权衡之后决定将理学院第二部划归山西大学，于是刘波即远赴山西大学进行二年级的学习深造。从此他与山西、与山西大学结下了不解之缘。我曾惊讶于刘波老师的这种决断：山西大学虽然是最早创办的三所国立大学之一，但是当时北京还有更多有名的高等学府呀，是什么样的决心和勇气使他义无反顾地来到偏远的山西呢？刘波老师笑了笑说：“当时山西与各地的差别没有多大，我并没有考虑到这些问题，只是想来，结果就来了。这可以说是我人生中的第一个机遇。”采访中，刘波老师一直向我强调他的成功来自机遇和奋斗。是的，机遇加奋斗，这是所有成功者的“五字箴言”。说起来简单，做起来难啊！在我的感叹中，刘波老师又向我说起了他的第二个机遇：1950 年，中华人民共和国成立之初，神州大地满目疮痍，百废待兴，当时他正上大学二年级。在第一节植物形态学课堂上，曾留学法国的王宗清教授沉重地对学生们说：“我们偌大一个中国，现在只有几个人在研究真菌，这怎么行呢？希望你们当中有人能立志于真菌的研究，早日填补我国真菌领域的空白。”王教授的一席话点亮了刘波心中的一盏灯，一盏梦之灯。从此，在它的指引下，这位 20 岁出头的年轻人找到了自己人生前进的方向。

三

“认准一条路，百折不回头。”是的，“认准了方向，当然就应该踏踏实实地走下去”。这是刘波老师的话。在大学里真菌仅仅是植物形态学的一部分，但是他特别钟爱这部分内容。刘波大学毕业后，自愿来到吕梁山下的汾阳中学教书，从此开始了他一生的职业教学生涯。远离都市繁华，他却呵呵一笑：“当时的汾阳中学有很好的实验设备，环境也很好，这些对真菌的研究工作可是有很大帮助的呀！”事实证明刘波老师的选择是没错的。在汾阳中学，他一面承担着繁重的教学任务，一面艰难地叩击真菌世界的大门。那时候的生活是紧张而快乐的。刘波老师说，汾阳中学的环境很好，夏天绿树成荫、花香沁人，冬天白雪皑皑、疏梅映窗，更重要的是，汾阳中学背靠的吕梁山给他采集蘑菇标本带来了很大的方便。距离汾阳中学二三十里地有一道沟，叫头道川，那里有一片茂密的森林，他经常带着学生到那儿去采集蘑菇标本。林区的树木很茂盛，地上更是杂草丛生、荆棘遍布，而每逢下雨后，空气会变得特别闷热，杂草堆里也会滋生出很多蚊子，偶尔还会有几条蛇在地上蜿蜒而过。但这些并没有吓倒他和他的学生们，几年来他们在这片林区里搜集了多种蘑菇标本，这对他的真菌研究工作有很大的帮助。1956 年刘波加入九三学社，并在《生物学通报》发表了第一篇文章《锈菌》，随后几个月，他又接连发表了《蘑菇的采集鉴定与保存》等文章和译文。他的名字引起了母校的注意，这年9月，他被调回母校生物系任教。

四

“事实上，我回校以后，立即被派到上海的华东师大去进修，时间是两年，而我的第一本著作《蘑菇》便是在华东师大进修时写成的，这本书被认为是中国最早的系统地研究蘑菇形态、特征及生态环境方面的专著。”1960年，他的《黑粉病菌及其防治》由农业出版社出版。1964年，又由科学出版社出版了他的《蘑菇及其栽培》。1966年,他的《黑粉病菌及其防治》修订本也出版了，这期间他还发表了一系列的论文。至此，刘波老师在真菌学界脱颖而出了。

在十年“文化大革命”中，他利用各种空隙，继续着自己的真菌研究工作。一次偶然的机会，他听人说起一种叫“舒筋散”的药，是用多种蘑菇制成的，于是他便找到医药公司，并在库房里找到十数种蘑菇，由此，他开始了对药用菌的研究。在那样的年月，这样的研究是很艰辛的，当时这方面的资料和标本都很匮乏，于是，他便暗地里尽一切可能查阅中外文图书，并且利用各种机会，到各地去拜访乡下老中医，收集民间有关药用真菌的资料和标本。艰苦的奋斗当然会换来丰硕的成果。1974年，他的惊世之作《中国药用真菌》由山西人民出版社出版了。该书出版后被日本真菌学泰斗平冢真秀教授组织人力译为日文，于1975—1977年连载在他们的《菌蕈》月刊上。至此，由中国人写的生物领域的专著首次被外国人翻译，这在中国的生物学界是史无前例的。由于这些斐然的成绩,1978年他被破格晋升为教授。说到这点，刘波老师是颇有些自豪的。

五

改革开放的春风吹遍了神州大地，在这样一个鼓舞人心的时期，刘波老师也在国际真菌学界声誉鹊起。党的十一届三中全会后五年，他著书 6 本，仅 1984 年就出版了 4 本专著。其中两本英文专著和部分论文分别在美国、联邦德国、加拿大、奥地利等国家出版和发表。提起这样的成绩，刘波老师是平静的，但是提到党的十一届三中全会，他却显得格外激动，一再强调：党的十一届三中全会是知识分子的转折点，如果没有这次会议，也不会有他此后的诸多成就。听了他的话，我突然明白了他为何要加入中国共产党，为何半生执着与坚定于学术研究，原来是源自对党、对社会主义道路的信赖和崇敬。

刘波老师一直致力于地下真菌的研究，他是中国地下真菌研究的创始人。中国拥有丰富的地下真菌资源，但是在 1963 年以前仅报道过数种。经过他和他的合作者系统地进行采挖和研究，21 世纪初就达 150 种以上，他们为中国在该领域的研究和开发做出了突出的贡献，并彻底否定了西方学者中国没有地下真菌的错误论断，并将中国地下真菌的研究提高到了应有的国际水平。

在 1964 年以前，他发明的菌砖式食用菌栽培法，就已推广至全国及日本，为农民创造了巨大的经济收益。1984 年，他又出版了《低等真菌分类与图解》一书，这为农业真菌病害防治和轻工业发酵菌种的鉴定，提供了重要依据。而从 1983 年与几个同行创建山西省食用菌开发研究中心到 1987 年担任山西省食用菌开发领导组的副组长兼顾问，刘波老师为山西的食用菌产业的发展，为大批农民走上致富之路，甚至为山西的食用菌出口创汇，都做出了极大贡献。为了表彰他的此项贡献，1997 年，中国食用菌协会特意给他颁发了杰出食用菌专家荣誉证书。

刘波先生的成就实在是太多了，各个时期、各个类属，或大或小，真是难以排列，只好粗略记述，他独立或与人合作发现真菌新属 4 个，新种和新变种 115 个，填补了世界真菌领域的空白，并在国内外出版真菌学专著 23 部，主持、策划 2 部，主审 2 部，发表论文 144 篇，应同行学者之邀为他们的著作写的序、前言、介绍、评论 22 篇，文学作品 12 篇，共 433 万字，与全世界 300 多位专家学者建立了学术联系，甚至 76 岁高龄还在主持国家自然科学基金重大项目……

莫道玉关人老矣，壮志凌云，依旧不惊秋……

刘波，一位令我崇敬的科学家！

山西大学校友会供稿

师道楷模　学界名人

——历史学家乔志强教授

乔志强（1928 年 3 月—1998 年 11 月），终身育人，硕果累累。他多次荣获校、省和国家奖励和表彰，从 1992 年起享受国务院有特殊贡献的专家津贴，曾被国家教委、人事部评为全国教育系统劳动模范，被授予“人民教师”奖章。1991、1996 年，两次被授予“山西省优秀专家”称号。

少年求知

先生诞生于山西省城太原一个知识分子家庭，父亲乔松岩，主要供职于太原国民师范学校和山西省教育学院。其父颇喜欢文史，在乔志强开蒙以后，就不断地给他看《纲鉴易知录》《古文观止》等书及《清史演义》《隋唐演义》等历史演义和《东周列国志》等历史小说，使少年乔志强对历史产生了初步的兴趣。这时，他已经学着用古文的调子写文章和记日记了。

初师和高师阶段，在父亲和老师的严格要求下，他阅读了大量的文史书籍，打下了坚实的文史功底。对他影响最大的是中学老师，正如他在一份回忆材料中所说的："这样给我思想方法以长远的影响，就是说话、做事、思考，必须'有据'。我后来虽然搞了历史科学，但讲课、写文章就和做几何、代数题的习惯一样，一件事、一句话必须有前提、有证明，空话说不出来……这些思维方法、逻辑方法，确确实实是中学数学老师给训练的。好像笨拙，但至今不悔。"（乔志强：《回顾与展望》）

大学四年

1947 年，19 岁的乔志强满怀着对知识的渴望考入山西大学历史系。大学的专门化教育为他发挥特长、继续钻研创造了良好的读书条件。从此他就如饥似渴地埋头苦读古今中外历史学、哲学、经济学、逻辑学等专门书籍，大大拓宽了自己的知识面。

1948 年夏天，山西大学全体师生在地下党组织的领导和进步思想的推动下，搬到北平和张家口地区。受学生运动的感染，他读了一些进步书籍，甚至成为进步学生运动的参加者和带头人。太原解放后，山西大学迁回太原，乔志强开始学习辩证唯物主义和历史唯物主义原理。他认真钻研当时在学生中传阅的毛泽东的《新民主主义论》《中国革命和中国共产党》、艾思奇的《大众哲学》、薛暮桥的《政治经济学》，以及《中国民主解放运动史》等著作。1949 年底，他被选入学生会，还被选为太原市学生代表……马克思主义的理论方法和他亲身经历的中国革命运动，促进了他思想认识的提高和视野的拓展。到毕业前写论文的时候，为密切联系当时的社会现实，他选择了中国近现代史及辛亥革命前十年这一专题，并以山西的争矿运动为主题，出色地完成了毕业论文。

大学教师

1951年山西大学历史系毕业后，乔志强一直在山西大学从事历史学的教学与研究工作，曾担任多年的历史系主任和历史研究所所长，是一位纯粹的本土学者。乔志强的讲课条理分明，逻辑严密，受到学生的欢迎。

在从事历史教学的过程中，乔志强也开始了科学研究工作。对于自己选准的辛亥革命前十年史的研究，他脚踏实地，循序渐进，从搜集材料入手。山西是义和团活动的主要地区之一，为了搞清基本史实，从20世纪50年代初期开始，他就坚持背起书包，带上相机，跋山涉水，实地走访考察了许多城镇乡村，并且通过去图书馆、档案馆以及通信访求等形式，搜集到了大量稿本、档案等第一手材料。由于没有复印条件，收集的资料只能手抄，在他的书架、案头上堆满了一摞摞的手抄资料。根据这些资料，他编出一本本大事记。在这种扎实有据的工作基础上，乔志强完成了《曹顺起义史料汇编》（乔先生最早出的一本书）、《山西制铁史》（山西人民出版社1978年出版）、《义和团运动山西地区史料》（山西人民出版社1980年出版）等著作。其中《山西制铁史》学术界评价颇高，《光明日报》（1980年4月5日）、《山西日报》（1980年3月23日）均刊文给予肯定评价。著名经济史学家严中平教授认为该书"取得显著成绩"。《义和团运动山西地区史料》则填补了山西地区义和团运动研究的空白，学界给予高度的评价。日本"中国问题研究所"的学者索要此书，并来函给予好评。

这一时期他参加编译的著作、工具书也不少。《中国近代史新编》（人民出版社1981年出版），全书三册150万字，他是作者及定稿人之一，上册出版后，《人民日报》1982年2月9日曾刊载署名文章予以肯定评价。《中国近代史知识手册》（中华书局1980年出版）已再版三次，他是作者之一。《中华近代史稿（上下）》（人民出版社1976年出版），他是作者之一。他还与人合作翻译过《东方各国近代史》第二卷（三联书店1958年出版）。

此外，他还在《山西大学学报》《近代史研究》《历史教学》《光明日报》

等报刊上发表有关义和团史、辛亥革命史的学术论文若干篇。他的《辛亥革命前夕学堂的兴起》被选入中华书局出版的《辛亥革命七十周年纪念论文集》……他的专著《辛亥革命前的十年》（山西人民出版社 1987 年出版）是建立在严谨的治学态度、艰苦的工作过程基础上的，是他在史学领域三十年辛勤探索的结晶，这部著作获山西省优秀学术成果一等奖。

钟情社会史

十一届三中全会后，学术的春天到来了。正如他所回忆的那样："我们人类的历史是立体的、发展的，各个方面都横向互相影响又互相推移发展，我们研究工作中只考虑任何一面都不能成为综合的历史。而且历史又是动态的，必须研究它的发展，就是说也要面向未来，面向世界，要为现代化服务……因而我产生了研究中国社会史的想法，就开始读有关的书，查阅资料。"（乔志强：《回顾与展望》）1978 年乔志强开始招收中国近代史专业的研究生，1982 年开始招收中国近代社会史研究方向的硕士生。20 世纪 90 年代初，中国社会科学院近代史研究所特聘他为该所博士生指导小组成员。在他的亲自培训下，这支学术梯队迈开了向社会史领域进发的步伐。

乔志强本科生和研究生开设了中国近代社会史、中国近代社会史史料学、中国近代社会史研究方法等新的课程。在这一新领域的探索过程中，他对社会史的对象、任务、内容、方法等问题进行了系统的思考与探索，提出了一个中国近代社会史的初步纲要。1984 年在全国第二次文化史研讨会上，他首次提出系统的社会史学科体系，对社会史的诸多理论问题阐述了自己的观点。以后，他带领青年教师和研究生参加了第一届至第六届中国社会史国际学术研讨会，提倡以整体通史的观点研究系统的中国社会史，并努力构建中国社会史学科的知识体系。虽然这种探索是在没有任何借鉴的条件下进行的，但他不惧失败，以卓越的胆识和超前的眼光勇敢向前，终于取得了令人瞩目的成果。

经过长期的艰苦探索，乔志强先生形成了自己较为完整的社会史理论知识体系。他认为，社会史研究的对象是社会的历史，是人类有史以来赖以生存并不断结成的社会本身的历史，社会史是与政治史、经济史、文化史等平行的专史，缺乏社会史的通史不是完整意义上的通史。

1992 年，乔志强主编的《中国近代社会史》由人民出版社出版。这部 40 万字的专著是我国第一部系统的社会史著作。它的出版在学术界引起了较大反响。《人民日报》《光明日报》、中央电视台都曾予以报道和评论。《中国近代社会史》的问世，使乔志强多年来孜孜以求的整体社会史学科的创建有了初步成就。这部著作获国家教委优秀教学成果三等奖、山西省优秀教学成果一等奖。

最后的岁月

经过反复思考和论证，乔先生把目光投向了地域社会史的研究，力图以它验证、修正和深化整体社会史理论。他带领一批研究者投入对华北农村社会变迁的研究中，这项研究 1993 年受到国家社会科学研究基金的资助，以山西大学中国社会史研究中心为基地，紧张而有序地展开了。晚年的乔志强对此项目倾注了大量心血，他不仅部署弟子按各自专长分工研究编写，而且亲自撰著，严格把关，进一步丰富和完善社会史的理论知识体系，1998 年底，由乔志强任主编、行龙任副主编的 80 余万字的《近代华北农村社会变迁》由人民出版社推出，立即引起各界关注，《中华读书报》“学者匿名评书”盛赞“此书堪称一部体系完整的社会史著作”，“全书史料之丰富、分析之细腻都是同类著作中少见的”。

在开展华北研究的同时，他又亲自主编了 90 多万字的巨著《山西通史》（中华书局 1997 年出版）。在这部史著中，实际上已经贯穿了将整体社会史研究理论应用于地方史研究的实践与思想，这在省一级地方通史的研究中具有开风气之先的意义。

乔志强培养了大批本科生，桃李满天下；他指导了 40 多名硕士研究生，其中多数已成为各单位教学科研的骨干；他培养和领导的以山西大学为中心的社会史研究梯队成绩突出，在史学界享有盛名……

先生倒在了这片他亲手耕耘过而今仍然需要他关怀的土地上，他的高风亮节永远让人怀念。他为后辈史学研究者们开拓了一个崭新的研究领域，留下一块肥沃的处女地，新一代的史学工作者一定会在这块土地上有更丰硕的收获！

行龙，山西大学中国社会史研究中心主任、教授、博士生导师，山西大学原副校长

筑梦黄土地　奉献在三晋

——黄土高原地理研究所原所长张维邦教授

张维邦教授出生于湖南省雪峰山东麓的邵阳市洞口县山门镇。小时候，他在家乡的青山绿水中尽情地嬉戏玩耍；上学时，他就很喜欢自然、地理课；读书时，他偶然得到一本地理书《世界之最》，爱不释手，背得滚瓜烂熟，同学们问他相关地理知识时，他总能对答如流，被大家戏称为“地理小博士”。

张维邦（前排右四）在河曲沙坪村试验驻地

崭露头角

在中华人民共和国成立之初的1950年，湖南大学在各地市招生，张维邦听说湖大招生老师到了邵阳市后兴奋不已，和另一位同学步行了三天，走了100多公里去参加考试。他最终以优异的成绩被湖南大学经济地理系录取。大学期间，他的学习成绩名列前茅，与同学们相处融洽，被推选为系学生会主席。他喜欢钻研，且有股初生牛犊不怕虎的勇气，把自己的学习心得写成短文《评〈祖国的地形〉》，投给当时国家唯一的地理刊物《地理知识》，该文在1951年9月号正式发表。接着，他又在该刊物上发表了《祖国的动力资源》《东北的工业建设》两篇文章。

湘才入晋

1953年，新中国开始了第一个五年计划，急需大批人才，张维邦提前走出校门，奔赴祖国建设的前沿，被分配到山西大学工作。当时山西大学的校长是著名民主人士邓初民先生，学校分师范学院和工学院。师范学院院长是著名历史学家梁园东教授。师院刚开设地理科，只有四位教师，很缺人手。梁院长听说张维邦曾在《地理知识》上发表过多篇文章,高兴地和他畅谈工作,要他马上准备上课。就这样，青年学子张维邦在既没有固定教材又无人指导的情况下，边学习边备课，圆满地完成了教学任务，获得了学生的一致好评。

同时，他在紧张的工作之余还编写了第一本著作《太原》，由上海新知识出版社出版，成为当时山大青年教师中出版著作的第一人。

情系黄土地

第一次踏上千沟万壑的黄土高原，张维邦便对山西生态环境遭到的破坏状况印象深刻。不曾想以后几十年间，这个看惯南国青山绿水的湖南青年竟与这片黄土地结下了不解之缘。自 1953 年在山西大学工作后，他多次带队深入黄土高原实地调研，积极探索改造治理黄土高原的科学途径。1965 年，他率队到山西省五寨县实地考察，这是他第一次深入黄土地，也就是这次的亲密“接触”，使他开始警觉黄土高原面临的严峻问题。“那里黄土裸露，沟壑纵横，水土流失极为严重，粮食亩产才几十斤，乱垦滥伐，越垦越穷，越穷越垦……”

1975 年，他带领团队进行了山西省农业地理考察，在接下来的日子里，他长期深入黄土高原不断调研，在当时就提出诸多有建设性的观点和主张。由他起草的《自然资源和农业区划报告》获得了当时国家科委主任范长江的高度评价。1980 年，他参加中国农科院“国外农业现代化经验研究项目”，其研究报告获国家科技情报集体二等奖。这些成绩是对这个初出茅庐的青年人的肯定，也让他更加坚定了将毕生所学致力于黄土高原的信心和决心。

委以重任

1981 年，张维邦正式向山西省教委和科委提出在山西大学建立专门研究黄土高原地理环境及其治理改造问题的研究所，得到了两委主要领导的大力支持。为此，两委专门召开联席会议，并委托他代表两委向省政府提出建立黄土高原研究所的报告。同年 12 月 10 日，省政府召开第 37 次常务会议，“同意建立山西大学黄土高原地理研究所，设在山西大学，编制由山西大学内部调剂”。1982 年 3 月，山西大学黄土高原地理研究所筹备组成立，张维邦同志为筹备组负责人。这是山西省人民政府通过会议决定的在山西大学建立的第一个科研机构。1982 年 7 月，研究所迎来第一批大学毕业生，他们很快就熟悉了自己的岗位，科研工作随即展开。1984 年 11 月，山西大学任命张维邦同志为研究所所长，张保德同志为党支部书记。1989 年，经国务院学位委员会批准，山西大学黄土高原地理研究所获得硕士学位授予权，这是山西省地理学界的第一个硕士点。1991 年，黄土高原地理研究所被评为山西省科技工作先进单位。

1983 年以来，张维邦先后进行过黄土高原晋西、宁南、陕北山区和毛乌素沙漠及东北大兴安岭等地的考察。1986 年以来,作为国家科技攻关项目“黄土高原综合治理定位实验研究”的重要参与者和“黄土高原治理：河曲砖窑沟流域综合治理科学实验区”课题的主持人，他在刘东生院士、吴传钧院士等的支持和帮助下，率领研究所科研人员对河曲实验区内的水、土、气等自然条件和经济状况进行了全面调查，在此基础上为当地开出了治理水土流失的一剂良方：“水保为纲，林木为主，粮食自给，多种经营”。经过五年的艰苦努力，实验区内自然、经济面貌大为改观，为我国黄土高原治理提供了极有价值的参考案例。

他在主持和参与黄土高原综合治理科技攻关课题期间，先后出版学术专著 6 部，发表学术论文几十篇。其中，1983 年撰写的《黄土高原整治设想》一文被国务院经济研究中心、中央书记处研究室、国家计委国土局等中央机关内参采用，并在《人民日报》发表。同年撰写的《黄土高原国土整治方向初探》一文被国家计委的《国土开发整治参考资料》等 4 种书刊转载。1989 年撰写的《论黄土高原农业发展战略》被国务院能源办的《能源基地发展战略论文选编》等 3 种书刊转载。

从 20 世纪 60 年代初的黄土高原典型地区农业地理和农业区划考察开始，他多次组织科研队伍深入黄土高原实地调研，积极探索黄土高原综合治理的科学途径。20 世纪 90 年代初，他作为国家科技攻关重点项目“黄土高原综合治理定位实验研究”和“黄土高原治理：河曲砖窑沟流域综合治理科学试验区”的主持人，荣获国家科技进步一等奖。也因此，张维邦教授成为山西省第一位获得国家科技进步一等奖的学者。

潜心育人

刚来山西大学时，学校还没有地理系，只有历史系下设的史地科。在当时的校领导梁园东教授的鼓励和信任下，刚毕业不久的他大胆接受世界地理课程的授课任务，开始了他的教学生涯。为了打好第一仗，他夜以继日撰写提纲，自编教材，认真备课，为同学们倾心传授自己的知识，受到了师生们的一致好评。由于在教学和科研方面的出色表现，入职两年他就被学校破格提为讲师，这是山西大学的第一批讲师。

根据自己教书育人的经验，他要求研究生要学会做人，要爱国立德；要独立思考，不盲信权威和外来观点；要重视实践，调查研究。他一直致力于培养研究生们独立思考、敢想敢干和理论联系实际的能力，坚信搞研究要大胆突破，不能因循守旧。

余热不减

1995年退休后，受山西省地方志办公室委托，张维邦教授主编了《山西省志·地理志》，次年由中华书局出版。在2007—2008年间，他开始整理自己的教学和科研成果，精选60篇分类编排和修改，汇编成《地理科学与国土整治及区域发展研究》一书，由中国社会出版社出版。中国地理学名誉理事长、中国科学院吴传钧院士欣然为该书作序，并称赞“维邦同志对我国地理科学事业，特别是山西省地理科学事业的发展确实做出了重大贡献”。退休后的十余年，他从未停下过前进的脚步，家里人半开玩笑地说：“他有一颗永远忙碌的心。”

黄土高原地理研究所供稿

执着于光荣的荆棘路

——知名教授程人乾先生

一位智者曾经说过，在人的一生中，最重要的就是选择，而贯穿于人生的每一次选择无论是对是错，都应该无悔，因为那是自己做出的选择。一个70岁的老人经历过人生坎坷，经历过世事沧桑，明白了世间并没有经久不变的永恒，理解了人生原来有太多的无可奈何，听见了身体如一枚巨大的沙漏，夜以继日地流逝着生命，无可挽回。如果他仍愿意保持一颗年轻激昂的心，如果他仍选择为钟爱的事业孜孜不倦……那么他的生命必定充满力与美，充

满青春和爱的张力，年轻而强悍……

这就是程人乾教授——在学术的幽谷中不断寻觅、苦苦跋涉的苦行僧，在生命史上矢志于一事、执着于一点的理想主义忠实的守望者。

一

我们一次一次地走，是为了一次一次地回。

——泰戈尔

程人乾教授出生在恬静的江南水乡，那里给予了他与大自然最亲近的接触,那种“天人合一”的淳朴与自然,激发了他对生命本原最初的思考。在当时，那个天真孩童的心中，故乡的生活就像是一块巨大的磁石，深深吸引着渴望探询的眼睛和心灵——古色古香的民居建筑，被岁月剥蚀得沧桑的古树枫林，薄雾笼罩下的青石台阶，还有民间艺人口中让人神往的历代传说故事……得益于江南水乡文化气韵的感染和书香门第的熏陶，他从小就阅读了四书五经等中国古代书籍，其中的大量篇章甚至达到了出口背诵的程度，他从中汲取了丰富的史学知识，也提升了文学修养。

少年时代的勤学苦练，使他如愿以偿在 20 世纪 50 年代初考入了莘莘学子无限向往的求学圣殿——北京大学。得益于良师的帮助和鼓励，在北大学习的日子对于年轻的程人乾教授是满足而又快乐的。由于优异的学业成绩和不久后参加国家选拔考试时的出色表现，很快他就作为优秀青年代表被选派到东欧留学了。在一个秋高气爽的日子里，他带着青年学子的热忱，带着对祖国母亲的眷恋，踏上了西去的征程。六年悠长的留学岁月里，凭着对祖国热烈深沉的爱，凭着对理想和信念的坚持和追求，他一心扑在对波兰史的研究上。1960 年获得硕士学位后，他义无反顾地回到了在异国魂牵梦绕了千百回的祖国大地。

二

如果能追随理想而生活，本着正直自由的精神、勇往直前的毅力、诚实不自欺的思想而行，则定能臻于至善至美的境地。

——居里夫人

留学归来后，程人乾教授被分配到山西大学历史系任教。拳拳赤子报国心让他把全部精力投入科研和教学工作当中。作为在特定历史条件下成长起来的20世纪50年代知识分子的一员，程人乾教授始终没有放弃追寻学术的高峰，继续在开创事业的天地里披荆斩棘，为荣誉而战。对于在北大时就被深厚充实的精神底蕴滋养的程人乾教授来说，再多的痛苦和磨难只是体味别样人生，并不会使他像没有根的浮萍一样随波逐流，更不会被各种狂潮席卷得偏离了科学精神的方向。因为，信仰就是他的生活方式。

在那个阳光明媚的春天后，先生迎来了人生中成就事业的黄金时期，开始了深沉的学术探索。

早在北大念书的时候，先生就对罗莎·卢森堡——国际共产主义运动史上伟大的革命家和理论家——这位富有传奇色彩的历史人物产生了极大的兴趣。在波兰留学期间，先生就曾怀着一种敬仰之情参观了她的故居，研究了她的著作，收集了关于她的大量资料。“文化大革命”结束后，先生继续进行一度被终止的对这位历史人物革命斗争的研究工作。秉承严谨认真的科学态度、实事求是的科学精神，创造性地运用历史唯物主义和辩证唯物主义的科学方法，程人乾教授大胆突破学术禁区，先后发表了《罗莎·卢森堡研究中的若干问题》(《国际共运史研究》)、《罗莎·卢森堡重新评价的几个问题》(《山西大学学报》)、《罗莎·卢森堡论议会政治和议会斗争》(《国际共运史研究》)系列文论，对罗莎·卢森堡及其思想理论，进行了客观而富有创见的评价，并因为在这一问题上的突出研究，多次参加国际国内关于罗莎·卢森堡的学术活动。1994年12月，程人乾教授倾注极大精力和心血写成的《罗莎·卢森堡——生平与思想》由人民出版社正式出版。这本书不仅拥有较高的学术价值，达到了国内外相关研究的前沿水平，填补了国内研究的空白，而且具有重要的现实意义。此项研究成果 1999 年荣获首届国家社会科学基金项目优秀成果三等奖。

除了对罗莎·卢森堡及其思想的研究，程人乾教授同时还开展了对波兰、东欧史的研究。或许是受青年时代在波兰留学的影响，在他的学术生涯中似乎总是对波兰有着一种千回百转的情结。程人乾教授发表了《波兰抗俄民族英雄——科希秋什科》(《历史研究》)、《波兰民族解放运动在世界近代史上的地位》(《世界历史》)、《1939 年的德波战争》(《历史研究》)、《第二次世界大战时期国际舞台上的波兰问题》(《晋阳学刊》)、《苏德互不侵犯条约试析》(《山西大学学报》) 等文，与此同时，先生还撰写了《十九世纪波兰人民的抗俄斗争》，与人合著了《一八四八年欧洲革命史》等专著，并翻译了《路德维希·费尔巴哈的伦理学》《波兰简史》等，成为国内为数不多的罗莎·卢森堡研究、波兰史和东欧史研究方面的专家，并因此蜚声国际史学界。

同时，程人乾教授还对世界民族主义领域有着广泛和深入的研究，于 1996 年在《历史研究》上发表了《论近代以来的世界民族主义》一文，并发表了《当代世界民族主义纵横谈》(《当代世界与社会主义》)、《当代世界民族问题研究的几点思考》(《全球民族问题大聚焦》时事版)。在系列专题研究的基础上，先生主持了山西省留学基金项目——近代以来世界民族主义研究(1995—1998 年)。1999 年，由先生主持撰写的《涡流——20 世纪民族主义潮汐透视》作为《我们走过 20 世纪丛书》之一，由西苑出版社正式出版，其独特的观点在国内学术界具有填补空白的作用和领先一步的学术价值。

居里夫人曾经说过，“如果能追随理想而生活，本着正直自由的精神、勇往直前的毅力、诚实不自欺的思想而行，则定能臻于至善至美的境地。”程人乾教授就是这样，矢志史学，潜心求索，取得了丰硕的学术成果。

1979 年后，他先后担任了中国史学会理事、中国国际共运史学会常务理事、中国国际关系史研究会理事、世界近代史研究会理事、山西省历史学会副会长、美国名人协会副会长、剑桥国际传记中心成员等职务，在任职山西大学副校长和校长期间，他为山大的“上水平，出人才”呕心沥血，但他从未放弃学术上的追求，先后在国家、省市各级刊物上发表各类学术论文100多篇，出版专著10部，荣获国家级、教育部和山西省优秀社会科学成果奖多项。

三

品格高于才智——一个伟大的灵魂将会强健生存及思想。

——爱默生

“物新则壮，旧则老；新则鲜，旧则腐；新则活，旧则板；新则通，旧则滞。”程人乾教授说到自己做学问最看重的是要与时俱进，注重创造性。所以，在自己的学术研究中，程人乾教授不断开拓新领域，不断达到新境界，而且思考问题时有自己的独到见解和创新。

程人乾教授不仅有深邃的学术修养、严谨的治学精神、与时俱进的创新精神，更重要的是有崇高的人格魅力和宽广的胸襟。对己，他认为在任何逆境中，都要扼住命运的咽喉，奏出生命的最强音；而在学习工作中，要有进取心和自信心，相信“天生我材必有用”“勤能补拙”，并不断地充实和完善自我，而且一旦认准目标绝不随波逐流；对人，他说：“海不辞水，故能成其大；山不辞石，故能成其高。”尤其是对研究生，学业上严格要求，生活上平易近人；对同事，坦诚相待，乐于助人……

程人乾教授高尚的品格不仅深为其麾下的莘莘学子所敬仰，而且为周围的同事和学界同仁所称道，名声远播国内外。

山西大学校友会供稿

一次复试

——我与导师彭堃墀先生的情缘

今年春节前夕，中共山西省委教育工委下发文件，号召在全省教育系统开展向彭堃墀院士学习的活动。宣传部门希望我写点什么，我有点推脱，因为省委教育工委的文件中已经对学习彭老师的精神总结得很到位、很好很全面了：爱国情怀，淡泊名利；严谨治学，敢于创新；潜心育才，甘为人梯；大德至上，勇攀高峰……我确实总结凝练不出更多、更好的东西。

前排：谢常德（左）与彭堃墀

另一个原因是彭老师一向不喜欢大家学习宣传他，更不用说官方和媒体以大张旗鼓的方式。先生向来为人做事低调，我自己也基本上是这样被时时刻刻敲打过来的。记得先生 80 岁那年，我们这些他的学生，还有学生的学生，也曾商议过组织一次庆祝活动，比如组织一次学术会议什么的，大家写点什么感想、总结之类的，但是他对这样的活动很不积极，也不太赞同，我们只好放弃了。另外是建所 30 周年和 35 周年，还有其间有那么少许几次，心里想着借助某个时间节点，总结和梳理实验室以及我们这个团队能在他的带领下不断成长壮大的原因，但也都一次次因为各种原因而放弃。

现在突然让我写点什么，一时不知道从何处说起。我就讲讲我的硕士研究生复试经过吧，算是对学习上面提到的那些精神以及我个人理解的产生这些精神所需要的彭老师身上的某些情愫的一种呼应吧。这次复试因为印象深刻，至今我还历历在目。

我是 1988 年四川大学物理系毕业的。那会儿在符合推荐免试的毕业生中，我排名靠前，留在川大上研究生是自然和合理的选择。但因为某些原因，也包括之前的一些沟通，了解到彭老师是川大校友，有很好的条件在进行国际前沿研究，于是我打算到山大跟彭老师读研究生。4 月份的时候，山西大学研究生招生办的温小玲老师还专程去了川大一趟，跟我沟通相关事宜，说推荐免试研究生需要 5 月上旬到山西大学参加一次复试。这个时间后来就定在 1988 年 5 月 6 日。那是我第一次乘坐几十个小时的火车，从西南到达北方的城市。那天我跟彭老师第一次见了面。

5 月 6 日早上 8 点钟，列车准时到达了太原。天空下着小雨，我感觉浑身发冷，立即乘坐公交车匆匆赶到山大。其时不到 10 点钟。我先是到物理楼找彭老师，被告知彭老师开会去了，不在办公室，中午再去找他。

我那会儿住在山西大学的招待所，中午就按照地址去“点式楼”彭老师家见到了他。他的爱人谢常德老师也在家。彭老师显得很年轻，谢老师更是，看上去只有 30 多岁吧。他们很热情，见我衣着单薄，立即找来衣服，并邀我吃饭。我说已经吃过了，他们夫妻俩坐下来开始同我交谈。由于都是四川人，尽管也讲普通话，我感觉到无论是他们听我说话还是我听他们说话，都很轻松。谈话很投机，至少我一点儿也没有感到拘束。彭老师问了我很多，包括何以选择来这个地方、如何回应人们对我来山大的看法，等等。我感觉自己的回答还算得体，大抵是很多人也不理解他当时为什么要回国、为什么选择山西之类的吧。尽管我的表达能力有限，然而我感觉到，他们给我的信息，正是我期望遇见的——一个心胸开阔、达观而又善解人意的师长。彭老师一边鼓励我，说年轻人应该以事业为重，积极进取，一边又告诉我，凡事应出于自愿，他说："你认为可以留下（读研究生），我是同意的；如果不愿意留下，也可以。"谈到将来，他说对于是否将来在这儿工作，那也是出自他和我，如果我愿回老家，他同意；如果我希望留校，而他这里不能留人，也不能留下，做任何事情都需双方自愿。他还用自身的经历告诉我，说不见得现在某些看似不合理的举动就是不合理的，有些事情需要历史的检验。他说："如果我当时不来山西，如果我回国后回到成都，我想不会有今天的一切。"他感叹说："一切都在于自己去创造，去进取。这儿与成都比较，可能缺少七彩之光、美味佳肴。然而，对于那些想按照自己的想法干事的人，却是一个好的选择！"作为 22 岁的年轻人，我那会儿听了这些话，感受并不深。历史不可重复，包括个人的历史，但这些话，今天看来，还是非常深刻的。

从彭老师家出来，他带我去了他工作的地方。从点式楼一直往南，一路上彭老师一边帮我撑着雨伞，一边跟我聊起川大的一些往事，回顾他的老师和同学的一些事……他带我走进研究生学习、实验的地方，并跟我介绍一个名叫张小虎的高年级研究生，让我跟他熟悉熟悉。看得出这儿的学习条件很好。之后，他又把我带到他的实验室，领我参观了先进的设备。这些仪器连同防振台都很先进，整个实验室布置得很协调。彭老师跟我说可以做当时国内唯一能进行的一些实验。我后来才知道，其中之一就是压缩态量子光源产生的实验。

之后我们又交谈了一些，他告诉我外语得抓紧，因为与国外接触、交流较多。下午他带我去报告厅，听了复旦大学一名教授的报告。

后来彭老师让我去研究生处问一下如何复试。我跑到研究生处去问，处里的人说，研究生复试是因人而异的，由导师决定复试方式并给出成绩。我告诉彭老师这些后，他说他知道了，说我办完事就可以走了。第二天我去彭老师家跟他们道别，他们叮嘱我路上注意安全，别忘了跟母校的老师带个好。

这次复试就这样在相互交流、参观、学习和听报告中结束了，我都没有回过神来，也不知道彭老师后来给我打了多少分。

25 年以后，我担任山西大学研究生院常务副院长，后来到学校分管研究生工作。作为研究生教育的管理者，同时作为一名研究生导师，接触了很多学生，参加了很多面试，我努力希望学生都有类似我的体验。时移世易，不知道后面有没有这样幸运的学生。

回顾从 1988 年第一次到山西太原跟彭老师见面，成为他的学生，后来留校跟他一起工作，到现在，一晃 30 多年过去了。其间，彭老师推荐我们出国留学、申请课题、开展一项一项科学研究和技术革新，研究所和实验室逐步发展壮大。

时光对任何一个人都是公平的，彭老师 1985 年回国组建量子光学实验室，成立山西大学光电研究所并担任所长，也即将跨入天命之年，却没有歇业的一丝心思。作为山大第一批申请获得国家自然科学基金的老师，他其时已超过 50 岁。但我们看不到他对事业的倦怠，他总是充满激情和对未来的期望。实验室在后来的发展过程中实际上遇到过这样那样的困难和挫折，现在回头看，都一个一个闯过去了，但当初的艰辛和跨越何其不易。彭老师的行为感召、影响着所里的每一名师生。光电所坚持“立足国内，面向世界，多出成果，快出人才”的方针，以“攀登、奉献”为实验室发展的灵魂，彭老师带领全所同志披星戴月、夜以继日地工作。在 20 世纪 90 年代初开展“光场压缩态实验”这一世界前沿课题的研究，并在 1992 年在实验上产生了压缩态光场。实验室被批准为山西省重点实验室。此后，研究所承担了越来越多的国家级课题，科研工作突飞猛进，完成多项国际领先的创新性工作……作为一个集体，物理学科在彭堃墀老师等前辈的带领下不断成长壮大，创造了一个又一个学校学科发展历史上的第一……他领导的科研团队先后被评为山西省优秀创新团队、教育部创新团队、国家基金创新群体、首批黄大年式优秀教师团队等。团队中现有国家杰青、长江学者等各类国家级高端人才 20 多名。团队先后荣获国家技术发明二等奖 1 次、国家自然科学二等奖 2 次。实验室也从教育部量子光学重点实验室变成了量子光学与光量子器件国家重点实验室，成为国内最早建立的开展量子科技的国家重点实验室，也是地方高校最早建立的国家重点实验室，光学学科也成为国家重点学科。2022 年，山西大学物理学科顺利进入国家"双一流"建设行列，实现了历史性的跨越。

作为他的学生，我不想刻意去解读他身上那些高大上的精神，更愿意作为一名普通的晚辈，去感受他作为一个师长所具有的那些个人的品质：真诚待人，公允正直，与人为善，坚定执着，持之以恒，脚踏实地，胸怀天下，具有远大的视野、包容的胸襟、朴素的情怀……这些作为人的情愫，或许早就埋藏在 30 多年前那把为学生遮雨的伞中、那一句句亲切交谈的话语中了吧。

中国有句古话——身教重于言教，"其身正，不令而行；其身不正，虽令不从"。彭老师的品德早已恒久地印刻在我的心灵，时刻勉励着我。我会将彭堃墀老师身上的那种精神，传递给我的学生，也希望我的学生将来能把这种精神传承下去。

张天才，山西大学党委副书记、副校长，量子光学与光量子器件国家重点实验室教授、博士生导师

在砥砺中前行

——校党委原书记相从智

山西大学已经走过一百二十年的历程，在这一百多年中，有无数学人在这里辛勤付出，他们为祖国培养了数十万名各类建设人才。其中有一位从山大毕业，二十五年后，又从地方回到山西大学担任党委书记的校友。在校十年，他和他的一班人带领山西大学从“文化大革命”的困境中走了出来，赶上时代步伐，实现了浴火重生。他就是目前已进入耄耋之年的相从智同志。

相从智（右）与杨振宁握手

一百二十周年校庆前夕，我们走访了这位为山西大学发展做出积极贡献的老领导。

踔厉奋发读书行

1939年，相从智出生于山西省临猗县一个普通农民家庭，国家的内忧外患、家中的生活贫困成为他儿时的记忆。年幼的他比较懂事，虽然有点懵懂内敛，但能主动承担家务，替大人操心分忧，艰苦的生活使他养成了勤劳朴实的作风和柔韧坚强的性格。

1947年家乡解放后，他开始上小学。当时父亲在外经商，他和母亲操持八亩薄地，农活一忙就得放下学习参加劳动。刚升初小四年级时，他听说埝底高小招生，没告诉家里便和几个同学投考，结果竟被录取。开始学习有点吃力，难免引起同学议论。他把这种压力作为一种挑战，化作一种动力，抓紧一切时间刻苦努力。功夫不负有心人，升入高小二年级后，他的成绩一直名列全年级（两个班）前三名。

1954年他顺利地考取了闫景初中，1957年初中毕业，正赶上国家压缩教育规模，全县初中毕业十几个班，高中只招一个班，这次他又如愿以偿考上高中。高中第一年结合反右斗争，学校在学生中开展了一场红与专大辩论和上山大炼钢铁运动，事后他思考怎样做人处世，认识到一个人要想成就事业，不但要有知识，还要坚持正确的政治方向，对人应当诚实、纯厚、谦虚、宽容、大度、热诚，要善于从周围人身上吸取长处，弥补自己的不足。有了这样的思想自觉，他在同学中威信逐步提高，一直被推选为学生干部。

1960年，相从智高中毕业，以较好成绩考入华北人民大学哲学系。当时国家遇到三年经济困难，半年后华大停办，同学们各回本省，他便到山西大学政治系学习，直至五年后毕业。在政治系，他较系统地学习了马列理论知识，又用一年半时间三次下乡参加农村社会主义教育运动，深入基层和工农群众，这使他经受了世界观、人生观的洗礼，对马克思主义的辩证唯物主义和历史唯物主义从理论与实践的结合上有了较全面的体认和掌握，从而受益终生。

回顾自己的一生时他说：“现在流行一句‘男怕干错行，女怕嫁错郎’，我庆幸自己选对了行业，这不是本事，而是运气。不过即使职业符合自己的特点，也还需要有知识和能力储备及主观努力。”

笃行不怠桑梓行

1965年大学毕业后，相从智被国家分配到黑龙江省齐齐哈尔市教育局工作，在那里经受了气候严寒和政治严峻的考验，三年后被调回家乡临猗县革委。1971年他被选拔到运城地区革委宣传办工作。“文化大革命”期间，他经受了艰苦复杂环境的磨砺，得到基层工作的锤炼。

1983年，因扎实稳健的工作作风和群众威信高，相从智被调往稷山县任县委书记。任职期间，他成功解决了许多干部群众中长期存在的矛盾和问题，实现了全县安定团结。他领导干部群众搞农村家庭联产承包，大办乡镇企业，引资3000多万元改善了全县基础设施，利用地理交通优势，新建了一座年洗90万吨煤的洗煤厂，实现了农业连年丰收，乡镇企业两年翻一番，为全县发展打下一个好的基础。时任地委书记庞耀光评价他：“思路清晰，工作实际，作风民主，团结同志。”1985年6月，中共中央领导到稷山县视察，对他们的工作给予充分肯定，并亲笔题词“开拓前进，努力再翻番”予以勉励。

1985年底，相从智担任运城地委副书记，分管经济和意识形态工作。在地委领导下，他为全区主持制定了到20世纪末十五年的经济和社会发展规划，获得省软科学奖。按照规划，先在全区干部群众中率先开展观念更新的解放思想教育活动，接着抓企业竞争承包，新办一批企业，使老企业开始焕发生机。他还推动群众文化普及和蒲剧振兴工作，带领地区蒲剧团进京演出，为武俊英摘取了戏剧梅花奖，同时推出一批蒲剧新秀。在京演出期间，他们受到全国人大常务委员会委员长彭真接见，国务院副总理姬鹏飞，全国政协副主席程子华、陆平等领导莅临观看。

1987年初，相从智刚到任运城地区行署专员，就提出用调整农业产业结构增加农民收入、靠兴办工业商贸发展地方经济。他顶住压力，在全区因地制宜，分片规划，大力发展农果牧渔和蔬菜种植，积极推广优良品种和先进技术，为运城地区后来30多年的水果蔬菜、经济作物发展开了个好头，打下了基础。在企业领导班子改制的基础上，他们集中抓了各县小化肥厂技改联营和几个纺织厂技改升级，发展了县域经济，创造了全区小麦历史最高产量，实现了全区工业产值5年、财政收入4年、外贸出口5年翻番，促进了农民增收。

运城是相从智的家乡，在运城工作21年，家乡父老培养了他，他也以笃行不怠的精神回报了桑梓，至今仍被一些干部群众怀念。

寸草春晖学府行

1989年，相从智被省委选调到山西大学担任党委书记。通过深入调查，他摸清了山大存在的各种问题，为学校制定了“梳理矛盾，活血化瘀，安定团结迎接90周年校庆”的工作思路，然后组织全校上下，用三年时间组建骨干队伍，化解师生情绪，提振教工信心，扩大团结基础，清理遗留积案，整顿校园秩序，协调内外关系，改善发展环境，使90周年校庆成为山大发展的一个里程碑。

1992年，相从智及其党政一班人结合山大实际，贯彻党的十四大精神，通过召开学校第二次党代会，及时把山西大学推进到改革发展上水平的新阶段。1993年初，国家教委提出在全国高校实施211工程建设，他又和彭堃墀校长商量，把山大改革发展上水平，纳入211工程目标规划。经省委、省政府批准，他们党政一班人通过调查分析、研究论证，制定了山西大学“抓好一个龙头——调整优化学科专业结构；壮大一个躯体——转换办学机制，改善办学条件，提高教工素质；强化两个翅膀——基础研究上水平，应用开发出效益；创造一个氛围——建设文明校园，优化育人环境”，带动学校整体腾飞的

“飞鸟式发展战略”和前三年侧重打基础，后五年重点上水平，争取山大百年校庆时进入全国百所重点大学建设行列的“三、五、十”奋斗目标。在这个规划指引下，学校按照“全方位综合改革，分步骤实施推进”的原则，先后对干部、学生、职工、教师进行了管理制度改革，实现了“千斤重担大家挑，人人头上有指标”，调动起教职工积极性。按照“保重，创新，发展，应用”的原则，调整优化学科专业结构，建了一批新专业，发展了一些优势学科，按综合大学完善了学校的专业学科布局。按“要让教工爱校如家，学校首先得像个家”的要求，建设维修了教学科研设施及附小幼儿园，新建了十二栋宿舍楼，解决近千户教工住宿问题，同时对学校的水、暖、电、通信设施全部进行了更新改造，保证了教学科研，解决了教工的后顾之忧。按照“优化教师结构，提高教工素质”的要求，从国内外引进人才，送出去进修培养，建设学科梯队，实行竞争淘汰，在全校形成抢占学科制高点、提高办学水平的热潮。

1996年山西大学发展曾遭遇坎坷，相从智一班人顶着巨大压力坚持改革，梳理师生情绪，重建校园秩序。他们按照“精简机构，理顺职能，优化结构，竞争淘汰”的原则，推动了学校第二轮人事管理制度改革；本着“外联内合，优势互补，组建学科群”，深化办学体制改革；按照国家、省级、校级三级评选重点学科，选拔学术带头人，组建学科梯队；遵照中央和省委决定，制订学校社会主义精神文明建设方案，在全校开展精神文明创建活动。经过三年奋力拼搏，山西大学又有了长足发展和大幅提高。到20世纪末，山西大学已成为全国党建和思想政治工作、领导班子建设先进高校、省级文明标兵单位，具有文理两个国家级研究生培养基地、5个博士点、39个硕士点，办学规模翻番，教学科研水平提高，服务经济社会的能力大为增强，2005年在全国高校排名中曾达第64位。

20世纪90年代是山西大学走出历史困境，实现浴火重生的十年，这十年占了相从智职业生涯近四分之一。他曾感慨地说，唐代诗人孟郊在《游子吟》中写道：“谁言寸草心，报得三春晖。”山大是我的母校。我对山大的贡献微不足道，但做到了尽责、尽力、尽心。

1999 年，相从智离开山大党委书记岗位，到山西省政府任省长助理，在那里他协助省长制定了改善农村人畜引水工程，处理了一些棘手问题，完成了国务院交给山西关闭非法烟厂的任务。2005 年退休后，他又转向关心下一代和传统文化研究普及工作。他有一个温馨的家庭，他把对父母的感念、师长的感恩、朋友的情谊都化作对人文精神的追求。

山西大学校友会供稿

人生如石　岁月如歌

——中央联系的高级专家杨频教授

杨频，1933 年 11 月生于河北高阳。1960 年毕业于北京大学化学系。1984—1990 年任山西大学副校长，1987—1998 年任山西大学学位委员会主席。历任第五、第六届全国人大代表，第七、第八届山西省政协委员；在 1978 年科学大会上获全国先进工作者奖和重大科研成果奖；1993 年获全国优秀教学成果国家级二等奖；1985 年获“山西省劳动模范”称号；1988 年获“国家级

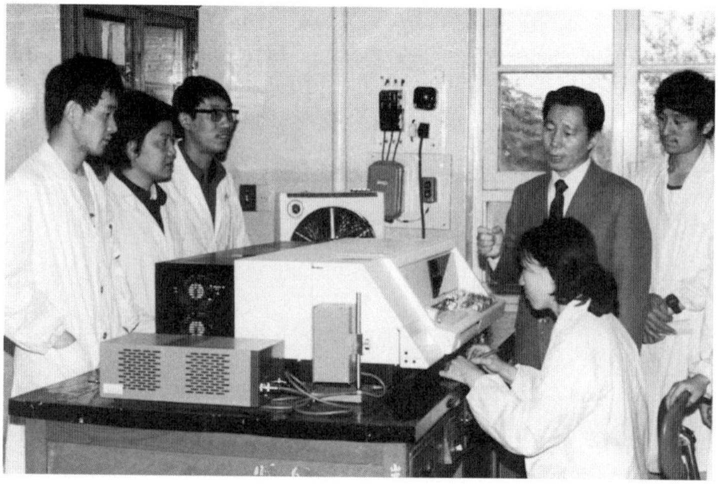

杨频教授和学生在实验室

有突出贡献的中青年专家”称号；1990年被国家科委、国家教委评为“全国高等学校先进科技工作者”；1991年被评为“山西省优秀专家”；1996年被评为第二批“山西省优秀专家”；2007年被中共中央组织部确认为“中央联系的高级专家”，有专著7部，译著1部，论文500余篇，专利13项，获国药准字B批号1项，各级成果奖17项。近二十年来，培养了21届、近百名硕士生，13届、38名博士生，指导博士后3名。多年来从事无机物结构—性能关系和生物无机化学的实验和理论研究，曾先后赴美、英、法、德、意、日、比、荷、澳、新等国的大学和研究所进行学术访问，并多次在Sussex大学、Stanford大学和Auckland大学（被授予“荣誉研究员”称号）等做短期合作研究。

求 学

1952年，杨频考入著名的北京四中，当时，许多科学界、文艺界的著名人士常被邀请讲学，尤其是文学家萧三、菡子、杨朔、马烽……都曾登上过四中的讲台，这对从小就喜欢文学的杨频影响很大，从那时起，他便立志从事文学创作。1955年的一天，杨频和几个同学拜访了著名作家老舍先生。老舍先生在“丹柿小院”接待了他们，老舍夫人胡絜青也在场。杨频说明来意，表示自己喜欢文学创作，想报北大中文系，想听听老舍先生的意见。老舍先生听了之后说：“新中国刚成立不久，需要很多的科学家，我劝你们学科学。”又说：“文学创作需要生活，有了生活，才能创作出好的作品。”他说：“我就不是学文学的，后来有了生活，写了小说。”短短的几句话改变了杨频一生的追求，于是他放弃了自己的初衷，考上了北京大学化学系。

北大生涯是杨频成功的关键。在这里，他孜孜不倦地学习，他曾经多次说过他那时很少有午休。辛勤的浇灌终于培育出丰硕的成果。天道酬勤的古训在杨频身上得到了印证。本科毕业之后，杨频又被推荐上了北大化学系物化专业的研究生。

杨频到山西大学以后，从化学系的一个年轻助教做起，踏踏实实地干好本职工作。“文化大革命”期间，杨频把恩格斯的一段话“科学上任何一个新的发现和发明，都使马克思感到由衷的喜悦”，写在灯罩上，并写在宣纸上贴在墙上，为自己壮胆！他冷静地认为没有知识是建不成共产主义的。那时的他痴迷于化学键的理论研究，并找来英文版的《毛主席语录》，自学英语。

业　绩

杨频的成长离不开科学前辈的提携。他讲："我有一篇寄给《化学通报》的稿件中，关于苯分子的工业合成问题，我冒昧地写信向卢嘉锡先生求教。不久，我收到了卢先生的回信，他讲，编辑部已送他审阅此稿，对我提出的问题提供了翔实的资料和具体、中肯的修改意见，并给以热情鼓励，关怀之情溢于言表。1974 年，我得知在福州召开全国晶体会议，距开会只有一周的时间了，当时我正开展砷化镓单晶的研制，同时做些晶型—键型过渡和新材料的预示规律总结工作。我未接到开会通知，可是很想参加。于是我给卢先生发了一个希望参加会议的电报，次日就收到了回电。到达福州报到时，我见到了卢先生，并把仓促准备的两篇文章交给他。他看了我的报告，要我在第二天的大会上报告那篇《晶型和键型的过渡》。当时我参会的目的只是来学习，顺便带来两篇文章交流，未做任何发言准备。可是却有幸和陈创天院士的《离子基团理论》、中科院北京物理所施仲坚的《关于晶体对称性规律》，成为大会交流的三篇理论文章。”那是 1974 年，大会纪要中明确指出："这三篇报告标志着我国在探索新晶体材料工作上、理论方面突破外国框框，走自己道路的良好开端。"，足见卢先生的胆识和对青年科技工作者的奖掖和提携。

“文化大革命”一结束，杨频就推出了一项《化学键理论和材料设计》成果，被邀请参加了 1978 年全国科学大会，并获得了先进个人奖和重大科研成果奖。同年被破格晋升为副教授，1981 年晋升为教授，1982 年招收第一届硕士研究生，1990 年被批准为博士生导师。1983 年，他主持创建了我国第一个分子科学研究所——山西大学分子科学研究所，他为分子所定位的研究方向是：从分子和量子水平上研究物质的结构、性能和功能的关系，掌握物质变化的规律和机理，为制备合成新材料、新药物提供依据；并利用生物工程和仿生化学等新技术为医药、食品、材料和化工方面开辟新的生产途径，以满足当代人类在生产和生活中日益增长的需要，为国民经济的发展做贡献。在杨频教授的多年领导下，分子科学研究所科学研究取得了丰硕成果，成为国内外知名的科研单位。以此为基础，在2003年被批准建立了“化学生物学与分子工程教育部重点实验室”。在此期间，杨频教授积极参加国内外各种学术交流活动，并多次组织主持业内学术交流活动。20世纪80年代以来，杨教授曾先后赴美、英、法、德、意、日、比、荷、澳、新等国的大学和研究所进行学术访问与讲学，并多次在Sussex大学、Stanford大学和Auckland大学等做短期合作研究。他的研究工作系统、深入且涉及面广，理论与实验并重。他的“双原子三中心键合模型”、在双原子三中心键合模型的基础上建立起多种物性的计算方法和规律、在金属基药物研究中发现了新的规律、新人工水解酶的发现、超强抗癌活性金属配合物的合成和作用机理、稀土跨膜新方法的建立及其应用等科学成果曾多次被国际学术会议邀请做大会报告或特邀报告，并引起了国际同行的瞩目。

情　趣

杨频教授虽是一位化学家，却对诗词情有独钟，在工作之余创作了不少诗词（如2002年《难老泉声》诗刊山大校庆专刊就收录了他的27首诗作）。他的诗作表达了他数十年人生旅程中的风风雨雨和酸甜苦辣。但他的诗的总体倾向是乐观向上的。如《大观楼》：

滇池浩浩秀平畴，喜得一登大观楼。西翥南翔飞百代，东骧北走壮千秋。丹霞翠羽撩人醉，落照苍烟惹客愁。景畅胸宽抒啸傲，荡舟湖上话芳猷。

又如《登西山龙门》：

一上龙门眼界开，滇池尽览风满怀。天低水阔思浩渺，雾绕云飞任徘徊。楼筑悬崖梁王喜，洞凿削壁孝牛哀。疏红密绿多灵秀，笑仰苍穹写蓬莱。

杨频教授说自己曾在布莱顿英吉利海峡看雨，那真是一种“天风海雨逼人”的胜景，狂风漫卷，乌云如千军万马奔来，欲把大地摧毁，迅猛而急骤，令人不及躲藏。他写下的一首《菩萨蛮》记之：

风来漫卷滔天浪，一浪掀起高三丈。拍岸响惊雷，珍珠万斛飞，岸边难伫立。海燕穿飞急，雨弹铺地来，光鞭破天开。

写景固是不同凡响、气势宏伟，但在这单纯的写景中不是蕴含着更深层次的意义吗？即人的庄严、自信和征服的快乐！

杨频教授最钟爱的一首抒发自己情趣的诗是长达560字的《泰山行》。他回忆说那是1978年夏登泰山后，到了北京等候火车回太原，在北京动物园的长凳上写下的，后来发表在《难老泉声》诗刊上。诗中写道：

……攀行步步高，胁息仰苍旻。山倾石欲坠，巉岩更多娇。攀行步步难，更上十八盘。崇阶高且陡，直似上青天。登上南天门，浃背汗水流。回眸千丈险，莽岱已低头。跨过碧霞祠，直达天柱峰。呼吸大宇宙，浩荡吹天风……

不经过艰难攀登，绝对不会领略到绝顶的无限风光，人生不也如此吗？没有一番拼搏，怎能品味胜利的欢欣呢？杨频教授深解此中三昧，他几十年如一日，把毕生的精力都奉献给了他心爱的事业。如今，他虽已古稀之年，依然每天工作近10小时，其勤奋程度直令年轻后辈汗颜。理所当然地，杨频教授的奋斗拼搏取得了令人瞩目的成就，也正是因为有了“浃背汗水流”的努力，才达到了“呼吸大宇宙，浩荡吹天风”的大境界！

杨频教授的另一爱好是收集石头。“亿万年风霜侵染，造就了它们的不凡器宇与五彩斑斓。若鉴之以审美的观照方式，一颗顽石便有了人生的意义，这也正是石头的可爱之处。”杨频教授在石头之中独得陶然之趣，也真正看透了顽石的文化内涵。他总是以从容洒脱的心境来体悟石的妙处，并把自己对石的喜爱称之为“石缘”，并赋诗曰：

我爱晶莹石，意迷且情痴。欲得千年秀，竟日苦寻觅。蓦然惊回首，所欢却在兹。剔透玲珑态，绰约雪霜姿。冰肌凉无汗，玉容甘露滋。钟灵气如虹，赋性夺天机。华光耀朝日，澄彩流四时。玉影醉我心，玉神涤我虑，玉魂发我思，玉魄催我志。难得常相伴，石缘与天齐。

山西大学校友会供稿

执着人生

——创建我国首个仿生教研室的夏炽中教授

你执着科研，成就非凡；

你教学优异，培育了国内外多名学术骨干；

你心地纯洁、正直热情，堪为道德楷模。

“五十载教学科研桃李芬芳满天下。

一辈子真诚善良品德高尚长留存。”

“功德圆满”是对你辉煌一生的写照……

夏炽中，上海人，他创建了我国第一个仿生教研室。1962年支援山西来到山西大学——

教授、硕士生导师及南开大学化学系博士生导师。

“夏老师是一位好老师”

夏先生的实验室位于学校科技楼的八层，这个看着不是很起眼的精细有机重点实验室里摆满了各种式样的玻璃瓶，让我这个爱好文学写作的人，充满了好奇。

实验室的外墙上有夏老师的照片和实验室的简介。他微笑着，宽阔的额头、并不稠密的发丝和一副金丝边眼镜，看着儒雅慈祥，风度翩翩。实验室里很安静，做实验的学生认真而投入，当我向其中的一人说明来意，想要了解夏老师的时候，他脱口而出："夏老师是一位好老师。"

既是夏老师的学生又是教师的郭玮娓娓道来："夏老师在教学上很值得我学习，他给我们每个学生最大的空间和充分的自由去搞课题，不会硬性规定我们的实验进度，放手让我们做。他在理论上给我们以认真的指导，在实践中让我们尽可能多地得到锻炼。在这样的环境里，每个人都很自觉，都有一股向上的劲头。好多学生都把实验室当成了家，经常一待就是一天。""夏老师非常善良，他经常会打电话问学生有什么困难。不止一次两次自己花钱帮助学生。我读博士的时候夏老师在经济上给了我很大的帮助，我这辈子都忘不了！"

夏先生在学业和生活上关心每一个学生，许多远在国外的学生结婚生子都不忘把自己和孩子的照片给老师发过来，主动汇报自己的生活和工作。这样的好老师会不会对学生发脾气呢？会，而发脾气只有一个原因，就是操之过急，忽视安全或粗心大意，准备不够充分时，夏老师一定会很严厉地批评。尽管如此，大家对夏先生的敬爱之情不曾削减半分。

与化学结缘

夏老师 1936 年 1 月生于上海，生长在一个各方面条件都很优越的家庭。从小他就接受了良好的教育，当时知名的上海觉民小学和至今仍很有影响的上海南洋模范中学都曾留下他刻苦学习的身影。尤其是他那股钻研向上的劲头，使得他中学时代就收获了影响自己一生的骄傲：化学和外语。

从初中第一次接触这门课，夏先生便对化学产生了极大的兴趣。化学课上，他的注意力从不离开老师的讲解，总是向老师问这问那。课下，他也总是醉心于化学实验，迷恋于每一个化学反应和化学变化，陶醉在自己的化学王国中。初中二年级，他和小伙伴们便做完了大学二年级的实验课程。因此，夏老师的化学成绩一直在班里名列前茅。

1953 年，年仅 17 岁的夏炽中便以优异的成绩考取了向往已久的南开大学化学系物理有机化学专业。在班里，他的年龄最小。初到北方，语言上有一些不习惯，当时的许多考试都是以口试的方式进行的，爱护学生的申泮文教授（中科院院士）给他定了个“优惠政策”，允许他用上海话回答。申泮文教授的关爱使夏炽中十分感激，但是他不愿享用这项特权，他努力学习普通话，很快便融入了北方这个大环境中。现在，他的普通话说得很流利，还学会了一口地道的天津话。回想起这件事，夏老师还是津津乐道。的确，他在语言的学习上有着过人的天赋和骄人的成绩。

英语和俄语是夏炽中的强项，他视外语学习为人生一大享受。1957 年，21 岁的夏炽中大学毕业留校任教。这一时期，正是中国与苏联交往甚密的时期，南开大学也来了几位专家。夏炽中凭借一口流利的俄语担任苏联专家的专业翻译。恰巧，周总理来南开大学视察，他有幸成了周总理的翻译。年轻的夏炽中圆满完成了工作，获得了总理的赞许；总理做事严谨认真、实事求是的态度也使夏炽中受到很大的教育和鼓舞。

“更像是北方人的南方人”

为人一向真诚的夏炽中对苏联专家如同自己的朋友。苏联专家在华期间的工作、生活、与外界的交流，几乎全是靠他帮忙。他从上海探亲回到南开，几个星期没有得到他帮助的专家见了他，与他抱头痛哭。少了夏炽中在天津，他仿佛少了自己的左右手。他们彼此珍视，把这段友谊一直维持了下来。苏联专家得知夏老师结婚的消息，便想象着夏老师爱人的样子，给他们夫妻俩画了一幅大大的画寄过来。这幅画一直被夏老师视作珍宝，精心收藏着。

1990年，苏联专家马尔丁诺夫给夏老师寄来一封信和一张照片。他在信中悲伤地告诉夏老师。他的太太去世的消息，他自己也将不久于人世，这张照片就寄给夏炽中做个纪念。在那样一个特殊的历史时期,几个处在不同国家、不同文化背景下的朋友，能够拥有这样持久、热烈而且纯粹的友情，是多么的难能可贵啊！夏炽中在为人处世、待人接物中总是真诚而不圆滑，憨厚甚至精细，朋友们都说他像个北方汉子。

1957年毕业分配时，夏炽中的父亲已经不幸去世了，作为家中的独子，母亲很希望他能回到上海，中科院上海有机化学研究所也同意接收他做研究生。但是，经过长时间考虑，他还是决定服从学校分配，留校任教。这一留，没想到与山西大学结下了不解之缘。

1962年，夏炽中作为南开大学的一名支援教师来到了山西大学任教。26岁的夏炽中在化学系做了一名教师。他在教学之余便潜心钻研业务，干劲十足又颇有天赋的他因而受到了校长刘梅的器重，被调到了为储备人才而建立的研究部工作。

1978年，我国的高等教育事业迎来了春天，国家教委要派一批学者出国访问学习，夏炽中业务好，外语水平又高，理所当然成了候选人。通过考试，夏炽中和省内其他四位老师一起被正式批准加入这批访问学者的队伍。1980年，他作为山西改革开放后的第一个访问学者跨出了国门，来到了美国著名的哥伦比亚大学，成为布莱斯洛夫——世界仿生化学的开创者，第一个把“仿生化学”这一专业名词引入化学界的人——的一名高足。作为布莱斯洛夫的学生，他有幸对仿生化学有了最早的接触和研究。1982年回国后，夏炽中在国内开辟了仿生化学这一方向性的研究和教学工作，成了这一研究领域的先行者。

出国留学的经历使夏炽中有了更为开阔的视野和更新的思维方式。尽管当时比较传统的观念是以教学为主，尽管学校对科研工作还没有足够的重视，实验条件很差，但他还是踏踏实实地利用这些简陋的条件搞实验。为了让学生学好外语，以便更多更有效地利用专业外语资料和文献，夏炽中坚持用外语讲授专业课，这在 20 世纪 80 年代初的山西大学也算开了个先例。1985 年，他担任了化学系主任，并开始带研究生。他精力旺盛，一年就带八九个研究生，从来不觉得累，而且乐在其中。

那几年，正是夏炽中事业蒸蒸日上的时候，他多次出国访问和进行学术交流，美国、英国、法国、巴西、韩国都留下了他的足迹，他有机会广泛吸取各国学术经验，然后传道，授业，解惑……化学系的教学质量得到很大提高。

老骥伏枥，志在千里

由于身体原因，他辞去了化学系主任的职务，但并没有停止工作，又多次出国做交流学者，继续带领学生搞科研。他肩负山大有机重点学科和精细有机化学重点实验室第一负责人的重任，是山西大学有机化学重点学科和山西大学省级精细有机重点实验室负责人，享受国家特殊津贴。他的四氢叶酸辅酶模型方面的研究属国内首创，他负责的实验室也是目前该领域研究成果最卓著的单位之一。夏炽中与他人合编的专著《有机化学进展》、编译的《高等有机化学理论问题》,先后获得“国家自然科学基金”5 项。在《中国科学》《科学通报》及 *Tetra hydron* 等国内外著名学术期刊上发表科学论文 100 多篇，多篇被国际科技索引 SCI 收录……他先后获得省科技进步理论成果一等奖一次、二等奖一次；获山西省优秀教学成果一等奖一次。夏炽中教授的学生遍布世界各地，不少已在各自领域获得了优异成绩……

2008 年 2 月，夏老师永远地告别了挚爱的教育事业。时至今日，熟悉他的人提起夏先生，都会深深地缅怀他——温暖的“良师益友”。

山西大学校友会供稿

环境健康事业的守望者

——环境科学与工程研究中心原主任孟紫强教授

孟紫强，1939 年 2 月生，山西省临汾人，医学硕士，教授，博士生导师，享受政府特殊补贴。主要科研和教学领域：环境毒理学、生态毒理学、气体信号分子等。1961—1966 年山西大学生物系学生，1978—1980 年天津医学院研究生，获医学硕士学位。先后赴英国、德国、美国进行毒理学研修或合作研究。现任中国毒理学会第一届监事会监事、中国毒理学会毒理学史专业委员会学术顾问、山西省毒理学研究会荣誉理事长。历任山西大学环境生物毒理学研究室主任、山西大学环境医学与毒理学研究所所长、山西大学环境科学与工程研究中心主任、山西大学研究生教学指导委员会委员。历任社会兼职有中国毒理学会常务理事、中华医学微量元素学会常务理事、山西省毒理学会第一届理事长及荣誉理事长、中国环境科学学会大气环境委员会委员、环境医学与健康委员会委员、中国环境诱变剂学会致突变剂专业委员会委员、美国纽约科学院外籍成员、美国国家科学技术促进会会士、国际 DNA 修复学会理事、美国生物无机化学学会会士、美国化学学会会士等，以及《环境与职业医学》《生态毒理学报》《中国药理学与毒理学杂志》*Prob-Biology*、*JSM Brain Science*、*Chinese Journal of Biology* 等多种国内外学术期刊编委或顾问。他的事迹被收入国内中文《世界名人录》(中国卷)、英国剑桥大学《世界名人录》、美国《Marquis 世界名人录》等辞书。

漫漫求学路，与祖国共成长，回归母校任教

孟紫强出生在山西临汾一个偏僻的农村，中华人民共和国的成立，为广大农村贫穷的孩子提供了上学读书的机会。1955 年，他初中毕业，响应国家急需建设人才的号召报考中专，被运城农业学校录取，得到农业科学知识的系统培养。1958 年中专毕业后响应号召，赴我省条件艰苦的雁北地区从事土壤改良工作，直到 1961 年在基层单位的推荐下考上山西大学生物系（五年制）学习，使他在生命科学学术水平上有了质的提高。作为应届毕业生，他 1966 年 5 月底参加了研究生考试，但由于“文化大革命”，研究生招生被取消。1978 年，我国开始实行改革开放政策，恢复了研究生制度，他从山西省地方病研究所考上天津医科大学研究生，受到医学导师的精心培养，获得了医学硕士学位，从而使他具备了在大学从教的资质。1985 年，生物系祝玉珂、谢

淑琦、严健汉三位教授邀请他回校一起筹建环境保护科学系（简称“环保系”）。于是，1986 年 3 月，在祝玉珂、严健汉二位教授的帮助下，克服了工作调动的困难，他从中国辐射防护研究院调入山西大学，成为刚刚成立的“环保系”（现名：环境与资源学院）的一员。这样他终于回到母校，从一位优秀的科研人员转变为他一生钟爱的职业——教师之中的一员。

独具慧眼，抢占先机，率先开设毒理学课程

虽然那时环保系刚刚成立，百事待兴，但是大家一致认为，为了培养合格的环境保护专业的学生，开设环境污染与健康课程很有必要。环境毒理学就是这方面的课程。但是，当时国内还没有一所学校的环境类专业开设环境毒理学课程，想进修也没有地方。由于他是医学院研究生毕业，具有医学硕士学位，所以他就自告奋勇承担了这门课程，自编讲义，并在 1986 年 9 月率先在山西大学为环境类专业本科生开设“环境毒理学”课堂教学和实验课。紧接着在第二年春季指导四名本科毕业生进行环境毒理学课题研究，研究结果发表在国内外著名学术期刊《中国环境科学》《环境科学学报》、*Mutation Research*、*Environmental and Molecular Mutagenesis*。从此他踏上了山西大学学科建设的高速之路。由于在环境毒理学教学和科研上抢占了先机，注定该学科成了山西大学环境科学学科的鲜明特色。

出国深造，勤奋钻研，为学科建设做贡献

为了提高教学和科研水平，教育部派他作为高级访问学者于 1989 年赴英国牛津大学研修毒理学一年，又于 1995 年赴美国得克萨斯大学医学分院研修环境毒理学半年。他还受到德国文化交流中心的资助，于 1991—1992 年在德国汉堡大学环境与职业毒理学研究室合作研究 10 个月。此外，他还先后赴法国、意大利、芬兰、比利时、加拿大、日本等国进行短期学术交流，学术水平得

到很大提高。

在环境污染与健康科研领域，经过多年的刻苦努力，他在国内外著名学术刊物发表论文400余篇，其中90余篇被SCI收录，获教育部和山西省科技进步奖14项，主持国家自然科学基金5项，其中1项为重点项目。他作为我校环境科学学科首席专家，以环境毒理学为主攻方向，该学科在1994年获得硕士点，4年后获得博士点，5年后获得博士后流动站，再过了2年又申请到一级学科硕士点，现在一级学科博士点指日可待。每隔4年左右学科建设就有一个新的提升，作为首席专家的他在科研的路上每时每刻都不敢松懈，其中的艰辛和困苦，难以言表。以博士点申请为例，那一年（1998）环境科学博士点全国只有4个名额，而申请的大学就有36所，最后只有吉林大学、浙江大学、中山大学和山西大学获准，而很多名牌大学都名落孙山。其竞争之激烈，由此可见一斑。

厚积薄发，著书立说，打造国家级规划教材

20世纪60年代，在山西大学求学为孟紫强的生物学研究打下了扎实的基础，而20世纪50年代在农业学校和70年代攻读医学研究生等学习和科研经历，在农学、医学、生物学等方面为他的综合发展创造了良好条件。20世纪80年代,他回到母校——山西大学所承担的“环境毒理学”和“生态毒理学”两门课程均为多学科交叉的新型边缘学科。从1986和1987年，他先后开设环境毒理学和生态毒理学课程且自编讲义起，经过14年的积淀，在2000年主编出版我国第一部环境毒理学专著，填补了国内这一领域的空白；随后，在2003年出版了国内第一部“十五”国家级规划教材《环境毒理学基础》，到2010、2018年先后主编修订了第二版、第三版。

在生态毒理学方面，经过19年的积淀，孟紫强于2006年主编《生态毒理学原理与方法》（科学出版社），填补了国内这一领域的空白。继之，2009年主编国内第一部“十一五”国家级规划教材《生态毒理学》，2019年主编

修订新的生态毒理学教材。

在专著方面，他将自己及其团队的科研成果总结成书：《现代环境毒理学》《大骨节病》《二氧化硫生物学》《沙尘暴医学与毒理学》《环境毒物史》《二氧化硫信号分子研究》《沙尘天气与健康》，参编《大气污染与健康》《世界毒物全史》《生命科学中的微量元素》、*Arsenic in the Environment*, *Part* 2、*Gasotransmitters*，以及《旅德追忆》《生活方式与健康》等。

退而不休，淡泊名利，科研教学再启航

2006 年，他办理了退休手续。退休之后，他没有计较名分和绩效工资，对修业未满的 15 名硕士研究生和 6 位博士研究生继续进行指导，直至他们全部毕业并获得学位。退休后主持完成了国家自然科学基金 3 项。当时我校国家基金重点项目只有 2 项，其中 1 项就是他退休后主持完成的。2015 年，国家领导人对这项研究成果做了批示，指示卫计委跟踪研究，为此中国疾病预防与控制中心专门召开专家会议进行落实。退休以后，他还获得山西省自然科学一、二等奖各 1 项。他至今共编著出版了 22 部著作，而 16 部是在退休后写作出版的。退休 12 年，他发表科研论文 125 篇，平均每年发表论文十余篇。至今共发表 90 余篇 SCI 收录的英文论文，其中 50 余篇是在他退休后发表的。

在教学方面，虽然退休后走下了三尺讲台，但是他走上了全国的大讲台。2017 年 8 月，他组织召开了第一届全国环境毒理学与生态毒理学教学研讨会，来自北京大学、南京大学、中山大学、暨南大学、东北师范大学、大连理工大学等著名大学的 60 多名教师进行讲课培训和教学交流。

为了使更多的年轻人学习环境毒理学和生态毒理学课程，他响应教育部关于大学教育普及化、大众化的号召，2018 年制作了我校第一部慕课，也是国内第一部"环境毒理学"慕课。2019 年，又组织制作了国内第一部"生态毒理学"慕课，现已分别在中国大学 MOOC（爱课程）开课 7 期和 5 期。

他认为，一个人的生命是有限的，但是学科发展是无限的，山西大学的发展是无限的，山西大学的学科建设也是无限的！他希望能够将他有限的生命投入无限的山西大学的学科建设中，把自己的一切献给祖国的环境健康事业！

环境与资源学院供稿

先生之风

——记梁师九卿二三事

2017年9月3日至6日，杨振宁时隔25年后再次访问山西大学，下飞机就问：梁九卿先生可好？他还在山西大学工作吗？

九卿，指古时中央政府的多个高级官员，是官位很高的人，如秦始皇设立的“三公九卿”制度中，奉常、郎中令、卫尉、宗正、太仆、廷尉、典客、治粟内史、少府，皆是中二千石的高官。杨先生口中的梁九卿，是山西大学理论物理所前任所长，著名理论物理学家。他们在日本一次学术会议上相识。1992年，杨振宁应梁师之邀参加了在太原晋祠宾馆召开的国际量子物理前沿课题研讨会(ISATQP’92)，并在会上做了对称性和物理学的特邀报告。该会议得到国家自然科学基金会(NSFC)、国际理论物理中心(ICTP)、亚太地区物理学会(AAPPS)等各方面的资助。当年的会议盛况令不少当今的国内物理学界大牛念念不忘，他们纷纷在那张清晰度并不是很高的照片上寻找自己年轻时的身影。

20世纪90年代，梁师在理论物理领域的研究处于国际领先的地位，所以才给杨振宁留下了颇为深刻的印象。1981 年山西省选派中青年教师赴美国南卡罗来纳大学进修，梁九卿幸运地得到了这个机会赴美学习。在南卡罗来纳大学物理系，他师从著名理论物理学家阿哈罗诺夫 (Aharonov) 研究量子物理基础理论，三年后顺利获得博士学位。阿哈罗诺夫与他的导师玻姆 (Bohm) 共同发现的 AB 效应是量子物理的一个里程碑。在美国学习期间和回国后，梁师完成了关于量子态拓扑相因子和任意子分数统计量子力学模型的 3 篇 Phys. Rev. Lett. 论文。1992 年和 1997 年连续两次入选国家科委“八五”“九五”攀登计划世纪之交理论物理重大前沿课题成员。而时隔近40年后的今天，拓扑相、任意子仍是物理学研究的最前沿，在当今这个将 PRL 奉为神的年代，可以想见他当年研究水平之高，以及在国内理论物理学界享有的声誉之隆。

我第一次和梁师打交道时正读大学三年级，他给 1986 级学生主讲光电子物理专业的量子力学。读研究生时他给我们六位研究生讲高等量子力学。梁师讲课，从来是黑板上写下一个开头，然后开始推导公式，经常发生的事情是推了一黑板，最后发现结论不对，于是他就用自己的袖子擦掉，从头再推，结果就是：一课只讲半页书，两袖都是粉笔灰。可是在我一生中受益最大的正是这种一步一步脚踏实地的推导。当年的量子力学和高等量子力学讲义我保存至今，仍时不时翻出来温习，仍能回忆起当初课堂上梁师讲给我们的点点滴滴。他在课堂上经常鼓励我们听不懂就问，非常耐心细致地解答学生提出的问题，而且更注重把理论物理学科的最新研究进展介绍给学生。后期为研究生和本科高年级学生开设的“量子力学新进展”和“凝聚态物理进展”就是他二十多年的研究成果的总结。在此基础上，他和韦联福一起撰写了《量子物理新进展》一书，编入《现代物理基础丛书》，已再版，由科学出版社出版。

我是先生的第一位博士生，一直以梁门大师兄自居。1993 年他被国务院学位委员会评为博士研究生导师，在中国科学院物理研究所兼职。我于 1995 年考入物理所，在蒲富恪先生建议下随梁师攻读博士研究生，所以从这方面算起，我的师承可以追溯到很遥远的古人，我、梁、阿哈罗诺夫、玻姆、奥本海默、玻恩。后期的师弟们把我们这一门称作“瞬子”门，以区别于隔壁的“压缩”门，得名于他20世纪90年代率先提出和发展的有限温度量子隧穿理论——周期瞬子方法。该方法被成功地应用到分子磁体宏观量子效应、玻色—爱因斯坦凝聚、超流和宇宙演化模型等问题的研究。我的博士论文研究的是周期瞬子方法及其在磁的宏观量子效应中的应用。虽然我硕士期间也发表了量子光学方面的论文，但真正引我走上科研道路的是梁师。博士期间物理所是没有正式的专业课程的，在他的指导下我全面掌握了固体理论、量子统计、量子场论、多体系统等知识，为以后的研究打下了坚实的基础。我们一起完成了激发态量子隧穿的计算，其重要意义是建立了量子隧道效应的有限温度理论，得到了隧穿率的温度依赖关系，把分子磁体宏观量子效应研究由零温推广到有限温度，并解释了分子磁体磁弛豫的温度实验曲线。相关成果获得山西省科技进步一等奖及教育部提名国家自然科学奖二等奖。记忆中特别清晰的是他对我说过，路径积分这个工具，课本上讲的都很形式化，可是在用的过程中掌握了就是一门手艺。博士期间蒲、梁二先生从国家基金委申请到磁的宏观量子效应的课题，经常和我们一起讨论的还有清华大学的张礼先生，课题组经常在北京和太原之间流动。包括我在内从事这个方向的学生将中科院物理所的研究氛围带回山西大学，在理论物理所生根发芽。当年201组的同门师兄弟中的很多人目前仍活跃在国内量子物理研究前沿，有的成为杰青，有的担任了研究室主任，有的已是中科院院士，每每谈起梁师学问之精深，皆赞叹不已。

1998年我在获得博士学位后不久，梁师安排我和他一起访问德国凯泽斯劳滕大学三个月。德方Harald J. W. Müller-Kirsten教授是他多年的合作伙伴，也是周期瞬子方法的共同倡导者。他们合作提出高能量子隧穿到经典热跃迁的过渡是一个相变过程，调节系统参数可分别实现一级和二级相变，建立了基于周期瞬子方法的一级相变判据，引起较大关注。Harald数学功底很深，为人很绅士，梁师和我访问期间经常同他在一起讨论瞬子方法在磁性系统以及其他物理体系中的应用，我们合作完成了双轴各向异性自旋粒子中逃逸率的量子－经典相变的论文。在这次成功的合作以后，Harald向梁先生建议我申请洪堡奖学金。2000年我赴德正式开展了为期两年的洪堡学者研究，并将研究重点转向冷原子物理，早期的两个工作仍然是和周期瞬子方法相关的。2004年在经历了欧洲四年的留学生涯后，我回到梁师身边，任理论物理所教授、副所长，研究生涯再次和先生重叠，我们共同关注冷原子等量子物理前沿。我和梁师一起培养了两位博士研究生，学生碰到问题我的第一个想法是让学生去请教他，而他也总是不厌其烦地亲自动手为学生解决问题。

闻其名、见其人，很难将总是微笑着的梁师和古代九卿高官联系在一起，尽管他也曾先后担任山西大学物理系主任、物理电子工程学院院长、理论物理研究所所长。他任系主任、院长期间，在周富国书记的配合下，对山西大学物理基地班、理论物理博士点、省物理学会都投入了大量的心血。他一直坚持为本科一年级学生讲授基础课，在基础课中融入许多科学前沿的研究成果，以他渊博的知识和生动活泼的课堂教学受到广大低年级学生的尊敬和赞誉。常有学生称他们那个时代为山西大学物理教学的黄金时代。高等数学、数理方法、力热光电、四大力学，正是这些核心课程优秀的任课老师为今日山大物理“双一流”学科的辉煌打下了坚实的基础。先生无争，从来没有看到他因为自己的事情去和人竞争，但是为了工作，为了理论物理学科，他准备好了和国内许多重点大学的同行竞争。早期山西大学的理论物理一直依托河北师范大学联合培养研究生，为了申请博士点，梁师从光学学科请了几位从事理论研究的教授做兼职导师，大家一起凑齐了队伍。1998年我博士毕业，在梁师和学校的努力下，山西大学终于获批理论物理博士点，学科建设初具规模，从此学校开始招收理论物理博士研究生。梁师八十多岁高龄仍然坚持在教学一线，亲自为本科生和研究生授课，教书育人无疑是他这辈子最爱的事情了。他长期担任山西省物理学会副理事长，对物理学会工作贡献颇多，省内多家高校的物理系都和梁师有着很紧密的联系。他的诸多弟子分布在各地高校传承着教书育人的事业。在他卸任副理事长的时候，物理学会决定授予他山西省物理学会名誉理事荣誉，对这一荣誉他实至名归。

梁师七十岁那年，我和师兄弟们打算筹备一个学术研讨活动为他祝寿，他不许，说他一定能活到八十岁，八十岁再搞。去年见他，商定了桂花飘香的季节，在大同或杭州举办一场量子物理前沿研讨会，还约了到杭州访问，重听先生教诲。新冠疫情打乱了所有的安排，今年先生已是八十有二，身在美国。值此山西大学 120 周年校庆之际，记一小文，为先生寿。

张云波，物理系 1986 级校友，现任浙江理工大学理学院院长、教授、博士生导师

初春，一缕清爽的风

——美丽女教授张小妩

2022 年初春时分，有微微刺骨的寒风，有淡淡的春节、元宵节的余味，加深着这个季节秘而不宣的喜悦。

音乐学院的张小妩教授，无疑是一个美丽的女人，1943 年 1 月出生的她已不再年轻，却风韵犹存，如初春一缕清爽的风。她的双眸、她的笑容，给

人一种清爽自然的感觉，像感受一条清凉的小河，虽然未必显得深邃，却是清晰的、明澈的；虽然未必怎样宏大，却有自己的方向。她真实、自然的流露与释放，让你可以真切地感受到她的个性，触摸到她的情思。或许这就是她身上所散发出的独有的个性魅力吧！

张小娍，出生在重庆市一个普通工人家庭，上天赋予她极好的个人条件，从小她就成了老师们的宠儿，被大家称为“小小歌唱家”。一次在迎接朝鲜代表团的活动中，代表团演员郑喜珍一下子就喜欢上了她，并且送给她一份小礼物。这在她幼小的心灵中掀起了不小的波澜，使她更加喜欢文艺，这种热爱自幼扎根，延续了一生。

中学时期，张小娍遇到了对她整个人生都很重要的老师——虹马。虹马老师是当时南下部队文工团里的一位男高音，他是山西太原人。虹马老师把张小娍当作自己的女儿一样看待，给她吃“偏饭”，从各个方面来帮助她，面对人生的选择时，虹马老师给出了建议，她报考了中央音乐学院。当时报考的人很多，重庆市只招了一名学生，就是张小娍，而整个四川省那次也就只有两名幸运儿进入了中央音乐学院。

在中央音乐学院，张小娍师从我国著名的声乐教育家姜家祥。我国著名歌唱家、原音协主席吴雁泽就是他的爱徒。姜老师不仅在声乐方面，在师德、师风方面，也在感染着她，教她做人。在姜教授的悉心指导下，张小娍顺利读完了大学。

1964 年，张小娍离开美丽的家乡，来到了山西大学艺术系。到山西以后，她参加了全省民歌比赛，获得了优秀奖，她的名字也变成铅字，印在了《人民音乐报》上。年仅 21 岁的她刚刚离开校园，有这样的成绩，很令人折服。当时，一位系领导认为她歌唱中的“醋”味不足，让她到大寨去，学习努力唱出这片黄土地的韵味来。才华横溢的她走进了大寨，结识了农民作曲家史掌元，听遍了响彻整个村庄的民歌。她被深深地震撼了，爱上了山西，爱上了山西的音乐。她学“二人台”，学“耍孩儿”，学“山西梆子”。她如鱼得水，畅快淋漓地吸取着她所需的养分，充实自己。

1969年，她被安排去帮助组建大同文工团，负责全团的声乐培训。1970年,她又到上海去学样板戏。她认为自己的歌唱风格跟她学戏曲有很大的关系，她从中吸收了许多民族风格的精华。音乐是她毕生的追求，她热爱唱歌，更喜欢用音乐向大家讲述她心中的故事。1972年，她回到山西大学，开始教学。

她努力工作，把她的心血倾注在每一位学生身上。她投入比别人更大更多的精力教育学生，把一个个所谓的“差”学生，最后都教成了出类拔萃的尖子生。她现在可谓“桃李满天下，满园皆是春”，她的学生有在美国的、日本的、加拿大的……1974级学生景尉岗，在张老师的培养下，毕业后从汾阳考到了中国艺术研究所读硕士学位，还考取了中央音乐学院博士生，如今已是一名教授。1977级的尚晋兵，原先只是晋东南文工团的一位舞蹈演员，跟张老师学习时，第一学期还是班上的倒数，第二学期时已成为班上的第二名，毕业时已独占鳌头，1988年荣获全国“金龙杯”歌手邀请赛专业美声唱法优秀奖……

阎维文是我国著名的男高音歌唱家，在国内外享有盛名。他原先是山西省军区文艺宣传队的一名舞蹈演员。1977年的一天，阎维文陪同他的一个朋友，来找张老师指点有关高音方面的问题。沉默寡言的阎维文坐在一旁看着张老师。张老师温柔地问他：“你会唱歌吗？唱几句给老师听。”当时的阎维文还腼腆地推托不会唱，后来唱了几句之后，张老师发现了他的潜力，便问他是否想学唱歌，他说想。此后，阎维文每周都来张老师这儿上一堂课。他总是特别认真，每次上课都一定提前来。张老师也特别偏爱阎维文，不仅因为他品质好，更因为他有毅力。在张老师的培育下，阎维文考入了总政歌舞团,不久便在全国各大赛中连续获奖,赢得了很高的声誉,成为全国观众熟悉、喜爱的歌唱家。他也深深记着张老师对他的培养，无论是在中央电视台的节目中还是他的CD中、他写的书中，他都要首先提及恩师张小娀对他的栽培。在山西大学百年校庆之际，张老师和几位老师邀他回来为校庆演唱，阎维文爽快地答应了，而且是无偿演唱的。阎维文说，给钱的话就不来唱了。这是他对老师的报答，也体现了他的正直与豪爽。

张小妭老师出身于普通工人家庭，父母都不识字。她真诚地说她非常感谢共产党，没有党的帮助与培养，就没有她的今天。在大学时，她有一段时间身体浮肿，瘦到 80 多斤，中央音乐学院便每天给她半斤牛奶。由于她是南方人，适应不了北方寒冷的冬天，学校便让人缝了棉袄给她。这些都已烙刻在她记忆的最深处。党培养出了这样优秀的好女儿，她便以更大的工作热情来回报党和国家。她从未请过病假，从未无故耽误过学生一分钟时间。她说：“我爱事业超过爱我的生命。”“工作第一，事业是我的生命，可以说是我终身的追求。”张老师认为自己最大的职责就是培养学生成材，不然的话就是不可饶恕的。张老师是幸福的，她爱她的学生，她喜欢看到他们一个个有所作为。一个会爱的女人是美丽的！

张老师不仅教书，还育人！她教学生说“人都做不好，更唱不好歌”。她对学生非常严格，无论是在学习上还是生活上，都是如此。她就是这般感动于生活中细微的美丽，震撼于生命中伟大的精神，无论是唇边轻盈的微笑或是眼角温热的泪滴，都一样吐露着对生活、事业、人生、朋友的诚挚与珍惜。对学生细微处的严厉是一般老师无法企及的。张老师多次被学校评为“三育人先进教师”，多次获得“教学优秀成果奖”。

张老师是个爱岗敬业的老师，为了搞好教学和科研工作，自费珍藏声乐教材 40 多册；古今中外的声乐文字资料 40 多本；读书笔记 100 多万字；购买磁带 300 多盒、录像带十几盒、CD 带 200 多盒，不仅自己查阅方便，也为学生提供了宝贵的学习资料。王永清教授与张小妭老师相濡以沫，他是一个全才，无论是乐器、指挥、合唱等等，他都是手到擒来。同样，他从事高等音乐教育已有四十多年了，却对张老师体贴入微，无怨无悔照顾着家庭，支持着张老师的工作。在王老师的眼中，张老师是“活到老，学到老”的榜样。在经济并不宽裕的情况下，她先后自费到北京、天津、上海、南京、成都等地学习交流 20 多次，虚心向同行学习。她不懂就问，向一切人学习。有时候，她会像个小学生一样，专心听取名家的讲解，细致记录专家的话语，融会别人的东西，为己所用。

张小妡老师还撰写了不少具有教学观点的学术论文，有的还在全国声乐研究讨论会上重点发言，得到了同行专家的肯定。1998 年，《声乐教学实践》发表在人民音乐出版社出版的国家 A 级刊物《音乐研究》上，同年，《三十年来声乐教学回顾》发表在国家 B 级刊物《中国音乐》上。在理论权威比较多的第一届全国音乐心理学学术研讨会上，张老师凭《声乐教学必须重视心理教学的研究》一文独树一帜，在大会上重点发言。《太原晚报》《太原报》、太原有线电视台、山西电视台、山西省电台都对张小妡老师进行了多次专访，描写她的文章更是不胜枚举。

美丽的女人张小妡还将在她的人生舞台上大放光彩，展示她对音乐的追求，对梦想的执着，对生活的热爱，对人生的感悟……

张小妡老师所做的一切都已是昨日的辉煌，她依然迈着坚定的步伐，永不停息地向前走着，在她身上燃烧着灼热的艺术之火，照亮了一代又一代声乐艺术工作者的成才之路，那充满活力和朝气的音符永远在她心中跳跃。

音乐学院供稿

光而不耀　静水流深

——“国家科学技术进步二等奖”获得者张生万教授

张生万，博士生导师、全国模范教师、山西省优秀中青年骨干教师，山西省“五一劳动奖章”获得者，山西省优秀共产党员，山西省新药品评审专家委员会委员、山西省企业技术创新促进会专家委员会委员、国家自然基金委同行评议专家、省委联系高级专家、享受国务院特殊津贴专家，2014 年被评为“山西省第二批新兴产业领军人才”。

从山西大学化学系的一名学生出发，到饱览学识，在山西大学生命科学学院教授的岗位上退休，张生万经历了 43 个春夏秋冬。1955 年出生的他，相貌普通、清瘦和蔼，他低调做人，高调做事。作为科研人，他扎实学习化学理论，深度钻研科技应用、坚实搭建校企桥梁，用科技提升经济生产力；作为老师，他以身作则，为人师表，终于桃李满天下，用人才提升社会生产力。

解决攻关难题，服务国民经济建设

1996 年，低度竹叶青酒问世，可惜过了三年时间，竹叶青酒便被迫停产，导致汾酒厂当年损失纯利税 700 万元。当时，竹叶青存在的三大难题是久置褪色、浑浊，品质下降。随即，汾酒厂向社会招标求助，这个项目成为省重点攻关计划。

收到《项目招标意向书》的张生万经过科研分析，最终得出 45 度竹叶青酒生色的主要成分是栀子中的栀子黄色素。随后，他于 1999 年完成了“低度竹酒褪色难题研究”,2001 年完成了“低度竹酒低温浑浊成因及除浊方法研究”课题，使竹叶青酒起死回生，生产能力达到了原来的三倍，销售量翻了两番，不但节省了扩产所需的巨额投资,而且三年新增产值 2.4 亿,新增利税 3870 万，创外汇 6000 多万，同时该成果推广应用于其他有色配制酒的品质改善，同样取得了很好的经济效益和社会效益，为国民经济建设做出了显著贡献。由此也开始了汾酒集团与山西大学持续 20 余年的校企合作。

2008 年，张生万又承担了省攻关的“白酒绿色催陈新工艺研究与应用”课题，研究白酒中微量香味成分分子结构、含量、量比关系与其在酒体中相互作用的诸多变化行为的相关性，揭示了白酒自然陈酿过程中酒体老熟机制主要是低沸点物质挥发、溶解氧化、分子间弱相互作用及贮存容器表面活性中心参与的综合作用结果，从而模拟自然陈酿过程，首次将超重力旋转技术用于白酒陈酿，建立了一种缩短白酒陈酿时间的新方法，所得产品相当于自然陈酿两年以上白酒。仅以年产优质白酒 5 万吨的汾酒厂一家为例，该成果预计产生的直接经济效益就达 1200 万元，而且该技术去除了白酒在发酵过程中含硫蛋白等物质降解产生的硫化氢、硫醇、硫醚等有害的低沸点物质为主体的新酒邪杂味，增加了陈酒感，提高了产品质量，对引导酒类产品健康发展具有重要意义。

2008 年以前，合成 ABL 生产过程中使用甲苯做溶剂产生的环境污染以及冲料着火等安全隐患，是化工企业长年的老大难问题。然而，晋中市寿阳县世纪精细化工有限公司制备产品 ABL 却一身轻松，其既能从源头消除污染源，使产品转化率高达 95%，还能每年回收副产品无水乙醇和有水乙醇达 600 吨和 1500 吨，回收磷酸盐约 4000 吨，生产过程基本做到零排放。这得益于 2008—2009 年间，张生万与该公司进行产学研合作，完成了项目《本底做溶剂合成 α－乙酰－γ－丁内酯新工艺的研究及应用》。

张生万团队通过对 ABL 合成反应过程中物料组成的变化进行跟踪检测，并利用密度泛函理论对其原料、产品及可能生成的中间体的生成焓进行了理论计算，探明了 ABL 生成的反应机理。这项化工、化学、机械等多行业交叉渗透的合成新技术，对于缓解医疗行业对 ABL 供不应求的现状以及提高煤下游产品转化的附加值，具有非常重要的意义；还可广泛应用于低沸点物质的高温反应、产品纯化、副产物回收等领域，如用于草酸二乙酯生产，同样取得了较好的效果，年新增利税约 500 万元。

张生万的研究特色就是发展与高科技密切相关的基础理论，注重服务于国民经济建设。他书柜里陈列的一本本专利证书，其中“低度有色配制酒稳定性的研究及应用”获得了国家科学技术进步二等奖。“α－乙酰－γ－丁内酯”通过了山西省经济委员会鉴定，经专家鉴定，已达到国际先进水平。

除此之外，他主持完成国家火炬计划、省级重大攻关课题及基金项目 10 多项，在国内外学术刊物上发表学术论文 170 余篇，参与编著作品 3 部，获国家发明专利 10 余项（其中 6 项均已实施），鉴定成果 6 项。2003 年获国家科学技术进步奖二等奖 1 项，还先后获山西省科技进步奖一等奖、二等奖、三等奖各 1 项，获山西省 1999、2000 年度百项重大技术难题攻关一等奖 1 项；2001 年、2002 年先后获山西省高等学校科技进步一等奖各 1 项。2004 年，获第五届国际发明者协会金奖 1 项。一项项荣誉力证了张生万在科研道路上的付出，他凭着对国家、对社会的强烈责任感不懈探索，大胆实践，默默地奋斗在科技攻坚的前线，用自己的实际行动生动地诠释了他作为共产党员的初心与使命。

紧抓专业教学，注力社会人才储备

成果累累的张生万承担着繁重的科研任务和学科事务，然而他始终不忘自己是一名教育工作者，兢兢业业耕耘于基础教学的天地。在教学过程中，张生万老师特别注重给本科生、研究生灌输一种全新的学习理念，他从不限制、束缚学生，而是鼓励学生在掌握专业知识的基础上去掌握新的技能，发展自身的特长。他教育学生要理论联系实际，多接触社会，多掌握生产实践经验，学以致用，使其转化为生产力。在课堂上，他利用多媒体等教学辅助设备，和同学们一起分析讨论他在科研过程中遇到的难题，分享他解决实际问题的经验，激发学生学习的积极性。在实验课上，他言传身教，耐心指点，注意提高学生的动手能力，既教学生新的知识，又教给学生做人的道理。因此，他的课深受学生的欢迎。

张生万先后为本科生、研究生新开“紫外红外光谱分析”“金属有机化学”“应用波谱学”“仪器分析”及“化学计量学”等多门课程，2003 年他承担的“波谱分析”课程被评为山西省高校精品课程。2005 年，获山西省教学成果二等奖 1 项。张生万不仅为省应用化学重点学科建设以及取得应用化学博士点、化学工程硕士点、省应用化学重点建设学科建设做出了显著贡献，而且对食品科学与工程本科专业恢复招生以及食品科学与工程一级硕士点和食品工程硕士点建设、食品科学与工程重点学科建设更是功不可没，他充分发挥了学科带头人的作用，培养了一批批青年学子。

张生万作为科研合作者和课题的主持人，用他团结友爱的风范和无私奉献的心地，让课题组的青年学者同心协力，共克难题；他还热心指导年轻教师，使他们的教学和科研能力有了明显提高；他对学生严慈相济，从不歧视任何一个学生，经常主动帮助在生活上、学习上有困难的学生，让他们无后顾之忧，把精力全都用到学习上，能够轻松学习，乐于学习。他高尚的人格和品德也教育、影响了许多人，培养了一批批优秀人才。

在庆祝中华人民共和国成立 70 周年之际，张生万成为获得国家级表彰奖励的杰出教授。他历经艰难险阻，与共和国风雨同舟，走向繁荣富强；他在山西大学平凡的岗位上，攻坚克难，潜心钻研，勇于创新，为百年学府的建设发展做出了突出的贡献。

用科技和人才提升生产力，短短十余字的人生故事概述，成果是算不完的效益，背后却是张生万投身科学研究和高教事业的信念，是他闪闪发光的人格魅力，更是他“路漫漫其修远兮，吾将上下而求索”的奋斗历程。

生命科学学院供稿

格物致知　致知于行

——“国家技术发明二等奖”获得者董川教授

在高校辛勤耕耘30载，始终秉持传道、授业、解惑的原则，陪伴学生的成长。他坚持以德施教，因材施教，兴趣为先，反哺社会……用点滴故事，展示着高校教育工作者的理想与抱负。

董川，用自己的一腔热情实践着一个学人的理想——教书育人。迄今为止他培养了22届硕士研究生和18届博士研究生，培养出109名研究生，其中已有20余人晋升高级职称。

董川，是教授，是博导，是三晋学者、全国模范教师，享受国务院特殊津贴专家。他是山西省高等学校优秀创新团队带头人、学术技术带头人、十大科学传播专家和三晋英才等，曾获国家技术发明二等奖、中国科技工作者协会奖、山西省五一劳动奖章等，他的荣誉不胜枚举，他的职务也有多重，却始终保持旺盛的精力……

立德树人，传道授业

董川教授非常重视学生品德的培养，他认为：自然科学中蕴藏着丰富的人文智慧，且这些自然现象或规律无处不渗透或折射着中华民族优秀的人文精神。基于此，他从自然的角度探索人文哲理，以崭新的视角对科技中蕴含的人文哲理进行思考，把人生观的教育贯彻于自然观的教学实践中。他为全校本科生开设校本通识课程——科学思想与人文精神，立足课程思政化，将科学思想与人文精神有机交叉融合，给学生讲好如何做人的第一课，教育引导学生立鸿鹄志，做奋斗者。董川老师的课充满了智慧的火花，他把复杂的科学观点用简单的生活语言表述出来，深受学生喜爱。他受邀为学校新教师进行入职培训讲座，贯彻学习习近平总书记教育思想，让他们深刻认识到教师是人类灵魂的工程师，是人类文明的传播者，承载着传播知识、传播思想、传播真理，塑造灵魂、塑造生命、塑造新人的时代重任，从而激发他们要以透彻的学理分析回应学生，以思想理论说服学生，用真理的强大力量引导学生。

古人云，师者，传道、授业、解惑也。作为一名大学教师，董川教授始终把传道工作放在首位，授业和解惑的目的定位是培养对社会和谐有用的人才。在学生们眼中，董老师总是和蔼可亲的。他坚持“以学生为本，因材施教，分类指导”，用爱心和耐心关心着学生的生活和学业。他重视学生的品德培养，经常告诫学生“先学做人，后做学问；做学问要真，求知识要新”。特别是告诫研究生在科学的道路上无捷径可走，要攀登科研高峰，就要反对浮躁浮夸和急功近利等不良学风，“非淡泊无以明志，非宁静无以致远”。倡导

“万物皆可为师，处处可学习，事事可借鉴”，教导学生只要善于观察和思考，就能从中求得真知，获得教益，净化心灵。注重研究生科研综合能力的培养，简称“四会”，即“会学”“会做”“会写”“会说”，将这“四会”贯穿于研究生的培养过程，每一个环节都不厌其烦。每每学生获得成功，他总是由衷地高兴。董老师还非常重视学生的心理健康问题，闲暇时会把学生约到家里，与学生谈心，了解学生存在的困难和困惑，及时帮助他们疏导和解压。教导学生要有“三容”的能力,即“宽容”“包容”“从容”。他的学生毕业走向社会时，在不同的岗位能尽快适应和融入集体，与新同事友好相处，受到了用人单位领导的好评。

董老师认为，老师应当有一种自立立人、自达达人的境界。老师应当不断增长自己的知识和见识，成为能够独当一面的达人；进一步利用所学和掌握的知识，传授给学生，为社会培养人才，他一直聚焦这个目标。他关心学生的学业、事业和生活，关注他们的成长，他所构建的师生关系是一种“一日为师，终身为师”的和谐结构。学生们在学习或工作中获得的点滴进步，他都会感到欣慰，在董老师看来，学生的发展就是老师的未来。

此外，董老师经常教导学生要积极承担社会责任，他说青年人要争做栋梁之材，因为青年人是国家的未来，要练就担起国家复兴大任的真本领。在学习上，青年人要努力学习更多知识，读万卷书，行万里路，为远大的理想而奋斗。在生活上，要注重锻炼身体和道德的培养，提高自身的综合素质。最后，要关心国家大事，树立“天下兴亡，匹夫有责”的意识。青年人只有做到修身、齐家、治国、平天下，才能真正完成时代所赋予的使命。

致力科研，持之以恒

科研的生命在于创新，对真理的探索是董川教授一直追求的目标。他以对科研浓厚的兴趣为动力，以开阔的学术视野和深厚的学术知识，努力跻身科学研究的先进行列。他常说：“科研最怕没有思想。想象力比知识更重要，因为知识是有限的，知识没有了想象力就如天文台没有了望远镜，想象力概括着世界上的一切，推动着进步，并且是知识进化的源泉。”董川教授长期从事新型环保功能染料的研究及应用，制备了一系列多功能染料，以其为平台构建了许多传感分析新方法，丰富了光化学理论，并将功能染料的研究成果应用于环境、生物医学等领域。代表性研究发表在 *Chemistry of Materials*、*ACS Applied Materials & Interfaces*、*Analytical Chemistry*、*Chemical Communications*、*Advanced Optical Materials*、*Nanoscale* 等杂志。董川教授注重学以致用，理论联系实际。他从事化学学习研究 40 年来，科研方向一直未变，长期探索产学研相结合的模式，将分析检测技术和山西省实际情况相结合。为了打造未来高科技教学模式，解决教室粉尘污染，根除师生职业病，营造环保健康、快乐启智的教学模式，他领导团队在国内外率先开展新型环保可降解色料的研究，系统地分析了多种隐色体染料和天然植物色素的理化特性，研发出不同类型的环保可降解色料，所研发的新型染料先后获得瑞士国际发明协会金奖、德国纽伦堡创新材料奖等。经过课题组师生长期不懈的努力，他所研发的成果《新型光敏水解褪色材料的研究及应用》获国家技术发明二等奖。2020 年新型环保涂层材料的研发成果依托山西奇色环保公司成功登陆新三板，将该技术应用于教具学具、油墨印刷等领域，拓展了水致褪色色料的应用范围，取得了诸多创新性的成果。其中，2016 年“水致褪色色料的研究与应用”成果入选国家“十二五”科技成就展，并且多次被央视科教频道报道。

交流合作，互利共赢

董川教授认为研究生的培养不能坐井观天，而是要走出去、请进来。他特别注重与国内外同行的合作与交流，积极参加国际学术会议并做邀请报告，为培养研究生的国际竞争力提供了有力支撑。董川教授作为高访学者先后去美国、加拿大、日本、韩国、澳大利亚等地的大学，所到之处，均建立了良好的合作关系。近年来，董川教授选派课题组青年教师和研究生赴中国香港浸会大学、加拿大麦克马斯特大学、日本大阪大学、美国匹兹堡大学、加拿大西蒙菲莎大学等国内外知名学校研究学习，为研究生国际化培养奠定了基础。每每派出学生前，他总要叮嘱学生个人的所作所为不仅仅代表自己，而且代表课题组，代表山西大学，学生们时刻铭记，刻苦学习。例如选派课题组博士生葛金印前往中国香港浸会大学交流培养六个月，半年期满后，本该回校完成学业，但是，他的勤奋、严谨、创新精神给合作导师留下了好印象，合作导师黄文成教授主动提出资助葛金印继续留港合作研究一年，使得合作得以进一步加深；选派博士生宋金萍赴加拿大麦克马斯特大学进行合作研究；推荐学生梁文婷赴日本大阪大学获日本国全额奖学金攻读博士学位，现文婷已圆满完成学业，被山西大学人才引进。董老师注重研究生的日常培养，定期进行的组会中鼓励学生双语汇报，他不管多忙都会参加，会对每一位汇报的学生进行点评，指出同学的不足之处。这既锻炼了研究生们的口语能力，也使得学生的英语水平大大提高。董川老师还经常派学生参加学术会议，锻炼学生的口头交流能力，使学生在公众场合能较自由地表达自己的观点，为以后的工作奠定基础。在董老师的辛勤指导和同学们的努力下，毕业生们都取得了可喜的成果，并且收获各种奖励。

受邀庆典，不忘初心

2019 年 10 月 1 日，山西大学董川教授和来自全国各地的 74 名教师，以全国模范教师的身份受邀参加了庆祝中华人民共和国成立70周年的庆典活动。邀请全国模范教师参加国庆观礼，体现了国家对教育事业的重视，同时激励着模范教师继续扎根教育事业，发挥模范作用，弘扬传道、授业、解惑的教师精神。

这一天，对董川教授来说，是他一生中最难忘的一天。他说，通过此次受邀活动，他深刻感受到我们祖国今天的繁荣伟大，同时也感到祖国今天的昌盛是无数人民英雄用生命与汗水经历了艰难曲折才换来的，欣喜地看到中华人民共和国成立七十周年以来所取得的辉煌成就，每一位中国人都感到十分的自豪！此时此刻，想得最多的是不辜负伟大时代，我们要肩负起历史使命，为祖国大好河山的建设添砖加瓦，为其繁荣富强奉献所有的心血和力量。

董川教授表示，作为一名光荣的人民教师，一定要潜心钻研，教书育人，立德树人，把培育社会主义事业接班人作为终生奋斗的事业和追求。在为国育人、为党育才方面有所作为，要不忘初心，牢记使命，更加努力地工作，恪尽职守，竭尽所能，为祖国教育事业发展奉献自己的绵薄之力。

赵晨，化学化工学院 2012 级校友，分析化学专业在读博士

一生有缘是山大

2021 年 9 月，从山西财经大学校长岗位上退下来，组织上安排我回到母校山西大学继续从事教学科研工作。在自己钟爱的母校做一名教师，发挥余热，报答母校的培养之恩，这是我临近花甲之年最欣慰的事情。

如果说我还能称得上一名优秀校友，那么我所取得的成绩和进步来源于母校的无私赋予和师长的谆谆教诲。我的大学和研究生三段学历都在山西大学完成，也都源于山西大学数学系。1980 年 9 月考入山西大学数学系，学习基础数学，大学本科毕业直接读研，成为当年为数不多的一名研究生，师从常学将教授攻读时间序列分析，1987 年 8 月毕业留校，在数学系任教。工作期间，完成博士学习，获得博士学位，博士研究生师从梁嘉骅教授攻读金融工程。博士毕业后转入管理与决策研究所从事教学科研工作。在学术上，现为二级教授、博士生指导教师，是享受国务院特殊津贴专家、省委联系的高级专家，兼任中国统计学会副会长、中国优选法统筹法与经济数学研究会副理事长等。在行政上，1992 年 9 月担任数学系副主任，1993 年 10 月任实验设备处副处长，1995 年 12 月任总务处处长，2000 年 1 月担任校长助理，2000 年 10 月兼任校长办公室主任，2003 年 1 月担任副校长，2015 年 12 月担任山西财经大学校长。现任政协十二届山西省委委员、山西省社科联副主席。

对我成长影响最大的还是四年的大学生活。1980 年 9 月，我怀着无限的憧憬进入母校山西大学数学系读书，开启了成就自己人生最重要的一段旅程。在这里，沐浴着最高学府厚重的文化底蕴，一名农村青少年成就了韶华青春；在这里，吸吮着数学海洋的艺术与奥妙，一名中学生转变为青年数学工作者；在这里，历练着服务学生的岗位担当，一个单纯的学习者实现了全面发展；在这里，经受着组织的培养与考验，一名青年团员成长为合格共产党员；在这里，分享着集体生活中互帮互助的同学友情，收获了爱情。

大学四年，往事历历在目，恍如昨日。泉水叮咚的晨乐声中，我们迎着朝阳，奔跑在北操场和校园的柏油马路上，南院二食堂馒头、稀饭、咸菜的简单早餐组合后，物理楼六阶梯教室上下滚动的八块黑板上，温时良老师的数学分析、王和亭老师的高等代数、梁嘉骅老师的常微分方程、王森老师的实变函数、张起林老师的偏微分方程、詹森老师的复变函数、王明生老师的概率论、梁展东老师的泛函分析等大课讲堂你来我往，而 55、56、58 等小课堂、自习室及南图书馆阅览室里，也留下了我们伏案攻克难题、咨询助教老师、同学相互讨论的身影，也曾为了一道难题的求解而彻夜难眠，也曾因想出一个绝妙的证明而无比自信。从课代表到学习委员、班长、学生会学习部长，都得益于班主任庞秀珍老师“班干部必须首先学习好”的遴选干部原则，从中我也领悟到了“只有踏踏实实做好眼下属于自己分内的本职工作，才能追求更多、更好的发展”的做人做事道理，也为自己今后的事业发展中，无论挑起的是哪一方面的担子，都能够胜任奠定了基础。

正是得益于大学四年的学习锻炼和数学人修养，在随后的学习工作中，“有想法、有思路、有办法、有能力”“勇于担当，敢于创新，一心为公，无私奉献”，才无愧于自己的真实写照。在数学系读研期间，完成的第一篇论文在全国第二届概率统计学术会议上宣读，并被《应用数学学报》录用刊发；作为数学系青年教师，在1990年岚县下乡工作期间，因工作出色受到省委、省政府的表彰；在数学系工作期间，成功推进和参与统计学和会计学专业建设及统计学科建设；在实验设备处工作期间，完成了全校的清产核资工作、摸清了资产家底，规范了国有资产管理，推动建立和完善了实验室和实验技术人员管理体系；在总务处工作期间，推动实施了后勤社会化改革，使后勤管理更加科学，后勤服务质量和水平大幅提升；在学校工作期间，规范了学校的行政管理，推动实施了全面预算管理，推进了文科科研的质量发展，大幅提升了继续教育的办学效益，完成了坞城校区新南区域的规划建设，推进了东山校区的土地征收和规划，顺利完成了太原电力高等专科学校的并校工作，开创了金融学科，支持了金融专业建设，推进了工商管理一级学科建设，提升了管理科学与工程学科的竞争力，完成了经济与管理学院的合并组建。在山西财经大学工作期间，确立了“崇尚学术，追求卓越”的办学理念，通过人才培养、科学研究、师资队伍建设、国际合作与交流和校园文化建设，推动学校实现了跨越式发展，在全国高校排名中跃升超过100位，成功进入财经类高校十强。作为一名教师，学生的成功，更胜过自己的成就所带来的喜悦。辛勤耕耘35载，莘莘学子分布在学界、业界和政界，他在各自的工作岗位上崭露头角，成为国家栋梁之材。潘晋孝、宣平、刘红云、刘勇、王新革、张丽华、高超、张云、王耀青等，一个个熟悉的名字、一张张熟悉的面孔，伴着我成长轨迹的梳理，一次次跃入眼帘。

在母校山西大学百廿华诞来临之际，我有幸成为连续五个十年校庆参与者。1982年，我以在校学生身份参加了建校80周年庆典；1992年，我以数学系主任助理的身份，组织数学系师生和校友参与了建校 90 周年庆典；2002 年，我以校长助理身份参与了建校 100 周年庆典的组织工作；2012 年，我以副校长身份参与了建校 110 周年庆典；2022 年，我还将以山大人身份，亲历建校 120 周年庆典，深感自豪。

经过几代人的接续奋斗，今年母校成功进入“双一流”高校，实现了“211”折戟沉沙之后的凤凰涅槃。值此双喜临门之际，祝愿母系数学科学学院乘风破浪，再创辉煌！祝愿母校山西大学明天更美好！

刘维奇，数学系教授，山西大学原副校长，山西财经大学原校长

一切为了国家和人民的需要

——“国家科技进步二等奖”获得者程芳琴教授

程芳琴，女，1964 年生……怎样的毅力、怎样的坚忍，抛却了性别的偏见，忘却了岁月的痕迹，一次次克服重重困难，一次次跨越科研路上的沟沟坎坎，成就了硕果累累……两次摘得国家科技进步二等奖，是国家“新世纪百千万人才工程”入选者，获“全国三八红旗手”等多项荣誉……程芳琴以自己的实际行动，诠释了一名女性的坚强、独立、成功，还有爱……无私地奉献，无悔于选择，一切为了国家和人民的需要。

2021 年 11 月 3 日，国家科学技术奖励大会上，程芳琴领衔的煤矸石煤泥清洁高效利用关键技术及应用项目荣获国家科技进步奖二等奖。这是她第二次荣获该奖项。

从零起步，她建实验室、带团队，发展学科，一心干事创业

化工原理、环境工程学……在女孩子爱美的年龄，她就心怀梦想，选择了人生的目标，以自己所学，改变家乡的生态环境。大学毕业，她就告别省城的繁华，回到家乡，进入南风化工集团。作为技术骨干，她参与多项实验，从运城地区的"首届跨世纪学科带头人"到在国家级刊物上发表的数十篇学术论文……她以惊人的毅力和耐挫力，为我省地方经济乃至全国同行业的发展做出了开拓性的贡献。从家乡到全省，再到全国……面对人生一次次关键时刻的选择、一次次人生体验的增加，为了让更多的人了解并掌握"环境类"专业的应用，为固体废物的处理与处置、环境生物治理等等提供更多的理论与技术支撑……她放弃了在别人看来成功亮丽、正高歌猛进的事业，调往省城太原，选择挑战新的人生之路。

2002 年，已担任山西南风化工集团首席工程师的程芳琴，离开了熟悉的工作岗位，在山西大学当了一名普通教师。

没有团队，没有实验室，程芳琴带着两名本科生在公用的本科实验室开始了研究。她总结企业工作，编写专著，并于 2004 年荣获国家科技进步二等奖，时年仅 38 岁的她是该奖项最年轻的获奖者。程芳琴因此得到学校 20 万元经费支持，以及两个实验室、两个办公室共计 100 平方米的场地和 1 个团队成员名额。

为了弥补科研经费不足，程芳琴精打细算，连续几年把自己的工资收入作为科研资金，用于购买实验器材；没有电脑，她把家里的台式电脑、笔记本电脑全部拿来，供学生使用；没有打印设备，她在周末带上资料和打印纸借用同学单位的打印机去打印；实验设备短缺，她翻遍了学校的三四个报废设备

库，从中拆检零部件，自己设计加工成实验设备；实验场地不足，她带领师生把学校一个破门烂窗、满是垃圾的闲置地方，改建成一个400多平方米的实验室……

但程芳琴也有“大方”的时候，她大手笔、高起点建设团队，培养人才。她在清华大学、美国犹他大学、澳大利亚西澳大学做高级访问学者期间，与三位合作导师（也分别是三个国家的工程院院士）建立了良好的合作关系，从2006年开始，就挤出科研经费，先后资助16名研究生和团队青年教师去国外开展合作研究，让他们高起点迅速成长；为让学生开阔视野，她每去参加全国性会议，都抓住机会尽量多带学生去，2006年去长春参加学术年会时，为了多带人又省钱，她与同学们一起坐了20多个小时硬座，2010年去天津参加全国学术研讨会，同样为了多带人又省钱，她舍不得住会议安排的宾馆，和大家一起住在距会址较远的快捷酒店……

程芳琴还从零起步，申请环境工程硕士、博士学位点，创建新兴专业资源循环科学与工程专业本、硕、博的完整学科体系。在一个传统的综合类院校，建设新工科专业遇到很多难题。多少个日日夜夜，程芳琴带领师生白天做实验，晚上、周末编教材，埋头于工程设计、总结实验、编写教材，既要对接需求扎实搞科研，又要夯实基础培养人才团队，实现了从最初的简装教材到“十三五”国家规划教材的突破。他们还坚持科教结合、产教融合，探索实施的因技施教、因研施教、因需施教、因制施教“四位一体”教学模式获评山西省教学成果特等奖。对专业建设从陌生到熟悉，从熟悉到深入，终于在2011年建成资源循环科学与工程交叉学科博士点，2020年环境工程专业入选国家“双万”专业，开始向社会培养输出一批又一批高水平、高质量优秀人才。

瞄准国家需求，她坚定行走在煤基固废物高效利用和燃煤污染控制的科研之路上

“新的岗位究竟应该干什么？”程芳琴刚调入山西大学后也曾迷茫和焦虑过。空气的严重污染，加上国家和省里对煤炭清洁燃烧的高度重视，让程芳琴坚定地走上了与固废物的博弈之路。

煤矸石是采煤过程和洗煤过程中排放的固体废物，令所有煤炭企业发愁，无处安放，堆积如山，经常自燃，污染大气环境和地下水……“我们现在采1吨煤，煤矸石和煤泥加起来基本上占到开采燃煤的20%。我们省开采煤炭这么多年，全省大大小小的矸石山有2000多座，这样的现状，只有走工业化消纳这条路。”程芳琴坚定信心、下定决心，十余年来，带领团队成员，咬定这些固体废弃物不放松，啃“最硬的骨头”，从根本上减排，把变废为宝的论文写在转型发展的企业里，把减碳增绿的科技成果写在高质量发展的三晋大地上。

15年来，她与团队成员奔走在实验室与企业之间，除了以第一完成人荣获国家科技进步奖二等奖2项，还获得省部级科技奖11项、教学成果特等奖1项，授权发明专利67项，出版学术专著8部，编制地方标准及团体标准多个。成果服务了全省50多家能源和环保类企业，累计消纳固废2.2亿吨，减排二氧化碳约230万吨、氮氧化物约5万吨，新增销售收入110亿元，利税38.6亿元。他们的研究填补了我国在煤矸石、煤泥及煤泥污控制和无害化处置领域的一系列空白。

如今，程芳琴团队已经从建立之初的3人扩充到36人，从副教授、教授，团队成员一步步成长，山西省学术技术带头人、山西省青年拔尖人才……越来越多的年轻博士成长为独当一面的骨干，团队也被授予转型跨越“山西青年五四奖状”“山西省模范集体”等称号。

除了校内实验室，程芳琴还与企业、地方搭建了多个校企合作平台，如与平朔煤矸石发电厂共建了山西省重点实验室，在长治襄垣建立起上万平方

米的山西大学襄垣固废研发基地。实验室还于2012年被国家发改委批准为“煤化工废弃物综合利用技术国家地方联合工程实验室”，于2013年获批建设“国家环境保护煤炭废弃物资源化高效利用技术重点实验室”，于2019年获批“二氧化碳减排与资源化利用教育部工程研究中心”。程芳琴说，这些成果的取得，都源于一个信念：只要国家和人民需要，再硬的骨头也要去啃，再重的担子也要去挑。

唯有奋斗才会精彩，她和团队成员俯下身子把根扎向大地最深处

最初，为了选准研究方向，程芳琴常利用工作之余深入一线搞调研。“那时，远的地方挤公交，近的地方骑自行车，星期天和节假日的时间也利用起来。”寒来暑往，从山西到内蒙古、陕西、甘肃等地，程芳琴用三年时间深入了解了煤炭产业发展现状，为科研方向的选择奠定了坚实基础。

工科类的科学研究，成果的落地转化至关重要。有一次，在某企业会议室里，程芳琴与企业领导和车间负责人讨论技术改造方案，因为之前企业技术创新经历过失败，不愿再接受新技术挑战，她不放弃，努力争取，一遍遍耐心讲解团队技术的不同之处，在对方逐渐理解，开始进行讨论时，她转身去了卫生间偷偷抹眼泪……每一次成果落地转化的一波三折，都被程芳琴不懈的坚持和努力化解。

“时隔十几年，我们还清晰地记得因为没有经验、不会申报课题，屡报屡败，直到第26次申报才得到通过时如获大奖的激动；记得为破除来自企业和高校教师之间心与心的壁垒，通宵达旦开展批评与自我批评的情景；更记得院士专家对我们高度认可、支持，山西大学获批建立全国首个‘国家环境保护煤炭废弃物资源化高效利用技术重点实验室’时的喜极而泣……”团队成员激动地回忆起跟着程芳琴一路走来的点点滴滴，教师们由衷敬佩，学生们充满感激。

“唯有奋斗才会精彩。我有幸再次获奖，由衷感谢我的领导、团队和所有

与我结伴而行的同事、朋友和亲人。我最感恩的是伟大的党带领我们进入中华民族伟大复兴的新时代、好时代，为我们广大科技工作者提供了追求梦想的广阔天地和舞台，创造了追求卓越的难得机遇和条件。”程芳琴手捧着沉甸甸的2020年度国家科技进步奖二等奖证书倾诉心声。

资源与环境工程研究所供稿

勇闯量子领域“无人区”

——“国家自然科学二等奖”获得者张靖教授

2020 年 10 月 16 日，中共中央政治局就量子科技研究和应用前景举行集体学习引起广泛关注，然而自量子概念提出来已有一个多世纪，其内涵不为普通大众所熟知，就连量子论的奠基人之一、丹麦物理学家玻尔都说：“如果谁不为量子论而感到困惑，那他就没有理解量子论。”

在这个玄妙、艰深的基础学科领域搞研究，需要什么样的人？为科学研究而生，因为热爱而执着，即便无法清晰预见未来几年、十几年、几十年的科研成果，依旧孜孜不倦探寻真理。山西大学光电研究所所长、量子光学与光量子器件国家重点实验室主任张靖教授，就是这样一个人。

聚焦国家重大需求，他数十年如一日开展超冷原子物理和量子光学的实验与理论研究，建立了我国第一个超冷玻色—费米混合气体实验平台，在国际上率先实验实现一维和两维自旋轨道耦合的简并费米气体，让量子领域“无人区”留下了中国人的脚印，也为我国量子科技成果转化迈出重要一步打下基础。

勇闯“无人区”——
锚定国际前沿超冷原子研究方向

张靖对自然和规律性认识常怀好奇，中学时代接触到物理这门学科后，这份好奇逐渐演变为痴迷。以光电子专业从大学毕业后的 1995 年，他考入山西大学光电专业研究生，师从彭堃墀院士，由此开启了具有创新性的光电研究生涯。

张靖说，多年求学中，对他影响最大的人就是导师、入党介绍人彭堃墀院士。20 世纪 80 年代初期，彭堃墀自美国学成归国，迎着量子光学蓄势待发的历史机遇，在山西省委、省政府大力支持下，率先在国内建立了量子光学实验室。“实验室成立至今，彭老师一直在教育我们，国家为我们做研究提供了支持，一定要保持爱国、攀登、奉献的精神。”

在导师带领下，张靖始终聚焦国家重大需求，开展了一系列量子光学、量子信息及固体激光技术等领域的实验与理论研究工作，并在基础研究之上进行成果转化。如全固体化单模单频绿光激光器研究工作获国家技术发明二等奖，纠缠态光场及连续变量量子通信研究工作获国家自然科学二等奖等，技术转化后的保密通信样机、探测器等设计为地方经济转型发展做出了重要贡献。

1995 年，美国和德国的三位科学家首次在碱金属原子气体中实现玻色—爱因斯坦凝聚，并获得 2001 年度诺贝尔物理学奖。这一重大科学进展激起了张靖内心的澎湃：“量子科技是真正的未来科技，在复杂的国际竞争中，拥有不可替代的战略地位，相关研究是要插国旗的。”

胸怀科研报国之志，张靖毅然决定攀高。“国家为我们提供了这么好的平台和条件，我们为什么不去闯一闯？”和导师反复研讨后，张靖锚定了尚处国际研究初期的超冷原子研究方向，对量子光学研究进行拓展和补充，立志在量子领域“无人区”做出创新性的工作。

国内相关研究不成熟，他先后前往英国、法国等地实验室参与博士后项目，开阔视野，学习技术。在相对完备的科研环境下，他从没动过留下的心思：“科学无国界，科学家有国界，出国的初衷就是回来搭建我们自己的平台。”

学成归来，在山西大学光电研究所，张靖开始搭建我国第一个超冷玻色—费米混合气体实验平台，持续近 20 年的超冷原子研究就此开启。

咬定青山不放松——
一场“苦行僧”般的求索

超冷原子研究是一个极具挑战的高难度项目，涉及光、机、电、真空等要素，需要非常复杂的技术。国内外经验几近一穷二白的情况下，超冷原子研究无异于一片“无人区”，“没有人告诉你怎么做，只能自己去试、查文献”。

“科学研究从来不是一帆风顺的，从事基础研究需要付出更多耐心和坚持。在攀登科研高峰的道路上，需要一步一个脚印的执着。”不问功利前程，且管潜心研究，张靖始终保持心平气和的状态，“即使这条路不通，也是增长我们的知识，再去试其他路”。

山西大学光电研究所地下一层，幽暗寂静的实验室成了张靖的“基地”。曾经的老师、如今的同事郜江瑞说：“他很长时间没有手机，一门心思钻在实验室搞研究，平时都找不到人。”即便节庆热热闹闹的时候，他也在看文献、设计方案。

张靖给自己定下了早八晚十的工作时间表，却很少“准时”。跟随张靖从事研究已 10 年的黄良辉说：“带着没解决的问题回家是张老师的习惯，即便熬夜到三四点钟，回去他还在想，第二天又准时出现在实验室。”

创新实验困难重重，只管咬定青山不放松。有一次遇到实验系统运行不稳定问题，无法重复制备数目稳定的冷原子团。数百上千个实验器件，张靖与学生逐个排查，发现问题仅仅出现在一根细细的射频信号连接线上。为了找到这根线，他们花了数月时间。

当记者穿梭在已搭建好的实验平台间，可见无数激光光线纵横交错，在幽暗环境中泛出不同颜色的光。几处玻璃柜被黑色幕布罩着，保持温度、隔绝灰尘的同时，平添了几分神秘。搭建平台的个中难度，由此可略窥一二。

光学平台上摆放着各式各样的光学元器件，顶部贴着小标签，仔细标注着型号、性能等信息。元器件的摆放位置和方向都有规律，需要不断调试。这样的元器件，有成百上千个；激光器发出光线，每条光线的角度必须精确到“一根头发丝的差距都没有”，稍有偏差便会影响实验结果。这样的光线，有千余条。

20 年来，张靖就这样平心静气穿梭在精密仪器间，凝神忘我于尖端实验中，摸索、试验、推翻重来，打造出了比肩国际水准的实验平台，为我国量子领域研究开拓了新局面。

平台搭好后，张靖带领团队日复一日、年复一年在实验平台上开展“基于超冷费米气体的量子调控”研究。沉寂无数日夜，咬牙闯过数关，终于在国际上率先实现一维和两维自旋轨道耦合的简并费米气体，取得了系列具有重要国际影响的创新成果并掌握关键核心技术。他介绍：“这一成果以后可用于精密测量，比如卫星导航定位等，未来还有更多意想不到的应用等待我们去开发。”

成果一出，引发强烈反响。国际上大量相关理论和实验研究随之而来，张靖受邀在超冷原子领域重要国际学术会议作邀请报告20余次，SCI论文他引超千次，相关成果进入科研教材。“无人区”有了中国人的脚印。

甘为人梯，奖掖后学——
培养青年人的科学担当

“为党育人、为国育才是党员的使命，要为国家培养人才。”扶一把、送一程，让年轻人开拓新局面，张靖下决心将潜心育才的精神传承。

爱国情怀是对科技人员的第一要求。他鼓励青年教师和学生出国深造，学习先进成果，回来解决自己的问题。学生联系国外实验室遇到困难，张靖总会积极引荐，为年轻人提供资源。

目前实验室所有中青年学术骨干都曾在国外最优秀的相关实验室进行过学习深造，并百分百回国投身建设。作为光电研究所党支部书记，在他的带领下，越来越多青年教师学子树立了爱国、爱所、爱科学的正确人生观和价值观。

学生顾正宇第一次跟着张靖实验，为了解决磁场问题，师徒近7个小时没出过实验室的门，“老师没喝水、没去卫生间、没吃晚饭，完全沉浸在实验里”。这次经历给顾正宇扣紧了科研路上第一粒扣子，“以身作则，严谨专注，我也要成为这样的科研工作者。”

张靖重视集智攻关、团结协作的力量。一次学校评选教授，张靖课题组一位年轻老师与所里做开发应用的另一位老师同时竞争一个名额。“我建议自己课题组的年轻老师主动把这次机会让出去，另一位老师做应用开发，项目论文相对弱一点，但这个机会对对方来讲很难得。大家互相让一让，以后所里的工作更好开展。”在对方成功参评的同时，他积极帮助组里老师争取国家项目，这位年轻老师也很快评上了教授。

“一个团队可以比一个人走得更远。现在大家把超冷原子做好，把平台搭得更先进，模拟更多物理现象和规律，有了一代一代的积累，我们后面的更多年轻人就能做到世界一流。”张靖说。基础科学研究这条“冷板凳”，就是

靠一代又一代科研人员的热爱、热情、热血给坐热了！而他们的热爱、热情、热血，正是源于那份“科技强国”的爱国之志、造福人类的使命担当。

在他的带领下，团队先后承担“863”“973”等多项国家重大科技专项科研课题，取得有国际影响力的创新成果并屡获大奖。张靖团队的基于超冷费米气体的量子调控项目，2020 年荣获了国家自然科学二等奖。山西大学光电研究所成为国际量子科技领域具有影响力的科学研究与人才培养重要基地。

回首方知群山峻，举眉又见峰更高。肩负国家科技创新的历史使命，张靖带领团队扎根三晋大地，把热爱科学、探求真理作为毕生追求，执着开辟新领域、探寻新路径，瞄准量子科技前沿，向着更高的目标持续攀登。

王沁芳，《中国组织人事报》记者

山大人　哲学路　三十年

——科学技术哲学研究中心殷杰教授

“只有心无旁骛，耐得住寂寞，才能专注、专心、专一做好每一件事情，从事哲学研究更要这样。”这是殷杰努力践行的做事方法，也是他经常对学生说的话。1992 年至 2002 年的十年间，殷杰在山西大学度过了他从本科到硕士、博士的最为宝贵的求学阶段。殷杰曾说过，他之所以一直能够静下心来读书，很重要的原因，就在于追寻哲学之路是发自内心地热爱。时光正好，逐梦韶华，主楼阶梯教室里、老图书馆的书架旁、渊智园的长廊上……印记着他读书、

学习的点滴与足迹，他体验到了从事学问研究的艰辛，更从中获得了学术探索的乐趣。

殷杰热爱哲学，喜欢哲学思考的那份理性和深邃。从1992年到2022年，山西大学由90年的风华正茂步入120年的学脉绵延，三十年间，殷杰也从山西大学的莘莘学子成长为一名哲学教师。“山西大学有唐风晋韵的古色古香，更有滋兰树蕙的桃李芬芳；有令德湖水的方塘一鉴，更有事功学问的其道大光。”殷杰在他挚爱的这片校园中默默耕耘，发表出版了多部专著和论文，入选了国家级人才计划。从教二十余年的他，培养了多名博士、硕士研究生，指导的多篇研究生论文获得了山西省优秀学位论文奖，被评为“山西省优秀硕士学位论文指导教师”“山西省研究生教育优秀导师”。专著《当代社会科学哲学：理论建构与多元维度》，是他十年如一日沉浸于学术之旅中的一次思想沉淀，饱含了对当代社会科学哲学理论持续且深刻的理解。该书入选了2016年度《国家哲学社会科学成果文库》，是山西省入选的首部成果，并且在2020年荣获了第八届高等学校科学研究优秀成果奖著作类一等奖，该奖项是我国人文社科类的最高奖，也是山西省近十五年来唯一获得的一等奖。

每当谈及自己的学术成长，殷杰都将其归功于求学路上的各位老师们，尤其是导师郭贵春教授。“郭老师不仅为我们这些后辈学人创造了借以发展的科研平台和学术环境，更传递给学生们一种学术精神和人生态度。”殷杰时常回忆说：“那时候计算机还没有普及，我的第一篇学术论文写了30多页稿纸，1万多字的内容，几天后导师看完返回时，已经对文章内容进行了逐字修改，连错别字和标点错误都一一指了出来。”如此三易其稿，这篇文章最终发表在重要的学术期刊上。殷杰至今还留存着导师三次批改过的论文手稿。在殷杰看来，这份手稿传递了严谨的治学态度，更蕴含着导师对学生的无私关爱，这种精神至今一直影响着他。“先生手把手教我读书、思考、做事、做人。先生之风，山高水长；先生之恩，永生难忘。谨以此文感谢恩师多年的培养和教诲。”这是殷杰在他的博士论文后记中，向导师表达的深情致敬和内心感恩。他的博士论文于2004年获得了全国优秀博士学位论文奖，这是山西省荣获的首篇全国优秀博士学位论文，实现了该奖项零的突破。他与导师郭贵春教授共同担任“马克思主义理论研究和建设工程”首席专家主编的《自然辩证法概论》，是全国硕士研究生思想政治理论课指定教材，并在2021年荣获了首届全国优秀教材二等奖。

“治学严谨，是对做学术研究最起码的尊重”，这也是殷杰给学生上的第一堂课。“对学术研究要负责，对每一个学生更要负责”，他对学生强调最多的，就是鼓励大家一定要安心读书，珍惜难得的学习机会和良好的科研环境。殷杰经常对学生讲，“创新是学术活动的灵魂”，他通过安排专人负责组织学生读书会和学术讨论会、让学生参与重大科研项目、支持学生参加学术会议和出国交流等方式，锻炼学生的科研创新能力。殷杰指导的学生全部参与国家级课题研究，多名学生赴伦敦政治经济学院、美国加州大学等国外知名高校交流学习，开阔视野，学生的综合素质获得了很大提升。他还坚持育人初心，与学生交流学术发展、职业规划，勉励他们在青春年华宝贵的求学路上多一些知识的积淀，努力实现自己的人生价值。“时刻保持对学术的敬畏、热情，对学科的责任、奉献，对前辈的尊重和后学的关爱，是我们每一代学人的情怀使命所在，唯愿哲学大道长春。”殷杰说这是老师们给他的精神传承，也是他与学生们共同的学术约定。多年来，殷杰培养的学生，有的已经成长为大学教授，有的成为高校思政课教学骨干，有的任智库咨询专家建言献策，有的在国家重大科研任务中崭露头角、担当主力。

殷杰所在的山西大学“科学技术哲学学科”是国家级平台，是山西省唯一的教育部人文社科重点研究基地和文科国家重点学科，也是教育部“全国高校黄大年式教师团队”。学科聚焦自然界的一般规律、科学技术活动的基本方法、科学技术及其发展中的哲学问题、科学技术与社会的相互作用等研究内容，致力于推进哲学与自然科学、工程技术、社会科学之间的深度融合，以哲学的方式对科学的概念、思想和方法进行反思。殷杰认为：“当代科学的发展正在改变人们对宇宙、物质、生命和意识的传统认知，量子技术、生物技术、人工智能等新兴技术也深刻改变着人们的生活习惯与思维方式，发掘当代科学发现蕴含的新逻辑、揭示科学技术对人类文明演进的作用机制、促进前沿学科的深度交叉融合、探索激发科学研究的创造性思维能力，这是当代科学技术哲学研究的重要任务。”

勤奋努力、求知向学是镌刻在殷杰这位山大人三十年哲学路上的“前进键”。2022 年，山西大学哲学学科入选国家“双一流”学科，进入了快速发展时期。“征途漫漫，唯有奋斗”，作为一名山大哲学人，殷杰早已坚定了哲学探索旅程中求真、至善、尽美的信心，他将向着更深远的哲学大道奋楫笃行，助力山西大学哲学学科再创更美华章。

科学技术哲学研究中心供稿

老干部的“贴心人”

——全国优秀老干部工作者、山西省劳动模范尹奇

北方的冬天寒风凛冽，山西大学老干部处退休科里的几位同志正忙着给老干部活动中心替换厚门帘。“缺个螺丝！”其中年龄最大的同志放下手中的螺丝刀，起身去找。旁边的年轻同志拦住他：“这点小事儿，交给我们就行了！”他爽朗一笑：“自己干踏实！”这个凡事亲力亲为的同志，就是文章的主人公——尹奇。

共产党员尹奇同志

习近平总书记在党的十九大报告中指出，共产党人的初心和使命是为中国人民谋幸福，为中华民族谋复兴。这个初心和使命是激励中国共产党人不断前进的根本动力。作为一名共产党员，尹奇老师用自己的行动诠释着对初心的理解。退休科服务着全校1160多名退休老同志，事情琐碎零散。从1999年调到老干部处以来，尹奇老师十八年如一日，为老干部热心服务。不论公事私事、大事小事，尹奇老师都当做自己的事。有人问他图啥，尹老师的回答掷地有声——我是共产党员！“前段时间习总书记在瞻仰中共一大会址时重温入党誓词,我现在还能记起我当时入党的场景！”尹奇老师激动地说，“咱们国家是越来越好了，不说别的，就说太原的变化就很大！”尹老师是地地道道的太原人，对太原的变化感受最深：“就看这五年，咱们太原建起了高架桥，又修好了太原南站，现在地铁也在修建，交通太方便了！习总书记说绿水青山就是金山银山，我以前不理解，直到绿化东西山这样的大工程都做到了，我才明白。”

国家不断发展强大，家乡经历着日新月异的变化，尹奇老师亲身感受着时代发展带来的巨变,对未来的美好生活充满了信心和向往。他用自己的热情，积极乐观地在工作岗位发光发热,用平凡的力量,追求着属于自己的“中国梦”。

说到尹老师的“中国梦”，他笑着说：“我是个普通人，我对我现在的生活太满意了。我就希望咱们国家能越来越好！”

喜欢上班的尹科长

2016年尹奇老师因病住院，在做手术前，医生问他平常有什么爱好，尹奇老师的回答逗笑了所有人：“我这个人没什么爱好，就喜欢上班！”来退休科之前,尹老师当过膳食科、行政科的科长。“太忙了,我就想去了退休科能‘偷懒’。”但事实上，尹老师并没有一天闲下来过。一年三百六十五天，尹老师有三百六十天都来上班，没来办公室的那五天，他是在出差。在他的世界里，只有上班时间，没有下班时间。他从来不考虑什么分内分外，常常是“5+2”风雨无阻，“白加黑”，只求把一件件杂事、小事做好做圆满。人们说他是“万金油”——哪里需要哪里擦，擦到哪里哪里好。跑医院、背病号、做家访、抬遗体、修水管、送米面……他每天醒来的第一件事，就是先想想哪位老同志家里漏水问题还没有解决、哪位老同志家污水管道堵塞等一堆杂事，然后急急忙忙奔赴现场。有手机的老同志手机都要存上尹奇的名字，大家的口头禅就是“有困难，找尹奇”。

最近老干部处正在筹备文体活动，尹老师是活动负责人。退休科办公室里，桌上放着许多表格和名单。老同志们有不清楚比赛规则的，有弄错比赛时间的，他们在门外就喊：“尹科长，我又来了！”尹老师处理纷繁复杂的琐事得心应手，他耐心地跟老同志们解释，认真地帮他们答疑。

面对常人难以想象的杂事，尹老师的回答让人感动：“我从来不觉得累。有时候不是工作要求自己，是自己要求自己。”

爱岗敬业是人类社会最为普遍的奉献精神，它看似平凡，实则伟大。其实，他也是位年逾“耳顺”的六旬老人了，在自己的工作岗位上兢兢业业，勤勤恳恳，热心帮助其他老同志解决生活中的困难，用日常点点滴滴的努力工作，诠释着爱岗敬业的真正意义。

老同志的家人尹奇

“老吾老，以及人之老”，尹奇老师把老同志当作自己的父母一样来尽心，用真情真爱去温暖每一位老同志。老同志们提起尹奇，都说他“比亲生儿女还好”。一年，有一位 80 多岁的老同志突发疾病，大小便失禁，尹奇边组织送老人去医院，边为老人擦洗，还为老人买来新裤子。“他比亲生儿女做得还好！”这位老同志出院时竖起大拇指为他点赞。2012 年农历正月初二，正是大家举家团聚、欢庆佳节之时，一位老干部在昆明突然去世，接到消息后在家过春节的尹奇坐飞机赶往昆明帮忙处理丧事。事后有人问他："大过年的你就做这事儿，一般的亲戚朋友都还躲，你就不怕？"尹奇笑笑："哪会啊，这个时候我不去谁去啊。再说，送老干部最后一程也是我们分内的事啊。"的确，身为退休科科长，尹奇同志担负着一项特殊的任务——为老同志提供殡葬服务。山西大学是百年老校，老年人多，每当有老同志病重或不幸去世，尹奇都会第一时间赶赴其家中或医院，安慰家属，帮死者擦洗身体、穿戴衣服，书写挽联，布置灵堂，联系殡葬，帮其家里处理每件事情，直到亲人把逝者顺顺当当地送走，给家属莫大的安慰。十八年来，他亲自送走了 450 多位老同志，让老同志在人生的最后阶段，得到了组织温暖的关怀和沉甸甸的尊重。很多人对他表示感谢，他总是淡淡一笑："这是我应该做的，是我的工作，是我的职责，是我必须做的。"

平日里，老干部处的每一项工作他都亲力亲为，从不马虎。"我搬过米、扛过面、洗过脚、送过饭，我跟老同志们说有困难找我就行，我这儿就是老同志的家！"最近学校发土豆，老同志们心疼他身体不好，都自己来领土豆。尹老师放心不下身体不好的老同志，顾不得天气寒冷，推起小推车，挨家挨户地送。

"帮别人办事是我的乐趣。作为共产党人，就要活到老，学到老，干到老。"尹老师说。因为不怕苦、不怕脏、不怕累，真真正正把老干部们当家人，他被大家深深信任。

十八年来，尹奇老师用真情真爱谱写了一曲曲尊老敬老、孝老爱亲之歌，以朴实的人格、无私的奉献赢得了大家的尊重与称赞，也得到了组织的肯定。他连续多年被评为山西大学"尊老敬老"先进个人、优秀共产党员，连续三次被山西省高校工委评为优秀共产党员，2014 年被评为山西省劳动模范，2016 年获得"全国优秀老干部工作者"荣誉称号，并受到了中央领导的接见。

习近平总书记曾引用《墨子·修身》"慧者心辨而不繁说，多力而不伐功，此以名誉扬天下"肯定那些实干家、老实人，尹奇老师正是这样一位被大家所喜爱的实干家、老实人。春风化雨，润物无声。尹老师用重厚少文和至真至纯的精神，实践着共产党人的初心和使命，是我们身边最朴实、最真切、最生动、最鲜活的榜样。习近平新时代中国特色社会主义新思想开辟了新时代，凝聚了新使命，开启了新征程，奏响了伟大复兴的壮丽乐章，每一名共产党员都应该以榜样为镜，砥砺奋进，执着坚守，永葆本色，在平凡的“小岗位”上彰显共产党人的“大担当”。

山西大学离退休工作处供稿

学子篇

领动中医的齿轮

——山西大学堂首届学生施今墨

历史的车轮悠悠载过几千年的文化底蕴，时代的号角吹响新的乐章，在一切旧文化要被打破、被抛弃的时代，中医岌岌可危地屹立在中国大地上，等待着自己的落幕，或者重生。在风起云涌、狼烟四起之时，施今墨缓缓而至，在时代浪潮中成为中医事业继承中坚不可摧的中流砥柱。

施今墨（1881.3.28—1969.8.22），原名毓黔，字奖生，1881年生于贵州省。中国近代中医临床家、教育家、改革家，北京四大名医之一。

不为良相，则为良医

施今墨，祖籍浙江萧山区，因其祖父在云南和贵州做过官，施今墨出生在贵州，故取名“毓黔”。他年幼时因母多病，遂立志学医。13 岁便跟着舅父河南安阳名医李可亭学习中医，李可亭常对施今墨说：“良田千亩，不如薄技傍身。”于是他刻苦学习，20 岁左右便已经通晓中医理论，可以独立行医了。

但他的父亲始终认为仕途才是正道，1902 年送他入山西大学堂。在这里他受到了许多进步思潮的影响，萌生出民主与革命思想。后转入山西政法学堂，因成绩优秀被保送至北京政法学堂，在那里经人介绍认识了黄兴，由黄兴介绍加入了中国同盟会，从此开始了他的革命生涯。直至 1911 年参加辛亥革命，推翻了清王朝的统治。施今墨作为山西代表到南京参加了孙中山的就职典礼，并协助黄兴制定陆军法典。原以为旧的社会就要过去，新的社会格局正在形成。谁知社会的腐败、官场的倾轧，使他的理想不得实现，因此他愤而辞职，决心弃政从医。

他将自己改名为“今墨”，取义有三：其一，纪念诞生之地，“今墨”同“黔”；其二，崇习墨子，行兼爱之道，治病不论贵与贱，施爱不分富与贫；其三，要在医术上勇于革新，要成为当代医学绳墨（今墨准之意）。

虽时移世易，许多官员仍然不改争权夺利、尔虞我诈的封建官场的腐败作风，这让他对革命大失所望，决心“不为良相，则为良医”，在这个一切旧文化都岌岌可危，中医又故步自封的时代，他开始了漫漫从医生涯，迈出了长征的第一步。

为中医奔走，力挽狂澜

1929 年，南京国民政府通过了一个提案：《废止旧医以扫除医事卫生障碍案》，扬言顺应所谓追求真理、舍旧纳新的历史潮流。有人点头，俯首称是，更有人呐喊，为中医之存亡抵抗所谓时代浪潮。中医生存，岌岌可危。在时代的逆流中，有人几番沉浮，飘摇不定，而施今墨奔走南北，团结同业，成立中医工会，组织华北中医请愿团，数次赴南京请愿，以求力挽狂澜。

当时汪精卫只相信西医，又主持行政院工作，大有取消中医之势。适值汪精卫的岳母患疾，遍请西医，未见起色，行将不起。有人建议请施今墨诊治，汪精卫无奈，同意试试。施今墨凭脉，每言必中，使汪精卫的岳母心服口服，频频点头称是。开处方时施今墨说："安心服药，一诊可愈，不必复诊。"汪精卫岳母据此处方仅服数剂，果如施今墨所言。汪精卫这才相信中医之神验，题字送匾"美意延年"（庄子语），自此再不提取消中医之辞了。后来在全国舆论压力下，国民政府只得收回成命，批准成立中央国医馆，任命施今墨为副馆长。

中医终于以妙手回春的疗效，赢得了生存的权利。而施今墨无疑为中医的生存提供了强大助力。

中西合用，办学传业

他虽热爱中医，却并非故步自封之人。他深知中医要亡，是因为中医人大多因循守旧、墨守成规，又各持家技、抱残守缺，医者良莠不齐，巫多于医。中医要亡，错的不是时代，而是中医腐朽的外壳掩盖了它精粹的本质。要救中医，唯有革新，唯有培育出能够贯通中西的中医人，切实地救人性命，重树中医之辉煌。

> 诸君亦知中医之在今日，为存亡绝续之秋乎。外见辱于西医，谓气化为荒诞，内见轻于政府，成医界之附庸。今墨于数年以前，早已逆知此变，今又隶于卫生行政，更可见吾人环境，非振兴医术，决不足以自存。故敢断言中医之生命，不在外人，不在官府，而在学术也。学术之成否，当然在乎学校。

他明确指出："吾以为中医之改进方法，舍借用西医之生理、病理以互相佐证，实无别途。"他把这一思想也贯彻到办学方针之中。他成立中央国医馆，创办华北国医学院，在全国各地协助或资助创办中医学院、讲习所、函授班、研究班，等等；创办中西医院，首先使用西医诊疗仪器，进行中医辨证；创设中医疗养院，开中医设置病床的先河；创办中国医药学会，组织举办中医学术研究报告会；创办学术刊物，促进中医教育事业的发展。

> 我本是中医的革新者，不革新便无进步，无进步便不存在的论定者，具有改革中医方案的整套计划者。而社会上仅认为我是一个能治病的名医大夫，浅之乎视我矣，真使我啼笑不得，无法自白。平心思往，实亦我不学无术，自由浪漫，不善团结有以致之也，于人乎何尤。

他数次挽救中医于湮灭的边缘，引领中医走向革新求存的道路，让中医屹立至今而不倒，即使后人仍有诸多疑惑、诸多埋怨，但他仍然是那个风雨飘荡的时代里带领中医走向重生的人。

辨证施药，雍容华贵

施今墨遣方用药自成一格，其处方配伍精当，药品繁多，前后搭配无不相合，博得了“雍容华贵”的美誉。他擅用大方，药品的搭配极有法度，与一般医生之随意堆砌药物断不可同日而语。中医遣方用药，每药的使用，都必须与其他药物相互为用、七情和合。因此，药味越多，就越容易出现不和、不当的搭配，影响全方的整体性和治疗效果。然而施老用药，常见二三十味之多，但即使药味再多，也配合得体、法度严谨，毫无烦琐冗赘之感，反倒彰显其华贵大方，非常人能及之气度，其处方之华美常令中医药界的行家交口称赞。他还善于将《伤寒》《金匮》的方剂参考应用，可以说对经方的使用已然达到了收放自如的境界，这也是他学识渊博、辨证施治的见证。

施老十分擅用“对药”，所谓对药，就是在二三味药组合使用时，有些药物搭配起来使用可以发挥出意想不到的功效。他创制了许多对药的使用方法，对于中药的药性、药理极有研究。大量对药的使用，更加凸显了其方的华贵之气，是医学殿堂中难得一见的艺术珍品。他不仅善用大方，其使用单方、小方也得心应手，效如桴鼓。他在治学方面极为严谨，认为：“不可执一药以论方，不可执一方以论病，不可循一家之好而有失，不可肆一派之专以致误。”

辨证论治，是中医特长。施今墨在实践中感到：“八纲辨证并不完善，气血是人体的物质基础，十分重要，应该补充到八纲之中。”因此，提出十纲辨证，即“以阴阳为总纲，表里虚实寒热气血为八纲”。这是他对八纲辨证的一个发展和完善。在治疗外感温热病上，他提出凡内有蕴热，便易招致外邪，表证不可只知发汗，还应注意“清里热”，在“解”与“清”二字上仔细推敲，创立了“七解三清”“五解五清”“三解七清”等法，使用得当，便效果极佳。

医者仁心，德高望重

79 岁高龄时，他曾写下：“我老而未死，还能在医务工作岗位上，便是我的幸福，亦不虚度余年。”施今墨先生行医多年，医德高尚，极富爱心。

“学医先练字。”施先生曾教育自己的学生和子女，“药方关系到人的性命，如果字迹潦草使药房抓错药，这是医生的责任，要是药房负责，再去问大夫，这样又耽误了病人的时间，这还是医生的责任，所以做医生的一定要把字练好。”

病人来，起身迎；看完病，起身送。敬病人如宾客的施今墨在对待特殊病人时更是如此。每次行医时，得知下一位病人是孩子，他就立马把白大褂脱去，并让他的学生们也照做，为的就是不给孩子恐惧感。不仅如此，施老还在行医期间用心学习各地方言，只为带给病人更多的亲切感。

他对同道也非常敬重宽厚，从不贬谪他人。有患者拿前医处方请其评论，他则说：“方开得不错，各人有各人的路数，你也可以服我的药试一试……”他为人谦逊温和，常对学生们说：“人家说我是名医，其实还是没见过的病多，看不好的病多。”还说：“我的经验都是从为病人治病中得来的，我要还给病人才对得起他们，才觉心安。”

1969 年病重时，他还一再交代要将自己的经验整理出来，继续为人民服务。1969 年 8 月 22 日，这位中医史上中流砥柱的赫赫名医，结束了他奔波操劳却又意义非凡的一生，病逝于北京。

1982 年，由祝谌予、翟济生、施如瑜（施今墨之女）、施小墨（原名施如雪、施今墨之子）修编的《施今墨临床经验集》终于出版，实现了施今墨“继续为人民服务”的遗愿。

时间悄然而逝，如今的中医在世界各地享誉盛名，相信这位曾为中医奉献了一生的老人，必然倍感欣慰。

山西大学校友会根据网络资料整理

毛泽东肯定过的爱国民主人士

——著名校友刘少白

1948 年 3 月 1 日，毛泽东主席在《关于民族资产阶级和开明绅士问题》一文中说：“晋绥边区的刘少白，陕甘宁边区的李鼎铭等人，在抗日战争和抗日战争以后的困难时期内曾经给我们相当大的帮助……”(见《毛泽东选集》横排本第 1231 页)。毛主席在文中提到的刘少白先生，是怎样的人呢？

我国早期著名的爱国民主人士，担任过晋绥边区临时参议会副议长、第一届全国政协委员、山西省人民政府委员、山西省政协常委会副主席的刘少白(1883.6—1968.12)，名象庚，字少白，出生于山西省兴县黑峪口村的一个地主家庭，1903 年考取了清王朝的最后一科贡生。后到省城太原的山西武备学堂学习，因病中途辍学。1905 年刘少白再一次进入太原府中学学习，三年后考入山西大学法律预科。1911 年 10 月武昌起义以后，他剪掉辫子，上街贴标语、游行，参加了山西的辛亥革命。

五四运动爆发以后，刘少白开始接触马列主义，领悟到中国革命只有以俄为师才是唯一的出路。1927 年蒋介石发动了四一二反革命政变，大肆屠杀共产党人，激起刘少白极大的义愤，他不顾个人安危，冒着生命危险，掩护地下党员及革命志士。经他救助而脱险者，有王瀛、朱志翰、贺毓秀、何述之、陈原道、赵世兰、李惠等多人。此间他又参加了党的外围组织“互济会”。

加入中国共产党

1935年，中华民族到了最危急的关头，为了抗击日本的侵略，争取与东北军有亲密关系的傅作义抗日，便成了我党一项重要的统战工作。刘少白自觉地站在党的立场上，根据地下党指示，利用自己的公开身份，为争取傅作义抗日、建立统一战线，做了许多具体工作。这一时期，到天津开展工作的我党工作人员，差不多都和刘少白有过密切的接触，并得到过他的帮助。1936年，刘少白参加了对我党领导人王若飞同志的营救工作。王若飞在太原被营救出狱之后，与刘少白保持着密切的工作联系。1937年抗日战争爆发以后，刘少白郑重地向党组织提出了入党请求。北方局经过研究，一致认为刘少白已经具备了入党条件，经王若飞、安子文介绍，当年8月，刘少白光荣加入了中国共产党。为了便于开展工作，经刘少奇同志批准，刘少白将作为秘密党员，不公开身份，组织关系与王若飞联系。这一年他54岁。在经历了大半生的艰苦求索以后，他终于找到了真理与光明，成为一名忠诚的共产主义战士。

创办兴县农民银行

1937年9月，刘少白受命回到兴县，奉党组织指示，担任了第二战区民族革命战地总动员委员会兴县分会经济部部长，主要任务是筹备粮草，协助八路军一二〇师，为创建晋西北抗日根据地而斗争。

晋西北党委为了使八路军驻地物价稳定，保障供应，调动社会各方面抗日救亡的积极性，决定创办一个由共产党直接领导的银行，并任命刘少白为该银行的经理。为了筹措资金，刘少白巧妙地利用当时阎锡山提出的“国难当头，有钱出钱，有力出力”的口号，假戏真做，广泛动员社会集资。与此同时，他带头把自己家里多年的积蓄全部拿出来，投入银行。刘少白创办兴县农民银行，担任经理，银行发放农贷，发行钞票，业务迅速开展起来。兴县农民银行纸币稳定，信誉良好，不仅流通市场，而且还吸收了相当的外地资本。兴县农民银行积极工作，为驻扎在兴县、岚县一带的八路军一二〇师筹措了不少经费与粮食，为抗战筹集了大笔资金。

与此同时，刘少白按照刘少奇同志的指示，以开明绅士的身份，积极工作。1938 年，他从延安回到兴县以后，又在农民银行内部办起了新运书社，经销从延安运回的书籍，主要包括《论持久战》《联共(布)党史》《八路军军政杂志》等进步书刊，宣传共产主义思想与主张。

积极参加抗日民族统一战线

1938 年，他从兴县赴延安，见到王若飞、陈赓、徐冰、成仿吾，并由王若飞介绍见到了毛泽东、刘少奇和陈云等同志，聆听了毛泽东对时局的科学分析。1942 年，他再度来到革命圣地延安，受到毛泽东主席与北方局领导人刘少奇同志的亲切接见。毛泽东主席详细询问了有关山西的情况，并认真地听取了他的工作汇报，对其工作给予了高度评价，还当即要求北方局尽量解决刘少白工作中所遇到的困难。这次延安之行使刘少白受到了极大的教育和鼓舞，他工作更加吃苦卖力，受到很多群众的拥护，在晋绥边区临时参议会成立大会上，他光荣地当选为副议长。

1942 年，刘少白发起倡议，组织晋西北士绅参观团到延安参观访问，以学习延安精神。中共中央当即表示欢迎晋西北士绅到延安参观。于是，由牛友兰为团长、刘少白和武润生任副团长的晋西北士绅参观团便组成了。参观团到达延安以后，受到延安各界的热烈欢迎，并受到毛泽东、朱德、林伯渠、谢觉哉、吴玉章等领导人的亲切接见。毛泽东主席向全体团员讲了国内、国际形势，以及“三三制”“减租减息”等方面的政策，号召大家为夺取抗日战争的胜利贡献力量。刘少白还将自己的孩子易成、乃成及外孙纪原带到延安，送进学校学习。参观结束时刘少白代表大家亲笔起草了《晋西北士绅参观团留别延安各界书》，表达了他们对于延安军民的无限热爱与景仰。

参与创建晋绥根据地

1942 年春，刘少白建议边区政府种植棉花，兴办纺织厂，后又办起了供销合作社，配合银行发行钞票，收购棉花，对于克服解放区的经济困难起到了很大的作用。在边区大生产运动中，刘少白主动提出不要马夫、警卫员，让他们都去搞生产。

晋绥抗日根据地与党中央所在的陕北根据地相邻，这种地理位置使其成为各抗日根据地与延安进行联络的枢纽，成为保卫延安的坚固屏障。党中央与各抗日根据地的联系主要通过晋西南与晋西北。刘少白利用银行工作之便，自己掌握着一批渡船与可靠的船工，保证陕甘宁边区、党中央与各抗日根据地的交通畅通无阻，安全地护送刘少奇、朱德等中央领导人及中共七大代表经晋绥到达延安，为争取全民族抗日战争的胜利做出了贡献。同时，他还在经济、财政方面大力支援陕甘宁根据地，在晋绥边区财政十分紧张的情况下，组织晋绥边区军民节衣缩食，给延安提供了许多物资。

晋绥根据地的建立与发展，为中国人民进行抗日战争做出了积极的、巨大的贡献，是我们党的抗日民族统一战线政策在中国革命进程中成功实践的光辉一页，这其中有刘少白同志的不少心血与大量艰苦的工作。1945 年，刘少白到延安参加解放区大会筹备会，任常务委员和纲领起草委员会委员。

带头支持土地改革

1946 年 5 月 4 日，中共中央发出《关于清算减租减息及土地问题》的“五四”指示。不久，党中央召集延安各界人士座谈讨论。会后，毛泽东邀请刘少白到王家坪吃便饭，就餐时毛泽东对刘少白说：“中央决定实行土地改革，你是共产党员，回去以后，可以将你家多余的土地献给农民，给大家带个头。”刘少白欣然应允。返回兴县以后，他马上动员弟弟刘象坤，将自己家的4500亩土地、一处四合院和百余株树木全部捐献了出来，交给政府处理。1946年《晋绥日报》在头版头条以《刘副议长及其胞弟向农民献出土地房屋》一文做了报道，予以表扬。

1946年9月，晋绥边区在进行土地改革过程中，由于康生等人违背中央指示，推行极左路线，刘少白率先捐献出土地搞土改的模范行为却被诬蔑为假开明、收买群众，刘少白本人还受到了错误批斗。毛泽东主席看到《晋绥日报》报道以后，大为恼火，对晋绥分局的领导人进行了严厉的批评，说：“像刘少白这样的人都被你们批斗了，以后还有谁敢跟我们合作呢？你们犯了错误，回去赶快向刘少白先生道歉。”1948年初，晋绥分局对刘少白进行了平反，恢复了他晋绥边区临时参议会副议长的职务。

1948年8月，刘少白代表晋绥边区到河北平山县参加成立华北政府的华北区各界代表大会。9月15日，刘少白在平山县南庄致信毛泽东主席，提出两个问题，一是晋绥土改的意见，二是关于他的党籍如何处理。10月30日，毛主席复函刘少白，回答了他在信中提到的两个问题，又托彭真同志与刘少白谈话。与彭真同志谈话以后，刘少白重新焕发了革命斗志。

1949年，刘少白出席了第一届中国人民政治协商会议，当选为全国政协委员。10月1日，刘少白参加了开国大典。此后，刘少白先后担任了山西省人民政府委员、山西省政协常委会副主席、山西省监察委员会委员、抗美援朝华北委员会常委、保卫和平委员会山西分会理事、中苏友好协会山西分会副主席、山西省第二届人民代表大会代表（1956年）、山西省第一次党代会代表等职。

1958年后，刘少白定居北京，任全国政协委员，并继续担任山西省政协常委会副主席。他虽然离开山西，但仍念念不忘家乡的建设，曾经为兴县捐款3000元，以资助家乡人民开展水土保持工作，搞好山区经济建设。

山西大学校友会根据网络资料整理

弦歌百代

——音乐家、1932级校友陈贵和

陈贵和（1895—1969），字礼斋，山西灵石人，音乐家、教育家。先生出身寒微，9 岁丧母，21 岁丧父。他从小聪颖好学，17 岁时，考入山西省第一师范学校，1916 年毕业后到运城省立第二师范学校任音乐教师。1926 年，陈贵和通过集资筹款创办了运城菁华中学，自任校长，兼任音乐、数学教师。1932 年考入山西大学，同时在省立第一女子师范、省立第一师范和山西大学附中兼任音乐教师。抗日战争爆发之后，陈贵和弃笔从戎，就职于国民党军官教导团第二团，后在山西牺牲救国同盟会（牺盟会）宣传部部长、共产党员宋劭文的推荐下，出任平遥县抗日县长。平遥沦陷后，他奉命组建晋南抗日游击队，1938 年担任第二战区司令长官司令部政治宣传队总领队，率领政宣队在晋西南一带四处进行抗日宣传，并亲自创作、演出了许多节目。陈贵和结交了多位共产党员，心向延安，暗中将政宣队的一些进步青年送往延安，因此被阎锡山以“政治走私”之罪撤职。1941 年任山西省立第二联中校长（驻陕西宜川）。抗战胜利后，陈贵和不为高官厚禄所诱惑，没有追随阎锡山政府回到山西，而是举家迁往西安，在西北中学、晋兴中学等校任教。中华人民共和国成立后，他在西安工农速成中学等校任教，并从事歌曲创作，被选为陕西音乐家协会理事，退休后从事乐器修理工作。

陈贵和于 1932—1936 年在山西大学读书。由于这一时期山西大学学籍档案毁于抗日战争之中，其学籍材料已无从查询。只在《山西大学同学录》（1902—1937）中，可以看到陈贵和的名字以及简单的信息。根据该书第 27 页的记录，陈贵和为文学院学生，字礼斋，籍贯灵石县，住址为“本县城内学宫巷本宅”。

陈贵和 37 岁时才考入山西大学。此时，他在运城创办的菁华中学已经有 10 年的历史，而且教学质量很高，声名远扬。他之所以要报考山西大学，据说是因为当时出台了一个规定，中学校长必须要有大学的学历，所以他克服种种困难，把校务工作交给别人，自己来山西大学读书。在山西大学读书，是陈贵和人生的一个转折点。他读书期间，正是“九一八事变”“一二九运动”到“七七事变”中间这几年。山西大学师生在此期间组织各种抗日救亡活动，陈贵和也积极参与其中。他参加了中共地下党员杜任之教授组织的各种活动，结交了杜任之（1905—1988）、戎子和（1906—1999）、宋劭文（1910—1994）、张友渔（1898—1992）等共产党人，并将自己 14 岁的长子陈晓送去参加共产党（陈晓参加了山西新军决死三纵队，中华人民共和国成立后任海军政治部、文化部副部长）。1935 年日本企图推行“华北自治”，分裂中国，全省学生成立了讨逆救国联合总会，组织了大规模的游行示威，喊出“打倒汉奸及一切卖国贼”“誓死反对华北自治”等口号。陈贵和也是这次行动的积极分子之一，而且被选为“山西大学讨逆救国会”宣传部负责人。基于陈贵和坚定的爱国信念和组织能力，宋劭文 1937 年还推荐陈贵和担任平遥的抗日县长。戎子和晚年为纪念老友题词，称陈贵和为“爱国先驱”。

陈贵和作为音乐家的生涯是从省立第一师范学校开始的，毕业时因学业优秀、品格端庄而被推荐到省立第二师范学校担任音乐教师。民国初年是学堂乐歌的兴盛年代，陈贵和也是在学堂乐歌的时代成长起来的一代音乐人，对音乐充满了激情和感情。他在省立第一师范学校读书期间，接触到新的音乐、新的歌曲、新的乐器，在音乐艺术方面得到很好的训练和发展。他学过许多中外乐器，吹拉弹唱，样样精通，擅长钢琴、手风琴、二胡、筝、唢呐等乐器，但最拿手的应该是风琴，据说在全省的风琴比赛中曾荣获第二名。

陈贵和不仅擅长乐器演奏与表演，对歌曲创作，更是情有独钟。他除了热心教学，还钻研音乐理论，在学校组织了“音乐研究会”，在24岁时就编辑出版了《高小国民唱歌集》（上、中、下三集），他在“编辑大意”中说，歌曲要“激发爱国思想，鼓励尚武精神”，并注重培养学生的“德育、智育、体育”，以及“实利、美感”意识。这本《歌唱集》不久再版发行，可见在当时的影响力。另外，他还出版有《鼓号谱》一册。在抗战中，他带领政宣队还组织出版了《抗战剧本选集》和《西北号角》等作品。

陈贵和一生有许多音乐创作，但可惜在那个动荡的年代，大量作品都没有留存下来。就目前幸存的作品来看，有抗战之前的歌曲，如《实干歌》；抗战主题的歌曲较多，如《辽东泪》《告我亲爱同胞》《杀敌歌》《向前进》等；有校园歌曲，如《菁华中学校歌》《桃李迎春》等；中华人民共和国成立后的作品有《大炼钢铁之歌》《英雄向秀丽之歌》等。陈贵和既是词作者，也是曲作者，创作了大量的歌曲。这些歌曲的歌词明快、阳光，曲子也流畅、清新，抗战歌曲则慷慨激昂、铿锵有力。从这些歌曲可以看出，陈贵和的歌曲艺术融思想性和艺术性为一体，表达了他忧国忧民或教书育人的情怀，也体现了他的高超艺术修养。

陈贵和的艺术修养给学生们留下了深刻的印象。一位学生回忆道，陈老师弹琴时，“神态安详，俯仰自如，两手轻捷地在键盘上飞动，发出优美、和谐、悠扬悦耳的琴声，出神入化，引人入胜”。许多学生到了老年仍能清晰地记起陈贵和老师的歌曲作品，现存的作品大都是靠学生们的记忆而保留下来的。菁华中学校歌是学生们十分喜欢的歌曲，歌词是：“壮志待谁酬，担荷千秋，菁华采撷贵诚求。敬业乐群方有益，在慎交游。按级励前修，百尺竿头，不恒其德最堪羞，共挽狂澜凭毅力，砥柱中流。”不但曲子优美上口，歌词也典雅而有深意，具有激发斗志、励志向上的力量。

在抗日战争中，陈贵和的歌曲创作进入黄金时期，他像千千万万的中国人一样，面对日本侵略者，怀着家国之恨，满腔热血，创作了大量的抗日歌曲。一位政宣队的队员回忆说，陈领队“既是行政领导，也是艺术权威，既会作词，更善谱曲。往往在驻地的大院子里或打谷场上，队列前摆着一架风琴，给全队讲乐理课，教识简谱，或边唱边弹琴，教唱他新创作的歌曲。随着悠扬的琴声，伴着他浑厚的男中音，边教唱边改动。通过教唱修改，一首首新的抗战歌曲就诞生了，随后很快便会在吕梁山的学校军营、村村寨寨流传开来”。

作为音乐老师，作为校长，也作为领队，他培养了一批人才，运城及周边地区许多音乐教师都是他的学生。学生中也出了不少著名的人物，比如运城第二师范附小的学生路纪宇（1917—2013），后来任太原市民政局副局长；菁华中学的学生裴丽生（1906—2000），后来是山西省人民政府主席、中国科学院院长；政宣队队员林丰（1919—2006），后来进入陕北公学学习，中华人民共和国成立后任西安电影制片厂党委书记；政宣队队员白凌（1921—2017），后来任中国青年艺术剧院党委书记和中央歌剧院党委书记。

这些曾经的学生和晚辈，终身铭记着老师的教诲及其艺术成就，并撰写了不少纪念文章。这些文章后来结集出版，名为《弦歌百代——陈贵和先生纪念文集》（山西教育出版社 2019 年版）。全国政协常委会委员、民革山西省委委员会主任委员李蓼源先生是陈贵和的忘年之交，他晚年评价陈贵和先生说：“以其艺术天才和音乐素养，谱写了大量的抗日救亡歌曲，弘扬了民族精神，鼓舞了抗战斗志，振聋发聩，为广大革命青年和群众所欢迎，在山西革命音乐史上留下了永难磨灭的篇章”。

陈洪捷，陈贵和先生之孙，北京大学教授，现任北京大学中国博士教育研究中心主任，《北京大学教育评论》主编

毕生精力献农学的大师

——著名作物育种学家、校友王绶

王绶，我国著名的作物育种学家、生物统计学家和农业教育家。他毕生致力于高等农业教育，为我国培育了几代农业科技人才。长期从事大豆、大麦研究，育成了“金大332”大豆、“王氏大麦”（美国定名）等优良品种，在生产上应用，对作物田间试验技术也做过系统研究，是我国作物育种学和生物统计学的奠基人之一。

教育经历

从1904年开始，他随父读私塾，后转入县高小学习。1912年秋，赴太原省立第一中学求学，1916年以优异成绩考入山西大学预科。此时，军阀连年混战，国家和人民遭受深重灾难。他深感欲求国家与民族之独立和富强，非先发展教育和科学不可，乃下决心走“教育救国”和“科学救国”之路。

1919 年，山西省用贷金办法将他保送到南京金陵大学农学院农艺系学习。他勤奋学习，刻苦钻研，成绩总是名列前茅，深得师友敬重。毕业后留校任助教，后升为讲师。

王绶在金陵大学一面授课，一面深入农村调查农民保存与繁育优良品种的方法，并采集大豆单株，开始系统育种。1932 年，王绶由金陵大学派送到美国康奈尔大学作物育种学系深造。次年，他以《大麦遗传之研究》的毕业论文获农学硕士学位，并被选为美国农艺学会会员。

回国任教

王绶于 1933 年回国，先后任金陵大学农学院教授、农学系主任、农艺研究部主任，直到 1940 年。他在主持系务期间，认真负责，以身作则，勤俭节约，使各项工作协调进行，为该系的建设做出了贡献。他为全院讲授的作物育种、生物统计、田间技术等课程，深受学生欢迎；他主持的大豆、大麦育种研究课题，培育出了几个新品种在生产上示范推广。那时，多数教授从事稻、麦、棉三大作物的研究，对于小作物则无暇顾及，唯有他看中了大豆和大麦，并为这两个作物的遗传育种研究打下了良好的基础。特别是在大豆方面，由于他的带头与引路，培养造就了一些接班人，使得这一原产我国的重要作物，无论是生产还是科研，都在中华人民共和国成立之后的较短时间内，取得了蓬勃的进展。

推广经验

中华人民共和国成立后不久，王绶被调往北京，由中央人民政府政务院任命为农业部粮食生产司司长，授予一级农业总技师。赴任前，许多师生劝他还是留在金陵大学任教为好，他感慨万分地说：“在中华人民共和国成立前，想给国家做点好事，找不到门路，如今中华人民共和国成立了，时代不同了，我要为祖国的建设事业出一把力，把粮食生产搞上去。”在此期间，他参加制订农业发展规划和粮食生产计划，经常到各地进行调查研究，总结地方发展农业和提高粮食产量的经验，并加以推广，为发展我国粮食生产做出了贡献。1957 年，他光荣地出席了全国首届农业劳动模范代表大会。在工作中，他认真负责，对一些不良倾向敢于提出批评。他反对夸夸其谈，尤其在学术问题上从不随波逐流，即使是顶头上司也敢据理力争。这种实事求是的工作态度，深受大多数科学家的赞许。

出任会长

1957 年，中国农业科学院作物育种栽培研究所成立，王绶转任该所所长。这时他还被选为中国农学会副理事长，主编《农业学报》。不久，山西省在以前的太谷铭贤学院的基础上成立农学院，省里考虑到王绶是山西人，熟悉山西情况，又是农学界元老，遂于 1958 年任命他为山西农学院院长，一级教授。他在主持校务工作中，对办学方针、师资建设、专业设置、教学作风、招生工作等重大问题都要一一过问，妥善安排。他亲自讲授作物育种栽培和生物统计课程。在教学中，他总是在查阅大量科研资料、结合本省农业实际的基础上编写教材。他从本省本校的实际情况出发，建立了生物统计、大豆、遗传、生理、土壤等研究室，并亲自主持大豆遗传育种和生物统计的研究工作。在这段时间，王绶把自己丰富的教学、科研和行政管理经验贡献于学校的建设，使学校秩序稳定，教学相长，质量提高，声誉日上，达到了办学以来的最好水平。与此同时，他还以极大热情积极参政、议政。先后担任过第二届山西省人民代表大会代表和第二届、第三届全国人民代表大会代表。

王绶于 1952 年加入中国国民党革命委员会。多年来，在团结各界人士，贯彻党的统战政策，进行社会主义建设方面，做了许多有益工作。

学科奠基人

王绶长期从事大豆、大麦等作物育种栽培和生物统计与田间技术的研究，是大豆、大麦育种和生物统计学科的主要奠基人。早在1923年，王绶就开始大豆的遗传育种研究工作。他曾多次在河南、山东、河北、山西等地采集大豆单株，进行系统育种试验，培育出“金大332”大豆新品种，比标准品种显著增产，一度在长江两岸推广种植。在此基础上，他又进一步开展杂交育种，获得一些产量和含油量均高的杂交品系，散发在四川温江等地试种。与此同时，他较早进行了大豆品种区域适应性以及不同地区品种的花期、株形、株高、籽粒大小与产量相关性等研究，取得了一些基础性科学资料。1941年，他执教西北农学院后，继续通过系选培育出“西农506”大豆新品种和“西农509”黑豆新品种，在关中地区小面积推广。1948年，他在小豆遗传实验中发现一个花斑隐性基因，受到学术界的注意，后来被国际大豆基因命名委员会定名为Riri。晚年，他在山西首次开展了大豆品种资源研究和利用。他收集全省大豆农家品种830份和国内外大豆品种300余个，进行观察、比较、试验，从中选育出“太谷早”大豆新品种，其含油量高达24.5%，为当时全国大豆品种含油量之冠。他目睹山西水土流失严重，根据气候、土壤特点和人民生活需要，主张并开展了以大豆为主的小杂粮作物研究。在1960年至1963年经济困难时期，他建议政府和农民要见缝插针多种大豆，指出大豆营养价值很高，特别是大豆芽含有一定量的烟酸，可以防止浮肿病，应利用房前屋后、田埂地边等空地种植大豆，在高粱、玉米行间混种大豆，棉花缺苗断垄地方补种大豆，适当多播麦茬豆。这个时期，他还主持了“黄淮流域大豆新品种选育”研究课题，该组培育的“晋豆1号”“晋豆2号”获得1978年全国科学大会奖。

品种应用

在开展大豆育种的同时，王绶还进行了大麦遗传育种研究。早期培育的抗冻、抗锈大麦品种，曾在美国纽约地区推广种植，被定名为“王氏大麦”（Wangs Barley）。之后又培育出丰产、抗病、秆强的“金大 99”（裸大麦）、“西农 3102”等大麦新品种在生产上应用。

王绶对生物统计学和田间试验技术深有造诣。早在 1923 年就开始应用现代田间技术进行作物栽培与育种研究。他最早将方差分析、随机区组设计等方法介绍到国内来。在我国，他最早撰写出版了《中国作物育种学》和《实用生物统计法》这两本有实用价值的专著，对早期这两个学科在我国的发展产生较大影响。《实用生物统计法》一书在中华人民共和国成立前被列为大学丛书，1949 年后再版。之后，他又撰写出版了《田间试验之理论与实施》《大豆栽培与良种选育》等著作。此外，他还发表了《作物产量之研究》《大麦遗传之研究》《大麦杂交之研究》《大豆栽培之研究》《大豆第一代杂交优势之研究》《大豆植株形状与产量的相互关系》《大豆试验田间技术之研究》等在当时颇有影响的学术论文。

王绶从 20 世纪 20 年代中期从事农业教育和科研事业以来，50 年如一日，勤勤恳恳，坚忍不拔，实实在在，既不隐瞒自己的观点，也不随声附和、哗众取宠。王绶为人忠厚耿直，艰苦朴素，平易近人，可敬可亲。他的一生是热爱祖国、追求进步的一生，他的严谨治学精神和实事求是作风、他的献身祖国农业科教事业的优秀品德，永远值得后人学习。

山西大学校友会根据网络资料整理

中国石油之父

——科学英雄、校友孙健初

他是伟大的地质先驱，是真正的科学英雄！他发现了中国第一口油井，他开发了中国第一个石油工业基地，他当选为新中国第一次石油大会主席，他主持开办了新中国第一期石油技术干部培训班，他组织绘制了新中国第一张石油发展蓝图！他就是中国石油之父孙健初！

家世与成长

孙健初，1897 年 8 月 18 日出生于河南濮阳县白堽乡后孙密城村。在父亲的私塾里学习了六年，他熟读了四书五经，为后来进一步求学打下了基础，田间劳作又强健了他的体魄。用孙健初自己的话说，他的吃苦精神就是在童年时代的田间劳动中养成的。

在山东省立第六中学（菏泽市第一中学），孙健初认识了对自己一生都有重大影响的好同学张泮。在张泮的影响下，孙健初萌生了“大丈夫当为国捐躯”的志向。中学毕业后，考虑到家中的情况，孙健初待在家里，尽力挑起家庭的担子，但他始终坚持自学。1920 年 5 月，孙健初接到了一封张泮寄来的信，他热情地邀请孙健初和自己一样报考山西大学，一起实现报国之志。天道酬勤，机遇永远属于有准备的人，孙健初终于在 1920 年 9 月考入了山西大学堂理工科采矿系预科班，从此开启了他人生崭新的历程。

孙健初在学习上的勤奋和对专业的钻研，引起了当时的老师——瑞典地质学博士新常福的注意。他很喜欢孙健初，专门挑选了几个学生在家里对他们进行加课训练，新常福是孙健初踏入地质之门的引路人。新常福几乎将全部精力都放在了山西省的地质调查和培养中国地质人才上，能够结识这样一位知识渊博、专业精湛、人品高尚的良师，并在他的门下学习，孙健初深感荣幸。1926 年，孙健初毕业，第二年，经过严格的考试，孙健初正式被录用为瑞华地质调查会会员。

事业与成就

孙健初成为瑞华地质调查会会员后，参与的第一个调查项目就是调查五台山一带地质情况，从此他与地质调查事业结下了不解之缘。他首进甘青，跨越祁连山，三进绥远、察哈尔，四赴东北，跋涉苏皖、豫鄂探矿……孙健初的足迹遍及祖国的崇山峻岭、戈壁沙滩、黄河上游、长江两岸、长城内外，从基础地质调查到矿产勘查，由此揭开他地质人生的辉煌篇章。1929 年，孙健初进入了位于北京西城兵马司胡同 9 号的农矿部地质调查所，受到了所长翁文灏的赏识，一直到后来的石油探勘都有翁文灏的支持。1930 年 8 月，在地质调查所召开第六次讲学会，主讲人正是进所不到两年的孙健初。他做了充分的准备，下面坐的是丁文江、翁文灏等多名地质前辈。他讲的内容第一是关于辽宁省地质，第二是关于察哈尔西部地质。由于是自己的亲身经历，加上准备充分，讲得非常精彩。扎实的调查、翔实的数据、丰富的矿样、直观的剖面图、精彩的讲述，让那些单调的地质术语和枯燥乏味的数据显得那么鲜活生动。从1929年到1934年的五年间，孙健初的地质调查活动硕果累累，在绥远、察哈尔发现了20多个煤矿和多种石棉矿、水晶矿、石墨矿；在辽宁、吉林勘查出煤矿、金矿；又在安徽、湖北、河南调查出铁矿、煤矿。他的专业知识得到明显提高，写出的20多篇论文和报告得到地质界权威人士的高度好评。

1935年初，中央地质调查所成立。以翁文灏为主任、孙健初为委员，并负责青海、甘肃、宁夏地区的地质调查，历时八个多月。1937年，孙健初根据中央地质调查所安排，参加西北地质矿产试探队，开始在甘肃、青海部分地区进行石油勘探。1938—1939年，由孙健初主持的玉门油田勘探取得了巨大成功，转入正常开发。此后，孙健初即全力从事石油地质工作。1939年3月13日，老君庙油田的钻探工作在孙健初确定的第一口井的井位上正式开始，自此拉开了玉门油田勘探开发的序幕，也揭开了中国石油工业的第一页。

以民族大业为重，以抗日民主统一战线为重。1942—1944年，孙健初参加了由全国31个专家学者组成的“三一社”，涉及工科的方方面面、各行各业，31人都是有显著成就、有影响的专家学者，全都派到国外进修。孙先生被派去美国考察油田，进修石油地质，写出《发展中国油矿纲要》。

1949年8月，兰州解放后，彭德怀元帅、贺龙元帅亲自到探勘处，对孙健初和探勘处职工的护厂功绩倍加赞扬，贺龙元帅还专门写了感谢信。

孙健初在《发展中国油矿计划纲要》中所划定的可能产油的区域，几乎都发现了大油田。新疆克拉玛依油田、塔里木油田，东北的大庆油田、吉林油田，西北的青海油田、长庆油田，山东的胜利油田，江汉平原的江汉油田，华北的中原油田、任丘油田、大港油田，我国石油工业落后的面貌早已得到了改变。而为了支持我国石油工业的发展，玉门油田功勋卓著，主动承担起了“大学校、大试验田、大研究所，出产品、出经验、出技术、出人才”的历史重任，每一个油田在发现后，都有大批玉门人赶过去，支援人才、支援设备，为中国石油工业的发展奉献自己的力量。

1950 年，孙健初出席全国第一次石油工作会议，当选为主席，提出西北石油勘探计划，被任命为中国石油管理总局探勘处处长。后又被毛泽东主席任命为西北财政经济委员会委员，被周恩来总理任命为地质工作计划指导委员会委员，被郭沫若任命为中国科学院专门委员会委员等职，并参加编制全国石油勘探方案的领导工作。西北军政委员会对玉门油田的大规模开发给予了全力支持，时任西北局第二书记的习仲勋同志向党中央写信，建议大力开发玉门油田。

1951 年，第一次全国石油工业展览会在北京劳动人民文化宫举行，毛泽东主席、朱德总司令出席，孙健初先生汇报了新中国石油工业发展情况及远景，毛泽东主席感慨地说："进行建设石油是不可缺少的，天上飞的、地上跑的，没有石油都转不动。"1952 年 10 月，孙健初主持开办了第一期石油地质干部训练班，亲自讲课，参加讨论，指导总结。这批学员后来都成为我国石油地质界的中坚。1952 年 11 月 10 日夜，正当孙健初先生为新中国呕心沥血、大显身手的时候，由于深夜备课，极度疲劳，一场煤气中毒夺走了他的生命，享年 55 岁。李四光代表地质部、中国科学院致了悼词，他说："孙健初同志的逝世，使我们地质界、科技界失去了一位有才能、有成就的专家……"韦勒博士说："如果中国多一些像孙健初一样的人，那么，这个民族的前途将不可估量！"

孙建初先生对中国石油事业的发展功勋卓著，在他光辉的一生中突出体现以下精神：

一是强烈的爱国主义精神。抗日战争时期，他面对外国优厚条件不动心，拒绝了美国专家的从业邀请，一心一意为国家寻找石油，并且使当时玉门油田产油量占全国总量的 90%，为抗战提供了强力保障。解放战争后期，他积极组织护矿工作，保护了大批人才设备和资料，成为中国石油事业的基础力量。1951 年，孙健初参加了全国第一次石油工业会议，亲自给毛泽东主席汇报了石油资源的分布及石油工业发展远景，为新中国的石油事业发展绘制了蓝图。因为他爱国，国家也给了他施展抱负的舞台，这一点，仅从他的三个职务就可以看出，在全国，经毛泽东主席亲自任命的干部不多，加上周总理、郭沫若院长的任命，三个重要职务任命于同一个人，可见他在我国科技界、石油地质界的重要作用。

二是高尚的艰苦奋斗精神。在那“一滴油一滴血”的战争年代，他冒着生命危险，骑着骆驼，穿越戈壁荒漠，吃的是炒面拌雪，住的是帐篷窑洞。他曾因冻饿昏死过去，被蒙古族老大娘救活。他的妻子第二个孩子还没有出生就夭折腹中。孙先生经历了这么多磨难，丝毫没有动摇为国分忧的决心。国际友人哈莉特·韦勒高度赞扬孙先生：“在极端困难的条件下，他竭力去发现油苗……他的确是一位科学英雄。”

三是崇高的爱科学、敬事业精神。在他不长的一生中，留下的论文、报告、著作仅馆藏可查的就有48篇之多。他的一生不仅探寻的是石油，也不仅是黄金、钢铁、煤炭，他探寻的是希望，是梦想。他的爱科学、敬事业精神不单单体现在事业上，还表现在家庭中，他硬是把没有文化的妻子教育成一名知识女性，把儿子培养成中国科学院常务副院长、双院士。孙健初先生坚信科学可以救国，更可以兴国……

山西大学校友会根据网络资料整理

自古高山多孤峰

——著名地质学家王曰伦

王曰伦（1903.1—1981.7），字叔五，出生于山东泰安，前寒武纪地质学家、第四纪地质学家、矿床学家，1980 年当选中国科学院学部委员（院士），1956 年加入九三学社。

王曰伦是普通农家子弟，自幼天资聪慧，父母决心省吃俭用将其培养成才。初中毕业，因家庭再没有余力供他上学，被迫中断学业。由于他聪明好学，名传乡里，有几家较富裕的父老资助王曰伦继续求学，他才得以有机会考入山西大学预科。1923 年抱定“科学救国，实业救国”的理想升入山西大学工程学院采矿科……由此，开启了他地质研究的一生。

中华人民共和国成立后，王曰伦任兰州地质调查所所长、甘肃省企业厅地质师，1951—1955 年任中央财政经济委员会北京地质调查所、全国地质工作计划指导委员会、地质部普查委员会工程师以及 221 勘探队副队长，1956—1963 年任地质部地质矿产研究所矿床室副主任、前寒武纪地质及变质岩研究室副主任，1964—1981 年任地质矿产部天津地质矿产研究所 (原华北地质科学研究所) 所长、名誉所长、研究员。

科学研究

王曰伦在地质科研中自觉地运用辩证唯物主义的观点和方法，为我国地质科学的发展做出了重大贡献。他在 50 多年的地质科学研究生涯中涉足的领域十分广阔，在区域地质、矿床地质地层古生物、煤田地质、第四纪地质等学科中都有许多独到见解，特别是在寒武纪及前寒武纪地层研究方面造诣很深。

王曰伦在基础研究方面，以晚前寒武纪地质研究造诣最深、贡献最大，他对区域地质、矿床、地层、第四纪地质等也有较深研究。1929—1930 年，王曰伦在丁文江工作的基础上，在云南曲靖马龙一带，测制了 8 条下寒武统剖面，对地层做了进一步划分，逐层系统地采集了化石，从而明确地肯定该地区下寒武统与志留系马龙统两者之间缺失中寒武统及奥陶系，为两者间不整合提供了有力佐证，为我国早寒武世地层厘定了初步的生物地层顺序。翌年，王曰伦在滇东地区对昆阳磷矿区地质进行了详细调查，从而提出以此石英砂岩层底部角砾状石英砂岩作为寒武系底部界线。这一见解得到以后研究的证实。

1934 年，高振西等建立了蓟县震旦系标准剖面，已被国家列为唯一的地层剖面自然保护区。自高振西建立这条剖面后，对其上界划在何处众说纷纭。王曰伦为完善这条剖面，并与南方三峡地区同名地层对比，做出了特殊的贡献。王曰伦以燕山区为工作重点，以蓟县和北京西山为突破口，进行深入研究，发现府君山组与景儿峪组之间有不整合面，以后，在辽东、吉林、太行山及嵩山等地，均发现类似的不整合。1957 年孙云铸将此不整合命名为蓟县运动。当时有人以在府君山组没有找到生物依据等为由，对此持否定态度。王曰伦又经过断断续续五年的野外工作，终于在 1963 年秋天于景儿峪村北的府君山砾岩中发现了大古油栉虫化石，使这一问题彻底解决。1958 年，王曰伦在参与指导编制《中国先寒武纪地质图》和《中国的先寒武纪》地层总结时，根据当时掌握的有限的生物地层资料及同位素年龄资料，提出南北方震旦系属于异系同名，根本不是同一时代的产物，可能属于上下关系，南方震旦系应归入古生界，蓟县震旦系则属于元古界。第一届全国地层会议基本上肯定了这个论点。后来的研究证明王曰伦 20 世纪 50 年代末的论断符合实际情况。

王曰伦于 20 世纪 50 年代初纠正了美国学者威利斯和布莱克韦尔德 1903—1904 年所建立的五台山区前寒武纪地层系统，改正和厘定了五台山区变质地层的层序，这是我国在前寒武纪地层研究领域做出的一项具有突破性的成果，把我国前寒武纪地层研究推到了新高度。他重新确立的威利斯的五台系和滹沱系的层序，为解决我国古老地层层序奠定了坚实的基础。

嵩山地区的前寒武纪地层曾被划分为四套。1958 年，王曰伦对这种划分方案提出异议，并在大石门石英砂岩的夹层中发现了莱德利基虫化石，证实大石门石英砂岩同于下寒武系底部碎屑岩系。1958 年，王曰伦率领中国地质科学院秦岭前寒武纪地质专题研究队，对秦岭东段的寒武纪地层进行了系统调查，对该区地层获得新认识，并对地层层序重新做了厘定。王曰伦为我国寒武纪特别是前寒武纪地层研究付出了巨大精力，做出了卓越贡献，对许多重大地质问题有独到见解，其中绝大部分观点和看法被后来的研究证明是正确的。他还对我国第四纪地质及冰川研究同样有过重要贡献。

1937 年他发现了黔东震旦纪冰碛层，为地层对比找到了可靠依据。

1951 年王曰伦与贾兰坡在北京周口店地区，论证了周口店地区发生过更新世冰川作用，发现北京猿人是一个间冰期产物，山顶洞人是另一个间冰期产物。这样就把猿人化石与第四纪冰川联系了起来，解决了长期以来关于我国是否有第四纪冰川的争论。他们合著的《周口店第四纪冰川现象的观察》一文，得到李四光的高度赞誉。

以后，王曰伦又在北京西山及太行山等地对第四纪冰川进行仔细研究。特别是 1960 年王曰伦在太行山区考察前寒武纪地层时也对第四纪冰川遗迹进行了研究。1961 年又同地质力学研究所等单位的同事对太行山地区进行了综合地质考察，初步建立了黄壁庄地区，井陉地区，元氏、赞皇、高邑、临城、邯郸一带的第四纪冰期、间冰期地层系统，将太行山东麓第四纪初步划分为冯村冰期、黄壁庄冰期、赞皇冰期和北冶冰期四个冰期与间冰期。

20 世纪 70 年代，王曰伦根据国家建设之所需，又以很大的精力进行了铁矿资源研究，对找矿实践和矿床学理论研究起了积极的促进作用。当时他已是七旬老人，仍与他的同事们亲自考察了河北、山西、新疆、海南等省区内几十个地区的接触交代型或其他成因的矿床，做了广泛的调查研究，认为传统的接触交代型理论与实际情况不符。王曰伦根据实地考察认为，以河北邯邢式铁矿为代表的所谓接触交代型矿床属于海相火山成因矿床。他在《中国海相火山——沉积成矿理论及其相关地质问题》一文中概述了这一理论的基本构想，这一观点的提出引起广大地质工作者的极大关注，王曰伦去世后，他的学生们按照他的基本观点完成了《中国海相火山——沉积成矿理论及相关地质问题》专著。

突出贡献

王曰伦对我国地质事业所做的贡献是多方面的，他吃苦耐劳的精神无人不佩服，他个人被誉为“铁牛”。1943—1949 年他任中央地质调查所西北分所所长时率其同仁“西至新疆，东逾陇山，北入蒙旗，南越祁连，测定经纬点，绘制地质图，研究其地层，勘察其矿藏”，填制地质图 18 幅、区域地质图 9 幅，详测矿区图 14 幅，概测矿区图 34 幅，撰写岩矿专著 16 种、地质及其他论著 50 余种，并发现铁矿、铬矿、硫矿、硫黄矿、重晶石矿、煤田、油田多处，为西北地质工作奠定了基础。从 1964 年起，王曰伦长期担任地质矿产部天津地质矿产研究所所长、名誉所长，对该所各项事业的发展特别是前寒武纪和第四纪地质专业的发展做出很大贡献，使其逐渐发展为专业研究所。

1927—1941 年，王曰伦主要在福建、广西、云南、湖南、贵州、四川、河北、山西等地区从事岩石、构造、地层等基础地质及有关铁、铅、锌、锑、锡、磷、煤矿等矿产资源研究，并于1927年发现了山西西马坊镜铁矿，获得庚子基金奖金委员会奖金。1929年，与孙健初在热河滦平发现了三家子铁矿，1931年发现昆明—东朵樱一带磷矿线索，1937年又发现昆明北乡中邑村磷矿线索。1942—1949年，王曰伦主要在陕甘宁、新疆、青海地区从事地质研究工作，为西北地区地质调查做出了贡献。20世纪50年代以后，王曰伦主要从事前寒武纪地质第四纪地质及冰川、铁矿资源研究。他重点研究了山西五台山、山东、燕山、太行山、中条山、嵩山、秦岭、安徽、江苏、辽东等地区的前寒武纪地质，研究了北京周口店、太行山、三门峡、陕西蓝田及渡口等地区的第四纪地质及冰川现象。20世纪70年代，王曰伦对河北等10多个省区数十个矿区进行铁矿资源研究。1978年开始再度重点转入前寒武纪地质研究。

自1978年以后，王曰伦还担任过中国地质学会理事、天津市地质学会理事长、国际地质科学联合会前寒武纪地层分会委员、前寒武纪专业委员会主任，中国地质学会第四纪冰川及第四纪地质专业委员会名誉委员，天津市自然辩证法研究会理事等职，他是第九届天津市人大代表。

王曰伦学的是采矿专业，而他能成为一位著名的地质学家，完全是自学和努力的结果。他没有学过古生物学，但他对标准化石很熟悉。他没有学过冰川学，但对我国第四纪冰川有相当研究。他没有学过地层学，却对我国前寒武纪地层学做出了重大贡献。他在科学上不断创新，勤勤恳恳，从不迷信权威，是我们学习的楷模。

山西大学校友会根据网络资料整理

“人民功臣”，测绘事业的行家里手

——新中国军事测绘事业的开拓者、校友张国器

张国器（1912—2007），山西洪洞人，新中国军事测绘事业的创始人和领导者之一，我军测绘事业的杰出学者、著名专家，山西大学1931级校友。他1936年12月参加革命，1942年4月加入中国共产党，历任绘图员、制图股长、科长、处长、原总参谋部测绘局副局长、正军职顾问、中国测绘学会副理事长等职。先后荣获中华人民共和国三级独立自由勋章、中华人民共和国二级解放勋章、中国人民解放军二级红星功勋荣誉章。

张国器1912年8月出生于山西省洪洞县好义村。青少年时代，他胸怀读书救国的志向，勤奋学习，自强不息。1931年，张国器以第一名的成绩考入山西大学工学院机械工程系，1935年毕业。1936年12月参加薄一波任组织部长的太原村政协助员培训班，担任秘书、干事等工作，参加了共产党领导

的“牺盟会”“决死队”。1940 年经薄一波同志介绍，入抗日军政大学学习，毕业后，党组织安排他组织临时翻印地形图小组。从此，张国器把自己的一生全部奉献给了我军测绘事业。

抗日战争时期，张国器由薄一波、左权、刘伯承先后任命担任决死一纵队司令部参谋处、八路军总部测绘图室测绘员，一二九师司令部作战科制图股股长等职务。他认真钻研，从头学起，练就了一专多能的业务本领，既能绘制高质量地图，又能在无机械条件下进行制印作业，并首创了冬季石印印图法，解决了技术难题，成为一名测绘工作的行家里手。他参与了太行山部分县五万分之一地形图、晋冀鲁豫各抗日根据地战略图、华北百万分之一形势图等大量地图的首次绘制，多次受到八路军朱德总司令和副参谋长左权的奖励。1942 年 5 月，在粉碎日军发动的“铁壁合围”战役中，所在部队几度被包围，面对许多同志牺牲的惨烈局面，他不顾个人安危，想方设法保护地图资料和设备，避免了损失，表现出英勇无畏、不怕流血牺牲的战斗精神，为夺取抗日战争的胜利奉献了一名优秀青年知识分子的智慧、心血和才华。经过残酷的战争考验，1942 年 4 月，他加入了中国共产党。

解放战争期间，张国器历任晋冀鲁豫军区司令部参谋处、华北军区作训处制图科长等职务。他冒着生命危险到敌占区测图，并整理缴获的残破地图，扩大了资料来源。他注重改进、研制技术装备，大胆尝试地图制印新技术，提高了工作效率和成图质量，节约了经费。他主持绘制了各种类别的地图，其中许多填补了我军作战地图的空白，有力地保证了晋冀鲁豫野战军和第二野战军多次重大战役战斗行动的用图需求。

在此期间，他为金寨县、新县改名的故事广为流传，被传为佳话。据当事人回忆：

1947 年 2 月的一天，张科长摘下他的“进士”（近视）眼镜，聚精会神地伏案审图时，近乎惊叫地霍然站起，嘴里念叨着：“立煌、立煌，这万万不能。”科长这一举动，让大家面面相觑，惊诧不已。科长从不喜形于色，是什么让科长大惊失色的呢？科长见我们惶惑不解，于是拿着那张地图对我们讲道："大家可能不知道这张名为'立煌'的地图县名的来历。卫立煌是国民党所谓剿共司令，鄂豫皖红军时代，卫立煌在那里与我们作战，自报战功，说他打了一个大胜仗，蒋介石就把他自报战功那个地方——安徽省大悟县的金家寨镇子——封了一个'立煌县'。"我敢断言，虽然当时在场的有杨弘、申健、于巧和闫明这些真正的名牌大学生，但他们必不知道"立煌县"的来历。经科长这么一说、大家都义愤填膺、七嘴八舌地议论起来……一致认为，"立煌县"这个称呼一定要改。在一致同意改为"金寨县"后，科长当即向当时唯一主持军区工作的滕代远副司令员进行请示，经批准，"立煌"更为"金寨"。这时，离我们解放金寨还有半年多的时间。刘邓大军千里跃进，挺进大别山时占领了"立煌"县，就按五万分之一的军用地图上的"金寨县"图名，正式命名为"金寨县"。

河南省的"新县"，这个县名，也是在我们制图科诞生的。当时，河南的"经扶"县紧挨安徽的金寨县，这个"经扶"县原来是河南商城县的一个镇店，河南省主席刘峙自吹自擂，上报蒋介石说，他在这个地方也打了一个大胜仗，"歼共"多少多少……蒋介石为了笼络他，就把商城县属的这个镇子赐名"经扶"县（刘峙，字经扶）。了解这段历史的张国器科长当然要废"经扶"之名了。但"经扶"这张图是谁画的，把"经扶"改为"新县"的经过，我都没有在场，现在不能毕说其详。但可以肯定的是，废"经扶"更名该县是在中华人民共和国成立之前，是在我们制图科经张国器科长一手操办完成的。

1947 年 6 月在刘邓大军千里跃进大别山战役准备阶段，他带领所属人员完成了中原、江南地区各种比例尺地图的紧急制印任务，受到晋冀鲁豫野战军司令部表彰并立大功一次，获"为民立功"奖章和"人民功臣"纪念章，为解放战争的胜利和新中国的建立做出了不懈努力和贡献。

1948 年 9 月 8 日至 13 日华北军区制图科接受军委作战部下达的特急任务，经过三天七夜的突击，他用三种颜色，在 36 块漂白布上完成 1∶200 万的全国大挂图编绘、缝纫、拼接，受到毛泽东、朱德、刘少奇、周恩来联名写信表扬，并给予物质奖励。

中华人民共和国成立后，1950 年 3 月经军委主席毛泽东批准，张国器担任军委作战部测绘局军事图书制印处处长，并负责总参测绘局、解放军测绘学院、解放军第 1205（821）、1201（535）工厂的筹备、基建、设备引进的领导工作，为军事测绘的业务、人才和作风建设奠定了坚实基础。他主持了“文化大革命”前历次重要军用地图的制印工作，保障了抗美援朝、西藏平叛、对印自卫反击战等重大军事行动的胜利。1956 年 7 月，周恩来总理任命张国器担任原总参谋部测绘局副局长。他作为我国政府谈判代表团中缅边界联合委员会顾问、代表、国家测绘总局副局长，与缅甸、巴基斯坦、苏联等国从事边界谈判工作，发挥了重要作用，维护了国家权益。针对军队现代化建设的需要，他刻苦钻研新知识、新技术，在测绘专业上有许多建树，并兼任中国测绘学会副理事长等职务，成为一名专家型的领导干部，曾荣获三级独立自由勋章、二级解放勋章，并被授予大校军衔，为我国、我军测绘事业建设做出了突出贡献。

1978 年 4 月，中央军委任命张国器为原总参谋部测绘局顾问；1984 年 4 月，军委主席邓小平批准张国器按正军职离休；1988 年，荣获中国人民解放军二级红星功勋荣誉章。2007 年 5 月 15 日，张国器因病于北京逝世，享年 95 岁。

张联群，张国器之子

投笔从戎干革命　办学育人传美名

——福州大学首任校长、校友贾久民

在祖国东南沿海的福建，有一所国家“211 工程”重点建设的大学——被誉为“东南清华”的福州大学。这所大学的创办和发展见证了新中国高等教育事业的发展轨迹和显著成就。而今，老“福大人”一谈起福大创办初期的艰辛和不易，便对首任校长贾久民赞不绝口。

这位山西忻州代县籍的福大校长，是1936 年毕业于山西大学冶金系的南下干部。1958 年，时任福建省常务副省长的他，积极主张创办福州大学，并兼任第一任校长，此后的 20 年间，他不挂虚名，实抓亲为，卓有成效地为福州大学打下坚实的基础，使福大各项事业取得开创性进展。

众所周知，福建地处海防前线，中华人民共和国成立初期，面对的是国民党留下的一个烂摊子，可谓百废待兴。第一个五年计划完成时，福建省委决定进行大规模的经济建设，首先遇到的困难就是高级工程人才的匮乏。主持省政府常务工作的副省长贾久民提出：培养人才既是当务之急，又是长久之计。福建在省会福州创办一所工科大学，势在必行，刻不容缓。省委第一书记叶飞同志支持贾久民的意见，决定将这所新办的工科大学设在福州，并取名为福州大学。叶飞同志亲自点将，让南下干部中学历最高（具有山西大学工科毕业文凭）并富有办学经验的贾久民兼任第一任校长。贾久民这一兼就是20年，为福大的发展呕心沥血，殚精竭虑。特别是在三年困难时期，福建省内的一些工厂相继关闭。社会上对于福州大学能否继续办下去，也议论纷纷，在学校面临下马的危难之际，当时贾久民和副校长张孤梅、卢嘉锡一致同意报告省委，极力争取福州大学继续办下去。省委书记叶飞支持贾久民"福大不能下马"的意见，他对贾久民等同志说："就是当了裤子也要把福大办起、办好。"经福建省委权衡利弊之后，于1962年7月正式下达通知：福州大学可适当缩小规模，但要继续办下去。如果没有当年贾久民校长的坚守和执着，就没有福州大学的今天。

贾久民不仅是创办福州大学的功臣，也是山西大学的骄傲，是山西大学杰出校友代表之一。

贾久民首任福州大学校长，改变了一些人对南下干部都是"土包子"（没文化）的偏见。百年老校山西大学为中国革命和建设培养了大量优秀人才，贾久民就是其中一位。1921年出生于雁门关外山西省代县的贾久民，早在山西大学冶金系就读期间就参加了学校的抗日救国会、抗日义勇军和一二·九学生爱国运动。山大毕业后，任汾城县抗日游击队政治指导员，山西新军第二一三旅军政委员，第五十七团政治主任，中共晋冀豫区委党校党委常委、代书记、书记，中共太行分局和太行区党校党委组织科长、副书记、书记、党校副校长，中共长治地委副书记，中共焦作地委书记、军分区政委，太行和太岳南下区党委第三地委书记、军分区政委。可见他在革命战争年代，就是党抓教育工作的行家。

贾久民不仅是福州大学师生交口称赞的好校长，也是福建人民钦佩和敬重的省领导。1949年，贾久民同志率长江支队三大队随军南下福建后，先后担任南平地委书记、省交通厅厅长、省财经委副主任、省委常委、副省长、省委副书记、省委书记处书记、华东局委员、省革委会副主任、省第四届政协副主席、省第五届人大常委会副主任、省纪委第三书记等重要职务。他还是中共八大代表，第六、七届全国人大代表 。长江支队南下干部全心全意为福建人民服务的无私奉献精神，在八闽大地上有口皆碑。正如贾久民同志所说："我们从太行、太岳区调来的几千名干部，大多数经过抗日战争、解放战争的考验，我们南下是为了解放全中国，不是为了当官而来的。所以我们的干部都是好的，他们不会贪污，不会出问题。"这个评价，是客观公正、群众认可的。1996 年 2 月 15 日，贾久民同志在福州逝世。 至今，福建的干部群众仍十分怀念他。

贾久民的子女回忆，父亲在世时经常讲述他在山西大学的那段激情燃烧的青春岁月，对母校念念不忘。如今，在福州大学校史馆内，首任校长贾久民的创校业绩尤为耀眼，这也是百年老校山西大学的光荣，是山大校友的骄傲。

王勇军，历史系 1978 级校友，福建校友会会长

隐秘半世纪　为党立奇功

——隐蔽战线杰出校友阎又文

1962 年 9 月 25 日，时任农业部粮油生产局局长的阎又文在任上病逝，年仅 48 岁。

对于父亲的离世，阎家子女充满了悲痛。但悲痛之余，他们内心却充满了困惑，这困惑一方面是来自阎又文去世前留下的奇怪遗言，另一方面则是来自阎又文去世后的碑文内容。阎又文去世前曾留下遗言，嘱咐妻儿："有事找组织。"

倘若是根正苗红的我军将领说出这话，阎又文子女也能理解，但他们都知道自己的父亲并不是。阎又文不仅曾是国军将领，而且还曾撰文骂过毛主席。虽然中华人民共和国成立前他跟随傅作义将军一同起义，中华人民共和国成立后也被委以重任，但还是有很多人对他抱有看法。所以，面对阎又文的"奇怪"遗言，阎又文子女一度困惑不已。

阎又文去世后被安葬在八宝山革命公墓，但是墓碑上的碑文却很奇怪，写着：阎又文同志……中国共产党员……过去曾为革命做过许多工作……

其他我党同志的碑文上，不仅会标明参加革命和入党的时间，也会写清楚其历任职务，但是阎又文的碑文，不仅没有交代他的入党时间，中华人民共和国成立前的职务也以一句“过去曾为革命做过许多工作”一笔带过。

这自然也让阎又文的子女很困惑。不过困惑归困惑，当时阎家子女也没有太过于纠结于这些。直到他们参加工作后，阎家子女才生出了强烈的想法：一定要弄清父亲的真实身份。之所以会有这样的想法，是因为他们都遇到了同一个问题：政审。

为了搞清楚这个问题，阎家子女先后找到阎又文曾任职的水利部、农业部、中组部，希望能够找到答案。但他们能够查到的内容，仅限于中华人民共和国成立后阎又文的情况，关于中华人民共和国成立前的情况依旧是迷雾重重。

直到 1993 年，通过曾担任调查部部长的罗青长同志的讲述，阎家子女终于知道了父亲不为人知的过往。

1914 年，阎又文出生在山西省荣河县，家境贫寒。在那样艰难的情况下，阎又文的父母硬是坚持供他读书，希望能给他一个不一样的未来。而阎又文本身也很懂事，他并没有一味地“两耳不闻窗外事，一心只读圣贤书”，而是边刻苦读书边打工贴补家用。终于，在 1933 年，他凭借优异的成绩考入了山西大学法学院。

1937 年，日军大举入侵华北。一腔热血的阎又文没有多思量，毅然决然选择了投身革命洪流，和其他有志青年一起奔赴革命圣地延安。

在延安，阎又文参加了第二期情报侦察干部训练班，这个训练班主要就是为我党培养情报侦察精英。从训练班毕业以后，阎又文被派往国民党西北军马鸿逵部队从事地下工作。很快，阎又文又接到了组织安排的新任务：加入傅作义所在的部队，为抗日民族统一战线出力。

傅作义虽然是国军将领，但和我党、我军关系甚好，是他亲自向毛主席提出请求，让我党派工作人员前往他的部队帮助一同抗战。对于傅作义这样的要求，我党自然是欣然答应。不过我党也汲取了第一次国共合作失败的教训，所以除了明面上的人，也必须在隐蔽战线安排人手。阎又文既是高才生，又是傅作义的老乡，再加上他刚参加情报工作不久，身份隐秘，所以，他就当仁不让地成了潜伏在傅作义身边的最佳人选。

到了傅作义部队后不久，阎又文就在中共中央特派员潘纪文的介绍下，正式加入了我党。不过由于阎又文从事的是地下工作，所以他的加入是秘密进行的，这也是后来很多人都对他的真实身份不知情的原因。

果然，国民党又掀起了反共高潮，蒋介石甚至直接密电傅作义清共。好在傅作义还算明事理，并没有对军中的我党同志下手，只是将他们“礼送出境”。当然，像阎又文这样的地下党员，傅作义并不知情，依旧留在队伍当中。因为事出突然，傅作义部队中的我党地下组织没来得及给阎又文留下指示就撤走了，这导致阎又文和党组织失去了联系。阎又文牢记着我党隐蔽战线上的十六字方针“隐蔽精干，长期埋伏，积蓄力量，以待时机”。就这样，阎又文一直待在傅作义部队，一边辅佐傅作义抗战，一边等待着组织联系他，这一等就是七年。

直到1945年抗战胜利以后，我党已经开始察觉到国民党反动派想要挑起内战的态度。于是，组织上专门安排了一位地下工作者重新联系阎又文，这个地下工作者正是王玉，那个领着阎家子女走进罗青长老部长家中的人。

我党对于阎又文这条情报线十分重视，毕竟当时的阎又文已经成为傅作义的左膀右臂，毕竟当时的傅作义在国民党中位高权重，所以在王玉出发前，组织上专门叮嘱他：只能和阎又文建立单线联系，不允许和任何地方组织有牵扯。这样知道阎又文身份的只有联络人王玉、上级罗青长和代理社会部部长李克农，以及极少数我党高层领导。这也是后来阎又文身份那么难以查证的原因。

再次联系上组织以后，阎又文明面上依旧是傅作义身边的大红人，但是暗地里，关于国民党军队的各种政治军事情报以及傅作义的动向，都通过他传回了我党手中，使我党在解放战争中掌握了不少主动权。

在此期间，傅作义还曾授意阎又文写过一篇给毛主席的公开信，要求是

“长自己（国民党）的志气，灭共党的威风”。这当时可难倒了阎又文，因为国军将领只是他的表面身份，内心深处他依旧是我党的同志，让他来写灭我党威风的文章，他怎么可能写得出来？无奈之下，阎又文只能向上级请示。但这种大事，上级显然也做不了主，只能继续向上请示。就这样，这件事一直请示到了毛主席、周总理跟前。最终，毛主席和周总理商议后，认为这封信必须写，而且在信里要骂得狠，要达到“在公开信发表后，使傅作义和他的官兵们得意忘形，瓦解他们的斗志；使我们指战员看后，激发对敌人的仇恨，在战场上恨不得把敌人一口吃掉”的目的。

有了毛主席和周总理的指示，阎又文果断地洋洋洒洒写了一封言辞犀利的公开信。傅作义对这封信很满意，觉得写出了自己的心里话。只是他不知道的是，毛主席和周总理同样对这封信很满意，因为这封信也达到了激发我军将士士气的目的。

直到北平解放以后，毛主席还对这封信记忆犹新。在接见傅作义的时候，阎又文随行，毛主席还亲口对阎又文说：“阎又文，你的文章写得很好啊！”只是当时在场的很多人，并不知晓阎又文的真实身份，也并不知道那封信是毛主席自己授意阎又文写的。所以当时很多人还以为毛主席是在用反话讽刺阎又文，殊不知毛主席说的可是大实话。

而潜伏在傅作义身边时，阎又文最大的功绩当属力劝傅作义起义，促进北平和平解放。

1948 年底，解放军完成了对北平的合围。对于我党来说，除非万不得已，否则是真的不想武力解放北平。这一方面是为了北平人民的生命安全考虑；另一方面北平是历史古城，城里的一砖一瓦都有文化底蕴。

在当时的情况下，能够劝傅作义起义，和平解放北平是最好的结果。我党为此做了很多努力，也派人和傅作义谈判。但当时的傅作义顾虑重重，在战、走、和之间摇摆不定。每次遇到难以抉择的事情，傅作义总是会习惯性地征求下属的意见，阎又文就是傅作义最信任的手下。所以，傅作义第一个找到阎又文商议，阎又文给出了自己的意见：只有和（起义）才是唯一正确的选择。

这样的意见对于傅作义做决定产生了很深的影响。最终，傅作义下定起义的决心，并于 1949 年 1 月 22 日在北平向全世界宣布了《北平和平协议》。而当时宣读这份协议的，正是以傅作义将军的代表和华北“剿总”发言人出席的阎又文。

这样，阎又文又以国军起义将领的身份重新回到了组织的怀抱。

中华人民共和国成立后，很多以前的地下工作者都公开了真实身份，但阎又文却没有公开身份，因为组织又给他安排了新的任务：继续以起义将领的身份潜伏。之所以会有这样的安排，是因为我党也知道很多起义将领有思想负担，如果不能卸掉，很有可能会有隐患。而这些人的思想工作，我党同志去做效果可能并不会太好，相反，让阎又文这个起义将领去做，会让他们更容易接受。就这样，阎又文一直保持着起义将领的身份，一边为新中国的建设做着贡献，一边做着同为起义将领的老朋友的思想工作。

1958 年，在水利部任职的阎又文，才在水利部的一次大会上被再次宣布成为共产党员，不过当时并没有宣布阎又文具体是什么时候入的党。至于其中的原因，其实和阎又文墓碑上没有写具体入党时间一样。因为当时傅作义将军还健在，组织上担心知晓这件事会对傅作义将军刺激太大。

1993 年，罗青长老部长将阎又文的这段隐秘经历告诉阎家子女后，他们才终于知道了自己的父亲有着那样不凡的经历，而此时距离阎又文去世已经过去了 31 年。

为了解决阎家子女在工作中遇到的问题，罗青长老部长还专门给阎家子女工作的单位发去了公函，写道：“阎又文 1938 年参加中国共产党，长期在傅作义部队从事党的秘密情报工作……为党提供了许多重要的情报……为北平和平解放做出了突出贡献。”

山西大学校友会根据网络资料整理

阳泉美术发展的领航人

——国家一级美术师、艺术系校友杨建国

在山西美术领域有这么一位能人，由他组织发起的“阳泉工人画”名满天下，被写入了20世纪“中国美术大事记”，创造了山西地方美术一个时代的辉煌。人们只要谈及阳泉工人画，就无法绕开杨建国。

杨建国（右）与中央美院教授苏高礼

杨建国（1940—2011），1960年考入山西艺术学院（后山西大学艺术系）

雕塑专业，是山西大学艺术系培养的第一批美术人才，1965年毕业后分配到阳泉市工人文化宫，后调入人民文化馆从事专业美术工作。他是国家一级美术师，享受国务院特殊津贴专家，历任阳泉市群众艺术馆美术组组长、副馆长、阳泉美术院院长，兼任中国美术家协会会员、山西省文联委员、山西省美术家协会副主席、山西省美术家协会第一副主席、山西省雕塑家协会理事、阳泉市文联副主席、阳泉市美术家协会主席、山西省美协名誉主席等职。

阳泉工人画

阳泉是一个工矿区，产业工人多，工人的业余文化生活比较丰富，20世纪50年代中期，阳泉工人画创作从无到有，由普及趋向提高。20世纪70年代前期，阳泉工人画迅猛崛起，涌现出许多中青年工人美术爱好者，并创作了一批绘画草图，为此，阳泉市人民文化馆举办了美术创作学习班，文化馆美术组组长杨建国等对创作草图集中进行辅导，加工制作完成了90余件各类美术作品，并于1972年5月举办了“纪念毛主席《在延安文艺座谈会上的讲话》发表30周年阳泉市工农兵美术摄影展览”。参展作品中有18件入选“山西省纪念讲话发表30周年美术展览”。1974年10月，在中国美术馆举办的“上海、阳泉、旅大工人画展览”，使阳泉工人画蜚声海内外。杨建国将他在大学里所学的专业技能，与阳泉市工人业余美术创作这一文化特点，加以组织、辅导、提升，最后创造出小城市、大品牌的“阳泉工人画”的文化现象。其间，他与省美协全国名家互动交流，并常回母校请教老师。他的老师、著名版画家董其中说：“……他对人物画拿得起、拿得准，他又能画，关键是他提倡人物画创作，既可反映现实，也可反映历史，开始多为中国画，后来发展为以版画为主，这是根据山西的现实情况、版画的方便条件、工人们相对容易掌握的特点，同时版画的特点又与煤矿的特性相吻合，所以创作出的作品特色更加鲜明。”杨建国亲自邀请邵宇、沈鹏、力群、苏光、董其中等美术大家亲临阳泉，深入到煤矿、工厂的各个业余美术组，对美术爱好者进行认真的现场指导。

创办阳泉美术院

因杨建国组织辅导“阳泉工人画”做出的贡献，1985 年，经山西省文联同意，拟调杨建国同志担任山西省美协常务副主席，兼秘书长一职，而且调令已下达阳泉。当时主持省美协工作的董其中主席与省文联党组书记任谷威，亲自到阳泉见薄应贤市长，商谈调杨建国的事情。据董其中先生回忆，当时薄市长说：“杨建国是贤才，省里需要他，阳泉更需要他。”市长不同意杨建国调走，算是回绝了省里的请求。

当年杨建国 45 岁，正是要干一番事业的年龄，在他的提议下，由阳泉市人民政府批准，在阳泉设立专业美术创作研究机构——阳泉美术院。1986 年 6 月，阳泉美术院正式成立，杨建国担任院长。他的思路是先从阳泉基层业余美术创作队伍中选出优秀的骨干调入院里，然后再从大学毕业生中引进人才。杨建国对阳泉美术的情况了如指掌，美术创作虽有较好的群众基础，但分布零散，水平参差不齐，阳泉美术院的建立恰为地域文化艺术发展起到了引领作用。杨建国从阳泉地域文化发展的大美术概念出发，认为要使阳泉美术更好地持续发展，单靠过去的工人版画创作是不够的，所以从创作人员招纳结构上阳泉美术院兼顾了国、油、版、雕、工艺美术诸方面。杨建国将服务社会、服务人民作为美术院的办院宗旨，倡导艺术家到人民群众中去，到实践中体验生活，并提出了“面向黄土地，立足太行山”的创作主张。

从 1986 年至 2001 年的十几年间，杨建国组织院内外画家，北上晋西北、内蒙古体验生活；西去柳林、临县、兴县、石楼、陕北延安革命老区收集创作素材；南下江西、湖南、贵州、四川、甘肃等地沿着当年红军走过的路线写生；深入太行腹地，体验八路军与日军浴血奋战的悲壮情形，探求表达这一重大历史题材的艺术形式。组织专业人员和院外画师赴太旧高速公路、偏关万家寨引黄入晋枢纽工程采风，大家不畏严寒酷暑，克服困难，收集写生素材，努力完成创作任务，赢得了社会舆论的称赞。1995至1996年间，他组织画家沿着太旧路采风、写生与创作，带领院内外画师20余人在坡头特大桥、旧街与丰子沟大桥区间写生。一天，大家结束了上午的工作，到午饭时也迟迟不见杨建国老师回来，远远望去，他还独自在对面的半山腰上顶着烈日继续创作，直到作品完成才想起自己还没有吃饭。杨建国老师这种对艺术的执着追求和忘我的工作态度，使在场的学生都为之感动。这一阶段他创作的太旧路系列水彩画，足见其功底之深厚、技艺之精湛、品位之高雅。水彩组画《筑路歌》等一批水彩画作品入选了全国美展，成为他艺术生涯中的又一个高峰。为配合政府重大历史纪念活动及城市文化场馆的建设，他接受了爱国主义教育基地百团大战纪念馆（陈列）、市政文化建设（浮雕）、新农村规划建设（壁画）等工程的策划、设计、制作任务，取得了很好的社会效益和经济效益。理论研究方面也取得了可喜的成绩，由他编撰的文集与画册《阳泉美术文集》《阳泉工人画选》《阳泉文学艺术60年·美术卷》等，分别由国家和省级出版社出版发行或在刊物上刊登、发表，填补了阳泉市美术理论研究的空白。在下大力气组织动员专业与业余两支队伍的同时，他积极投入组织创作，为第七、八、九、十届全国美展及省级美展选送了上百件美术作品，并有作品在全国美展中获得铜奖、优秀奖，创下了阳泉市历年入选全国美展及省美展获奖的最佳成绩。

扶持新秀，培养新人

为培养美术新人，他先后邀请省内外画家与学者王角、孙荃、赵球、周建夫、朱维民、姚天沐、董其中、赵荆、杨力舟、王迎春、张俊、史济红、张顺清、仝献普、马洪琪、刘海明、苏高礼等开办了各类专业美术班与学术讲座，有近千人接受美术培训学习。他鼓励年轻作者外出进修深造，面授与函授教学相结合，其中一些人如今已成为阳泉美术创作的骨干力量。赵乃隽、刘建平、臧五一、刘建明、周建宏、史朝阳、任晓军、刘彩军、武大明均是恢复高考以后先后考入山西大学的，上大学前，我们都跟杨建国老师学习绘画，在他组织的文化馆业余美术学校学习了基础的人物解剖、透视、素描、色彩知识。大学毕业后他又将大家从不同地域、不同单位招到他的麾下。阳泉美术院的组建，为阳泉美术形成了一支多专业、多门类、专业人员年富力强的美术创研队伍，为阳泉的美术发展起到了引领作用，同时还建立了院外画师制度。

2020 年是杨建国 80 周年诞辰，政府出版了《杨建国文献集》，举办了研讨会，在阳泉市为他开展了一系列的纪念活动。

阳泉美术走过启蒙、初创、振兴、辉煌的过程。改革开放之后，阳泉美术经过杨建国的专业化、系统化归纳，进行艺术性、理论性分析，从而形成现在的自主多元、创新发展的繁荣景象。杨建国作为阳泉美术发展的领航人，以他高尚的人格精神、执着的工作态度、精湛的专业技能、杰出的组织才能，对美术事业的赤诚奉献、鞠躬尽瘁的精神，对山西美术的贡献，深受大家的称赞。杨建国作为山西大学的杰出校友，他的这种敬业精神也将激励后学，为促进山西美术事业创新和发展做出新的贡献。

武大明，美术学院教授

周而复始　日新月异

——山西省政协原副主席、中文系1969届学生吕日周

2019 年，柯云路的长篇小说《新星》入选“新中国 70 年 70 部长篇小说典藏”。在小说中，他讲述了一个新上任的改革派领导在县城大刀阔斧进行改革的故事。主人公李向南的原型是山西省政协原副主席、山西省长治市原市委书记、山西省改革创新研究会名誉会长吕日周。吕日周 2003 年被评为“中国时代十大新闻人物”；被《中国改革》杂志列为改革开放 25 年来 25 位代表

人物之一；当选“和谐中国·2006年度十大影响力人物”，曾两次蝉联全国十位拥军模范第一名。除此之外，他还有一个特殊的身份：一名毕业于山西大学中文系的校友。

1969年毕业于山西大学中文系的吕日周是公认的调研与写作奇才，而且非常善于演讲。早年在雁北地委政策研究室工作时，他的文章就在《红旗》杂志上发表，并被选入中学教材。著有《长治长治—— 一个市委书记的自述》《吕日周自选集》《在清华北大的演讲》等31卷作品。《中国改革模式》一书在德国出版发行，《长治长治—— 一个市委书记的自述》，被全国30多家刊物转载。从参加工作到1999年底，吕日周正式出版改革发展方面的专著18部，计500余万字。吕日周为山西改革事业做出了卓越贡献，而他时时刻刻心存对母校的依恋与感激之情。2002年5月8日，他代表长治三千校友参加山西大学百年校庆，并赠送母校一块名为“太行云根”的石头。“太行云根”既是对母校的涌泉之情，也是对母校的美好祝愿。《管子》曾言：“一年之计，莫如树谷；十年之计，莫如树木；终身之计，莫如树人。”吕日周作为中国改革开放浪潮之中乘风破浪、勇于开拓的改革者，能够不忘初心，扎根热土，闯出一番天地，这正践行了山西大学“中西会通，求真至善，登崇俊良，自强报国”的校训，发扬了山西大学“勤奋、严谨、信实、创新”的校风。

蹄疾步稳，久久为功。作为李向南的原型，吕日周成为20世纪80年代的风云人物和一代改革者的缩影。他38岁任县委书记，大规模推行颇有影响的“政府搭台，群众唱戏”改革。就任市委书记后，他强力推动拆除了市委、市政府的围墙，市委、市人大、市政府、市政协公务人员轮流为来往市民倒水。他在市委书记任上，发动了一场媒体治市的变革实验，舆论监督矛头直指党政机关领导干部，在党报上点名批评工作不力的党政官员，并且破天荒地在头条上批评副市长。1983年，在山西省委农工部工作的吕日周，被破格安排到山西省唯一的改革试点县原平担任县委书记。他根据当地农民的改革实践，创造发展了一种崭新的城乡经济组织形式，即风靡一时的“政府搭台，群众唱戏”。三年之后，他使穷困的原平县咸鱼翻身，财政收入相当于周边12个县的总和。1990年，吕日周调任山西省体改委，历任副主任、主任和省政协常委，开始了调查和研究工作，写出了50多万字的有关山西省情分析的系列文章。吕日周的名字，因改革而进入中国老百姓的“词汇库”。

满眼生机转化钧，天工人巧日争新。对于吕日周来说，成功改革长治是他最重要的成果。长治古称上党、潞州，地处晋东南，位于四周环山的上党盆地。炎帝像长久巍然屹立在老顶山上，神农尝百草、精卫填海等古代神话故事发生于此，是一座历史悠久的城市。2000年2月，吕日周担任长治市委书记，引发长治的一场“地震”，并成为全国舆论的焦点。而当时吕日周面对的长治，是一个贫穷、典型欠发达市。1999年，长治市在全国224个地级市中排名第156位，在全省6个省辖市中，其人均GDP、城镇居民可支配收入、农民人均纯收入绝对值三项指标分别排在倒数第一、倒数第二和倒数第三。面对这番景象，他曾焦急地说：“作为长治的干部，看着长治落后于全国平均水平，我们又怎能安步当车，不思进取？”他认为，制约长治发展的最大顽症就是“懒”，而“群众懒是由党员造成的，党员懒是由干部造成的，干部懒是由班子造成的，班子懒是由一把手造成的”。不久，吕日周针对长治官场“懒、散、软、拖、满、宽、浮、脏”八大顽症开展“三深”（深入基层、深入群众、深入人心）“三敢”（敢于吃苦、敢于吃亏、敢于惹人），总结出了“五部曲工作法”，即“寻找问题，发现问题，公开问题，解决问题，追究责任”。他经常亲自骑着自行车去调查，被人们亲切地称为“自行车书记”。据说有一天他骑着自行车来到壶关县，当地领导一听说吕日周是骑车来的，他们无论如何也不能再坐自己的高级轿车，于是到处找自行车骑。他经常骑自行车到农村、工厂、学校下基层，不免有人说他是“做秀”。他的回答很简单：“谁不知道小车坐着舒服？谁不知道坐车有效率？我是被下面骗怕了。我一个人来到长治，要想打开局面，必须了解到一手情况，必须到第一线解决问题。骑自行车，轻车简装，想在哪儿停就在哪儿停，想在哪儿看就在哪儿看。”在吕日周的带领下，长治的“懒怠”现象日渐好转。吕日周在长治掀起的“变法”，强有力地冲击着长治人的生活和思想，改变着当地的政治生态，他因此赢得了“廉政亲民”“鞠躬尽瘁”的官声、政声。

为政之道，民生为本。吕日周始终秉持为人民服务的初心，做人民的公仆。“官以民为天，民以富为天，富以境为天，境以法为天。”吕日周曾在访谈中说：“当好人民的公仆，就要为人民的根本利益，也就是为物质文明、政治文明、精神文明和生态文明服务；当好人民的公仆，就是要承认人民是主人，可决定干部的命运；当好人民的公仆，就是要自己不搞特殊，随时随地都可以和当地群众在吃、住、行、说、干、乐方面零距离。”吕日周常说自己是一名普通的共产党员，也是一名普通的县委书记、普通的市长和普通的市委书记。他也经常提到自己用“三个代表”重要思想指引工作，但是他更认为，空说十次“三个代表”，也不如为群众办一次实事。正是在这种正确价值观的引导下，他做的每一件事都是真事、实事、为百姓谋利益的事。保障民生的同时，吕日周赢得了百姓的支持与爱戴。例如，吕日周曾遇到农民跟他告状，说自己家里的两亩西瓜被乡干部吃了，但是乡干部两年多都没有给钱。群众的事无小事，吕日周亲自出马解决了问题。当农民收到西瓜钱，感激地对吕日周说：“感谢我们的党！”周围的其他农民听了更是感动地鼓掌。然而吕日周却惭愧地说：“是我们对不起你，我们应该向你鞠躬认错。今天的鼓掌我们会当作打我们的巴掌，我们一定会时刻记住为人民服务。”一叶知秋，吕日周大到大刀阔斧进行体制改革，小到解决群众的具体困难，怎能不被群众称一句人民的好公仆！他离开长治的早上，市委大院里挤满了黑压压的人群，当他走到群众中与大伙儿握手告别时，人群中突然爆发出阵阵哭声。群众紧紧围绕在吕日周的身边，有的甚至紧紧抱住了他。当时一位市领导就感叹道：“这种场合，是用钱也买不来的！”只有鞠躬尽瘁，才能换来人民的真心实意。吕日周能够赢得百姓的好口碑，正是因为他有“咬定青山不放松”的笃定、“一张蓝图绘到底”的奋斗、“敢教日月换新天”的信念和“不到长城非好汉”的锐意进取。

周而复始，躬耕三晋热土；日新月异，助构太行风光。吕日周以勤勤恳恳、扎扎实实的脚步走出了山西改革的新路，造就了山西的新风貌。一砖一瓦必将建起高楼，涓涓细流必将汇成大海。吕日周以“太行云根”作为对母校的情感寄托，以奉献自我、回馈社会、服务人民的实际行动回报母校，而山西大学更以有这样杰出的校友而骄傲。坚守初心，不断前行，吕日周用奉献诠释了共产党员为人民服务的宗旨；用实干践行了山西大学的校训；以笃行精神不负国家，不负人民，不负时代。

文学院供稿

切问近乎思　好学近乎智

——当代著名作家、历史系校友韩石山

韩石山先生是山西大学历史系 1965 级学子。他是当代著名作家，长期从事小说、散文、文学批评等门类的写作及现代文学研究，有“文坛刀客”之名，曾任山西省作家协会副主席、《山西文学》主编。2017 年，在山西大学建校 115 周年之际，韩先生受邀回到母校做了《好学近乎智》的演讲,以“好学近乎智”入手，分享了他对人生的深刻感悟和对历史的特别洞见。韩石山先生积蕴文坛三十年，从小说到散文、杂文、文学评论，再到学术研究与人物传记写作，如他的求学生涯一样，充满尝试、坚持与新的挑战。

20 世纪 60 年代，高中时期的韩石山先生与大多数山西学子一样，不得不在求学途中面对残酷的自然灾害、招生名额的大规模压缩等难题。但艰难困苦向来是磨刀石，在外部环境的强压之下，先生仍然笔耕不辍，与书为伴，

始终保持着优异的成绩，从坚持写日记到向《火花》投稿，从养成买书、订报的习惯到常留图书馆，他的好学之心自小生根，经年而未断绝。回看他的求学生涯，不禁感慨其对求知的渴望、对求学的坚忍，正可谓切问近乎思、好学近乎智。也是在这样的坚持之下，韩石山先生在1965年以全班第二名的成绩考入山西大学历史系，并在此学习到了史学研究的相关方法。

自此之后，尽管历经人生的坎坷，韩石山先生还是在全国文学刊物几近停办之际毅然决然地走上了写作之路，其代表作中就有《李健吾传》《张颔传》《徐志摩传》等，其中《徐志摩传》更是被称为迄今为止徐志摩传记作品中最权威、最上乘之作。而能取得这样的不俗成就，与韩石山先生对传主资料、文献运用史学研究的方法进行研读与思考、延伸与搜求是不可分割的。

韩石山先生始终坚持从史料出发，对传主的描写始终保持严谨、客观、公正的态度。在撰写《李健吾传》时，为了大量收集李健吾的资料，他曾去北京、上海多家图书馆查阅，往返之间耗费了极多的时间、精力。先生甚至为了得到更丰富的史料，特意在报纸上刊登广告，高价收购李健吾的一些作品，可见其以史料为基础写作的坚持。正是因为对人物的研究如此用心，在李金山做李健吾的自传与他传比勘之时，对李健吾生平语焉不详之处还要致电韩石山先生，称其是此道行家，无人可出其右。

除此之外，韩石山先生还曾说："写人物传记，还有一点要记取，就是要舍得买书。"所以在写《徐志摩传》时，除观摩了很多前人对徐志摩的研究，他还专门去北京琉璃厂中国书店高价买下了全套徐志摩主编的《晨报副刊》影印本来做印证。相比之前只能从图书馆借出来，在阅览室查一两条资料的搜集过程来说，对《晨报副刊》影印本的翻看与阅读，为韩石山先生对传主生平经历、性格脉络、人生迹象的了解无疑做出了巨大贡献，几乎是随手翻看，就能找出许多资料，写十几篇文章。正是因为对徐志摩的了解颇深，他撰写的《徐志摩传》有很多的衍生作品。比如后续撰写《徐志摩全集》时，又从《晨报副刊》翻检出多篇徐的逸文，可谓是苦心人，天不负。

史料的收集只是传记写作的基点，韩石山先生还坚持为传记人物写年谱。

受专业背景的影响，尤其是对梁启超《中国历史研究法》的熟读，在撰写传记之前韩石山先生为他的三位研究对象都编纂了年谱。在写作《李健吾传》《徐志摩传》时，他花费了好几年时间来编纂年谱，相比之下，却只花了一年的时间来成书。由此可看出韩石山先生对年谱编纂的重视程度之高，几乎是事无巨细，没有丝毫马虎之处。在《徐志摩年谱》编纂完成之际，其字数已经多达六十余万字。在写作过程之中，先生完全以徐志摩为写作主角，其朋友、亲人则为配角，运用正史的写法，以皇帝与臣子般的关系来描写传主的一生。据他自述，他在传记写作过程中完全是按照历史著作的路数写的，也只有这样通过将年谱编纂成册，才能使传记前后有照应，左右有依傍，将传主一生的起承转合描述得浑然一体，事情原委也可由果求因，以此引发读者对自身的观照。

而除此之外，韩石山先生还会去探访传记人物或是他们在世的亲友，与他们进行交流，以此来验证史料的真实性和客观性。在编写《张颔传》时，他每周末都会特地探访张颔先生，将两人对话整理成访谈录。如此尽心尽力地认识和了解人物生平，如此精心地编写，韩石山先生立下“这个人物的传记我写了，几十年内毋庸他人烦劳”的海口也就不难理解了。

成就斐然之下，当然离不开韩石山先生自身沉静的心态和学者的风范。“文学必须有它的特性、有它的思想。文学是文字的一种属性，是文字的一种品质，你只有写到这个份上，才叫文学。”一言如雷贯耳，让我们看到了先生对文学的独特理解与用心钻营。正是因为致力于挖掘创作而出文字的内在属性和品质，而使文字成为文学，所以先生才会在下笔之前如此谨慎，从多方搜集书刊、采访传主亲友、考核史实、编订年谱到最终下笔，都始终做到有板有眼、一丝不苟。此外，韩石山先生多年坚持阅读也同样为撰写传记时埋下岁月的伏笔。在山西大学史学研究氛围的熏陶及其自身努力之下，他最终成就了自己在传记著作领域的屡次佳绩。

纵观韩石山先生的成功经历，不难发现其与“切问近乎思，好学近乎知”是分不开的。从读书时期的奋进，到创作时期不止于对文学的空想，不断通过阅读积累自身的文学底蕴，不断尝试写书著文、投稿创刊，将自己的热爱真正付诸行动，再到传记写作时，不骛于史料的虚声，对自己所写下的每一个文字都做到有据可查、有理可讲……由此观照我们自身的大学生活，我们也应该不止于对未来生活蓝图的空想，更加积极地面对老师所教的知识，始终保持对知识旺盛的求知欲，以此为思维的起点，形成自己为人行事的思想。在山西大学讲演时，他激励青年学子为母校争光，他说："如果它是暗淡的，将因我而光彩；如果它是平庸的，将因我伟岸。"望我们无论将来从事何种工作，都能像韩石山先生一样学以致用，形成自身独树一帜的风格，创造属于自身美好的未来。

施徐洋，历史文化学院 2019 级学生

面壁三载磨一剑　曾向长空歌大风

1972 年 4 月，在那特殊的年代，我非常荣幸地作为首届工农兵大学生中的一员踏入了山西大学。三年半外语系的英语学习饱含了老师们的辛勤教诲，沐浴了丰富多彩的生活雨露的滋润，得到了来自五湖四海同学们的友爱帮助，为自己人生道路描画出新的轨迹，奠定了坚实的基础。

1975 年夏天，大学毕业后，我来到民航北京管理局航行处工作。工作初始，我被任命为航行处航行通告员，主要工作是每天清晨五点到电台收取世

界各通航机场发来的各种有关飞行空域、机场设施、航路变化、进离场要求等英文代码电报，并翻译成中文稿，在六点前送交领航室，供当天执行飞行任务的机组查阅。不巧的是，领着我学习的工作老师教了我两天就急诊住院，而我又缺乏专业知识，不得已每天半夜三点就起床去报台取电报，然后手拿民航专业简语英文词典、英汉大辞典，将每份电报“啃”出来，保证六点前将译文送至领航室。除了抱着极大的热情和责任心，让我感受深刻的是在山大外语系奠定了良好的英语基础，让我刚开始工作就能胜任这样的岗位。在被送到民航总局教导队(现民航大学)航行调度班进行专业学习后，我正式开启了人生十七年的空中交通管制员的专业生涯。虽然一晃已是四十多年前的事了，但很多经历却历历在目。

夜运黄金

某日，局里忽然召集飞行、航行、机务、通信、气象、保卫等单位召开紧急会议，布置一项重要的保密飞行任务，即执行中央下达的运送若干吨黄金去瑞士苏黎世换取外汇。记得执行任务那天，按命令晚上十点前结束全部进出港飞行，我了解天气情况时得到一个不好的消息，夜间华北地区将有大雾，机场能见度最差只有300米左右，而此时装有黄金的军车已抵达机场开始装机。我记得十分清楚，那天飞机是伊尔62，机长谭金陵（我国第一代大型运输机机长），经过详细讨论，机长强调抢在大雾到来前安全起飞，完成国家这项重要任务。我们马上通知太原机场作为备降机场，一切商妥后，我们向处、局领导汇报并回到塔台做好一切准备。临近零点，飞机从停机坪滑出，此时气象台报告大雾已至机场，尽管我们要求场务将跑道灯开至最高级，但此时发现跑道尽头已经开始模糊了。我们通知机组尽可能地加快滑行速度，做好起飞前的全部检查，当飞机进入跑道后，大雾几乎已经掩盖了一半跑道，机组此时也报告说跑道前方越来越模糊，很快就要低于最低起飞标准了。在这关键时刻，机长果断请求起飞，我也立即下达了起飞口令，满载黄金的飞机滑行了很长的距离后终于顺利升空，并迅速消失在茫茫浓雾中……

总统访华

记忆中最深刻的是1984年执行美国总统里根的专机任务。由于里根总统是第一次访华，又曾遇到过刺杀，所以他的专机要求可谓我遇到的最严格、最高级的一次了。为了他的访华，美国方面动用了近60架次的飞机运送各种物资、装备。我接受了空军一号降落北京及总统专用直升机飞抵八达岭长城的一号指挥员的光荣而艰巨的任务。记得我们指挥组和各协同单位用了近一个月的时间做了各种方案，其中一条是先开飞机后机门，保卫人员、重要随行人员、白宫记者团先下，最后开前门总统夫妇出现。而这一过程都在美国卫星监控之下，这在以往多次专机任务中是没有过的。因此我们根据机场东跑道进场航线，设想了各种天气条件下不同的降落方案，多次测算，模拟指挥，制订了多套方案，得到上级部门与美方的同意和批准。空军一号抵达北京那天，我作为一号指挥员带领塔台指挥车在东跑道南头按预案准确无误地完成了整个指挥任务，分秒不差，亲眼看着载着美国总统、机号为27000的空军一号安全着陆。

游览长城是里根总统夫妇访华的重要活动之一，为此我们指挥组和美方白宫先遣队队员、外交部、民航局、总参、空军、原北京军区、卫戍区等多部门主管人员五次赴八达岭长城考察选址，制定直升机起降地点及方案。里根夫妇登上长城半小时后活动结束，总统车队随即返程，一切都进行得十分顺利。但还是有了一个意外，一位年纪看起来六七十岁，身高一米八左右，身前挎着两三部相机的外国记者突然绊了一下，直挺挺地摔了出去，顿时满脸鲜血。此时一片混乱，那时没有手机，无法迅速通知已返程的救护车赶回。根据多方协调，我用无线电向首都机场塔台汇报此突发情况并立即通报值班室，同时告诉美使馆陪同人员用他们的卫星电话向大使馆报告。也就是十分钟左右，通过民航局与外交部再与美驻华使馆联系，同时也得到了白宫方面的批准，同意使用专机运送伤员。事后才知道这位受伤的老先生是美联社首席记者、本次记者团团长。后来美驻华使馆及他本人向民航局、外交部以及我们指挥组表达了诚挚的谢意。尽管我是在执行专业工作，但有时也能为祖国的外交工作做些意想不到的贡献。而这些还是要感谢山大外语系教给我的英语知识，让我能够和外国友人顺畅地沟通和交流。

赴美深造

1986 年夏，在北京举办了第一届国际航空博览会，处里让我去参观内通设备（塔台专用内部通信设备），巧遇美国联邦航空局西太平洋局的局长，偶然谈起交通管制员培训的问题，引起了我们的浓厚兴趣。经过联系沟通，接到美方通知，同意接收四名中国空管人员前往位于俄克拉荷马城的美国联邦航空学院（FAA）参加国际高级雷达管制课程的学习。得到民航总局、国务院人才引进办公室的支持和批准，且提供了百分之五十的经费，经过层层选拔、考试，我和其他三名空管员（五年以上独立管制工作经验）被批准赴美深造。这是中华人民共和国成立以来第一次有中国空管人员前往美国学习此类课程，正如美方所说的，这是美方第一次接纳社会主义国家的空管人员来美学习。我们参加的这个课程一年只举办两期，上下半年各一次，一个班只招收 18 名学员。1987 年初，由我领队的四名中国空管员踏上了赴美学习的新征程。

我们这个国际班由 4 名中国空管员、2 名西班牙空管员、1 名巴基斯坦空管员、5 名埃及空管员和 6 名土耳其空管员组成。在毕业考试中，4 名中国空管员全部进入班里前六名，以优异的成绩毕业，并得到美方的高度赞扬。三十多年过去了，我们四个人的照片还挂在美国联邦航空学院空管教学楼的墙上。按照出国前局里的要求，我们经过申请和 FAA 学院推荐，美国联邦航空局批准我们四名中国空管人员前往圣地亚哥机场塔台实习工作（ON-JOB-TRAINING）。这又是一次新的纪录，从未有中国空管人员在美国机场塔台实习工作，这引起当地不少媒体关注。加州当地几份主流报纸还派记者专访我们，并在报章上进行了详细的报道，还登出我们在美国机场塔台实习工作的照片，美国 FAA 的专业杂志也在封面及头条刊登了我们的实习工作情况和照片，一时间在当地引起不小轰动。实习期间又突然得到通知，经美国五角大楼特批，允许我们四人参观位于圣地亚哥的西太平洋最大的海军基地内的空管中心。在我们进入基地时，美国海军哨兵向我们持枪敬礼，陪同人员告诉我们，这是有史以来第一次允许中国人进入这个基地参观，休息时间还让我们登上一架 F4“鬼怪”舰载战斗机。我们感到既骄傲又自豪，为中国争了光，为中国的空中交通管制争了光！

同窗重逢

为了确保飞行安全，保证空中航线畅通，中央决定将民航编入空军序列，将许多外语专业毕业的部队学员调入民航系统，进入民航北京管理局的部队干部有 70 多人，其中有多名山大的校友。我和李幼平是 1975 年毕业后即到民航北京管理局工作的，我在航行处，他先是在国际商务处，后在国际处。武浩、陈晓伦是 1976 年调入的，陈晓伦和我同在航行处，武浩在商务处，后调入国际处，后任处长。其后还有 1976 年李兴国（局资料室），刘胜雪、朱业全（国际货运），徐素平（国际售票），王秀成（总局国际司），李海山（总局国际清算）。没想到我们山大外语系的首届英专大学生可以重逢在首都机场，为祖国的民航事业又一次携手战斗！

岁月如梭，往事悠悠。四十八年过去了，当年踌躇满志、意气风发的学子们，如今已经鬓发斑白。当年的母校经过代代校友们的薪火传承，已经成为名师荟萃、实力雄厚的世纪学府。往日不可追，来日犹可期。愿母校继承“中西会通，求真至善，登崇俊良，自强报国”的优良传统，为祖国培养出更多的英才。

陈峰，外语系 1972 级校友

联合国教科文组织的中国官员

——体育系1973级校友唐虔

1968年，作为成千上万下乡知识青年中的一员，唐虔从北京清华附中来到晋西北黄河边的山西兴县插队，在那里度过了五年的农村生活。1973年，他作为工农兵学员被推荐到山西大学体育系学习。1979年，他作为改革开放后中国政府最早的外派公费研究生到加拿大的温莎大学学习，并取得了运动生理学硕士和生物学博士学位。毕业后，他先后在中国驻加拿大使馆、教育

部职业技术教育司和陕西省科委任职。1993 年，他成为第一位在联合国教科文组织教育部门工作的中国官员。2010 年，被任命为联合国教科文组织教育助理总干事，是当时自联合国教科文组织成立以来级别最高的中国籍官员。这便是唐虔先生从知青走到联合国的经历。

难忘的五年知青生活

插队的那些年，兴县农村生活平淡且寂寞，在面朝黄土背朝天的日子里，不少知青觉得前途渺茫，逐渐颓废，失去了上进心。一个在山西孝义插队当饲养员的学兄告诫唐虔："我们不能沉沦下去，有时间看点书，多学习。干农活太耗时间，做饲养员能有许多时间。"唐虔颇受启发，第二年春天，队里的一个饲养员病了，在人们怀疑的目光中，他毛遂自荐当了饲养员。牲口是在夜里吃草，他白天在喂骡子的间隙就铡好牛草，打扫牛栏骡圈，待傍晚社员收工回家了，他便开始喂牲口，每隔半个小时要添一次料，直到第二天凌晨四点。添料的间隙，他便看书学习，并制订了学习计划。首先复习中学课本，接下来自学高中课程，其间还加强了英语的学习以及写字的练习。他牛喂得很好，得到老乡们的称赞，同时也打下了学习知识的基础。

"当时，我只是不想浪费时间，根本没想到无意中所学的知识日后竟对我的人生起到了决定性的作用。"对于那时的无心插柳，唐虔感到颇为庆幸，同样，插队时期锻炼出来的吃苦耐劳、不烦小事、坚忍不拔的精神，对中国国情的了解以及对人际关系的认识，对他后来事业上的成功都起了极大的作用。

充实的山大学习时光

1973 年 9 月，唐虔结束了五年的下乡插队生活，怀揣着山西大学的录取通知书来到太原。在山西大学体育系的三年学习期间，除了学习体育理论和专业课，唐虔坚持不懈自学英语，还翻译了不少国外的体育科研资料。曾有这样一个故事，体育系有一种美国的《体育运动》杂志，其中有一篇文章写的是前空翻跳远的技术，还配有插图，有同学建议唐虔把文章翻译成中文。于是，他花了两天时间把文章翻译成中文，一个书法好的同学刻蜡版，并画了图，把文章印出来，装订成册，老师、同学人手一本，非常受欢迎。而一个老师竟以他“引进美国的东西，散布帝修反的文章”为由，把他告到了学校，弄得空气很紧张。他据理力争：“我翻译的是技术，不犯法。”还是当时任山大党委书记的老干部焦国鼐出面，支持唐虔说：“这是技术嘛，不是政治。”一句话平息了一场风波。这也算是那个荒诞年代的一桩荒诞事。

从山西大学毕业时，“文化大革命”还没结束，他又被分配回原来插队的兴县，在县中学当教员。他教体育，后来又教英语，业余时间仍然坚持学习。1978 年，国家恢复招收研究生，唐虔报考了北京体育学院运动生理专业研究生，以总分第一的成绩被录取，从此离开了生活十年的山西。1979 年，唐虔轻松通过教育部首次举办的选拔国家公费出国留学人员的外语考试。同年 9 月，他被教育部派往加拿大的温莎大学学习，是改革开放后中国政府最早派到国外的公费研究生之一。在加拿大，唐虔用了六年时间，先后获得运动生理学硕士学位和生物学博士学位。

25 年的国际组织历程

1985 年博士毕业后，唐虔先在中国驻加拿大使馆工作了四年，从三秘做到二秘，1988 年升为一等秘书。1989 年底，唐虔任满回国，任职于教育部职业技术教育司，1992 年去西安任陕西省科委副主任。凭借着自己的教育经历和工作经验，唐虔于 1993 年 4 月应聘加入联合国教科文组织。他先在职业技术教育处做高级项目官员，后升任处长、司长、行政办公厅主任等职。2010 年 4 月，唐虔被教科文组织总干事任命为教育助理总干事（职级相当于联合国助理秘书长），领导分布在总部、各国办事处和七个研究所的数百名员工。在他的领导下，联合国教科文组织在全球推动“全民教育”，开展全球和地区层面的协调与监测，并且主导了国际社会制定《2030可持续发展目标4（教育）》的全球磋商。在担任教育助理总干事的同时，唐虔博士还曾兼任联合国组织战略规划局代理局长和人事局代理局长，直至2018年退休。

回顾唐虔在联合国25年的历程，可圈可点的故事不胜枚举。联合国最基本宗旨是维护世界和平，作为一名联合国官员，能以自己的工作对推动世界和平进程做出贡献，有一件事情令唐虔倍感欣慰。2001年初，为了缓和朝鲜半岛的形势，韩朝双方都有意开始在教育方面做一些接触与交流。当时朝鲜缺乏中小学教科书印刷用纸，韩国方面提出捐赠200吨。但是在当时的形势下，直接谈判行不通。而唐虔在工作中与朝、韩双方接触都很多，他曾经主持实施了教科文组织向位于平壤市中心的“人民大学堂”教师培训中心提供微机设备的项目，又与韩国合作举办了国际职业技术教育大会，同朝鲜和韩国政府教育部门都建立了良好的关系，再加上中国人这样的一个特殊身份，使他自然而然地成为受到双方信赖的中间人。应韩国方面的请求，在教科文组织松浦总干事的授权下，唐虔两飞首尔、三访平壤，凭着对促进和平的执着和丰富的外交经验，解决了一系列复杂的政治与技术问题，终于使双方达成协议。200吨印刷用纸于2002年秋从韩国仁川港运抵朝鲜的南浦港，朝鲜教育部后来用这些纸印刷了近50万册中学英语教科书。这件事的政治象征意义更大，有益于推动朝鲜半岛的和平，不是仅以数量来衡量的。

体育学院供稿

砥砺前行成就美丽人生

——“创龄达人”、体育学院校友陈小兵

陈小兵老师，乐观热情，积极向上，是名副其实的创龄达人！

成长历程

陈小兵，1951 年初出生于新疆。他父母亲都是军人，随解放军 22 兵团

陈小兵（右）与杨利伟

解放新疆，又紧跟王震将军军垦戍边，是石河子市的首批拓荒者。陈小兵就是在当时非常艰苦的条件下出生在军垦战士搭建的地窝子里，所以父母为他取名小兵。这给他从小就注入了兵团战士艰苦创业的基因，也为他以后的人生树立了远大的目标。

1956年，因身体的原因，陈小兵被送到山西，随任山西大学教授的爷爷陈盛甫生活。上初中时赶上了“文化大革命”，父母及祖父均受到了冲击。1970年，19岁的陈老师响应国家号召，上山下乡插队到山西长治老顶山，半年后进入山西长治无线电模具厂当工人。1974年，陈小兵以市劳模及山西省运会足球冠军队主力的身份被推荐上了山西大学体育系，成为一名工农兵学员，从此以后，陈老师与山西大学、与体育结下了不解之缘。

1976年从山大毕业后，他先后担任太原27中和太原师专教师。一直不懈努力的他，在1985年34岁时考上了山西大学体育系研究生，后留校任教。1991年调入北京师范大学，后进入中信集团工作，任中信集团所属中国海洋直升机集团公司驻京办副主任。不久，辞职下海成为一名商人。年过四十的陈老师从头开始创业，在海南、湖南、山西等地创建过海南福特利期货公司、岳阳阳光房地产公司、太原富通公路工程有限公司、山西百吉科工贸有限公司等多家企业。

服务三晋

2008年，陈小兵与姨夫——浙江大学著名教授、中国工程院院士汪西生共同投资成立了山西晋哲电力电子研究所，同山西长治防爆电机厂合作建立了院士工作站，并将汪院士的发明专利变成了产品，成功研发制造出国内第一台100千瓦准方波交流电机。

为了传承祖父著名武术家陈盛甫的武术传统，2012年，陈小兵创建了山西盛甫武术研究院，担任院长，由陈盛甫教授的嫡传弟子毛明春、刘定一、杜振远、文太风等教授担任副院长，原山西省武术队总教练张希贵、原北京武术队总教练吴斌（李连杰的师傅）担任总顾问。他组织了陈盛甫武学思想研讨会，著名国画大师江明贤拜陈盛甫为师（由弟子毛明春代师授艺）的拜师会，组织了盛甫武院专家去德国的武术交流及在德国巴登符腾堡州佛洛伊登市中德文化节开幕式上的武术表演，弘扬中华武术，受到热烈欢迎，德国当地电视台和报纸上做了广泛宣传报道。由于同德国佛洛伊登市建立了友好联系，后来还组织了山大美院老师在德国佛洛伊登市举办的中德画家画作联展，画展期间山大美院刘维东院长做了中国书法专题讲座，获得当地政府官员及市民极高的评价。

由教师转变为企业家，由教学转变为经商，陈小兵老师经历了巨大的人生转换，经商的路步步艰难，全靠从小跟着祖父在山大学体育、教体育养成的执着信念和拼搏精神坚持。这期间最值得一提的是在 1995 年，陈老师响应省委改变山西靠修路的号召，同太原市政府签订了投资修建太原至古交柴化公路的协议，在香港注册了公司，又同太原市北郊区政府合作组建了合资公司太原富通公路工程有限公司，筹集资金 4000 余万元，历经两年多，劈山填沟，1997 年 5 月建成了山西省第一条引进港资建设的山区收费公路——太原柴化公路，被当时的省委书记胡富国称赞为山西引资第一路，题写了“柴化公路”碑文。《山西日报》和山西电视台均做了头条报道。柴化路是一条全长 26 公里的山区二级公路，使山西古交与太原有了第一条直通公路，极大地促进了太原西山山区经济发展，使沿途村民有了致富之路，至今仍有时任省委书记胡富国题字、省委梁国英副书记撰写的碑文，记载当时艰苦的建路历程。

校友工作

陈老师五岁从新疆到山西太原，直到四十岁离开，一直同祖父生活在山大校园。到北京创业后又回到山西创建企业，山西是他的第二故乡，留下了他生活、学习、插队、当工人、读研、下海创业，充满挑战的人生足迹，也积淀了他对山西及山西大学深深的热爱与感恩。在工作之余，从 1994 年起，他与一批在京工作的山大校友杨宗、刘复康、王小平、李万珠、陈峰、郑海豹、毕和平、安晓红、杨嘉克、郭仲华等共同创建了山西大学北京校友会，已有了 20 多年历史。陈小兵不论是担任副会长还是会长，始终坚持校友会的四个服务宗旨，服务首都、服务山西、服务母校、服务校友，经过多年的不懈努力，团结在京山大校友，打造了一个共享情谊、互帮互助、与时俱进的校友精神家园，促进了母校与校友情感、信息的交流沟通，助推校友们在自身事业领域不断前进，同时力所能及地回馈、支持母校发展。目前山大北京校友会已联络到两万多名成员，同时他们还联合山西九家高校的北京校友会，搭建了一个更广阔的资源交流平台——山西高校北京联合校友总会，联络到在京工作与生活的 5 万多名从山西走出的校友。

老有所为

陈老师已年届七旬，退出企业经营管理后一直闲不住，除了担任山大北京校友会会长之外，又担任北京中关村生态农业产业联盟副主席等多项社团机构领导职务。他在中国农科院有自己的办公室，孜孜不倦地在农业领域、大健康领域努力发挥自己的余热。从制定各种农产品国家团体标准、国家级农业科技园区的规划设计与报批，到相关领域高峰论坛、学术交流、项目考察等，陈老师一直忙个不停。2019 年，他参加珠海国际和平利用空间大会，同到访的美国布什基金会会长尼尔布什、国家宇航员管理中心主任杨利伟等做了亲切交流。

陈老师看着一米八几的高个，身强体壮，中气十足。其实在 2002 年时，他被医院诊治得了尿毒症，双肾都有不可逆转的病变，需要透析继而换肾才能治疗。一直相信祖国中医文化的陈老师不断寻求中医治疗，最终在山西老中医的帮助下实现了病情逆转，积极乐观的陈老师又坚持游了八年的冬泳，双重努力，最终恢复了健康。这以后陈老师给自己定了一个小目标：活到老，学到老，运动到老，旅游到老，在游历中忘掉老、忘掉年龄、忘掉疾病，既能开阔眼界，又能感知生命，在有限的时间里，不断延伸生命的广度与深度。

投身公益

“创龄老年人才实践活动”是在中国老龄产业协会老年宜居养生委员会及中国老龄事业发展基金尊严养老基金管理委员会双重指导下开展的公益活动，是以积极老龄化为核心价值理念，以精神需求为根本，以价值再造为使命，为退休长者提供一个健康的、参与性强的活动平台，通过创龄活动帮助退休长者实现其个人价值、社会价值、经济价值。

谈到创龄老年人才实践活动，陈老师提出了自己的想法：一、创龄平台是非常好的平台，要发动社会各团体的力量一起来做，像山西高校北京校友会就是很好的载体，在京成员里有近三分之一已退休，基本都有大学本科、硕士、博士学历，都是高知人才，其中一部分身体好、素质高、有空闲时间的，能帮助创龄项目推广与落地；二、创龄平台帮助退休长者从自我提升方面着手，建立相同爱好的团队，有专长的可以当老师，大家一起互教互学，丰富生活，增加阅历；三、可以以小区为单位将活动就近延伸到居委会，丰富小区内退休长者的生活，活跃小区氛围；四、像有些专业技术退休人员，如还能发挥余热，可以对接一些中小企业，提供法律顾问咨询、技术顾问咨询等服务，在体现人生价值时还能体现社会价值，获取部分经济收益。

闲不下来的陈老师表示，一个人的力量是有限的，尤其是老年人，不光要把自身的闪光点发掘出来，发光发热，更要激发、调动自己身边的资源和力量，这是巨大的宝藏，一定能为社会创造更多的价值。他表示自己会引领山西高校北京校友总会有意愿、有能力的退休人员一同参与创龄平台，为更多的退休长者、社会上需要帮助的企业，贡献自己的绵薄之力。

北京校友会供稿

山水情深　通才育人

——著名历史地理学者、教育家王尚义校友

王尚义，教授，博士生导师，享受国务院特殊津贴，是全国百千万人才工程人选。

1955年3月，王尚义出生于一个工人家庭，1973年高中毕业后，回到家乡山西省交口县的小山村，担任大队党支部书记，带领村民打坝造地、修水库、办企业。1976年被推荐到山西大学历史系，1979年毕业后留山西大学工作，

担任甄华校长秘书。1983 年考入复旦大学历史地理专业硕士研究生班，1998 年考入北京大学攻读历史地理学博士研究生，2002 年毕业并获博士学位。王尚义先后担任山西大学师范学院副院长，山西省教育学院副院长，太原师范学院院长、党委书记，山西省人大常委会委员、民侨委副主任，山西省社科联副主席。他还兼任中国古都学会副会长、山西省古都学会会长、山西省陶行知研究会会长、山西省历史地理专业委员会主任等。40 多年来潜心研究历史地理学，首创历史流域学，对太原师范学院的改革发展做出了重要贡献。

致力于历史地理：走向田野，深入乡土

王尚义主要从事历史地理和生态环境变迁的教学与研究，兼采人文科学和自然科学视野，围绕历史时期区域环境变迁和区域经济与文化变迁两条主线，力求文理贯通，相互渗透。

在历史地理学研究中，王尚义展现出浓厚的桑梓之情和人文关怀。位于黄土高原的山西，太行山和黄河塑造了它的自然边界，汾河及其支流冲出一连串盆地，鄂尔多斯高原与它接壤，晋商历史悠久，闻名遐迩。作为山西人，王尚义充分利用乡土资源，走向田野，考察足迹遍及黄河流域和黄土高原，深入乡土，对流域生态环境及太原盆地古代湖泊变迁、鄂尔多斯高原及毛乌素沙地环境变迁和区域经济与文化变迁三个领域进行长期深入研究，形成大量科研成果，获得国家级、省部级奖项 20 多项。参加国家“七五”重点课题“黄土高原综合治理定位试验研究”，获 1993 年国家科技进步一等奖。从 2002—2019 年主持国家自然基金、国家社科基金及省级科研项目 26 项，撰写科研论文 180 余篇，其中在《地理学报》《地理研究》《生态学报》《新华文摘》发表 20 余篇，2004 年主持申报的“历史时期汾河上游人类活动影响下的生态安全研究（40471033）”项目，获国家自然科学基金资助，实现太原师范学院建院以来该基金项目零的突破。同年，《统万城的兴废与毛乌素沙地之变迁》一文，获山西省社科研究成果优秀奖。他主持国家社会科学基金“十五”规划项目“收

入差距与两极分化问题研究”，获 2003 年山西省社科研究“百部（篇）工程”一等奖，2004 年获山西省社会科学研究优秀成果一等奖，2012 年获山西省科技进步二等奖，2018 年获山西省高校科技进步一等奖，2019 年获山西省高校社科一等奖。

这些成果，在理论上，丰富了我国区域历史地理研究案例，在全国相关研究领域产生了重要影响；在实践上，为合理利用自然环境和文化资源、促进区域人地关系协调发展和经济发展提供了理论依据；在研究方法上，以人地关系为主线，遵循历史地理研究基本方法，并与区域经济分析和人文地理分析研究方法有机结合起来，逐步形成科学有效的研究技术路线，赢得同行专家和学者认同。

开创历史流域学：大胆构想，付诸实践

历史流域学是从流域人地系统整体性、因果性出发，研究历史时期流域人地系统演进特征、规律及要素之间、区域之间相互作用关系的学科。

历史流域学的提出，离不开王尚义上下求索、踔厉奋发、笃行不怠。谈及历史流域学的缘起，把河流和流域作为一个整体或一个系统来研究古已有之。我国古代著作《山海经》《禹贡》《水经注》即以水道为纲，描述中国地理特征和自然区划。到了现代，随着历史地理学不断发展，许多学者逐渐意识到将流域作为一个整体地理单元研究的重要性。但正式提出“历史流域学”概念的当是王尚义。2009 年 11 月 19 日，王尚义在《光明日报》发表了《关于创建历史流域学的构想》一文，他从学科性质、原则遵循、下含分支、研究方法和急需解决的问题等五个层面创新性地提出了自己的构想。《新华文摘》予以全文转载。在随后的一年内，王尚义带领团队连续在《光明日报》发表五篇关于历史流域学的文章，使“历史流域学”迅速在学界传播开来。

在此基础上，王尚义先后出版了《历史流域学论纲》(科学出版社 2014 年版)《历史流域学的理论和实践》(商务印书馆 2019 年版) 两部著作。

《历史流域学论纲》以历史流域为视角，从整体出发，以流域灾害链为案例，在宏观上建立了历史流域学的基本理论，一定程度上可以视作历史流域学学科体系的正式搭建。《历史流域学的理论和实践》，将历史流域学基本理论和方法更加具体、细化，对后续以“历史流域学”为基础的研究具有示范和启发意义。

目前，历史流域学学科体系已基本构建完成，在如何有效划定区域范围来开展综合研究、以多学科视角开展区域研究、推动关于历史流域学的大量实证性个案研究、促进我国水资源保护和水灾害防治等领域做出了重要贡献。王尚义提出历史流域学，使当代学者得以通过新视角丰富我国历史地理学本土理论成果，促进社会经济发展，得到了学界同行的高度认同。

扎根太原师院：廿载坚守，改革创新

2000 年太原师范学院建校，王尚义出任首任校长长达 12 年，2012—2015 年转任校党委书记。他在近 16 年的主要领导岗位上踏实工作，成效卓著，带领学校很快步入正轨。2008 年以优异成绩通过教育部教学水平评估，2009 年突破教育部硕士单位的评审。在长期的教育管理实践中，王尚义逐步形成了独到的办学理念，深入教育学和教育管理学研究，发表多篇论文，前瞻性探讨高等师范教育的特色形成、发展战略、管理构架和学科建设等重大问题。2003 年被山西省人民政府聘为“省政府第五届督学”。

王尚义的研究成果兼有人文科学和自然科学内涵，“学科贯通”理念也被他应用在太原师范学院的改革中。王尚义也成为“通才教育”理念的实践者。结合国家和学校实际情况，提出“文科通才、理科通才、艺术通才”的人才培养改革方案，得到教育部的肯定。2003 年，经教育部审核批准，“理科通才”被提升为科学教育专业；2007 年，“文科通才”更名为人文教育专业。他还编撰出版通才教育的专用教材十余部。王尚义突破成规，转变思维，一开始就从创建新学科领域视角去思考和构建培养模式和课程体系。经过不懈的理论研究和实践探索，太原师范学院“通才教育”实践取得不俗成就，形成鲜明特色，培养的学生基础扎实，2008 年获山西省教学成果一等奖，在教育部教学评估中被评价为太原师范学院鲜明的办学特色。

“路漫漫其修远兮，吾将上下而求索”是王尚义的真实写照。青年时期的经历塑造了他做事果敢、执行坚决的个性；工人子弟的出身使他形成了做事低调、诚信待人的作风；丰硕的科研成果，创造了太原师范学院多个第一，使他赢得了全校师生近 20 年的信赖和支持。如今，王尚义仍然奋战在他最热爱的教学科研第一线。40 年来，无论是在学术研究的广阔天地里开拓探索还是在高校发展的漫漫征途上耕耘奉献，王尚义用数十载如一日的坚守，彰显了“求真至善”的巍巍品格。

郭柯锐，历史文化学院 2021 级学生

飘萍四十载 回首望山大

令狐萍，国际著名移民史研究专家，美国罗特格斯大学出版社《当今亚美研究》丛书创建者与首任编辑，前美国斯坦福大学胡佛研究所客座研究员，美国亚裔研究学会旗舰期刊《美国亚裔研究》主编，中国教育部长江学者讲座教授，中国华侨华人史研究学会理事会海外理事，中国华侨华人历史研究所《华侨华人历史研究》编委，美国福特基金奖作家。曾任美国杜鲁门州立大学历史系主任、亚洲研究学位委员会主席，教授东亚史与亚裔美国史。她还兼任华中师范大学武汉侨务理论研究中心、国务院侨务办公室侨务理论研究武汉研究基地长江学者讲座教授，暨南大学华人华侨研究院客座教授，丽水学院特聘荣誉教授，广东省人民政府华侨华人研究会海外顾问等职务。

以下是令狐萍对母校的个人汇报：

我写海外华人社会

国内与海外，是时空概念，更是历史概念。爱静不爱动的我，可谓嗜书如命，家里藏书，更是偏爱各种游记。除《山海经》外，对《格列佛游记》《鲁滨孙漂流记》等外国游记亦颇钟情。我幼时曾读清人李汝珍的《镜花缘》，书中记载着唐敖、多九公等人曾乘船游历海外诸国，其中的女儿国、君子国与无肠国等番邦异地，更激起我无限遐想。

神游天外与现实种种间，我似乎注定与历史结下不解之缘。其实，外祖母到母亲，再到我，三代女人都有着一个作家梦。幼年外祖母虽曾反抗缠足，日后更成为中国第一代接受西方教育的女性，憧憬着成为作家的她，却无力抗拒传统的包办婚姻。母亲在学生时代，爱好写作演讲，活跃外向，常给报社投稿，被电台请去演讲。在一次演讲中，与父亲相识，偶然间步入政界，直到结婚生子，作家梦终于还是幻灭。忆昔挚友石评梅，在前往北平求学后，终成著名女作家。不同抉择间，殊途两人，恍若梦里。而我出生时，父母随意为我取名——“萍”。日后，同样梦想写作的我曾自比民国报人邵飘萍，向往他的萍踪浪迹，一生曲折，之后更是倾慕作家石评梅的才华横溢、脱颖朋辈。冥冥之中，这发自心底的认同感和朦胧使命感，竟然鬼使神差地映照了我日后与山大历史系的结缘和数十年的海外漂泊。

我为亚裔妇女作传：《金山谣》与《心声》

“令狐”，作为一古老的姓氏，不仅源于山西，也盛于山西。历代令狐氏中，入则当朝为官，出则悬壶济世，或入仕，或育人，而我的家世和经历亦不同寻常。回首往事，我无疑是幸运的，虽因父亲的“历史问题”而与家人一同蒙受过屈辱、苦难，但天将降大任于斯人也，似乎所有的磨难曲折，都是意料之外而情理之中的安排。

一路走来，书山学海成为我的挚友。凭借平素对史学的积累，我在 1977

年恢复全国高等院校招生考试后，以优异成绩考入山西大学历史系。幼时的写作梦突然被唤醒，正是在山大历史系的求学过程中，我像一块久经干旱的庄稼地，又似干瘪枯燥的老水车，终于在浩瀚书海和良师益友的浇灌之下，陡然焕发生机。不久，我因成绩优异被任命为学习委员，尔后连选连任，但却不曾放松对学术的追求和对知识的探索。作为全国重点的山大历史系，不仅知名学者、教授云集，史学教育更是坚实充足，正是在这里，进入大三的我接连在《山大学报》《史学月刊》等学术期刊上发表了关于罗斯福总统外交政策的相关论文。

其时，徜徉于山大历史系浓郁学术氛围中的我，已然把握住了命运的脉搏。不仅是写作梦的实现，对大洋彼岸的漂游和探险，更是让自幼时便期盼挥斥笔墨、探索异域的我期待不已。大学综合成绩忝列全系第一，并且在留校选拔考试中又侥幸居于首位，这给了我留校任教的宝贵机会。也正是在这段学习工作中，山大师友给予了我充分帮助，使得初出茅庐的我迅速成长。终于，我在 1985 年获得公费出国留学的机会，漂洋过海，赴美求学。正印证了“飘萍”之意，这一走，便是多年。

来到美国后，对于今后的学术道路，我经过反复思索，终于定为美国华裔妇女史。做此决定，不仅受中外游记的影响，更是结合个人具体情况与学术界的研究前景而定。在山大历史系的学习过程中，我积累了较为深厚的中国文化功底，而作为女性，在对亚裔及华裔妇女的研究十分不足的情况下，更该为海外华裔妇女奉献出历史的现实关怀。于是，在博士定题后，我在每年的暑期与节假日都埋头档案馆，翻阅史料，或深入华人与亚裔小区，实地考察，访谈各界人士。

经过加工提炼后，我的博士论文于 1998 年出版，书名为《奋斗金山——美国华裔妇女历史》，获得学界一致好评。而该书的中文版，即《金山谣——美国华裔妇女史》，有幸被中国社会科学出版社于 1999 年出版，成为中国美国学研究的经典教科书。此后，我又在新著《萍飘美国——新移民实录》中，充分发挥了文学的笔调和史学的专长，从大陆新移民的角度来分析多元化的美国社会。而在华裔妇女的研究基础上，我进一步扩展了亚裔妇女研究。在四十多年的研究生涯中，我访谈了三百多名年龄不等，各行各业，遍居美国各地的各族裔的亚裔妇女，并在《心声——美国亚裔妇女史》中，生动讲述了美国亚裔妇女的历史。家国情怀之下，海外华裔妇女的经历无时无刻不在牵动着我的心，我在中国、在山西的心。

记录华人社会，完成《圣路易的华人》与《芝加哥的华人》

中国人总是保持着几千年文明形成的独特文化生活习惯，形成与所在国文化不尽相同的华人聚居地与商业活动区。而所在国本土文化对华人的排斥，也迫使海外中国人建立“唐人街”，以求自立自保。中国移民较早便涉足东南亚，欧洲各国的大城市中，也都有唐人街。在美国大陆，多数华人则定居于加州与纽约，而旧金山、洛杉矶、纽约的唐人街更是热闹兴隆，逐渐成为美国多元文化中不可或缺的重要组成部分，也成为美国传统唐人街的三大中心。但学术界对于美国中部地区的研究，一直处于落后的状态。我从 20 世纪 80 年代后期开始，倾心研究美国中部地区。我先从圣路易着手，再立足芝加哥，具体记述了美国中部两大重镇的亚裔社会。

在《圣路易的华人——从唐人街到文化小区》中，首创“文化小区”模式，概括了华人在圣路易一个半世纪的艰辛奋斗史。在分析、比较、研究北美历史中各种类型的华人小区后，我将圣路易的华人小区定义为“文化小区”，并从理论上为文化小区的结构与特性定义。这首创的美国少数族裔“文化小区”的模式，成为全面确切解释新型华裔小区与其他少数族裔小区的新理论，在美国种族研究学术界引起极大反响。

而在《芝加哥的华人》中，则运用跨国移民理论框架，探索芝加哥华人如何在这多文化融汇、多族裔混杂的工业大都市，在种族歧视的社会大环境下，谨慎地斡旋于主流社会与边缘社会之间，成功地开辟出一块族裔飞地与欣欣向荣的族裔经济。芝加哥的唐人街不仅为源源不断的新移民提供就业与定居的场所，更推动了美国中部地区族裔经济贸易的发展，并推动美国社会的文化多元化与经济全球化的步伐。

“当年阿公出远洋，家里阿婆哭断肠”是广东台山侨乡流行的歌谣，也是广东侨乡侨民与侨眷悲惨家庭生活的真实写照：“金山客”（美国华侨的俗称）独身漂洋过海，留守家中的妻子“金山婆”孤独无望。在此历史文化背景下，我在《芝加哥的华人——种族、跨国移民与小区》中，研究探讨了这种婚姻状态，并将其定义为“分割式婚姻：台山寡妇——美国小妾婚姻模式”。山西大学之校训有云：中西会通，以此观之，确乎。虽然我阔别故土已久，但山西大学历史系给予我的人生经历和学术启蒙使我永远难忘。在此，谨向母校致以衷心的祝愿和祝福！

令狐萍，历史系 1977 级校友，教授，国际著名移民史研究专家

山大领我走进摄影殿堂

韶光流转，盛事如约。2022 年 5 月 8 日母亲节恰逢母校山西大学迎来建校 120 周年华诞。这是母校承前启后、继往开来的里程碑，是母校凝心聚智、彰显风范的新契机，更是母校团结奋进、再创辉煌的新起点。

我一家三代宗亲七人与山西大学结缘，爷爷景哲、外公张孔修、族伯景耀月、表哥南克强、表弟李峰、妹妹景红都是山大毕业生。血脉相依不了情，专业涉及法学、矿业、有机化学、昆虫学、光电子、物理六个专业，三代人

2019 年景迎社（右）和新疆喀什 133 周岁的阿丽米罕·色依提老寿星

分别见证了山西大学从创建到发展的几个重要阶段，从 1902 年清朝末期创立，经辛亥革命到中华民国的诞生，从民国结束到中华人民共和国成立以后，再到 20 世纪六七十年代，每一阶段都有家人考入山西大学。

母校的文化基因在一代代学子中薪火相传。景家人从这里出发，放飞梦想，将母校“中西会通，求真至善，登崇俊良，自强报国”的校训践行在一生的求学、创业、工作中，受益匪浅，贡献颇多，给母校增添了光彩。特别是我的族伯景耀月，堪称山西大学诸多优秀学子中的杰出代表。

景耀月是清朝末期山西大学堂建校后的第一届毕业生。他 18 岁中秀才，20 岁中举人。公元 1902 年入选山西大学堂中斋；1904 年入选公派留日学生，在日本早稻田大学攻读法学专业。留日期间，他积极参与中国同盟会的创建工作。武昌起义后不久，他就以“组织中华民国会议”议长的身份，主持选举孙中山为中华民国临时大总统，亲自起草《临时大总统就职宣言》，亲自主持民国政府临时大总统孙中山先生的就职典礼，亲自向孙中山交付大总统印绶，是中国辛亥革命的元勋之一。中华民国成立后，景耀月被推选为临时政府教育部次长兼南京法政大学校长，后又代理教育部总长职务。在任职期间，亲手拟定我国第一部民主教育法规和制度，奠定了我国近代教育的基础。

上一辈山大人对知识的渴求及崇高的精神和品质，对于后辈来说是一份宝贵的财富，深深地影响着后辈人。我高中毕业后，全国高考停止，没有上大学的条件和机会。在此期间，我在农村生产队种过田，在社办企业锻工车间打过铁。1977 年后半年，国家恢复高考制度。瞬间，我看到了新的希望，并及时抓住了改变命运的橄榄枝，仅用了一个月的时间复习，就幸运地考入了山西大学。

我一生酷爱摄影，源于母校的点拨与引导。40 年前在校就读期间，我们所学的生物技术实验课程，其中涉及昆虫摄影和生物显微摄影，这是我对摄影技术产生兴趣的起点，在校实习期间，也拍摄了不少植物、动物和昆虫照片。

毕业后，我在省西山煤电集团公司林业处工作，先后担任技术科科长、林业处办公室主任和林业高级工程师，这也为我提供了更有力的实践机会和不断充实摄影理论的条件。

经过几十年的努力实践，我的摄影技术从业余到专业，从热爱到专注，从生物摄影到纪实摄影、人像摄影、风景摄影、人文摄影、艺术摄影、广告摄影，几乎全部涵盖。摄影作品先后获得国内外的多次奖项，如纪实摄影作品《升井归来》获得第七届 IPA 国际摄影艺术展优秀奖，生物摄影作品《你若盛开，蜜蜂自来》获得第八届 IPA 国际摄影艺术展铜奖，风景摄影作品《日出东方红似火》获得第十届 IPA 国际摄影艺术展丝带奖，人像摄影作品 *Child from Tibet* 和 *Under Eaves* 获得 2019 年台湾儿童国际黑白摄影大赛优秀奖，艺术摄影作品 *Oriental Sunrise* 入围 2019 年美国“光线的世界”摄影大赛决赛，人文摄影作品《煤矿工人》和《照相》获得第八届 IPA 国际摄影艺术展丝带奖，等等。

让我记忆犹新的是近年来的两次采访、采风拍摄过程。

第一次是 2019 年 10 月的喀什采访摄影行程。我专程从济南飞往中国最西部的边陲城市新疆喀什，计划拍摄世界上最长寿的 133 周岁的维吾尔族老奶奶阿丽米罕・色依提，往返行程 8600 多公里。尽管事前做足了功课，包括老寿星的历次有关新闻报道、详细住址、家庭成员、精神状态和生活习惯，以及准备送给老人的礼品等，但还是遇到了意想不到的拍摄困难。新疆地广人稀，占国土面积的六分之一，信息传递相对较慢，很多当地人都不认识或者不知道这位老寿星，再加上我不懂维吾尔语，直接与维吾尔族人沟通是件很难办的事，所以在找老寿星的过程中走了很多冤枉路。为了完成这次拍摄计划，我必须先找到一个能听懂汉语的并且愿意给我做向导的维吾尔族人。到达喀什后的第二天，我就在老城区的大街小巷里边走边看，但是，整整一个上午也没有找到一个满意的向导，因为他们听不懂我说的话。到了下午 3 点，终于有了转机，我在老城区的一条小巷里，忽然听到由远而近的叽叽喳喳的儿童和少年的说笑声，再细看，原来是一群地地道道的维吾尔族孩子在一位女老师的带领下迎面走来。我情不自禁地主动向她们挥手问好，结果老师和孩子们用汉语异口同声地打招呼：“叔叔好，欢迎您来到喀什！”瞬间使我笑容满面，真是一个意外收获。我向维吾尔族老师古再努尔说明拍摄计划，并且向老师和孩子们展示了我的摄影采访证件。最后，古再努尔表示非常愿意协助我完成这次拍摄任务，并且约好了第二天的行程计划，真是让我意外和感动。

新的问题又来了，古再努尔老师从来没有见过、也不了解老寿星的具体情况，并且喀什动乱之后，当地出租车的路线行程暂时有一定的管控，要去老寿星所在地必须分段乘坐出租车。根据查阅资料，老寿星户籍所在地距喀什老城有 60 多公里，导航需要 1 小时 26 分。第二天早上 8 点，我和向导从喀什出发，用时两个多小时才到达目的地。结果到了老寿星家门口后，看到大门紧闭，又足足等了一个多小时，终于等来老寿星的孙子。他说，老奶奶不在家，半个月前就去了喀什另一个孙子家了。根据他说的具体地址和电话，我们顾不上吃饭，快马加鞭打车返回喀什，最终在下午 3 点半，历经 7 个半小时的折腾，才找到了阿丽米罕·色依提老奶奶。

当我见到躺在床上休息的老寿星时，一路奔波的劳累和辛苦化作清风而去。这是一次非常满意的拍摄，老奶奶当天非常兴奋。孙子说，她好久没有见到远道而来的客人了，老奶奶很高心地收下我送给她的礼物和礼金。在古再努尔的配合下，我们和老寿星愉快地交谈着，从年轻时的事情谈到如今，老奶奶高兴地为我们唱起了一首爱情歌曲。我捕捉机会，抓拍阿丽米罕·色依提的瞬间表情，在两个小时的交谈中，拍摄了 300 多张照片。在我的摄影生涯中，这真是一次千载难逢的机会，因为不知道老奶奶的生命到底有多长，唯恐迟来一天或者一年，自己便见不到精神焕发的老寿星了。

果然不出所料，2021 年 12 月 16 日，阿丽米罕·色依提老奶奶走完了她 135 周岁的人生路。为此，2021 年 12 月 18 日，我在摄影专业网站《微摄》上（https：//www.weishoot.com）发表了【微摄号】——《跨越三个世纪的世界最长寿的女人——中国维吾尔族老奶奶阿丽米罕·色依提逝世》的图文报道，3 天阅读量突破 460 万人次。一位省级日报社的资深老记者说：“国家主流媒体记者没有做到的事你却做到了，佩服！点赞！”我深有体会地说，这就是我们山大学子爱岗敬业精神的一个缩影。

另一次是 2018 年 7 月份，为了感恩、追忆我们中学时代的班主任刘英民老师，我专程从济南经乌鲁木齐转机飞到克拉玛依油田采访拍摄。20 世纪 70 年代末期，刘英民老师为了支边支教，带着全家人落户克拉玛依油田，二十年辛勤耕耘，为当地教育事业做出了突出贡献，成为一名优秀的共产党员和教育工作者，因过度劳累，于 2013 年不幸殉职。在刘老师全家人的陪同下，我为刘老师扫墓，敬献花圈，宣读祭文，拍摄了老师生前一系列宝贵的教学研究资料。刘老师的儿女说："迎社哥不远万里，是第一个专程给我父亲扫墓、整理文档的学生。"

山西大学，你是喷薄而出的红日，你是满载希望的帆船。像所有母校前辈一样，我用实际行动向世人昭示，我是百年名校培养出来的堂堂正正的山大人。昨天，我因你而自豪；今天，你会因我而骄傲！

景迎社，生物系 1977 级校友，国际摄影协会会员，国际摄影杂志社记者

山西大学，我事业的起点

1978年3月18日，我一生铭记的日子。那天，我自带行李从交口县的一个小山村搭便车到了孝义县阳泉曲火车站，乘火车辗转到达太原火车站。一下车就看到了山西大学欢迎新生的标语，那份家人般的热情令我至今难忘。山西大学数学系是我的第一志愿，当时20岁的我有幸成为恢复高考后的首届本科生。

几十年过去，在山西大学生活的琐碎变得模糊了，但是有些事情却从未忘记。印象最深的是山西大学校门口高高矗立的毛泽东主席塑像，时至今日，每每回想都难以平静。还有就是主楼，图书馆，林立的数学、物理等教学楼，那些建筑都建于20世纪50年代，高大、宽敞、明亮，建筑质量很好，到现在还在使用。

我们是恢复高考后第一批统一招收的本科生，系主任刘长凯教授组织了最强的教学班底，由温诗良老师讲授《数学分析》，胥文章老师讲授《线性代数》。同时选用吉林大学江泽江的《数学分析》以及北京大学的《线性代数》等高水平教材。这为我们这一届学生后来发展奠定了良好的基础。

当时的基础课（分析、代数、解析几何等）都是上大课，全年级120人一起上课，就在现在的物理楼（原来的数学物理楼）第一阶梯教室。后来，我回山西大学时，还多次到第一阶梯教室重温我们当年听课的情景。同学们的学习热情高涨，因为听课的学生太多，坐在阶梯教室后面及边上的学生听课效果就会受到影响，因此常常发生抢座、占座“大战”，课间换教室时，为了能有一个较好的座位，大家都是跑步前进，现在想起还很有趣。

那时的本科生每年会安排一周的校园义务劳动。有一次，班主任分配我到学校的花圃劳动，花圃的管理员让我给花园翻土，并给鲜花浇水、施肥。我干得很起劲，得到了花圃管理员的肯定。一周劳动结束时，管理员送我一盆很漂亮的鸡冠花。我不知道如何养护它，就把它送给了令我尊敬的温诗良老师。温老师很高兴，把它养了很久。

1982年本科毕业时，我参加了山西大学数学系研究生考试。当时山西大学没有硕士学位授予权，我和我的同学张连平的硕士论文受到了中国科学院系统科学研究所朱广田研究员和冯德兴研究员的赏识，因此，1985年我们在中国科学院系统科学研究所进行了硕士论文答辩，获得了中国科学院系统科学研究所的硕士学位。硕士论文答辩后，刘长凯主任自掏腰包请我们在北京东来顺饭店吃了涮羊肉，表示祝贺。那时生活条件非常艰苦，那是我第一次吃涮羊肉，主任请学生的不仅仅是一顿饭，那份关心更给我留下深刻印象。

正是在北京硕士学位答辩间隙，我在北京九章书店看到了著名几何学家伍鸿熙等人所著的《黎曼几何初步》。当时我基本看不懂该书所讲内容，但伍鸿熙为该书所写的前言《致读者的话》深深地吸引了我。讲到研究数学的基础（基本功）的重要性时，他说："欲流之远者，必浚其泉源。求木之长者，必固其根本。"说到高标准做学问，他引用古语说，"取法乎上，得乎其中，""取法乎中，得乎其下"。意思是，如果你选取的研究目标为 100 分的话，你做出来的结果可能只有 60 分；如果你选取的研究目标为 60 分，那么你做出来的结果就可能不及格了。他的《致读者的话》使我觉得伍鸿熙所做的学问一定是高标准的。我下决心，要把《黎曼几何初步》读下来。后来我留校了，一直忙于教本科生数学分析，遗憾没有大块时间研读该书了。

1992 年，我到中国科学院系统科学研究所读博士学位，我关于"正算子平方根结构"的研究工作受到国际同行的赞誉，获得 1994 年度的中国科学院院长特别奖，提前一年毕业，留在系统所工作。当时，全国每年只有 10 名同学获得这个奖。

留所后，我意识到如果这个时候我不拿出大块时间读伍鸿熙的《黎曼几何初步》，将来可能就没有机会了。我放弃了原来熟悉的研究方向，将手头所有的研究工作都停了下来。用了整整一年时间研读伍鸿熙的《黎曼几何初步》，每天学习十几个小时，包括节假日。一年下来，终于掌握了伍鸿熙的《黎曼几何初步》和丘成桐的《微分几何》的主要内容，特别是用于简化计算的 Bochner 技巧和黎曼的曲率理论，对我后来的研究工作起到了至关重要的作用。一连三年，我没有发表论文。

熟悉黎曼几何的基本理论之后，我正好看到了"变系数波动方程的边界精确能控性"，这个是法国科学院前院长、分布参数系统控制领域国际上最有影响的科学家利翁（J.L.Lions）1988 年在美国 SIAM Review 提出的公开难题，引起了我的研究兴趣。1992 年曾经有人将 Lions 的公开问题转化为"几何光学条件"，但他们的条件仍然无法验证。我苦干了两个月，毫无进展。直觉告诉我，应该引入新的工具来解决它。凭借初步的微分几何知识，我意识到黎曼几何理论应该是处理这个问题的一个有效工具。经过艰苦探索，我终于独立提出了分布参数系统控制的黎曼几何方法，取得了变系数波动方程边界精确能控性研究的关键突破，首次用黎曼的曲率理论为变系数波的精确能控性提供了可验证条件。这篇文章发表在美国工业与应用数学会（SIAM）主办的《控制与优化》上，这是用黎曼几何方法解决分布参数控制问题这一新的研究方向的第一篇文章，相关成果获得国际同行的高度评价与赞誉。

由于几何方法的工作，美国、欧洲等国同行多次出资邀请我出国开展长短期合作研究。2002年底，获得国家杰出青年基金资助后，我毅然中断了受英国资助的为期三年的学术访问,回到中国科学院系统科学研究所工作。随后，我用几何方法在拟线性波方程控制问题以及薄壳的建模与控制问题等领域取得了一系列成果。

一路走来，我取得的一些成绩，应归功于山西大学本科时期基本功的训练。特别是那时学习的数学分析以及线性代数方面的基础，对我后来的研究工作起着至关重要的作用。

祝愿山西大学数学学院在领导及老师们的努力下，为我们国家的数学研究培养出更多优秀学生，为祖国的教育事业做出更大贡献。

姚鹏飞，数学系 1977 级校友，中科院数学与系统科学研究院研究员

以从义为怀　以用世为归

——艺术系1977级校友张铁锁

张铁锁，1977 年考入山西大学，是恢复高考后的首届大学生，山西省曲沃人，中共党员，编审。曾任山西省关工委常务副主任，山西省书法教育研究会会长，中国书法家协会会员，中书协第五届、第六届宣传出版委员会委员，山西省书协第五届第一副主席，省书协顾问，山西大学、省委党校客座教授，山西大学研究生导师，第六届、第十届山西省政协委员，省政协妇女青年委员会、文史委员会副主任（兼），第十二届山西省人大常委会委员、法工委副主任。

恰同学少年，风华正茂

张铁锁自幼喜爱书画，1977 年恢复高考，张铁锁被山西大学艺术系录取。大学期间，除了系统受教于王绍尊、赵球、史秉有、谢述先等先生，课余时间，他遍访山大的知名教授姚奠中、刘子威、赵延绪、罗元贞、郝树侯、杨秀珍、杨其群等先生，得到各位前辈的多方指点、鼓励和教诲。一次，杨其群先生专门从浙江老家背回来一大块毛坯青田石，气喘吁吁地送到四楼张铁锁的宿舍，不善言谈的杨老师让他用这块青田石练习篆刻。张铁锁用钢锯条将石材锯成不同规格的印石，开始学习篆刻。现在，张铁锁还一直使用着一方用杨老师送他的石材临刻的李可染的“河山如画”印章。40 余年了，一想起老师那么大年龄背着青田石送来，张铁锁依然很感动。

在书法篆刻领域探索的同时，绘画作为美术系的主课自然是不会缺席的。1979 年夏，张铁锁来到山西芮城永乐宫实习，他如饥似渴、不知疲倦地临摹永乐宫壁画，在 2014 年由姚奠中先生题写书名的《永乐宫壁画临摹选》画册出版后，美术界好评如潮。

1979 年，在姚奠中先生支持下，张铁锁积极筹备成立了山西高校第一个以学生为主的群众书法组织——山西大学书法学习会。1981 年毕业前夕，张铁锁参加了全国首届大学生书法竞赛,他的作品“学海无涯”一举获得二等奖。获奖消息一经公布，即在学校和社会上引起强烈反响。这是改革开放后首次举办的全国性大学生书法大赛，由舒同、启功、赵朴初、陈叔亮、肖娴等诸多著名书法家任评委。这个奖项的获得，对张铁锁一生的激励很大。现在活跃在中国书坛的诸多大咖，都是本次获奖作者，用鲍贤伦的话说，张铁锁与他是同榜。由此，张铁锁一举跨入当代中国书坛。

此后不管在什么工作岗位，张铁锁工作之余都把书法作为自己的第一爱好，数十年笔耕不辍，勤学苦练。近年来，更是潜心于战国秦汉以来简帛书的学习研究，在取法金石、石鼓与东汉隶书的基础上，又广泛涉猎晋侯墓地青铜器文字，侯马盟书，云梦睡虎地、里耶、甘肃放马滩秦简，其书法风格广受书界关注，被称之为“衰年变法”。

共青团工作，孜孜以求

张铁锁在山大求学期间，是校和系学生干部，毕业分配时，张铁锁留校做了共青团的工作，1986 年当选为山大团委书记。作为“文化大革命”后的首任校团委书记，在校党委领导下，他大胆创新、改革，在思想政治教育、校园文化建设、团学理论研究、学生社会实践诸方面都取得了突出成绩。由他主持编写的《校园文化面面观》一书，被许多高校列为思想政治课的选用教材；他的论文《浅谈大学生的逆反心理》受到教育界和团中央关注，其主要论点在《人民日报》发表。由此，他被国家教委选送到上海机械学院首届系统工程研究生班学习。由他组织创办的山西大学“周末论坛”深受学生欢迎。足球协会、书法协会、武术协会、演讲协会、摄影协会等各类学生社团组织更是给校园带来一片新气象。他组织的大学生社会实践教育活动，连续多年走在全省高校前列。

山大团学工作得到团中央和全国学联的认可，山大学生会也由此当选为全国学联副主席单位。此外，他还应教务处安排为中文系开设“艺术概论”课程，为全校开设书法选修课程，为留学生讲授书法课。他利用所学，最大限度地为学生和学校做出自己的贡献。1987 年 6 月，他带领山大的学生积极为大兴安岭火灾募捐，还携夫人及年幼的孩子到晋祠水镜台写书法为大兴安岭募捐近千元。此外，他还尽力挤出时间参加当时省里和全国的许多重大书法活动。他用实实在在的工作成绩，赢得了学生、学校与社会的广泛认可。

资政育人有所为，责任担当

1994 年，张铁锁被组织选调到省政协办公厅工作。2009 年，任省委党史办公室主任，从此又在全新的党史领域摸爬滚打。他充分利用在山西大学期间的教育管理经验和所掌握的系统工程理论知识，利用在中央党校进修班、山大马克思主义哲学研究生班所学的马克思主义基本理论，系统指导自身工作，深入实践，调查研究，掌握第一手资料，在资政育人方面取得了丰硕的成果，在开发利用地方志资源推动山西经济社会发展方面起到了积极作用，受到省委、省政府的肯定，成为知名的史志专家。

2008 年，张铁锁主持启动了国家社科基金项目——“抗日战争期间山西人口伤亡和财产损失”。这一课题历时近 5 年，完成了 14 卷、1100 万字的超大型历史资料性著述，彻底摸清了抗战期间山西省人员伤亡、财产损失的真实情况。

他主持的相关课题或完成的一大批党史类重要著述，获得了省里和全国的表彰。所有这些成果都在纪念建党 100 周年、全党开展学党史活动中起到了重要的作用。

2010 年，他兼任馆长的“彭真生平暨中共太原支部旧址纪念馆”获人力资源和社会保障部、中央党史研究室授予的“全国先进集体”称号。作为党史专家，2021 年建党 100 周年之际，他参与策划的山西电视台 40 集微纪录片《红色风华》，成为获中宣部表彰的建党百年 86 部影视作品之一；2021 年底，他参与策划组织的“百虎迎冬奥·一起向未来”山西省百名青少年迎北京冬奥的百虎书法长卷展，得到中国关工委主任顾秀莲的高度评价和赞扬，她并郑重为长卷卷首亲题“一起向未来”。

胸怀国之大者，不忘初心

退休以后，张铁锁担任了省关工委的常务副主任和省书法教育研究会会长。他以书法教育为载体，开展了多种有针对性的、青少年喜闻乐见的“劝学杯”活动，不仅深受学生和家长的欢迎，也受到省领导和中国关工委的高度评价。2021 年建党 100 周年之际，作为长期从事党史研究的专家和“国创智库”“太原市委专家智库”成员，张铁锁用他的研究成果给太原市委、晋中市委、运城市委、临汾市委、省政协以及多家单位做了十多场党史讲座，对党史学习教育活动发挥了积极作用。

张铁锁是一位有责任有担当的史志学者，同时还是一位充满激情的书画艺术家。多年来，他无论走到哪里，都带着速写本或者背着画板，将自己的思考和情感融入画笔。姚奠中先生看了他的太行写生册页，赞许之余欣然题词："模山范水为职志，笔墨何妨多创新。"

张铁锁的诸多绘画写生作品，如《秋色赋》《黄山颂》《血泪深情》《汶川2008.5.12》《太行组画》《洋马山》等，或参加省内外展览，或在《中华魂》《党史文汇》《印象》等多家刊物发表。他的书画作品从20世纪80年代起就已走出国门，为美、日、英、法、新加坡等多个国家机构和个人所收藏。他的名字和作品被收入《山西百年书法名家作品集》《当代中国书法界人名辞典》等多种典籍。张铁锁曾先后两次赴日进行参观学习和学术交流，并举办书法展览。2017年张铁锁应母校之邀在山西大学举办了"闲暇问墨"书法习作暨绘画写生展，展览受到学界和业界的一致好评，大家对他在繁忙的政务之余能拿出这样的作品钦佩不已。

"莫道桑榆晚，为霞尚满天。"胸怀国之大者，牢记初心使命。"十年树木，百年树人"，张铁锁用他的所学所长关心下一代，为传承红色基因贡献着自己的智慧和力量。

史莉，山西日报社主任编辑

守护国宝是他一生的事业

——历史系1978级校友石金鸣

“干一行，爱一行，为国守宝是我毕生的事业。”从 1978 年到 2022 年，石金鸣始终践行着自己踏入考古行业时的初心。他曾任山西省考古研究所所长、山西博物院院长、中国博物馆学会区域博物馆专业委员会常务委员……也是 1978 年那个背着行囊从新绛县走进山西大学的青涩学子。

机缘巧合学考古

1977年,高考制度恢复。次年,山西大学考古学专业成立。报高考志愿时,带着对考古学科的热爱,石金鸣报考了山西大学历史系。21岁,石金鸣实现了学考古的大学梦。他一直保持着对考古事业的热爱,虚心若愚,求知若渴,认真钻研着考古学知识。

1980年春,他和同学们随李壮伟先生去侯马考古工作站工作。在为山西大学考古专业标本室搬迁金代砖雕墓时,他认识了考古界的前辈杨富斗先生。石金鸣和同学们在杨先生的指导下,顺利完成砖雕墓的整理、绘图、编号、包装和搬运工作。在前辈们的耳濡目染下,石金鸣找到考古的意义,他为考古奋斗终生的职业生涯也由此开始了。

再回课堂教考古

山西大学考古学成立之初,师资力量匮乏。大学毕业后,石金鸣选择留校任教。“如果人类历史是24小时的话,那你研究的旧石器时代就是从0点到晚上12点钟的那一刹那。”受到老师的启迪,石金鸣对旧石器时代考古学研究产生了极大兴趣。他师从著名考古学家贾兰坡院士,学习古人类和旧石器考古的基础课与专业课。在发掘河北泥河湾板井子遗址时,石金鸣采用最先进的田野考古技术和方法,用实力赢得前辈一致认可,顺利结业。

师者,所以传道、授业、解惑也。足够的知识积累、丰富的实践经验,他的这些经历,在后来的教学与研究工作中起到了重要作用。任教期间,鬣狗化石、马牙、尖状器、穿孔石镰的毛坯等野外标本走进课堂,石金鸣带着同学们了解原始人,感受古人的打制技术。农家小院讲理论,野外地层讲实践,拉基线、布方、清理耕土层、刮面、分析遗迹现象……他乐此不疲地为在野外实习的同学讲解遗址发掘研究工作。幽默的教学风格、风趣的人格魅力,使同学们在获取课堂知识的同时,也得到了许许多多的快乐。

石老师毫无保留地传授着他的知识，把遗址发掘研究、国外研修、独立领队等机会留给年轻人，培养出考古事业的新一代。他获得 1991 年山西大学“十佳园丁”称号，门下弟子保持着考古人的传承，坚守在考古一线。留任期间，他先后发表《华北旧石器时代晚期文化的相互关系》《居址与非居址——关于旧石器时代遗址的分类》等研究报告和论文，推进了史前考古学的发展，填补了旧石器时空文化的空白。

田野追梦做考古

1992 年，石金鸣从山西大学调入山西省考古研究所工作。他从事田野考古，一年三百天在野外风吹日晒，面朝黄土背朝天，长袖、灰黑色长裤、运动鞋、背包，就是他的装备。

十余年里，他不辞劳苦在田野追梦，普查省内旧石器时代文物，做野外调查，探寻旧石器时代遗址。河北泥河湾、黑龙江阎家岗、重庆三峡库区、丁村遗址、吉县柿子滩、法国陶塔维尔 Arago、尼斯 Lazaret 洞穴等国内外遗址的发掘与研究，都有他的足迹、身影。尽管野外工作充满危险，随时有可能负伤，但多做田野工作，获得更多的第一史料，还原历史信息，是石金鸣的追求。

在发掘高平永禄长平之战尸骨坑时，石金鸣用人类学的研究方法观察和分析参军战士的遗骸。他发表《长平之战遗址永禄 1 号尸骨坑发掘报告》，否定司马迁在《史记》中对白起“坑杀”四十万赵国降卒的记载，还原了长平之战的残酷，引起学术界的轰动。

柿子滩遗址群，这个国内已知旧石器时代晚期面积最大、堆积最厚、内涵最丰富的遗址群，倾尽了石金鸣的心血。在遗址的考古发掘中，石金鸣创新使用做标志、贴标签的方法，既有效保护了密集分布的石质碎屑遗物，又能更好地展示出遗物的分布状况。工作期间，他一方面对发掘工作进行改进，多次强调遗址中新石器时代的文化因素；另一方面积极推进国际交流与合作，创立国际合作团队研究农业起源与石器技术。

表面残留植物粉粒的石磨盘、一颗人类门齿化石、穿孔饰品的穿系方式……在石金鸣和考古队员的千呼万唤中方出来。石金鸣带领考古队员们发掘柿子滩遗址，《山西吉县柿子滩旧石器时代遗址 s14 地点》《山西吉县柿子滩遗址第九地点发掘简报》等研究成果层出不穷，有着重要的学术意义，在国内外引起热烈的反响。2002 年，吉县柿子滩旧石器时代遗址入围“全国十大考古新发现”；2004 年，该遗址的发掘获得国家文物局田野考古三等奖。

石金鸣在职期间，考古研究所在考古发掘和研究中取得一系列成就，他本人主持或参与发掘了本县柿子滩、垣曲县宁家坡、翼城北橄、夏县西阴、曲沃晋侯墓地等遗址。在全国各个省份中，山西考古位于第一梯队。考古研究所获得 5 个中国田野考古奖、5 项中国十大考古新发现、10 项年度中国重要考古发现。

他先后被授予第四届国家图书荣誉奖、山西省劳动模范、全国十大考古新发现奖、中国田野考古三等奖等荣誉。著作《山西文物工作五十年》获山西省 1999—2003 年度文博界优秀成果特等奖。

守护国宝为初心

2005 年，石金鸣被任命为山西省博物院院长，同时还兼任着考古研究所所长。新馆的展览主题、设计方案、陈列内容、大范围的文物征集……他带领团队从预览到整改，再到正式向公众开放并成功承办“2006 中国博物馆陈列艺术论坛”，这些开创性建设凝聚着石金鸣的汗水。

2008 年，山西博物院对观众实行免费开放。石金鸣团队用近两个月的时间筹备，考察学习已免费开放的大型博物馆，借鉴其宝贵经验，制定了一系列的方案和举措，以保证观众看到高质量的展出。

此外，他还经常参与到博物院组织的各种活动中，亲自为观众讲解博物馆、考古人、文物等背后的故事。石金鸣还邀请文博领域知名专家举办讲座，带着山西最早的人类文化走进群众视野……还不忘把丁村人生活、柿子滩遗址、城濮之战、晋侯玉器墓场景的复原搬进展厅……受到参观群众的好评。作为山西省国防教育基地、研学活动的实践基地，山西博物院真正实现了走进校园、走进社区、走进农村，为喜欢考古的群众带来福音。

在博物院策划两百多个优秀文化展览的同时，石金鸣和团队也不忘带山西古代文明赴外展览。两周时期的文物在宁夏、广东、海南等地的博物馆展出，金代戏曲砖雕艺术展在内蒙古、北京等地的博物馆现身，晋文化在全国的展览深受群众喜爱。虞弘墓石椁在澳大利亚国立新南威尔士艺术博物馆出展，金代戏曲砖雕艺术在美国纽约展出，俄罗斯、日本等国家也举办过特别展览……山西博物院走出中国，在世界文化舞台上发声，增进了国际对山西文化的了解。

石金鸣任博物院院长期间，《晋魂》陈列入选“2005—2006 年度全国十大精品陈列”。山西博物院先后荣获“全国博物馆十大陈列展览精品奖”“2013 年全国最具创新力博物馆”“山西省模范单位”“全国五一劳动奖章”“全国博物馆文化产品示范单位”“全国青年文明号”“山西省社会科学普及宣传基地”等荣誉称号。

苗佳琪，历史文化学院 2021 级考古学专业学生

寻找拐点的人生

1978年的一天，我接到山西大学艺术系的录取通知书，成为山西大学的一名大学生，那一年无疑成为我最重要的人生拐点。

怀揣着一颗火热的心，我走进了向往已久的高等学府，把自己的理想、前途和国家需要结合在一起，生命呈现出跃跃欲试的爆发力。我们同期入学的同学结构是独特的，有赶上“末班车”的老北京知情，有像我这样赶上“头班车”的小年轻，年龄结构、社会经历、知识基础差异巨大，但却是最和谐、最有学习动力的一批人。老同学的基础、技巧、学习方法和治学精神成为我们随时随地学习的榜样。

山西大学的四年，我拼命汲取知识，充满好奇地参与这个高等学府所有的活动，让自己成为一名真正的大学生。入学后，我的专业成绩可以说没有一点儿值得炫耀的优势，加上很多同学年龄大，有社会经验，又带着工资上学，自己整个心态是重压下的自卑和焦虑，有一段很长的不适应期。现在回想起来，山西大学给予我的，绝不仅仅是专业知识和能力的系统学习与提升，而是对人生意义和质量的完整改变，这种改变首先是使自己的人生规划站在了一个新的起点。这一辈子走过来，我常常在想，美术教育的基础训练所遵循的基本要素，不知不觉成为我一直以来处理社会、家庭、工作中各种关系和问题的基本方法。

我对母校的敬重，源于母校对每位学子的关爱。我们上了两年基础课后要分班，当时只开油画和国画两个专业，我其实非常想学油画，但家里的经济条件不好学不起，国画又不是很理想。在仝献普老师的倡议下，我联络孙一冰同学找系党总支书记贾振华同志，要求设立版画专业，因为版画里的西方技巧在中国传统中都有，色彩、素描基础都要。贾书记说你们两三个同学怎么能开个专业啊？带研究生也不够数嘛。我说那多少人能给我们开专业？他说，有七八个学生才可以考虑。我就当真开始在同学中说服动员，居然有了十二个同学一起签名。贾振华书记被我的执着感动了，他亲自跑学校教务处，竟把版画专业批下来了。在我们共同努力下，山大艺术系的版画专业就这样诞生了，我如愿上了喜欢的专业，也可以说是自己找了一个拐点吧。

1982 年，我毕业后回到忻州参加工作，分配在地区群众艺术馆，算是在基层最专业的单位了。我志得意满，一心要当画家，做民间艺术调查研究、做文化馆文化站干部培训、抓农民画创作、启动少年儿童艺术培训等，我在工作中信心满满、业绩昭昭，五年评上高级职称，成为山西省文化宣传系统最年轻的高职。后来，我又创立了全省第一家地市级广告公司，对忻州地区的旅游业从规划到行动做了全面推动。1993 年，在山西省首家启动旅游景区规划——管涔山景区旅游规划，成为全省学习的典范，从此开启山西省旅游开发规划的先河。1996 年组织策划五台山国际旅游月，首次创新推动由政府办会变为企业参与办会，系列化设计推出五台山佛教文化纪念品，成为当年的“五台山文创”，引起全国关注。

在做好基层培训服务工作的同时，我的美术作品入选日本浦和国际美术大展（三次）、我国香港中国艺术大展、新加坡中国美术交流展、全国水彩画展、全国民间美术展、全国版画展等，我成为山西画院首批特聘画家。后来曾在中国青年出版社担任国家重点图书和《青年文摘》杂志的装帧设计和插图设计。1984年起，在《美术》《实用美术》《中国文化报》等国家级刊物发表论文200多万字，出版《民间艺术论文集》等多部专著。我参与杨先让教授“黄河十年走”的组织和调查工作，在民间艺术、民俗学方面有深入研究，深得我国民俗学泰斗钟敬文先生赞誉，个人业绩被收入《1949—1989中国美术年鉴》《中国民间艺术大辞典》等。

1998年，出现了我人生中的又一个拐点——调任国家体育总局中国国际体育旅游公司公关策划部经理，同时担任中国旅游协会体育旅游分会副会长兼秘书长，实现了我梦寐以求的进京发展的梦想。我给中国国际体育旅游公司带来的拐点就是：彻底改变传统的组团旅游格局，以非奥运体育项目的商业化操作，助推新型特种旅游产业发展，推进中国体育旅游上市。我在公关策划部下配套成立了四个大型活动部，涵盖空中运动、水上运动、山地运动、汽车摩托车运动、越野穿越运动等，在体育旅游与现代国际旅游消费趋势的结合上进行有益尝试，并取得非常突出的成绩。1999年，我策划组织“全国政协援助中西部绿色环保项目行动”，从项目总体策划到找领导批复，在为国外汽车赞助商争取国家进口配额、远征活动参与指挥等关键节点发挥重要作用。2000年，策划组织“中华世纪腾飞系列活动——建行龙卡杯国际首次动力伞万里长城探险飞行”大型空中体育文化项目，由中国建设银行独家赞助，持续一个月时间，从山海关飞到嘉峪关，中央电视台每天向全球跟踪报道，取得四大成果：第一，全面考察万里长城，唤起人们的长城保护意识；第二，千禧龙年唤起中华民族新世纪腾飞意识；第三，为中国体育旅游深化全面改革产业模式做出示范；第四，为中国建设银行信用卡“龙卡”发行和品牌树立做出开创性贡献。2001年，参与规划“中华体育旅游村”（现国家奥林匹克公园）。这期间策划组织了8次全国汽车短道拉力锦标赛以及全国摩托车锦标赛、大学生越野三项锦标赛、国际独轮车锦标赛等国家级大型赛事。2002年，我参与主持河南云台山、青龙峡旅游规划和营销规划，推进云台山旅游品牌建设和深度推广。其中，很多活动都是全国首创。

2003 年，是我业务发展的又一次新拐点，我开启了从事城市规划的新业务版图，担任了山西省河曲县城市规划总设计师，全面主持河曲县城市改造与设计，主持策划设计西口古渡广场、黄河大街、白朴公园、沿黄景观大道等主要项目，首次将河曲定位为晋陕蒙交汇区中心城市和黄河半岛旅游城市。

2003 年底，应赵向东县长之邀，我担任右玉县政府旅游顾问，是右玉县旅游业的拓荒者、实践者、规划者，首次倡导、总结提出了闻名全省乃至全国的"右玉精神"……

2011 年，在我的人生历程中再一次出现新的拐点——被文化部直属央企中国文化传媒集团重新招回体制内，组建中国城市文化发展研究中心。后在我的建议下、改组为国家文化产业规划设计研究院，这也是全国第一家文化产业规划设计的专业机构……我还在中央党校、清华大学及全国各地政府大讲堂、中心组学习会、干部培训等场合巡回演讲近百场，主持编撰各项策划、规划文本近百册。

2013 年，我主持策划并在内蒙古达茂旗组织实施了五年的"中国游牧文化旅游节"，成为国家文化部的重点文化产业示范项目，得到部领导的高度肯定，推动了草原文化开发、生态保护、旅游经济突破性发展。我还同海南省儋州市联合发起并主持实施"国家创意城市试点建设项目"。

2014 年，我参与策划和管理由文化部、中国贸促会、浙江省政府联合主办的"全国文化产品交易会"，在全国率先实现由文博会向文交会的转型。同时全面负责文化部、福建省合作项目——福建省平潭岛国际海洋文化中心的规划实施和平潭岛文化发展规划咨询。

2019 年，我再一次改变了自己的专业方向，调国家发改委所属中国健康产业投资基金，组建中国健康产业规划设计研究院，它成为国内第一家大健康专业规划机构。

2022 年 1 月，我担任"国家健康医疗大数据重点工程推进委员会"秘书长，负责全国 100 家大数据应用示范中心的总体规划。

回顾自己走过的路，是一个不断寻找拐点的过程。这种意识也是在山大学艺术的理念，就是“既不重复别人，也不重复自己”。永远走创新的路，永远用充满好奇的眼睛看世界，去寻找让自己激动的第一感觉。因为山大教育的基本理念一直在影响着我，指导着我，所以母校的影像也永远在我的心中播放。现在，母校 120 周年华诞，“双一流”的佳绩让每个学子骄傲，母校活力依旧，青春不老。我回来了，没有丰厚的业绩，可以告慰母校的是：我依然盛世华年，我没有虚度岁月。

邢晨声，美术系 1978 级校友，中国健康产业规划设计研究院院长

一部《红楼梦》 三人无限情

——中文系1978级校友梁归智

梁归智（1949—2019），著名红学家。祖籍山西，1975 年毕业于山西农业大学园林系，1978—1981 年师从山西大学中文系教授姚奠中先生研习古典文学，攻读硕士学位，毕业后留至山西大学中文系任教，1991 年被评为教授，1992 年获得国务院特殊津贴。1999 年调至辽宁师范大学文学院，2009 年晋升为二级教授。其研究集中在中国古典小说、元曲和传统诗词创作等方面，成

绩突出，开创了红学研究中的一个新分支——“探佚学”，影响深广。出版过《红楼梦探佚》《红楼梦诗词韵语新赏》及以四大名著评批本为代表的学术文化研究著作三十多种。

梁归智教授曾经写过一篇文章，名为《我的两位导师》，说的是因了《红楼梦》，他与姚奠中先生（1913—2013）、周汝昌先生（1918—2012）结下的师生情缘。为什么是《红楼梦》？这两位导师在他的学术生涯中扮演了什么角色？一切还得从头说起。

1978 年，梁归智考入山西大学中文系古典文学研究生班，成为“文化大革命”后恢复招收研究生制度而入学的第一届研究生，师从姚奠中先生。姚先生是章太炎创办苏州国学讲习会时收录的唯一的也是最后一届研究生，可谓章门的嫡派传人。梁归智入学前，其名字已在师生间传开，因为他答文学史题时，于每一道答案之后都附了一首彰显其才华的旧体诗，让人刮目相看。入学后，他又亲炙章门学风，领略了以小学（文字、训诂、音韵）和学术史为主的治学门径，研究能力获得了很大提高。

转眼就到了毕业论文的选题阶段。像许多人一样，究竟选一个怎样的题目才能施展自己的学术才华，也让梁归智颇费踌躇。起初，他想选在《庄子》那里，但姚先生说：“《庄子》太大了，恐怕你把握不了。”后来，他又想研究清代的戏曲家李玉，但读过《清忠谱》等作品后，又觉得李玉搞忠奸斗争，属于社会派一脉，与他的气质不投缘。他倒是很早就读过《红楼梦》，甚至对里面的一个细节有些想法。第六十三回中，探春抽了一支杏花签，“注云：得此签者必得贵婿……众人笑道：‘……我们家已有了个王妃，难道你也是王妃不成？大喜大喜！’”他当时便想，说不定探春后来真的做了王妃呢。为了找到一些证据，他把真假合璧的程高本《红楼梦》翻了又翻，却一无所获。后来，这个想法也被他忘到爪哇国了。

当毕业论文的选题遇到麻烦时，梁归智才重新想起探春是否做了王妃这一问题，便到图书馆翻了翻庚辰本《脂砚斋重评石头记》。这一翻不要紧，一下子便发现了被程高本删去的探春放风凰风筝的一段文字，由此也触动了他研究红学的兴趣。经过一番努力，他写出第一篇探佚文章：《探春的结局——海外王妃》，姚先生读过此文，很是赞赏；然而，当他想以《红楼梦》作为毕业论文选题，做进一步的拓展性探究时，姚先生却有些疑虑了。而这种疑虑实际上也与姚先生本人对《红楼梦》的成见脱不开干系。后来梁归智的《石头记探佚》成书，请姚先生作序，他劈头而来的第一句便是："我不喜欢《红楼梦》,尽管它是中国文学以至世界文学名著。原因是和巴金同志的《家》《春》《秋》一样，老是那些家庭琐屑……读下去总觉得有点气闷。"

一般来说，导师不同意某一选题，做弟子的最好是赶快换题，否则，师生之间就无法同心协力，别别扭扭挺麻烦。但问题是，梁归智写出第一篇文章后，研究《红楼梦》正在兴头上，哪肯轻易改弦易辙？不久，他又写出第二篇文章《史湘云嫁贾宝玉说》，这一次他干脆绕过导师，径直把它寄给了周汝昌先生，请他赐教。周先生何许人也？他是以"考证"成名的《红楼梦》研究专家。早在 1953 年，他就出版了一本近四十万言的《红楼梦新证》，好评如潮。聂绀弩读后更是兴奋，遂作诗相赠："少年风骨仙乎仙，三国红楼掂复掂。不是周郎著《新证》，谁知历史有曹宣。"所谓曹宣也者，便是周先生考证出来的产物。因为据记载，曹雪芹的曾祖生有两个儿子，一个叫曹寅，一个叫曹宜，曹宜字子猷。周先生觉得曹宜这名字怪异，便考证一番，得出其弟实名曹宣的结论。后来发现了康熙本《上元县志》的《曹玺传》，果然载明长子曹寅，次子曹宣。

梁归智研究《红楼梦》，自然是关注周先生的著作文章，更是服膺其研究路径。但他初出茅庐，又不熟悉周先生单位地址，结果稿子寄出后延误了两个月之久，才到达周先生手中。让他没有想到的是，周先生读过文章后立即回信，信中说："见所论，不胜欣喜。我们的看法是不谋而合的。只要抱着探求真理的精神和志愿，应该这样努力研讨，无所'畏惧'。"他把周先生的回信拿给姚先生看，"姚先生不仅不以为忤，而且哈哈大笑，首肯了我就循此路作毕业论文。"

现在看来，梁归智的这一做法以及它由此带来的“后果”，是颇耐人寻味的。当其时也，周先生既是红学家，名气又比姚先生大。当梁归智的论文选题在姚先生那里受挫遇阻之后，他不但没有见好就收，反而是索性甩开膀子继续与《红楼梦》较劲。而把文章寄给周先生，也大有借其名望和表扬向姚先生“施压”之嫌。这步棋走得既妙又险，大概也只有梁归智这种“不食人间烟火，不通世故，不懂人情，一股书呆子气”（刘毓庆在《忆归智》一文中的说法）的人才想得出，做得到。姚先生见此情景，本该心中郁郁不乐，但他却一反常态，顺水推舟，既认可了周先生的看法，也答应了其弟子探佚《红楼梦》的请求。在这里，老一代学者的胸襟气度可敬可佩，新一代学者的初生牛犊不怕虎又可赞可叹，实在是令人莞尔又拍案叫绝。

从此往后，梁归智每写出一篇探佚论文，就既送给姚先生看，也寄给周先生读，半年之内，他已写出二十多篇文章，不仅因此获得硕士学位并留校任教,而且很快有了《石头记探佚》一书的出版。梁归智后来在文章中说:“姚先生和周先生本来并不认识，由于我‘转益多师’的因缘，两位先生彼此赋诗唱和，互赠墨宝和著作，成了好友。姚先生有一首绝句赠周先生：‘证梦当年苦用心，雪芹异代得知音。读君佳句见怀抱，作育英才情意深。’说起来不好意思但也有自豪感，周、姚两先生‘作育’的‘英才’就是指的我呀。”

写到这里，我需要普及一个红学常识了:何谓“探佚”?

如今,我们在市面上见到的普及版《红楼梦》,大都是曹（雪芹）著高（鹗）续的一百二十回版本。但实际上，曹雪芹原著的《红楼梦》不是一百二十回，而是一百零八回（或一百一十回），八十回后的“后三十回”已基本写完，只是由于某种复杂的原因没有流传开来，而终于“佚”（遗失）了。因此，要弄明白八十回后原著的内容,就必须“探佚”。周先生说:“‘探佚’者,是研索《红楼梦》原著八十回后已然迷失的‘后半部’的内容情况的学科，已形成一门专学，其来源甚早，清代已有不少传闻记载，但立科命名，是我与梁归智教授的事。”

为什么是立科命名？原来梁归智的《石头记探佚》最初不叫“探佚”，

而是标名为“考佚”。姚先生建议说，“考佚”不如“探佚”，“探”里面既有考证，也有分析和论述，涵盖性更强。而周先生一见这个书名，便文思泉涌，不但为此书写出一篇洋洋洒洒的序言,而且干脆在“探佚”后面加上了“学”，他说：“红学，在世界上已经公认为是一门足以和甲骨学、敦煌学鼎立的‘显学’；它还将发扬光大。但我敢说，红学（不是一般小说学）最大的精华部分将是探佚学。对此，我深信不疑。”而自从有了《石头记探佚》和周先生这篇石破天惊的序言，红学研究便多出了一个“探佚学”的分支，梁归智也成为在红楼探佚方面贡献最大的学者之一。

梁归智与姚先生同在山西大学教书近二十年，又与周先生通信论学达三十二年之久，一个亲聆謦咳，一个墨缘情深。在姚、周二先生生前，梁归智分别著有《国学·诗韵·书情——姚奠中学术评传》和《红楼风雨梦中人：红学泰斗周汝昌传》，对两位先生的学术成就做出了精当的评述。周先生过世之后，梁归智又出版了《周汝昌致梁归智书信笺释》，那 201 封信札既是红学界的珍贵史料，也见证了周、梁二人的师生情谊。

两位导师都为梁归智写过诗，后者也常有唱和之作。例如，周先生曾作《赠归智贤友》，起句便是：“姚公得意属梁生，三晋风流续六经。”而姚先生九十一岁那年（2004 年），亦作《重读周公归智诗有感》，诗云：“探佚穷年不是痴，明珠出海始人知。同声相应有周老，题赠情深两首诗。”这里面的赞誉都堪称红学佳话、学界美谈。如今，三位学者都已作古，我们追怀前贤，是不是可以从他们那里感受到一种失传已久的精神风范？

赵勇，中文系 1981 级校友，北京师范大学文学院教授、博士生导师

《学经济》小报有乾坤

改革开放如春雷般迅猛而来。1978 年，我们乘着世人瞩目的改革招生制度的“先发车”进入山西大学。这年,停止了风声鹤唳的“以阶段斗争为纲”，转向扭转乾坤的“以经济建设为中心”，学校顺势改革系室设制。1980 年秋季开学后，我们来到新组建的经济系，虽坐在课堂里，却能感觉到新时代到来的脚步频频加快，尤其是正值“包产到户”的农村改革以势如破竹之势发展，有关于此的种种议论一时成为同学中流传着的国家推进经济改革的“时髦”话题,这表明了大家对社会变革的特别关注。因而,我们“学经济”人“搞经济”也就成为自然而然的事情。

1978年寒假，我回到太原市北郊区，在政府办公室瞅过一眼新华社编发的《参考消息》，有外媒评论中国式改革开放正从农村改革“破土”，将土地经营权还给农民。这直白的语言对我触动很大。当时班里的学生构成有点像个小社会，有参加工作十多年的，有城市下乡插队的，有农村高中毕业回乡的，有当过工人的，有当兵的，还有在工厂（车间）、乡村（公社、大队）担任过基层干部的，有应届高中生直接考上大学的等等，经历不同，看法自然不同，仅靠班里有限的课堂讨论大家普遍感到不过瘾。我和系学生会干部、各班党支书、班长商量，既然四个年级都有兴趣深入探讨，就将大家的发言凝练成文字，办个《学经济》小报，便于大伙儿各抒己见，相互交流。于是，我和1977级同学苗平生、张兵生、麻振明、刘永鸽、孙智，1978级同学管培俊、朱锦平、贺虎林、杨彦田、赵文辉，1979级同学周歧、王凯，1980级同学孙跃进、张继红等沟通协商，组成编辑小团队，我总体负责，管培俊、贺虎林审稿，蜡纸刻印由钢笔楷书写得好的杨彦田和赵文辉承包。小报不定期刊发，忙忙活活中很快就“出炉”了。

第一期有关“农村改革与包产到户”的文章刊发后，很快得到同学们广泛关注和普遍认可。记得吃过午饭后，我拿着刚油印好的小报下楼敲开王凯的宿舍门，送去创刊的第一期，他说多拿几份，下午班里讨论时正好让大家看看。我结合自己下乡插队和在公社工作的体会，写了篇《包产到户初探》的文章，管培俊、贺虎林、张孝德等同学都从不同角度写了文章各抒己见。陆续撰稿的还有杨晓、王连辉、杨临生、李中元、王景平、张天喜、魏峰、石苏谊、郭晓霞、王艾萍、张勇等同学。亢亨祯、孙强同学是现役军人，也有独特的见解。哲学系、法律系这几届同学分系前本在一块儿学习，白羽、夏征贵、郝志宏、卫建国等同学很快就将活跃的思维、严谨的叙事带入小报的讨论中。还有看到小报后自愿加入讨论的1978级外语系同学和山西矿业学院唐晋同学，他们都专门送来文章。就在这种无拘无束的讨论中，大家脑洞大开，多种观点碰撞出思想火花，对各班级乃至其他系的学生产生了影响。张兵生、苗平生邀我到1977级农村改革研讨会上讲农村包产到户，紧跟真理标准问题大讨论的解放思想大潮。征稿中有的同学建议开设世界经济课，认为既然改革开放了就不一定要称为“外国经济学批判”（初始课程有）；有的同学建议增加徐禾编著的《经济学概论》的学习参考资料，举办孙冶方、徐涤新经济学理论研讨专场；有的同学建议开设《经济数学》课程，针对学生数学基础差异搞些补习课；有的同学就家庭联产承包制算不算是集体经济展开讨论；等等。一时间，各种活跃的想法跃然纸上，从一个侧面反映出同学们对改革开放步伐加快的期盼。周歧告诉我，他爱人在太原市政府研究室工作，看到小报后认为学生敢想敢说，自己很受启发。时任系书记张诚斋、系副主任顾德良（主持工作）等都给予支持，山西社科院《能源经济》上摘登了我们利用暑假到大同矿务局调研后写的建设能源基地需发展生活服务业的报告。直到 1982 年，我准备写毕业论文和考虑分配去向，和周歧商量后把重担交给 1980 级勇于进取的孙跃进同学，由他担任系学生会主席并继续拓展小报。虽然小报存在时间不长，办了几期，但给山西大学经济系学生增加了思考的兴奋点。

印象深刻的还有，陈舜礼校长兼首任系主任（毕业于清华大学经济系和牛津大学经济系），给我们讲了一堂产业经济学课，开阔了大家的眼界；周寿萱老师直接翻译国际经济动态，课堂上也颇受学生欢迎。

我上学前做过两年乡长（公社主任），对改革农村“三级所有，队为基础”的经济制度有着切身感受，也想对此有些理性分析，就将毕业论文题目确定为“试论包产到户”，毕业后到山西省计委工作也注意搜集这方面资料。1982 年冬，我在代理山西省计委驻临汾市霍县工作队队长时，正好指导实施包干到户。1983 年 12 月，我到太原北郊区担任副区长，分管农业，工作地在近郊蔬菜区，于是我毫不犹豫地建议区委、区政府在菜田耕作管理上借鉴粮田包产到户经验。1984 年春，我率先在太原市北郊区与尖草坪区交错地带进行农民进城卖菜的城市蔬菜供销体制改革，得到省、市支持，相关做法被《人民日报》摘登。这年我以此为基础撰写的《城郊经济发展战略初探》被评为全国中青年优秀经济论文，《经济日报》刊登目录，被中央《农村工作通讯》

加按语全文刊出，并就此开辟“市郊经济”栏目。后来我在太原城郊清徐县时着力发展“城市之尾、农村之首”的特殊经济形态，在山西省乡镇企业局时着力发展“集中连片，产业升级”的工业园区，在临汾市政府时着力于“内陆经济强市”等，在十多年工作中竭力将理性思考运用于实践，并在获得实效中升华。在山西省、甘肃省和劳动部、人社部任职期间，尤其是兼任国务院农民工领导小组办公室主任期间，在较高层次上研究企业改革和农民工发展时，我都会与当初探索包产到户会产生农村剩余劳动力外溢效应的理解密切联系，农民工几乎成为我大半生琢磨的课题。

2008 年，在突如其来的国际金融危机冲击下，1750 万农民工失去工作岗位，我把情况快报上去后领导很快批示，立即组织快速调查并提出了稳定农民工就业的意见，通过“快车道”递交上面讨论后下发。这些可操作的稳岗措施为以后应对突发经济危机提供了可资借鉴的办法。2009 年底，在河北省石家庄市建筑工地了解到拖欠农民工工资的多是小承包方，根源在一级承包方，于是和调研组连夜研究并分析全国突出案例后提出根治欠薪“三制”，报上去后获得主要领导快速批示并发内部明传，赶在元旦后、春节前“欠薪案”高发期前发挥“撒手锏”作用；全国人大修改刑法时我们到法工委力争“欠薪入罪”。2010 年夏，在妥善处置富士康事件和广州、大连“涨薪潮”等集体劳动争议后，和部里研究提出进一步稳定劳动关系意见，并报上面研究后下发各地，取得了实效。同年，组织国务院农民工领导小组 30 个成员单位，开展为期 10 个月的全国农民工发展大调查，针对新情况提出到 2020 年推进农民工市民化的目标及措施，将总体规划概括为农民工“十有”（即“进城有工作，劳动有合同，上岗有培训，薪酬有保障，参保有办法，诉求有渠道，居住有改善，子女有教育，生活有文化，发展有目标”），使政策措施操作性强、简便易记，且能落实。2011 年，率四部委调查组赴浙江省实地考察，提出构建新时期和谐劳动关系意见并上报，看到党的十八大后中央为此专门发文，我倍感振奋。2017 年党的报告（初稿）征求十八大代表意见时，我将有关农民工的建议送上，在参加《新型城镇化规划》编制时，将多年关注的农民工积累融入专章。

国家政策层面的研究深化了我对农民工问题的认知。在中央党校大礼堂、清华大学时事大讲堂和北京大学新年论坛报告中，我都讲到了农民工是中国改革开放的产物，读懂农民工就读懂了中国经济崛起的“密码”。在接受中央电视台、《人民日报》、新华社等主流媒体和抖音、今日头条、腾讯等新媒体的专访，尤其是在党的十八大第四次新闻记者招待会上回答西班牙记者有关农民工的问题及在人民大会堂全国政协大会上以新生代农民工为题发言，都得到广泛关注与好评。白岩松在央视《新闻 1+1》栏目中点评农民工“十有”并给予支持，就连美国有名的作家库恩也来专访我有关农民工的问题。这些都深深镌刻着当年《学经济》小报的烙印。改革开放四十周年，我应邀在《人民日报》发表《中国农民工的历程和贡献》，拙著《中国农民工》一书也获得费孝通田野调查特等奖。中华人民共和国成立 70 周年时主编《70 个农民工的故事》，前年实现“人间奇迹”时主编《2020 个农民工口述脱贫》。全国政协在委员履职风采系列中将与我有关的调研、提案、发言和报道编辑了一册《心系农民工》。前所未有的新冠疫情突如其来，组织“百企万人”快速调查，提出农民工错峰返城和分批复工；去年初提出近亿农民工就地过年需解决问题；今年初提出新生代农民工投身新业态劳动权益维护和助力“城归”（农民工返乡创业）的建议……都得到上面领导重视和农民工的欢迎。

每每被问到如何踔厉为农民工鼓与呼，成为农民工的“代言人”时，我都认为自己的成长与山西大学经济学习形成的专业兴趣和组织培养的责任担当有关。四十多年了，许多往事已淡去，那张油印小报却成为在山西大学读书期间挥之不去的记忆，也是我离校走向工作后受益颇多的一件往事。“两耳不闻窗外事，一心只读圣贤书”是过去的读书写照，当代社会发展日新月异，数字化带来的新事物层出不穷，网络使社情民意如浪潮般而起，就得“风声雨声读书声，声声入耳”了，这可能是我们这几届学生或这一代人的印记。现在环境不同、时代不同了，但学经济需紧密关注国家和社会的经济变化，要各抒己见、百家争鸣，才更有益于学深悟透。上学时的创意往往是毕业后迈入社会的初心显现。大学生活是短暂的，但也打下了人生发展的根基，笃行不怠就会有意想不到的收获。从《学经济》小报到逐渐到大平台上为农民工发声，似乎小报有乾坤，在后来的经济工作实践中我越来越体会到，经世济民才能经世致用。

杨志明，经济系 1978 级校友，曾任人力资源和社会保障部副部长

驻足，在母校读书的三年

1978 年 9 月至 1981 年 7 月，我在山西大学历史系中国古代史专业攻读历史学硕士，导师是历史系主任杜士铎教授。

三年母校读书经历，是我人生重要的一笔，我深深地感激母校，感激母校的尊长和同辈。在我的脑海里，一直影印着当年参加研究生复试时心情惴惴地进入旧式阶梯教室的情形。四十几年过去了，母校的面貌焕然一新，母校的事业辉煌发展，师友的成就纷纭斐然，似乎往日的景象难以再现。然而，提到母校，映入我眼帘的，依旧是慈祥的师长、无猜的同窗，依旧是林荫道旁的英语之角、宿舍楼侧的日语之声，依旧是从教室顶棚垂下的日光灯和图

书管理员双手捧着的线装书册。在我的脑海中，仍然清晰地镌刻着导师杜士铎教授的形象，虽然他已仙逝，但我不能忘怀，是他将我引上潜心研读中国古代历史文献之路。

杜先生的知识面十分宽，那是学界公认的。只是由于时代的制约，他并不追求著述数量的丰赡。然而，他将中国历史的来龙去脉归纳得条理分明、逻辑清晰，他数十年研究所得的深刻见解都浓缩在一张对开的挂图上，那就是由山西人民出版社出版的《中国历史大系表》。这张挂图，在我考入母校之前就已经问世，在我离开母校以后曾多次再版，直到今日还在不断地重印。它的生命力比许多曾在市场上充斥一时的洋洋大著强劲得多，因为它在专业上准确可信，在生活上方便实用。所以，当年周恩来总理的办公室就悬挂着这张挂图。这张挂图朴素端庄，并没有配以华丽的装饰，却备受学界和社会的重视和推崇，因为它是扎扎实实读书的心血结晶。

20 世纪 80 年代，历史学界流行过一些舶来的理论框架。这些框架雄心勃勃，想要利用所谓的“三论”，即系统论、控制论以及信息论，重新规划中国古代历史的研究和表述。后来又有什么新三论云云，一度甚嚣尘上。人们利用这些现成的理论，将检索得来的相应资料，分门别类地插入那些框架之中，于是就形成了种种所谓的学术体系，这类体系可能非常大，而且会自以为发现了历史规律，其实其结构只是无机的集合，不但毫无规律可言，还有许多难以弥补的漏洞。它们来也迅，去也速，用这些理论赶写出来的名著很快就被历史冲刷掉，如今没有什么人再提起了。话说回来，这些理论在当时是很流行的，也很唬人，但是杜先生并不信邪。杜先生也提倡系统，那就是系统读书论。他告诉我，只有系统地攻读传统文献，才能打好研究中国历史的基础。他要求我先读《春秋左氏传》，接着读《战国策》；继而，通读中华二十四史，伴以《廿二史札记》；然后，反过头来读《资治通鉴》及胡三省的注释。他说，山西大学历史系招收研究生的目的，就是培养教书匠，不是别的，而要当好中国古代史的教师，就必须系统地读完正史，以后登上讲台才不会心中发怵。

所以，我在母校的三年，只是天天专心读书，很少参加各类校园活动，更少有时间到学校大门之外去闲逛。二师兄孙益力教授是山西稷山县人，每学期都会从家乡带来老母亲亲手晾晒而成的柿饼和柿皮干，这是令我至今回味无穷的晋南特产。

一个冬天，益力仁兄催我起了个大早，裹上棉大衣，到校门外乘坐头班无轨电车，赶到位于柳巷的清和园，请我喝了一大碗“头脑”。“头脑”呈乳白色晶莹状貌，是用羊尾巴油配上中草药熬的糊糊。据说“头脑”是清代山西名贤傅山先生创制的，如今已被视为高脂肪的食品，在当时却是一道非常诱人的佳肴，美味极了。这是我三年研究生期间品尝过的最著名的三晋美食，也是我在省城里第一次下馆子。

上研究生期间，我也有过一次难以忘怀的娱乐。那是大师兄杨国勇教授请我在位于并州路的山西剧院看的一出河南豫剧——《七品芝麻官》，主要演员都是从河南请来的名角，戏中的情节和腔调我至今记忆犹新。

缺乏美食，很少娱乐，看我有多土气寒酸吧。但是我一点也没有饥渴的感觉，因为在山西大学图书馆和历史系的资料室里蕴藏着丰富的精神食粮，每天读书，我都乐在其中，感到津津有味。

杜先生指导读书，并非任由我浏览而已，他会检查我抄的卡片和写的札记。21世纪的学者从事研究比以往要方便许多，可以用互联网了解动态，用电脑检索资料，省却了一张又一张抄写卡片的辛苦，大大提高了效率，不过，我养成了抄卡片的习惯，难以改变，跟不上潮流了。抄卡片虽然辛苦，却有其意义，一是印象深刻，二是能有机地了解该资料生成的历史场景。任何文献都有其局限性，只有放回生成它的历史场景才能洞悉其内涵及意义。所以，研究历史不能全靠检索，对于重要的文献应该尽可能地细读原始文本，最好是原始文本的全篇。尤其要注重相关的正史，那是无可替代的最基本资料，不仅应该全面细读，甚至还要了解各类版本。辛苦是必然的，但有所感悟之时，快乐也是无可比拟的。寒暑三易之后的春天，杜先生对我说，可以将几篇内容相近的札记提炼成文章了，我这才进入硕士论文的撰写阶段。

我在母校的经历算不上有声有色，但是我心中一直是热热乎乎的。我觉得读书大有收益，精神充实了，生活前途也相应有了着落。我感谢导师杜士铎教授，在他的谆谆教诲下，我完成了硕士阶段的学业，感谢他督促我养成了读书的习惯。

李凭，历史系1978级校友，澳门大学教授

一个把冷板凳坐热的人

——历史系1978级校友孙永和

1978年，伴随着十一届三中全会的召开，中断了十年的高考恢复，改革开放的大幕从此拉开。这一年，1977级与1978级学生同年入校。他们既是改革开放的第一受益者，也是改革开放的全程参与者，是民族复兴的推动者！毕业于山西大学历史系1978级的学生孙永和便是其中的一个。

孙永和是山西省曲沃县人，1978年考入山西大学历史系，毕业后，先就职于曲沃县党史办、县老干部局。20世纪八九十年代，山西省开展了打击文物犯罪专项活动，即“南征战役”，要求各重点文物市县成立文物局。1995年，曲沃县委决定成立文物局，靠着过硬的工作能力和专业的学历背景，孙永和被组织任命为曲沃县第一任文物局局长，从此他便与文物工作结下不解之缘，在文物战线上一干就是20多年。这20多年间，他怀揣一颗火热的“文保心”，争取项目、置办文物家当、保护古建、筹建博物馆、发展文化旅游……硬是将旁人眼中的“冷板凳”坐出了不凡的热度。

白手起家　三次创业

曲沃县文物局成立之初,可以说是一穷二白,连个像样的办公场地都没有,只能借用县文化馆的办公场地，很多工作难以展开，这成为孙永和上任后面临的第一个难题。没有办公场所，孙永和三番五次找县领导，终于获得支持，县里最终决定将县级文物保护单位薛家大院划归县文物局作为办公场所。但因为年久失修，薛家大院早已破烂不堪，同时，作为古建筑也亟待维修保护。没有维修资金，孙永和又跑到省文物局，汇报曲沃文物工作情况和存在的实际困难,曲沃文物保护工作引起了省文物局的重视。在省文物局的大力支持下，维修资金很快到位，薛家大院得到了有效的保护修缮，也改善了文物局的办公条件。有了办公场所、展馆和库房，初步打开了全县文物工作局面，这也成为孙永和任职文物局的第一次创业。

文物局成立后，曲沃文物保护工作的影响力逐渐提升。2002 年，省里支持重点县市文物库房建设，为了建设标准化的文物库房，孙永和拿着设计效果图，到国家发改委、省发改委、省文物局争取资金。最终，2004 年投资 140 余万元的文博楼建成并投入使用，成为当时全省县级文物系统最好的办公楼，这是孙永和的第二次创业。

第三次创业是晋国博物馆的建设。位于曲沃的“曲村—天马遗址”是全国一百个大遗址之一。20 世纪 90 年代，该遗址核心区域晋侯墓地的重大考古发现，震惊考古学界。依托该遗址兴建一座博物馆，以保护祖先留传下来的文化遗产，是曲沃人民多年的心愿。为此，从 1998 年开始，作为文物局局长的孙永和就积极到各方奔走，向省委、省政府递交报告，递交人大议案，召开专家论证会，撰写可行性报告。最终，2008 年 9 月，晋国博物馆在省发改委立项，萦绕在他心头二十多年的愿望终于实现；2014 年，晋国博物馆建成并对外开放。晋国博物馆展示了晋国六百余年的恢宏历史、考古人长达半个世纪的考古成果，填补了山西省没有遗址类博物馆的空白。

古建认领　开创先河

曲沃是山西文物大县，地上地下文物丰富，全县有宋代至清代的各类古建筑 260 余处，其中 70 多处市、县级保护单位的古建筑因年久失修、坍塌损毁濒临灭失。按规定，市、县级的文物保护资金需由地方财政支出。文物保护任务重与县里财力捉襟见肘的现实矛盾，一直困扰着当地政府和文物主管部门。在这种情况下，孙永和带领文物部门广泛开展调研，大胆探索、开拓创新，提出了“认领保护古建筑”的构想。经过反复论证，他的这个建议得到了县委、县人大、县政府等有关部门的重视。终于，曲沃县于 2010 年 10 月 28 日在全国率先出台了《曲沃县古建筑认领保护暂行办法》（以下简称《办法》），以立法的形式对外招募认领，首开社会力量参与文物认领保护工作的先河。

《办法》出台后，由县文物部门遴选部分价值较高、急需维修保护的古建筑相关信息，向社会公开招募认领，当地企业家纷纷响应，踊跃参加。《办法》的实施，有效地拓展了国家鼓励和支持社会参与文物保护的空间，既解决了维修保护问题，又解决了经营管理难题，西海童儿庙、西海龙王庙、义城黄帝庙、神泉黄帝庙、桥山黄帝庙、大悲院、南林交龙泉寺等一批珍贵的古建筑得到有效修缮保护，并成为曲沃创建国家全域旅游示范区、发展文化旅游产业的重要支撑。同时，古建筑保护修复，顺应了民意，了却了当地老百姓的夙愿，提升了企业家的社会影响，得到了群众的广泛支持，引起强烈反响。

2012 年 6 月，山西省文物局召集全省市、县文物局长在曲沃召开了经验交流座谈会，实地参观了实施古建筑认领保护的几个工程。与会者认为，这种做法“是文化遗产领域里解放思想、创新思路、积极探索和实践的一种改革，具有很现实的引领意义，值得学习和借鉴”。国家文物局主要领导亲临曲沃调研，并召开座谈会给予点赞；孙永和还应邀在国家文物局召开的全国文物保护利用大会上做了典型发言。《光明日报》发文向全国推介了这一经验,《中国文物》刊发了头条专版，并连续发文系统介绍了这一经验。省电视台也对此进行了深度宣传报道，全面推广曲沃经验、曲沃做法，受到社会各界的一致关注，先后有安徽省、成都市、广州市及省内各县市先后到曲沃学习考察文物认领工作。

筹建晋博　首任馆长

在孙永和从事文博工作的20余年间，晋国博物馆的建设一直是他心头最深沉的牵挂。从最初的报告、提案、立项、跑资金、制订设计规划、陈展形式和内容，到施工过程中的文物保护和安全，开馆前后的宣传、日常运行，可以说,晋国博物馆像是孙永和亲手呵护的一棵幼苗,倾注了他的心血和期望。

晋国博物馆建设工程与其他工程的不同之处在于，该馆建立在晋侯墓地遗址之上，如何在高质量、高水准基础上建设一流场馆的同时，又不对遗址本身造成破坏，是规划者和建设单位需要考虑的重要问题。孙永和同志作为该工程项目的主要负责人，多次组织国家级、省级专家召开论证会，主持编订《曲村—天马遗址保护规划》和《晋侯墓地文物本体保护设计方案》，并得到国家文物局批准实施。在晋国博物馆总体设计方案制订过程中，从大的格局到细节处的一砖一瓦，事无巨细，他都亲自参与，从总体上把握和保证晋国博物馆建设的质量、风格和特色。

2014年，晋国博物馆工程全部完工，于国庆节正式对外开放，并以其独特的展陈方式、鲜明的晋文化特色，在业内独树一帜，得到了社会各界的广泛关注和肯定。2015年，晋国博物馆荣获“国家优质工程奖”，孙永和本人也荣获“国家优质工程特殊贡献奖”。2016年初，曲沃县委、县政府任命孙永和任晋国博物馆第一任馆长，这既是组织对他多年勤勉工作的褒奖，也是一个重大的托付。

开馆以来，晋国博物馆在孙永和的带领下，在场馆环境、展陈提升、管理服务、队伍建设、宣传推介等方面取得了长足的发展，其基本陈列荣获“全国博物馆十大精品展优胜奖”，同时晋国博物馆还被列为“中国华侨国际文化交流基地”“国家 AAAA 级旅游景区”“国家二级博物馆”。晋国博物馆已成为展示三晋文明的重要窗口、山西文化旅游热线上的重要一环，并被列为山西省委、省政府定点接待单位。

从一片荒芜的遗址，到今天闪耀着晋文化之光的文化殿堂，晋国博物馆建设的每一步，都凝结着孙永和的默默奉献和执着坚守。他的这种精神也激励着年轻的晋博人沿着“讲好晋国故事，打造一流博物馆”的发展目标勇毅前行。

潜心文博行业二十余年，从文物局长到博物馆馆长，孙永和始终保持着一颗热爱之心，淡泊名利、埋头苦干，一项项创举让“冷板凳”焕发出别样的精彩。谈到自己从事的事业，孙永和总是说：“板凳坐得十年冷，咬定青山不放松。文物工作在别人眼里或许是枯燥乏味、无利可图的，但我却认为这就是我一辈子应该追求的事业，从事文物工作数年来，我无愧于母校教诲，无愧于这个时代。”

从孙永和身上，我们看到了坚定的信念、执着的追求和踏实的作风，这应是这个时代发展的基石，也是我们追求的标杆。

陈晶敏，曲沃县融媒体中心副主任

做山大好学生

——艺术系1979级校友王学辉

韶光转逝，弦歌日新，天涯海角，枝叶关情。峥嵘岁月，书生意气，在光阴里静谧流淌，无声镌刻在这方精致的校园。忆往昔，校园是岸，我们是船，正是因为有了岸的坚守，求学的学子才扬起了理想的风帆。看今朝，再聚首校园，初心不忘，重逢仍是一片赤忱。作为一名1979级的山大学子，王学辉

不仅在自己的工作岗位上努力耕耘，还总是关注着母校的发展。他现任山西省美术家协会主席、国家一级美术师，他不仅自身发展不错，展示了山大学子的风采，为母校增了光，更感恩母校的哺育之情。他说自己曾得益于母校师友的谆谆教诲，汲取知识和营养，享受过青春求学的美好，是母校温暖的怀抱给予他力量、希望和梦想。他希望在自己事业发展的同时，能为母校的建设发展做出力所能及的贡献，为母校增光添彩。在校友王学辉看来，成功，不仅要坚定地走自己认定的路，更应该吃水不忘挖井人。

1979年夏天，王学辉收到山西大学的录取通知书时，正奔跑在广阔的田野里。1975年插队时，他在田间地头插过秧、收过麦，也给农村的大爷大娘画过像，在村子里洁白的墙上写过一个几米长的“农业学大寨”标语，画过治理汾河的宣传画。因喜欢美术，他在劳动之余坚持学习，直到收到山大的录取通知书，荣幸地走进了他心中的神圣殿堂——山西大学艺术系美术专业，从此开始了他人生的艺术之路。他非常珍惜大学生活，学习刻苦认真，向老师请教、向同学学习，四年的大学生涯为他后来的艺术发展打下了坚实的基础。他说是大学开启了他人生的大门,是老师们在他心中播下了艺术家的种子，是并肩学习的同学让他坚定了为艺术终生奋斗的信念。

大学毕业后他当过教师，1993年从教学岗位调到山西画院成为一名专业画家，1995年任山西画院副院长，2001年由文化厅任命为山西画院院长。山西画院是山西省第一个专业美术创作研究机构，承担着传承山西美术历史命脉和创作新时期美术作品的使命和任务，责任重大，使命光荣。2008年，他又当选为山西省美术家协会主席，成为山西美术界的带头人。美协是全省美术工作者的家，是团结、联络、组织全省美术工作者开展美术活动的不竭动力，是不断推动山西美术创作的中坚力量，是开拓山西美术新局面的职能部门。

王学辉谈起自己在专业上的创作经历时说他时常行走在大山里，感受山里的四季更替，沐浴山中早晨的阳光、黄昏的晚霞；看太行的石壁刀削，听山涧的清泉湍急；记录春天的山花烂漫、秋日的瓜果遍野；描绘人们栖息耕耘的土地及充满烟火气的窑洞院落。他常说：“作为山水画家，生长在山西是幸福的，更是幸运的，因为山西有深厚的文化底蕴，山西有画不完的自然美景。”生于历史名城的他善于画山水，他的画着重于气势，他把山水与中国古代哲学相结合，建立了自己独特的审美原则。

王学辉身为山西美术的负责人，深知不仅要思考自己的绘画创作之路如何走好，更要思考全省美术事业的全盘发展，无形中他的视野和胸怀也就比单纯的画家要开阔得多。曾经山西的美术声望享誉全国画坛，各种全国性美展都少不了山西美术作品的入选和获奖，可谓“美术大省”。然而，随着形势的变化和展览机制的变化，山西美术竟然青黄不接了。王学辉深感责任重于泰山，他从一点一滴做起，并根据山西的特点和文旅发展的需要，选择以山水画为龙头带领全省美术的繁荣发展。他遵循习总书记在文艺工作座谈会上的讲话精神，深入生活、扎根人民，带领画家深入陵川王莽岭、壶关大峡谷、平遥古城、吕梁柳林和临县等地写生创作，同时以创作助推当地文旅事业的发展，这种形式已成为山西美术工作的一大亮点，也受到当地的欢迎和支持。他们依托该活动在多地建立了写生采风基地，为画家与生活紧密联系建立了交流平台。为了更好地推动山西美术的发展，文化部对山西多个项目予以经费支持。其中最有影响的是2015年纪念抗日战争胜利70周年，山西画院与中国美协、中国画艺委员会共同承办了在中国美术馆展出的“纪念抗日战争胜利70周年·全国中国画作品展”，这是山西省多年来在北京举办的最高规格、最大规模的中国画名家展，也是中国美协当年评价最好的展览。接着又承办了中国美协理论艺委会美术论坛“太行论坛”，邀请了全国40余位著名理论家齐聚太行深处的平顺县，就当下中国画的写生创作进行了深入探讨，在全国影响很大，极大地推动了对当地文化资源的宣传，在美术圈也逐渐形成了全国性的“太行写生”现象。山西是古代壁画最多的省份，壁画是山西省最宝贵的文化遗产，但是严重缺乏保护修复人才，王学辉亲自上北京参加全国艺术基金项目答辩会，争取到培训项目，为全国培养了70多名古代壁画修复人才。他主持完成了“山西百年美术文献”编辑出版等多项工作，经过十几年的努力，现在的山西有了一大批画坛精英群体，全省的美术事业也呈现出蓬勃向上、欣欣向荣之势。

王学辉知道推动全省美术的发展需要自己的率先垂范，故而他一方面努力工作，举办各项活动；另一方面，每年都花大量的时间走进太行山、黄土高原写生，与山川河流对话，手不停地挥，心不止地想，心手相应，这些年他画的写生作品何止千百张。王学辉的写生作品，一眼望去，便知是山西画家所画，敦厚、完整、实在，显示出画家一贯的认真踏实、不惜功力的作风。更难能可贵的是，在形式多样、风格万千的当下，他依然坚持着平淡中和之美，在平易中求激情、在朴素中求意境，以真情实意抒写家乡的山水，用画笔表达了对山西的爱、对家乡的情。他画的大部分作品都是以山西为题材，“太行山村”“黄土人家”是他久画不厌的主题，“家园”与“家山”是他挥之不去的情愫和挂念。

如今正是王学辉创作的最佳时期，新的时代又给予他新的挑战和机遇。他说：我赶上了好时代，一定不辜负母校的期望。讲好中国故事，讲好山西故事，画出新时代更加美丽的画卷，这是我的责任。我要更加努力做一个山大的好学生，无愧于母校对我的培养，为母校争光！

董丽华，美术学院 2019 级研究生；乔祎祺，山西省书画院三级美术师

让“鲁迅还在”的评论家

——中文系1979级校友阎晶明

阎晶明是我的老朋友，逾三十年往来，亦文亦酒，乐在其中，读书和写作上的交流与互相鼓励，更是保持友情不衰的根基。这么多年来，我见证了他忙于公务的同时又不放弃写作和研究追求，也为他取得的成就感到高兴。还记得 2001 年 2 月下旬，我和他一同去北京出差，我是公干，他则是去领刚刚获得的“第二届冯牧文学奖 · 青年批评家奖”，这也是山西省在此之前唯一

阎晶明（左）和王蒙

获得的一个全国性的文学评论大奖。评审委员会给出的获奖理由是："阎晶明是一位热情关注当下现实、热切关注当代文学，并能在一些敏感问题上勇敢而及时地发出自己声音的青年批评家。面对复杂多变的文学潮流、令人注目的创作现象和有代表性的作家作品，他反应快捷、判断准确，既有批判的锋芒又坚持实事求是的说理，具有难得的持重、厚实的风格。"20 世纪 80 年代末，刚刚走上当代文坛的阎晶明，已经在《文学评论》《文艺研究》等重要刊物上发表了数篇论文。他的第一篇文章就发表在 1986 年的《中国现代文学研究丛刊》上，这个高起点让他有信心在现当代文学的研究上不断努力、不懈开掘。

阎晶明的硕士研究生专业是鲁迅与中国现代文学史，这为他做当代文学评论提供了一个重要的参照系。进入新世纪以后，他更是把研究的重点转向了鲁迅研究，可以说是回到了老本行。而这一切在阎晶明看来，都与山西大学的本科学习经历分不开。1979 年，阎晶明从晋西北小城偏关来到省城太原，成为中文系的一名学生。四年大学生活，他最大的收获是读书。山西大学图书馆是他最熟悉的地方，他花大量时间沉浸其中，阅读各种书籍，哲学的、文学的，中外经典名著、最新作家作品，无不成为他的阅读对象。从大一、大二的广泛阅读到决定报考硕士研究生后集中阅读鲁迅及五四新文学作家作品，学校的图书馆为他打开了一扇扇心灵的窗户，他徜徉在知识的海洋里。作为中文系的本科生，他聆听了众多学者、名师的授课，得到老师和同学的指点、帮助。他后来回忆说，作为一名普通学生，那时还没有机会向姚奠中先生请教学问，但姚先生的夫人——校图书馆文科阅览室的李老师倒是对他印象深刻，因为他是文科阅览室出现次数最多的学生之一。直到今天，他都坚信图书馆就是最好的教室，经典著作就是最好的老师。

2002 年，阎晶明调任中国作家协会。繁忙的公务之余，他仍然保持着对鲁迅研究的关注、对当代文坛的观察。2009 年，阎晶明出任中国文坛最著名的《文艺报》总编辑，这是一个特殊的岗位，因为历任主编不乏人们熟知的文化巨匠、文学大师和卓有建树的文艺理论家，如茅盾、丁玲、冯雪峰、张光年、冯牧、陈涌，等等。为了办好报纸，他倾注了大量精力，同时也拓展了自己的学术视野。这期间还涉足了影视、音乐、美术等多个领域的评论。

2014 年，阎晶明任中国作家协会党组成员、书记处书记；2017 年，当选中国作家协会专职副主席。也是在这一年，他针对鲁迅的形象被固化的现实，在江苏凤凰文艺出版社出版了其著作《鲁迅还在》。这本书一出版即引起广泛反响，也成了他的代表作。他撰写该书的主旨明确，即是从鲁迅的生活史着手，使更多的读者认识鲁迅人生的方方面面，让这些细节能够和鲁迅的创作、思想、精神发生内在的关联。在叙事文体和语言风格上，他既没有学院派论文的清规戒律，也没为了搭建某种理论框架而剪裁和评定鲁迅。他拒绝曲学阿世，既冷静分析，也热情拥抱，把鲁迅作品中那密集的语林和想象空间进行抽丝剥茧的解析，以《鲁迅的吸烟史》《鲁迅与酒》《鲁迅的疾病史》等这些凡人都能理解的篇章告诉读者，鲁迅缘何够得上伟大，这种伟大又源自哪些要素；当把鲁迅这些零碎的、日常化和人性化的细节一一讲述清楚后，还原出的一个本真的鲁迅，便在不少读者心目中复活了。也因此，《鲁迅还在》出版的当年，就重印再版，之后又印了三版。这在人人争说鲁迅、有点想法的人就写鲁迅的权威真空时代，实不多见。

2020 年，人民文学出版社出版了阎晶明的专著《箭正离弦：〈野草〉全景观》。为了写好这本书，他搜求、浏览了大量的文史资料，为还原和阐释《野草》，对史料的使用已经到了一种对自己十分苛刻的程度。记得有一次，他在电话里提到《周作人日记》的影印本很难买到，而 1923 年 4 月 23 日那天周氏兄弟的活动非常关键。我说我手头正好有，第二天便让家人快递给了他。后来他又给我发了《周作人日记》的电子版作为“偿还”。

新书出版后引来相关研究者和读者的热烈反应。评论家潘凯雄认为：“《箭正离弦》虽然没有如一般学院派专著那样建筑起宏大体系，但其中求实、求真、求证的严谨则是许多貌似体系化的学术专著所无从比拟的。单看全书最后的两个附录，便可见阎晶明为写作这部仅 23 万字的专著所付出的心血。”2021 年 11 月 23 日，由《羊城晚报》报业集团联合深圳市委宣传部、深圳市福田区委区政府主办的“2021 花地文学榜”年度盛典在深圳举行，阎晶明的《箭正离弦：〈野草〉全景观》荣获文学评论金奖。主办方给出的致敬词是：“在汗牛充栋的鲁迅研究中，阎晶明不避险难，以执着的情怀、稳健扎实的研究，不断地抵近鲁迅的世界。《野草》被认为是鲁迅最深晦、玄奥的散文集。阎晶明钩沉稽隐，以‘本事考’的方式，还原其创作背景，对其诗性哲学做出新的阐释，拓展《野草》研究的学术空间。这既是阎晶明作为文学批评家的一次成功的学术实践，也是他长年致力于鲁迅研究而启动的一次‘箭正离弦’。”

为了证明“鲁迅还在”，更为了让鲁迅精神在青年一代中得到传承、弘扬，阎晶明在 2021 年出版了专为少年儿童写成的《这样的鲁迅》。这本书出版后，很快进入国内多个新书榜单，特别是被列入中国好书评选的月榜，赢得了读者的认可。

我曾问过阎晶明：你如此执着地研究鲁迅，写出一本本不一样的鲁迅专著，最早的来源在何处？他说，要特别感谢在山西大学上学期间获得的读书机会。身处改革开放的新时期，自己很庆幸在青年时代真正认真地读了一点书。那种自由选择、敢于尝试的读书体验让人终身受益。虽然考研时选择中国现代文学专业时有点偶然成分，但因此却使自己读书逐渐有了明确的方向和目标。

1983 年从山西大学毕业后，阎晶明进入陕西师范大学，成为鲁迅与中国现代文学专业的硕士研究生，师从黎风先生。黎先生在中华人民共和国成立前就出过《彩色的画像》等诗集，之后又有《鲁迅小说艺术讲话》以及《“五四”思想解放运动与新文学的发展（初稿）》等著作。他对鲁迅研究所提出的“不能神化鲁迅，但也不能丑化鲁迅；不能不着边际地吹捧鲁迅，但也不能随心所欲地歪曲、贬低和否定鲁迅”，对阎晶明影响很大。这也使他从此走上了专业的研究道路。

2017 年，《鲁迅还在》出版后，阎晶明作了一首感怀诗。我请他也为我书写了一幅，以作留念。这首不规范的打油诗却道出了他自己的写作心迹：

漫说十年砍柴工，浅识经典偶成文。
新词不过多旧说，敢向平常寻性情。
见地无力显精深，心得何需求高冷。
诗书满架皆暖意，最是野草送热风。

从2001年到2021年，在鲁迅研究领域，阎晶明已有《鲁迅还在》《鲁迅与陈西滢》《须仰视才见：从五四到鲁迅》《箭正离弦：〈野草〉全景观》和《这样的鲁迅》等著作出版，另有选编出版的《鲁迅演讲集》《鲁迅箴言新编》，以及研究鲁迅的论文和随笔百十多篇，“砍柴工”已达二十年。与此同时，他对当代文学的关注热情依然不减，并努力把鲁迅研究与当代文学评论结合起来，开拓属于自己独特的研究领域和评论风格。他的感怀诗结句“诗书满架皆暖意，最是野草送热风”，是实写，也是自我鼓励。我曾到过阎晶明北京的新居，三排书柜皆是鲁迅及研究鲁迅的著作和文献史料，其余的大多是与鲁迅有过交往的名家著作。诠释鲁迅《野草》的一个好读本业已完成，那么对《热风》的经典诠释呢？对鲁迅其他著作又会做怎样的阐释呢？我，无比期待。

苏华，中文系1975级校友，长期供职于山西省人民政府参事室（文史研究馆），从事文学评论和文化研究工作

记我的三位恩师

母校走过了120岁的峥嵘岁月，在她77岁之际，16岁的我投入了她的怀抱，从此人生与母校紧紧连在了一起，是母校培养我成长，恩师呵护我一生。

在“学会数理化，走遍天下都不怕”的高考热潮中，我于1979年考入山西大学化学系读本科，其间有幸聆听了张家治老师开设的《自然辩证法》选修课，并对哲学产生了兴趣。张老师是中华人民共和国成立初期山西大学化学系毕业留校任教的，后来被选送到中央党校自然辩证法研究生班深造后返校任教，这也是我国第一批自然辩证法专业研究生的培养。“文化大革命”结束后，张老师在山西大学开启了山西省的自然辩证法事业。

大学四年如白驹过隙，当我面临毕业选择时，恰逢张老师招收第一届自然辩证法专业硕士研究生。出于个人兴趣，我跨专业报考并被录取，成为张老师的开门弟子。张老师是中国自然辩证法领域德高望重的前辈，为我国培养了一批涵盖科技哲学、科技史、科技与社会等专业领域的杰出人才。他治学严谨，对学生要求亦极其严格，尽管包括我在内的全校第一届自然辩证法专业研究生只有两名，张老师依旧认真地给我们上好每一门专业基础课，引导我们熟读经典，并要求我们这些理科出身的研究生到哲学系系统学习中外哲学课程。在读研期间，我就非常幸运地参加了由张老师主编，四川大学、北京师范大学、北京化工大学、华中师范大学等高校的专家学者参与的《化学史教程》一书的编写，其中我是唯一以学生身份参加编写的作者。我由此走上了专业研究的道路，该书也成为我国最具影响力的化学史教材，先后印刷 20 多次；我主持修订过两次，彼时大多作者已进入古稀和耄耋之年。后来，我还协助张老师完成了我国第一部《化学教育史》的撰写出版等工作。硕士研究生毕业后，我留校继续在张老师的领导下工作多年。2017 年，他来自全国各地的学生及学界同人为他举办了“自然辩证法在中国——张家治先生 90 华诞学术研讨会”。张老师是真正不忘初心的共产党人，一直积极关心着国家和学校各方面的发展。祝他老人家健康长寿！

没想到，过了而立之年的我又开始了一段专业的学习，拜郭贵春老师为师，攻读科学技术哲学博士研究生。郭老师是全国著名的科学哲学家，两度留学英国剑桥大学，回国后引领了国内科学哲学特别是科学实在论和语境论等领域的发展。在他的带领下，山西大学科学技术哲学学科被评为该学科国内唯一的国家重点学科，该学科所依托的山西大学科学技术哲学研究中心被评为该学科唯一的国家人文社会科学重点研究基地。

当时的我，一方面已承担学校的科研管理工作，包括协助郭老师开展科学技术哲学的学科建设工作；另一方面，在郭老师指导下开展博士论文的研究和写作。同时，我还要指导自己的硕士研究生开展学术研究，给本科生和研究生开设课程，压力可想而知。郭老师不仅指导我专业素养的提升，还帮助我学会如何处理错综复杂的事务关系。郭老师长期担任学校领导工作，特别是在担任山西大学党委书记和校长期间，基于先进的体系化办学理念和持之以恒、勇于创新的精神，借助国家高等教育改革的东风，把山西大学的学科建设水平和综合影响力提升到了改革开放以来全国高校排名的较高位置，为山西大学最终进入我国“双一流”高校建设行列做出了重要贡献。正是在他的带领下，山西大学哲学学科获得一级学科博士授予权，是山西省第一个文科一级学科博士点。

在追随郭老师前进步伐的过程中，我不仅取得了博士学位，获得省级优秀博士学位论文的荣誉，还在担任《山西大学学报（社科版）》主编期间，把学报带到全国高校学报综合排名的第 32 位，这是改革开放以来《山西大学学报（社科版）》取得的最好成绩。自己做教授、当博导，也是在郭老师的领导下实现的。只有解放思想、勇于创新，才能推动改革开放的车轮滚滚向前，这是我从郭老师那里学习并实践的切身体会。

我是一名九三学社社员。作为参政党的一分子，在完成自己本职岗位工作的基础上，我也积极参与各种社务工作，包括撰写提案，开展社会服务工作等。有一天，身为九三学社山西省委主委的刘滇生老师约我谈话，根据我的综合表现，他希望我到社省委做专职副主委的工作，以加强山西九三学社的组织建设。刘老师其实是我大学本科时期化学系的老师，知名化学家，后来还长期担任学校副校长职务，对学校建设和发展做出了重要贡献。加入九三学社后，我与刘老师的交往就多了起来。到社省委工作对我来说是人生一次新的选择，年近 50 岁，从大学到纯行政机关单位工作，对我既是机遇，更是挑战。刘老师与我谈话，表达了组织对我的信任和期待，希望我能在民主党派的发展方面有所作为，做出新的贡献。

然而，对习惯了大学生活的我而言，能否适应相对复杂的党派机关工作是个考验；在新岗位上奉献力量，在某种意义上是对自己擅长的学术生涯的舍弃。在我犹豫不决的时候，刘老师多次与我谈心交流，坚定了我到社省委工作的决心。因为在那里，可以为我国多党合作事业发展发挥更大的作用，体现更大的社会价值。

事实上，在刘老师的全力支持和领导下，经过五年多的不懈努力，社省委机关成为一个朝气蓬勃、团结向上、充满活力的省级单位，社省委的参政议政、民主监督、政治协商、社会服务等各项工作都走在了全省各民主党派的前列。这些成绩得到各方的肯定，特别是得到九三学社中央、全省各级社组织和广大社员的认同。

回首往事，一路走来并不平坦，而每当在工作中遇到难题，都能得到刘老师的及时指点。特别是刘老师身为山西省政协副主席，平易近人，具有宽广的胸怀和充满正能量的工作热情，起到了九三学社旗帜性人物的重要作用，是我工作学习的榜样。也正是刘老师的推荐和九三学社中央的信任，我上调到九三学社中央机关工作，开始了又一新的人生阶段。

在我前进的人生道路上，一直以从学士、硕士到博士都就读于母校为荣，其中有太多的老师给予我太多的关心，他们所给予的帮助是难以言表的，对此我一直心存感激之情，并把这种崇高的情感融化在自己做老师的点滴工作中，也给予我的学生尽可能多的关爱和帮助。尽管我后来从学校外调到九三学社省委和中央工作，但一直关心母校的发展，并担任兼职教授至今，培养博士生和硕士生逾百名，为学校发展尽自己的微薄之力。

老师是一个崇高的职业。中国改革开放以来的一个重要战略就是科教兴国，而老师是实现这个战略的重要群体。可以说，没有各级各类学校老师的辛勤工作与努力，中国就不可能取得如此辉煌的改革开放成果。自己作为改革开放大潮的经历者、实践者与贡献者，回首往事，自始至终受益于老师的教导、培育和帮助。自己最显著的进步是伴随着改革开放进程取得的，其中各位老师对我的成长可谓举足轻重。

愿尊师重教的传统在中华民族复兴大业中继续发挥重要的作用。

祝母校山西大学发展得越来越好，再铸辉煌！

张培富，化学系1979级校友，九三学社中央宣传部副部长，《民主与科学》杂志社主编

不安分的人生

——中文系1980级校友陈建平

他是一个初次见面就会给人留下深刻印象的人。

他是一个充满浪漫诗意的人。

他是一个坚毅执着的人。

他是一个永远在思考，创新不息的人。

他是一个不安分，一个永远奔跑，一个不断超越、突破自己的人。他在完成了国务院研究中心和斯坦福大学联合培养的企业领袖博士班学习后，又在联合国和平大学领导力博士班深造，持续学习、不断迭代成了他生活的一部分。

他叫陈建平，一个始终为母校而自豪的人。山西大学，这座有着120年辉煌办学史的现代化“双一流”综合大学，是他人生重要的转折点，更是他踏上事业发展的新起点。

他初中毕业便去一所中学做了教师，凭着优秀和扎实的学业基础，教授和自己年龄相仿的中学毕业班，这段不凡的经历，也为他未来人生路做了良好的铺垫。就这样，他一边工作补贴家用，一边完全凭着自己的毅力和对知识的渴望，自学高中课程并以优异成绩考入山西大学中文系。

当我们仔细观察那些成功的人，特别是优秀的企业家，会发现他们天赋、智力、情商或许各有千秋，但一定会找到一个共性：那就是异于常人的努力和永不安分的内心。在他们成功之后，人们总是会把这种不安分归结为相信通过努力、坚守、创新可以改变世界的坚忍不拔的信念。

通过陈建平几十年的人生轨迹，我们无法判断他是否真的相信自己可以改变这个世界，但作为追随他多年的同事，却时常能够从这位兄长般的人身上，感受到他不安分的内心和总想要去改变世界的冲动。

1984年，陈建平以优异的成绩走出大学校园，被选拔到文化部工作，因为表现出色，他很快便成为部里最年轻的处级干部——国家文物局团委书记，这得益于他在大学时的刻苦努力，更得益于他大学时当学生干部的经历。很多年后，当聊起这段经历，懂得其中玄妙的人总会感慨：若那时陈建平一直走仕途，今日最差也得是一定级别的领导干部。

每聊至此，话题总会被陈建平岔开，因为那才是他人生中最得意的一笔——不做官，做文化。去报社做一名普通记者和编辑，每忆及这段经历，他的神情中便颇有些“仰天大笑出门去，我辈岂是蓬蒿人”的豪迈。

选择更重要还是努力更重要，从来没有标准答案。如果非要给一个答案，那便是初心，是一颗想要去改变世界的初心。

在领导不理解的眼神中，陈建平放弃了看似前程似锦、一马平川的仕途，通过公开考试踏入了《中国青年报》的大门，一个看起来并不是“铁饭碗”的机构。他主导的《一片冰心在玉壶》《唤醒黎明的人》《共和国的旗帜在人们心中》《700 份应聘信的背后》《蜀道邮电难！难！难！》等文章，影响了一大批人，这为陈建平积攒了广阔的社会阅历，迅速提高了他的思辨创作能力。即便是在这样一个中国最优秀的年轻人扎堆的地方，不安分的灵魂仍然让他成为那些优秀的人里引人注目的一个。

随着业务的娴熟，那颗不安分的心再次萌动活络起来。陈建平被选调到报社核心部门理论部，后来他和同事一起创刊了《思想者》，一份以守望青年理论和精神高地为宗旨，呼唤求真平等，激发青年一代热情，有着极强思辨精神和针砭时弊勇气的理论周刊，迅速成为《中国青年报》旗下的核心周刊，多次荣获中宣部颁发的各种优秀理论周刊和编辑奖，《中国青年报》的版面变更了无数遍，唯独《思想者》周刊一直延续至今。

就在大家都以为他将会作为一个优秀的媒体人继续前行的时候，那颗不安分的心又让他做出了一个所有人都没有预料到的选择——筹划成立中国中外名人文化研究中心（后来改名为中国中外名人文化研究会）。彼时，陈建平不到 30 岁。

正是因为多年从事媒体工作，他认知世界的宽度和思考的深度都发生了很大的变化：究竟是谁在创造历史？谁在推动着这个世界向前发展？在他眼里，中外名人在历史的发展、巨变和进步中起到了很大作用。

带着这样的思考与冲动，陈建平和伙伴们策划成立了隶属于中国文联的国家一级社团——中国中外名人文化研究会。1988 年前后，陈建平特邀在中国传媒大学留校任教的兄长和一群青年才俊一道组织编纂出版了《中国当代名人录》《中华文化名人录》《中外名人学术文库》《星期文库——世界名人小传》《中国人物年鉴》等名人传记，同时和一些优秀学者专家以创新的手法主编出版了《马克思主义哲学导读》《中国事典》《中国哲学全书》《世界宗教全书》《白话先秦诸子》等重要的社科书籍，参与主编了《中国智慧》《中华正气》《中国精神》(红旗出版社出版，在首届“青年读书节”中被团中央、新闻出版署评为“青年喜爱的书”)等爱国主义教育类图书。

除了平面媒体，由研究会牵头、陈建平总撰稿拍摄的电视传记片《费孝通》《锦绣大地》在中央电视台播出；他与中央电视台联合摄制了展现改革风云人物奋斗历程的50集人物类专题片《中华热土》，并担任总撰稿；与中国铁路关工委策划筹资摄制了反映19世纪初中国劳工参与修建加拿大太平洋铁路的大型纪录片《枫骨中华魂》；与北京市委宣传部、上海市委宣传部联合出品并担任总策划，真实再现中美“和则双赢，斗则双输”的大型纪录片《中美之间》，等等。

企业成立之初，他带领团队迅速开创了全国各省电视台联播《南方剧场》项目，引进多部国际优秀电影，翻译、编辑并在各省台播出，持续七年，反响巨大；同时布局企业、政府内容整合营销，为地方政府和优秀企业及品牌策划拍摄广告片。

2005年，陈建平与兄长陈建国共同策划、运作、报批、创办了中央电视台大型节目《中秋晚会》，它的成功成了中外名人文化产业集团发展史上重要的里程碑，“中外名人”从此步入了发展的快车道。一轮明月，千里婵娟。凭着出色的策划和高超的运作，《中秋晚会》声名鹊起，不断升级，并收获了休斯敦国际综艺晚会白金奖的最高赞誉。此时，陈建平已成为业内知名的创意人和制作人。

全国第七届全运会赛场中“比速度，比耐力，我是第一”的体育赛场实物广告、中国农业银行的广告“大行德广，伴您成长”、首农三元牛奶的广告“用时间丈量新鲜”、火遍大江南北的央视现象级节目《星光大道》《开心辞典》《中华情》《惊喜连连》，以及家喻户晓的影视剧《贞观长歌》《革命人永远是年轻》(中宣部“五个一工程奖”)《兵变1929》等一连串令人瞩目的重量级文化作品在陈建平和团队的创意策划下诞生，使得“中外名人”迅速成为业界的明星公司。

时光荏苒，昔日不安分的青年多了一些沉稳，但不安分的心却未见太多改变。

奔跑了30年，也奋斗了30年，中外名人文化产业集团先后被文化部授予“国家文化产业示范基地”，北京电影学院、中国传媒大学等高校实训基地，如今已发展成为央视重要的合作伙伴，作为央视体系4A级广告运营公司，多年独家经营央视新闻频道《东方时空》《国际时讯》《新闻周刊》《世界周刊》《法治在线》等新闻频道重点节目的广告时间，为央视创收累计达几百亿之多。

陈建平获得的奖项不胜枚举，低调的他却从未接受过一次媒体的采访。但每一块奖牌，他都认认真真地保存起来，不是作为炫耀，而是时刻提醒自己距离改变世界的梦想还很遥远，生命不息，奋斗不止。

能力越大，担当越多。为了公司的壮大，为了社会公益，虽然已年过六旬，陈建平仍然工作在一线，每天总是最早到公司，最后离开，多年如一日！他先后带领团队主持开展多个省份的文旅媒体全案和多家一线企业品牌的整合传播，央视更是把“强国品牌工程”独家运营代理权放心地交到陈建平及团队的手中。

不知什么时候，那颗撒在心底的种子，渐渐开出了一朵硕大而又夺目的花朵，那颗种子，我们就叫它——“不安分的人生”好了。

程博峰，中外名人文化产业集团首席内容官，视频内容中心总经理；魏振宇，中外名人文化产业集团董事长助理

坚守初心　超越平凡

——热能动力专业1981级校友蔡新春

蔡新春出生在介休的一个农村家庭，虽然初中成绩优异，但由于家庭是富农成分，错过了继续读书的机会，后于1981年考上了山西大学（原太原工业大学电力分院）的热能动力专业。在校期间，经过学校老师的倾心栽培，他成为一名光荣的共产党员。1985年，他以优异的成绩被分配到山西电力科学研究院，师从业内知名水动力专家孙昭华。谦虚刻苦的他认真听取老师的教导，勤于思考，从基层干起，成长为电科院锅炉专业的首席工程师。2011年，山西国际能源集团（格盟国际）有限公司看重蔡新春的专业能力，聘请其为锅炉专业首席工程师。自此，他登上了更广阔的舞台。

他身上有无数的光环，是正高级工程师、山西大学客座教授、山西省劳动模范、全国五一劳动奖章获得者。他曾在山西电力科学研究院工作26年，是电力行业循环流化床技术专家委员会专家、电力行业超临界流化床发电专家委员会专家、中国循环经济协会综合利用发电委员会专家、《中国循环流化床发电》杂志编委会委员。

奉献——爱岗敬业，恪尽职守

他常常奔波于各个电厂之间，每年出差天数达到250余天！9500多个日夜的恪尽职守，换来了无数个难题的攻克、燃煤锅炉的安全稳定、火电行业的清洁高效发展。他的吃苦耐劳、专业素养在圈内有口皆碑。他承担几百项电厂锅炉的启动调试、技术服务、锅炉压力容器安全性能检验、锅炉静态诊断和科技研究项目，面对火电锅炉超温爆管、偏流磨损、NOx超标、助燃油量高等诸多挑战，他都能圆满完成。华北优秀工程师（2003—2005年度）、山西省二等功（2005年）、省直机关优秀共产党员（2006年）、山西省劳动模范（2007年）、全国五一劳动奖章（2014年）等荣誉的获得就是对他工作的全面肯定。《诊断设备的良医　消除隐患的高手》《锅炉“炼”就的专家》《志存高远　本色做人》多篇报道更是见证了他一路走来的坚定和勤奋。

他的妻子和儿子在精神和行动上也给予了他全力支持。2003年，“非典”肆虐，恰逢儿子中考，而他当时主持的多个技术难题正处于关键阶段。他的儿子非常懂事，用优异的学习成绩作为对父亲辛勤工作的回报，让父亲能够专心工作。那一年他的儿子以优异成绩考入太原十中，后来一路考取南京大学、美国东北大学，现在就职于美国一家科技公司。他的儿子深受父亲的影响，多次表示：“趁着现在还年轻，要多学习国外先进技术，多积累经验，祖国需要我的时候，召之必回。”作为父亲的他没有让大家失望，接连解决了神头一电厂（苏联、捷克锅炉）多年来频繁爆管的老大难问题，以及漳泽电厂（苏联锅炉）的频繁爆管问题，从只能连续运行十几天到连续运行365天、508天、638天，四台机组最长运行小时数不断刷新全国纪录。

他的妻子总是默默地在幕后帮他操持这个家。他的妻子常说：“他做的工作赢得了大家的信任和尊重，我也感到很欣慰。虽然苦点累点，但心里是舒坦的，希望他注意身体，多为国家奉献几十年。”

钻研——勇于创新，精益求精

蔡新春一门心思扑在专业工作上，平时和人聊天，也是三句话不离本行，甚至发生过只顾想课题结果走错门的笑话。38 年间，他记了厚厚的十几本现场笔记，每一次的试验工况测试，他总要亲力亲为。

2004 年，蔡新春主持漳泽电厂 5# 苏制锅炉带盐段分离器的降水管系统改造项目。此项目旨在解决降低补水率的同时防止盐段水冷壁发生碱腐蚀的问题，国内外同类炉型均无先例可循，出现任何差错，轻则造成上千万元的损失，重则留下巨大的事故隐患。他亲自测量、反复计算，多方探讨制订方案。功夫不负有心人，辛勤的汗水终于获得了丰厚的回报，改进后机组运行十几年，未发生类似问题，此项目被省科技厅评为国际领先项目，先后获得山西省电力公司 2003 年度二等奖、中国电力投资集团 2005 年度科技成果二等奖等多个奖项，论文入选亚太电力工程学术会议交流论文。

功成名就后，他继续迎难而上，面对娘子关电厂两台锅炉技改实施后掉焦灭火不间断的问题，他“揭榜挂帅”，不仅解决了问题，而且首次发现了应用“管道弯头分离、调节挡板分离两种技术”的水平浓淡燃烧器，其挡板装在弯管的内外弧侧有不同风速的特性。蔡工在短时间内低成本解决了锅炉结焦及因此引起的频繁掉焦灭火问题，有效提高了锅炉效率和可调小时。该项目获得山西电力公司 2008 年度二等科技成果；论文获 2007 年中国电机工程学会三等优秀论文、山西省科学技术学会十五届优秀论文、京津冀晋蒙鲁十七届电机学术年会优秀论文，并被《中国电机工程学部》录用。

近几年来，全国各地陆续出台相关政策，对燃煤电厂超低排放改造提出了具体要求。为积极响应国家号召，他经过长期的钻研思考，独创了“尽多利用原旧设备 + 整体结构优化”的低氮燃烧器改进技术路线，自 2013 年开始对十几台不同型号的锅炉进行了超低排改造，工作量小、工期短、费用少、效益好。同时，积极参与多项锅炉加富氧燃烧、加节能剂燃烧、节水处理、掺烧煤泥、掺烧污泥、低温省煤器及尾部加预热利用技术深度降低煤耗的试验研究及应用工作。

从业38年来，他一直奔波在火电行业一线，为企业解决实际困难，攻克了多项技术难题，主持或参与了省内外200多台不同型号锅炉的技术服务及调试任务，有20多项科技成果达到国内外先进水平，在国家级、省级核心期刊发表论文多达50余篇。此外,还参与了多项循环流化床锅炉国标和著作的编写。2016年，他参编了由山西大学王灵梅教授主编的高校教材《锅炉原理》的“电站锅炉典型事故分析及预防”部分,更是受到业内同仁、老师、同学的一致好评。

育人——桃李不言，下自成蹊

工作多年，无论是对公司内的新生力量培养还是项目合作中的年轻晚辈求教,蔡工都会从工作思路、工作要点及报告论文撰写等方面进行全方位指导,倾囊相授自己多年工作实践和理论研究积累下的宝贵经验。

曾有人不解地问：“蔡工，教会弟子，饿死师父。你难道就没有这种危机感？”“当然有。但我带徒弟采取的是开放式教育，尽我所能地教会他们是我的责任。危机感只能靠自己补充新的知识来消除。同行之间其实是可以相互学习、相互促进的。”简短的一番话让我们看到了他育人的深远智慧。被他指导过的徒弟、晚辈，都亲切地叫他一声“老师好”，这是对“教书育人”最生动的诠释。

近些年，蔡新春多次专程回母校与山西大学的学子分享科研成果和工作理念，为他们答疑解惑。2019年，蔡新春被母校聘为客座教授。他常说，上学期间母校管得“严”、课程抓得“全”、实习考虑得“细”，这些均是他成为优秀工程师的牢固基石。

蔡晋，电力与建筑学院2012级校友，清华大学山西清洁能源研究院研究员；刘伟，电力与建筑学院2009级校友，就职于山西国际能源集团（格盟国际）有限公司

永存赤子心

1981年，我17岁，由太原十中毕业，考入太原工业大学电力分院8102班学习。当时的我，可谓懵懂无知，是父母的选择使我和电力专业结下了几十年的缘分。回想这既长又短的学习和工作时光，我很感激父母的选择和命运的安排：在成长的年纪，遇到了一些好老师、好同学，在他们的指导和激励下，我曾经认真地求学、思考；在工作的岁月，少年时对科学和科学家崇拜的我，能投身于国家的电力事业，把自己的生命和国家的宏大事业联系在一起，是心之所往，也是命运之所归。

2011年底，张东霞（中）担任IEC PC118秘书助理，赴日内瓦IEC总部接受培训

难忘的大学生活

距离大学生活已过去了40年，但只要谈起，仿佛就发生在昨天。和朋友程晓棠一起翻录邓丽君、凤飞飞、余天的盒带时的欣喜，躺在上铺整夜阅读《简·爱》《约翰·克利斯朵夫》《幻灭》等文学名著时感动又愧疚的心情，捧着《电力系统》却总是不能完全读懂第六章的懊恼，这些都还能真切感受到。翻录的盒带、抄写的读书笔记和扉页上抄着小诗的教科书，已经很久没有听过、读过，但那些歌词、大段大段喜欢的文字和学到的专业知识，已融入自己的血液，成为个人精神世界的一部分。

回顾大学生活，最感到庆幸的是遇到了一些优秀、敬业的老师。教《高等数学》的王学谦老师，板书工整，讲课逻辑清楚，我至今仍记得他讲课时亲切的面容和声音；教《普通物理学》的高义祥老师，实践了“终生学习”的信念，我曾见他在省图书馆借阅英文原版物理书，在五一路外文书店的小门后购买英文原版教材；教英语的郝广庭老师，儒雅、谦和，在我们易感、自尊心很容易被伤害的年纪，用言语和行动小心呵护我们的自尊，也曾用一份等级考试试卷，让我们明白自己的英语水平还需要很大的提升；教《电路原理》的李崇贺老师，江浙口音，温文尔雅，和蔼可亲；还有李老师的助教石生老师，当时刚刚研究生毕业，有新一代学者的气质和风度，是我们一生的师长和值得尊敬、信赖的朋友……得益于遇到了这些好老师，我的英语、高等数学、电路原理都学得比较扎实，在离开学校三年后，复习功课考研时，即便在带着孩子的情况下，也只花了很少的时间，便取得了好成绩。

除了遇到优秀的教师外，让我感到庆幸的是我也遇到了一群正直、勤奋的同学。我的青春期似乎是从大一开始的，躁动不安，恰逢20世纪80年代的“文艺复兴”和“自由开放”，外国文学、电影、诗歌和台湾流行音乐对我有太大的吸引力，使我难以专心于功课。但同学们安安静静读书的情形打动了我，两个小时没有人动窝，三个小时后才有个别人起身离开，但也有人只是出去走走，然后又回来继续看书。我带着自责、惭愧的心情开始努力学习，很羡慕同学们有平静的心，有毅力和耐心。在后来的硕士研究生、博士研究生学习中，我也知道了专业书要一页页、一行行地读，读不懂的内容经反复研读就会读懂。

中国的电力：我们的事业

1999 年在清华大学取得博士学位后，我进入中国电力科学研究院博士后流动站，出站后留院工作至今，先后在系统所、技术战略研究中心、配电所、人工智能所工作。回顾 20 多年的电科院工作，有些事难忘，也有一些感悟……

面对科研就像面对考试

大区联网系统可行性研究中，发现了负荷模型对联网系统暂态稳定分析结果有很大影响，甚至是颠覆性影响，为此，国网公司决定在东北至华北互联网系统的黑吉和吉林断面的 500 千伏线路上做三相短路试验。

2004 年做了第一次试验，得到了初步分析结果。为了验证结果，2005 年准备放大断面潮流再做一次。试验方案是上午先做一次，现场进行分析，按提出的修正模型和原模型做的仿真结果和实测结果比对，仿真结果与分析结果确实一致时，下午放大断面潮流再做一次。作为研究人员，独立承担仿真分析工作，我压力很大。至今我还能想起那个下午的情景和自己的心情，没有给领导添乱，没有影响试验的进程，压力没了，内心狂喜，想哭想笑，一次次到无人的地方去流泪、大笑。每次科研工作的顺利完成，特别是具有挑战性的工作，都像通过一次大考一样让我欣喜若狂。

持之以恒

伴随着负荷模型建模试验研究，我们也在开展一些理论研究，其中有项工作就是要说明采用电动机负荷模型时不能简单将配电侧的等值电抗加在电动机定子电抗上，但应该如何在电动机负荷模型中考虑配电侧阻抗的影响却缺乏严格的理论推导过程。我喜欢数学，乐于推导公式，因此对这个问题很感兴趣。如果想把等值阻抗考虑到电动机中，首先需要保证电动机的五阶方程形式不断，但其中的参数要进行修正。想通了这点后，我开始着手推导，但因为其他的工作太多，这项研究工作不是规定内容，只能抽时间做，有点空闲时间，我就拿出放置在一旁的草稿纸研究，有几次甚至想放弃了，因为觉得不可行，而且每一次中断后再继续，有点找不到原来的点的感觉。但一件没完成的事，又让我放不下，终于在某个周末的下午，全部推导完成了，看着整整齐齐的五个公式，其中的参数很有规律地被进行了修正，那一刻体会到不放弃就会有成果，那一刻看着整齐的公式就像看到了造物主创造的和谐世界一样，我心里涌起一阵阵感动。

团队的亲密合作

应用类学科的科研工作多数是偏工程应用的，不是一个人的理论研究，需要团队合作。在进行电压等级从 10 千伏升压到 20 千伏的经济技术性论证时，时间紧，考虑因素多，大家连续一个月熬夜工作，常常是工作到清晨 6 点，小睡一会儿，8 点多又开始工作。但大家互相体谅、互相支持，顺利完成了方案论证工作，为科技部领导在党组会上的汇报做了很好的技术支撑。老专家侯义明老师，是我的太原理工大学学长，平时习惯早睡，第二天早起，利用早上的安静时间做研究，却为了这个项目陪着我们熬夜，清晨回到办公室睡在实验室的会议桌上。想起这样的团队和同事，总是让人感动，工作中的温暖人情给我们的工作增添了美感。

接受被选择

当年之所以读博，就是想找一个研究方向，沿着这个方向深入研究下去，做一个“自由主义的学者”曾是我的理想。但进入电科院以后，事与愿违，经过心理调整，我接受了被选择，并在接受新的挑战、开始新一轮学习的同时，感受到一扇扇新门窗打开后的喜悦，有时会为自己没能延续系统方面的科研而遗憾，但也为自己有新的感受、开阔了眼界而感到高兴。成长的过程，放弃了追求绝对，也学会了接受被别人选择，算是一种成熟吧。

就像一些网文说的那样，我们这些60后，可能是中国最后一批理想主义者。我们儿时崇拜董存瑞、黄继光那样的英雄，少年时崇拜陈景润式的科学家，青年时处于开放的时代，可以自由接受各种思想和文化，作为同龄人中的幸运者，拥有接受高等教育和走向国际的机会。回顾走过的岁月，充满了对周遭一切的感恩之心。记得罗素总结他的人生时说过一段话：“对知识的追求、对爱情的渴望、对受苦生灵痛彻心扉的怜悯之情，是主宰我生命的三种驱动力。”对此我深有同感。虽然漫长的心路历程中，很多想法已改变，但怀着赤子之心，追求知识和真理、平等和自由、善良和仁慈，是我永远不变的信念。

张东霞，1981级校友，中国电力科学研究院有限公司资深专家，《中国电机工程学报》副主编

母校带我走进动物学研究的殿堂

我叫卢欣，1963年10月生于山西霍州，现在是武汉大学生命科学学院教授、博士生导师，植物与动物学、生态学系主任，兼任中国鸟类学会副理事长。曾荣获国家杰出青年基金、第七届全国优秀科技工作者、斯巴鲁生态保护贡献奖。

1981年，我从家乡霍州考入山西大学生物系动物学专业，由此，开启了我的动物学研究之路，此乃我人生第一个重要转折点。回望来路，母校的启蒙和心智开启，让我进入动物学研究的殿堂；母校也赐予我许多难得的发展机会，让我的学术研究行稳致远；母校的情结，伴随我的一生。

润物无声，母校授真传

40年前中国高等教育的学科设置，传统而经典，动物学就是其中的代表。而恰是这种传统和经典，成为此后在生命科学突飞猛进、日新月异的时代潮流中我坚守初心，不懈进行动物学研究和理论创新的基础。

在山西大学，我受到了系统的动物学教育。那时的生物系，有许多知名的动物学老师，比如贝类学家赵庚、昆虫学家朱慧倩、鱼类学家朱才宝、鸟类学家刘作模、兽类学家王福麟。这些学者中，许多是早年全国学科调整的时候从国内知名高校来到山西大学的，比如，刘作模先生来自北京大学，王福麟先生来自南开大学。他们中的许多人在全国学术机构担任理事，在中国科学事业重回春天的 20 世纪 80 年代，这代表着相当高的学术地位。

不过，山西大学动物学科的传统优势及在全国的影响和地位，是我后来才理解和认识到的。也就是说，那时稚嫩单纯的我们，在不经意间，享受着学术大家的教诲和指引。正所谓桃李不言，下自成蹊。

在生物系动物学专业学习期间，一件改变我人生道路的事情是加入鸟类学兴趣小组。受刘作模和王福麟两位先生的影响，我对野生动物情有独钟。1983 年冬季，我与几名同学一起，自发成立了一个鸟类学兴趣小组。我们与距离山西大学不远的山西省生物研究所刘焕金研究团队取得联系，利用业余时间认识鸟类，参与鸟类科学研究。

那时，学校和研究所紧邻太原市郊野，为我们的活动带来很大便利。去野外看鸟，成为我上大学时最大的乐趣和前行的动力。北张村的春柳和飞入寻常百姓家的燕子、航校蒲草丛里的夏热和苇莺的吵闹、小马村汾河滩槐树林的秋风和南飞的大雁、小店稻田冬日的萧瑟和孤独游弋的鹰隼……哦，我永久的回忆。

鸟类学兴趣小组的经历，使我大学毕业后被分配到山西省生物研究所，继续从事我心爱的鸟类学研究。

经济的快速发展、日益城市化和数字化的现代生活，特别是由此带来的社会竞争，正在蚕食许多年轻人对大自然的质朴之爱。相比之下，自己能在大学二年级的时候，就实实在在地走进和体验自然、探索和领悟自然，让身心受益，真的十分幸运！

这份幸运，无疑来自母校的启迪和鼓励。

天道不言，母校赐机缘

与山西大学生物系动物学专业结缘，对我的事业发展的影响，也延续到我大学毕业之后。

1985 年，我来到山西生物研究所工作。因为研究需要，我十分渴望阅读英文文献。那时，我们研究所订有影印版的美国生物学文摘，可是，我只能看到摘要，看不到全文。这个问题给我带来很大困扰。

大学毕业不久的我，经常去山西大学找读研究生的同学攀谈。1986 年 12 月的一天，我同往常一样，与朱才宝教授的一位研究生聊天，说出自己寻找英文论文原文的困苦。他告诉我，只要依照美国生物学文摘提供的作者地址，写信索要原文的单行本即可。

一句话点醒梦中人！依照这个办法，我读到了许多英文论文的原文。这让我至少提前 15 年触摸到国际研究的前沿，从而打开自己的学术视野。显然，这个领先一步的优势，在我的学术发展中起到了极其关键的作用。

通过与母校保持联系，我获得了更多事业发展的信息和启发。而下决心攻读博士学位，也是我在与母校联系中产生的想法。

1994 年，我打算以同等学力身份，报考著名鸟类学家北京师范大学郑光美教授的博士研究生。依照要求，报考需要推荐人，这是一件很重要的事情，对于以同等学力身份报考的考生尤其重要。

我很自然地想到了王福麟老师。他与郑光美教授是东北师范大学库加金动物生态研究班的同学，他推荐的话肯定帮助很大。王福麟老师爽快地答应了我的请求，并亲笔写信。

记得我去他家里取推荐信的时间，是 1994 年元宵节前夕的一个下午。出于礼节，我顺便买了一袋路边现场制作的普通但新鲜的元宵。没想到，王老师竟因此道谢不已。回味那个年代的生活，虽然物质匮乏，但人情浓厚，幸福感满满。

厚德载物，母校惠一生

1997年，我从北京师范大学获得博士学位，来到武汉大学生命科学学院工作，继续从事我在母校就已经开始的鸟类科学研究。我的研究基地从黄土高原走向世界屋脊青藏高原。

我的研究兴趣在于鸟类的生活史和社会行为的进化。鸟类世界独有的魅力，一直深深吸引着我。我关注的基本科学问题包括其生活史特征的权衡、性选择、精子竞争、性冲突、亲属选择。我和我的团队不懈努力，企图打通关联这些问题的脉络，从而理解进化机制。

作为一个自然历史学者，我特别看重野外研究的价值。青藏高原是一片地域辽阔、自然景观独特的神奇大地，揭秘高原鸟类的自然历史，基于长期、大尺度生活史和社会行为数据透视关键物种的演化之路，是我和我的团队努力的目标。

我发现，野外工作不仅赋予我科学研究成果的回报，同时也丰富了我的人生体验，让我有机会用心感受养育自己的这片土地的人民的情怀，享受艰辛之后的快慰，陶醉于往昔经历的回味……

把野外科学探索当作一种生活方式，在理性的探索过程中享受感性的人生，是我的理念。我也把这一理念传授给我的学生。跟随我的脚步，我的学生们一次又一次踏上高原，把青春、智慧和爱奉献于高原鸟类科学。

毫无疑问，这样的理念，发端于我在第一母校山西大学所接受的坚实而厚重的动物学教育，发端于我在那里求学时所形成的人生追求。

遇见山西大学、遇见动物学、遇见鸟类，是我的幸运。我感恩母校，也因母校而骄傲。

卢欣，生物系1981级校友，武汉大学生命科学学院教授、博士生导师

从军报国　成绩斐然

——化学系1981级校友谢剑炜

谢剑炜，军事科学院军事医学研究院毒物药物研究所、抗毒药物与毒理学国家重点实验室研究员，博士生导师，中共党员，专业技术三级，享受国务院政府特殊津贴。1964 年 7 月出生于山西榆次，1981—1985 年在山西大学化学系学习，1985—1988 年为山西大学化学系分析化学专业硕士研究生，1988—1992 年在山西大学化学系任教，1992—1995 年，厦门大学化学化工学院读博士研究生，1995—1997 年在原军事医学科学院药学博士后工作站进行

谢剑炜（中）及其团队

博士后学习，1998 年至今在军事医学研究院历任副研究员、研究员，研究室主任等。

阅读他的成绩，分享他的荣誉

谢剑炜现任军事科学院首席专家，防化医学和药物分析学科的学术带头人，军事医学研究院科学技术委员会委员，全军化学毒剂毒物检测中心主任。军队杰出青年人才基金获得者，享受军队优秀专业技术人才一类岗位津贴，荣立个人二等功 2 次、三等功 1 次，集体二等功 1 次。他在化学武器核查技术、反恐化学检测确证技术、未知化学危害物筛查鉴定技术及相关分析毒理学等方面开展研究，荣获国家科技进步一等奖、军队科技进步一等奖和中国分析测试协会科学技术奖特等奖各 1 项（均为第一或并列第一完成人），2015 年度获中国药学发展奖食品药品质量检测技术奖突出成就奖。主持国家重点研发项目、国家科技基础性工作专项、国家“重大新药创制”科技重大专项、“十二五”国家科技支撑计划、国家重大科学仪器设备开发专项和军队重大重点项目等课题二十余项。

现兼任中央军委保健专家、国家防范处置恐怖袭击事件专家咨询组专家及化学组副组长、国家食品安全风险评估中心理事、国家食品安全风险评估专家委员、国家卫健委突发事件卫生应急专家咨询委员会委员、国家化妆品安全风险评估委员会委员、中国化学会质谱分析专业委员会副主任委员、中国质谱学会常务理事、中国毒理学会分析毒理专业委员会常务委员、中国毒理学会中毒与救治专业委员会副主任委员、军队处置突发事件应急指挥机制专家咨询委员会委员、北京市食品安全专家委员会专家、国家和军队新药审评专家等。

打造国际前列的科研平台

谢剑炜作为国际禁化武组织(简称OPCW)环境样品和生物医学样品分析指定实验室主任，主要从事毒物分析与分析毒理学、质谱分析、体内外药物分析和药品质量控制技术研究等，开展各类复杂基质中未知化学毒剂毒物系统筛查策略和分析鉴定技术方法研究，发展并攻克多项化学武器核查关键技术，十年磨一剑，他领导的团队成绩斐然，令国际专家刮目相看。他领导的实验室目前已经成为“双料”的OPCW指定实验室、国家反恐怖化学检测指定机构、国家和军队重点实验室、国家食品安全风险评估中心分中心。

该实验室2006年4月本着练兵目的参加了第19次效能水平测试并意外获得了B的成绩，虽是一个B，但比金子还珍贵，首次出战即获成功，本次联试只有他们的实验室和瑞士Spiez获得成功，其余美国、德国等老牌优秀实验室均被暂停或取消资格。

谢剑炜介绍说：“接下来我们以最短时间一年半、最少参试次数3次的成绩，一举申报成功，创造了新纪录，至今无人超越，并被载入2008中国国防白皮书。”

据统计，历史上曾经有50多个国家的100多个实验室参试并希望被指定，但目前仅有15个国家的19个指定实验室，并且其中还有3个被暂停不能参与国际化武核查。而在所有这些指定的实验室中，他们是从来没有失败过的、成绩最优的4家实验室之一，许多国家都希望到他们的实验室来进行技术培训。

谢剑炜的实验室从2009年开始连续6年5次参加生物医学样品分析的信心建立练习，直接参与规则制定并贡献了中国实验室力量。2016年获准成为首批生物医学样品分析指定实验室。像这样的“双料”指定实验室具有重要的国际地位，这标志着我国军事分析化学和化学武器检查分析水平已迈入国际先进行列，将促进我国在国际化学武器军控履约领域占据主动权。

在取得两个指定实验室的同时，他们还积极参与首次国际蓖麻毒素的效能水平测试，因为蓖麻毒素不仅是国际化武清单里仅有的两个生物毒素，也是累次入选美国白宫和英国议会的恐怖毒蛋白。

在科研路上奋力前行

近年来，谢剑炜带领的团队还采用生物标志物核查技术深入系统地研究了芥子气的体内转化代谢途径，该技术解决了国内外一百多年来面临的难题，不仅发现了芥子气原型在体内存在脂肪蓄积问题，而且还在体内发现了新的芥子气代谢毒性分子二乙烯砜，并发现芥子气进入体内后，并不是文献一致认为的先加合后氧化，而是先氧化成二乙烯砜再加合，并且代谢酶转化比例高达 90%，并进一步证实芥子气的氧化应激和谷胱甘肽耗竭等主要毒性作用并不是芥子气导致的，而是他们发现的新毒性分子二乙烯砜引起的，为医学干预提供了全新的靶点，有望解决芥子气难防难治的历史。该系列研究成果为芥子气毒理机制以及医学防治研究开辟了国际新视野。

谢剑炜团队在全方位高效率地组合分离富集净化技术、剧高毒参考品快速微量定向合成技术、靶向信息依赖与非靶向筛查鉴定技术、生物标志物临床精准诊断技术等方面都具有很大优势，如他们提出发展的靶向信息依赖与非靶向筛查鉴定的策略，关键点在于分析了化学武器乃至各种化学危害物，即世界上的化合物千千万万种，但都离不开元素周期表里 100 多种元素，而其中有机化学危害物一般仅由其中的 6 至 8 种元素构成，这样就可以通过各种技术获得它的元素组成、官能团信息、同位素比、保留指数等指纹信息。其策略作为全球仅有的两个策略被列入国际化武核查蓝皮书中并向全世界推荐使用，且被多国证明是行之有效的。

耐得住寂寞，才能取得扎实的重大科研成果。他们在化学毒剂及其相关物的系列合成和分析鉴定研究中，发现两个神经性毒剂相关类似物，分别具有两个手性中心并具有不同的结构式和分子量，但在化武核查常备技术——气相色谱及气质联用分析时，却不仅呈现出相同的保留指数，而且呈现出相同的碎裂方式和质谱图，这就容易发生误判。这一研究发现与国际同行分享并报告后，使 OPCW 修改了核查鉴定规则，并建议各国在化学武器核查时采用多种技术方法进行验证。

特别能战斗的科研队伍

在科研管理上，他们承担了国家的化学武器核查指定实验室建设任务，是典型的以任务建室、以任务促发展的成功例子，更重要的是，谢剑炜领导的团队具有特别能战斗和勇于进取的精神。有人问谢剑炜：“你们一天到晚考考考，究竟有什么用？对防化医学有贡献吗？”其用处太多了，例如，近年来，他们承担了叙利亚化学武器的核查任务，外交部称赞道：“这次任务推进了我国与国际禁化武组织的合作，并进一步展示了我国在国际热点安全问题上的重要地位和负责任大国形象。”

又如，“8·12”天津大爆炸后，美国 FDA 照会中国食药总局，在天津出口美国的药品外包装上发现氰化物，他们发挥应急确证检测的特长，又在国家急需时站出来解决问题。通过自主研制的表面增强拉曼技术，连夜加班检测，确证确实残留有氰化物后，积极应对处置，为维护国内稳定和涉外谈判提供了关键数据，受到中央首长的高度关注。

十年来，谢剑炜领导的实验室围绕军事医学发表的SCI科研论文100余篇，申请课题30余项，获得了军队科技进步一等奖、中国分析测试协会科技进步特等奖和国家科技进步一等奖。

化学化工学院供稿

“抱朴守真”的学者

——中文系1981级校友赵勇

这里的赵老师，是北师大文学院教授赵勇，他是我的老师，但在我的眼里，他不仅仅是一位老师，还是——

一位会讲故事、能把深奥的文学理论予以欢畅言说的著名学者

我的这种认知产生于2005年10月。那时，我正在读一些与大众文化有关的论著，其中，他的《透视大众文化》和《整合与颠覆：大众文化的辩证法》给了我很大触动。因为它们一点儿不像其他论著那样，摆出一副冷酷的面孔，佶屈聱牙很“康德”，而是通透晓畅、鞭辟入里，处处洋溢着叙述的欢乐。比如，《透视大众文化》对当代影视之“性与暴力”的分析、对冯氏贺岁片“骨灰盒”里秘密的揭示、对广告中欲望诱惑的阐述，都让人有种跋山涉水登顶后一览众山小的舒畅。值得提出的是，这两部著作都是他在读博期间写就的，一部是博士论文，一部是博士论文的副产品，加起来有60多万字。这两部著作，让他从一个与我素不相识的人成了我心中“会写的赵老师”。

凡与赵老师有交往的人，都知其能写会写。2006年9月，长治学院中文系主任曾以老教师赵勇为例与我们新教师谈科研，他说赵勇能写会写，14年发了70多篇文章。他还说，赵勇勤奋有才，1999年去北师大念博士了。14年发70多篇文章，够亮眼！但更亮眼的是，博士毕业后，他平均每年发10篇左右的论文、批评和随笔，其中，被三大文摘转载的有五六十篇；他写作、翻译、编著了《大众媒介与文化变迁》《法兰克福学派内外》《赵树理的幽灵》《大众文化理论新编》《文学与时代的精神状况》等十几部著作，而《大众媒介与文化变迁》和《法兰克福学派内外》还获得过教育部人文社科优秀成果奖。2018年，汪民安、李建军在文章中这样说道：“赵勇是国内研究法兰克福学派最有成就的学者之一。”“这些不同来源的材料源源不断……赵勇将它们安置在不同的论述结构中……正是这些不同层面上的材料的支撑，使得他的写作不断递进，在人们似乎感觉到最终的论点呼之欲出之际，一个重要的转折又出现了……这使得赵勇的文章形成了一个递进而繁复的结构，就像复杂的侦探小说一样令人眼花缭乱。”“他最值得注意的特点，还不是这些，而是文体意识的自觉。条畅而雅秀的随笔体表达，将赵勇的‘论文’升华为‘文章’，赋予他的作品以彰明较著的风格和引人入胜的魅力。”这是读了《法兰克福学

派内外》《赵树理的幽灵》后，他们发出的由衷感慨。

一名有责任、有担当，甘冒风险与社会战斗，用文字警醒世道人心的知识分子

需要指出的是，这里的“知识分子”不是传统意义上的知识人、文化人，而是心中有社稷、眼里有苍生，敢于抵抗现实，具有批判精神的人。这重身份可从他2006—2008年为《南方都市报》《新京报》《东方早报》《齐鲁晚报》等写的近200篇、30多万字的时评中清晰看出。在那时，他对文化、社会、娱乐、教育、艺术、文学等各个领域发生的有一定影响的事件都进行了及时介入，如南方雪灾事件、黑砖窑事件、作家富豪榜事件、《蜗居》事件、范跑跑事件等都在他的笔下出现过。通过他的及时介入和深度分析，读者不仅知晓了这些事情的来龙去脉，而且看到了隐藏其后的那些影响社会进步和民众觉醒的残酷事实。毫无疑问，在犬儒主义风行、思想淡出的时代，写这些批判性、思想性的文字是不受待见并有风险的，而且也不计入“工作量”，因此，一些学者即使有想法也不去写，而是“两耳不闻窗外事，一心只读圣贤书”。但赵老师没有这样，他义无反顾地投入这种风险写作中，用他的笔、他的智慧和文字写出了他的认识、他的愤怒、他的无奈。难道他不知道这样做有风险？他当然知道，而且他还知道这样的文字与学术论文不同，是速朽的。但他还是坚持这样做，因为有一种“压在纸背的心情”，警醒世道人心的良知、责任和担当在催动着他。事实上，他并不是2006年才开始这么做的，早在20世纪90年代后期，他就开始了对中国当代文学文化的批判，表露出要说真话的愿望。他的理想，也不是仅仅成为一名“有学问”的学者，还要成为一名知识分子，并在“学者身份和知识分子角色扮演之间取得一种平衡，向往一种自由言说说真话的境界”。因此，他特别推崇赵树理，因为他敢于为民请命；也异常钟情萨义德，因为他们敢于说真话，向权势说不。

一个朴实诚恳、笃情重义的实在人、有情人

颜小芳在评价《赵树理的幽灵》时，曾用大量篇幅论述赵老师在工作中体现出来的实诚或实受精神。她说，对于赵勇而言，实受“就是不管是讲课还是做研究，他都能贴着真实的生命体验，不浮夸、不空洞，不横空出世、不剑走偏锋，而是有章可依、有迹可循，脚踏实地、循序渐进。”其实，不仅工作中，日常生活中的赵老师也是一个这样的实受人，相信只要读过他那本引起广泛好评的散文集《书里书外的流年碎影》的朋友，都会和我一样，强烈地感受到从他身上迸发出来的那种赤裸裸的、没有丝毫掩饰的深情。他的恩师童庆炳先生很欣赏他的这种为人，曾在多个场合表扬他“不加掩饰”“情信”。他对童老师的感情也非常深。在这里，我想再说两件他和他的老师们的事情。2015 年 6 月，童老师在金山岭长城过世，这让赵老师极度悲伤。不久，他写出了首篇忆念恩师的长文《蓝田日暖玉生烟》，字里行间流淌着对恩师的款款深情，读之让人动容。不久，他又写出了第二篇忆念恩师的文章，依旧言辞恳切、情深义重。再后来，他每年都要写几篇与恩师有关的文章。2022 年除夕，他还在为恩师的《朴》写书评，他说，只有这么做，“才觉得可以过年了”。不给老师的书写书评就不能过年——只有笃情重义的实受人才会这么做！事实上，他不仅对恩师这样，对其他师友也是如此。《落花无言 人淡如菊》是他追念中国人民大学陈传才老师的一篇文章，从中，我们可感受到他对陈老师感情的那种澄澈。陈老师的学生——河北师范大学邢建昌教授转发此文时说：“厚道而有情谊的赵勇，留下了恩师如此珍贵的照片。”

若细心观察还会发现，三重身份之下，裹着赵老师的一颗“真”心，或者说，他始终在追求“抱朴守真”的生活：剥除语言迷雾是求理论之真，坚持说真话是求事实之真，不加掩饰地用情是求情感之真。那么，他为什么要追求“抱朴守真”的生活？“难得糊涂”不是更好吗？不好。1981—1985 年在山西大学求学时，他的老师邢小群、梁归智、程继田等早已对他言传身教——不能走那条路。在一篇写邢小群老师的文章中，他说：“她那颗怀疑、清理、反思

乃至批判之心伴随着思想解放的进程，早在20世纪80年代的课堂上就开始萌动了……那是对我们的全面启蒙——文学的、人性的、政治的，甚至人生格调的……现在想来，邢老师的课堂于我而言，就是新启蒙的一个重要场所。”而且，邢老师还直接助力他的处女作在《当代文坛》发表。在回忆梁归智老师的一篇文章中，他也深情叙述了梁老师对他的影响："梁老师也笑了，但是当他收起笑容开讲《窦娥冤》时，却是对悲剧的严肃反思：从亚里士多德到黑格尔，西方世界的悲剧观是怎样发展的，为什么中国古代的悲剧喜欢有一个'大团圆'结局，恐惧与怜悯究竟是怎么回事，'善恶相报'何以具有反悲剧色彩……它对我的启迪也依然至关重要，因为悲剧问题是我学术研究的起点。”

这么说来，赵老师“抱朴守真”的生活方式上是盖着一个大大的“山西大学”印章的，是它影响了他，成就了他。

魏建亮，河北大学文学院副教授

我与检察共成长

子在川上曰：“逝者如斯夫，不舍昼夜。”值此母校山西大学建校 120 周年即将来临之际，身为一名 1985 年由法律系毕业的山大学子、从检 38 年的人民检察官，不禁心潮起伏、思绪万千，抚今追昔、感慨良多。有一种强烈的责任感与使命感驱使着我，静下心来，忙里偷闲，写就以下文字，以志纪念，以抒情怀。

1978 年，伴随着改革开放在古老的神州大地蓬勃兴起，和着中国民主法治建设日渐清晰的节拍，人民检察迎来了期盼已久的春天。四十年来，全国

检察机关自强不息、求真务实、锐意进取，走过了从小到大、从弱到强、从单一到全面的发展历程，描绘出一幅幅波澜壮阔、永载史册的检察画卷，为国家政治稳定、经济发展、改革深化、法治建设做出了不可磨灭的贡献！

几度秋雁南飞，几番花开花落。悠悠三十载，弹指一挥间。回顾我的检察工作生涯，令我感念、催我奋进的人与事不胜枚举，铭刻于心。是党和人民将我从一名单纯懵懂的青年学子培养成一名党员领导干部，是检察职业生涯的历练使我成长为人民检察事业的骨干分子。我深切地体会到，自己所取得的每一点成长与进步，都离不开党组织、领导和同志们的关心、培养、指导和帮助！纸短情长，不能自已；感激之情，无以言表……

心中之痛：忠孝难两全

1991年9月24日晚，山西省煤矿彩灯协会筹办的“煤海之光”大型灯展现场发生特大伤亡事故。事故发生后，省委、省政府一方面立即展开对伤员的抢救和善后工作，另一方面迅速组成阵容强大的调查组展开事故调查。我被省检察院党组委派与来自省政府、省人大、太原市委政法委的三名同志组成秘书组，负责材料收集、汇总及起草报告等工作。5个多月的时间，我们充分研判，审慎落笔，夜以继日地起草了向国务院及有关部委、省委、省政府的系列调查报告及各类专题材料，受到了调查组及省委、省政府有关领导的充分肯定。

因为参加专案组的工作，未能在慈父弥留之际与他老人家见上最后一面，成为我心中永远的痛！但在当时特殊的环境下，忠孝难以两全，我作为一名检察人，肩负着党和人民赋予的使命，这是一份不容丝毫懈怠的责任。我深刻体会到，这就是检察人员的恪尽职守，这就是检察事业的公而忘私。

公诉历程：履职更尽责

2001年7月，省检察院党组在机关内部进行干部双向交流，我由政治部综合处处长转任公诉处副处长，开始了长达十六年的公诉工作经历。

2002年9月27日，中阳县药监分局会同县公安局等部门对全县医药市场进行突击检查。在对金罗镇某村卫生院第二门诊部进行检查时，门诊部负责人刘某生及家人多次侮辱、谩骂执法人员并且阻挠执法正常进行。10月的一天，刘某生正在吕梁高专读书的弟弟刘某某（时年19岁）回家后，闻听此事怒火中烧，决意寻机报复。之后他跟踪尾随，在一火锅店持刀将正在吃饭、毫无防备的药监分局执法人员高志全从背后捅死。2003年5月，吕梁市中级人民法院一审判处刘某某死刑，缓期两年执行。此判决书下达后引起中阳县药监系统干部职工的强烈不满，更不被死者亲属所接受。中阳县数十名人大代表联名上书质疑这一判决，省检察院依法向省高级法院提出抗诉。

2003年12月，省高级法院在中阳县二审公开开庭审理此案，县城里唯一的大礼堂内座无虚席，挤满了旁听群众。本着法不容情的原则，我与对方辩护律师（我的大学同学）各司其职，依法抗辩。在我充分准备及助手有力配合下，我们详细阐明抗诉理由，有序援引在案证据，准确适用法律条文，做到了从容应对、抗辩有力、以案释法、法理交融，虽然这是我第一次出席法庭，却取得了颇为理想的庭审效果。山西省高级人民法院据此将案件裁定发还吕梁市中级人民法院重审。

长达十六年的公诉工作经历，我逐步确立了“依法、审慎、廉洁、高效”的工作理念，工作经验不断丰富，业务能力稳步提升，学到了宏观把握大局、民主科学决策、果断处理问题的思路和方法。

挂职锻炼：拓宽知识面

2008年10月，省委决定选派省直机关优秀年轻干部到县级党政机关挂职锻炼。经省检察院党组推荐、省委组织部选定，派我到洪洞县挂职县委副书记，我开始了为期一年半的挂职锻炼经历。

挂职锻炼期间，我协助完成了 460 个行政村顺利换届选举，配合处理了洪洞县万安镇双昌村高致病性猪蓝耳病疫情，协助配合县委主要领导开展工作。

这段经历，使我清醒地认识到自己在应对基层工作、应对复杂局面、应对不熟悉的工作领域方面还存在明显的差距，只有补齐短板，才能不断提高能力、完善自我；这段经历，使我收获良多，终身受益，观察、分析问题不再局限于原来系统的工作角色，涉足了许多之前从未涉足的领域，学到了许多新知识与新技能；这段经历，使我学到了许多开展基层工作的方法与技巧，增强了应对基层各种复杂局面、解决各类棘手矛盾的能力。使我对基层的党政工作有了更广泛、更深入的了解，极大地拓宽了知识面、开阔了视野、增长了才干。

概括而言，学习是永恒的主题，实践是最好的课堂，沟通是最重要的能力。

忻州检察：昂扬奋进时

2016 年 8 月，省委将我从省检察院公诉局局长任上派到忻州市检察院任党组书记、检察长。五年来，全市检察机关在省检察院党组和忻州市委的正确领导下，坚决落实高检院“讲政治、顾大局、谋发展、重自强”的思路和省院党组“坚守底线、勇攀高线”的发展思路，研究提出了推动忻州检察工作不断迈上新台阶的路径与方法是：“牢固树立‘一种理念’（院兴我荣、院衰我耻，求实奋进、争创一流），秉持‘四个始终保持’（始终保持对国家宪法、法律的尊崇与敬畏，始终保持对法律知识、社会百科知识、检察业务知识的好学与博采，始终保持履行职务行为的谦抑与审慎，始终保持日常职务行为的实干与笃行），清醒自觉葆有‘四心’（敬畏之心、进取之心、律己之心、知足之心），加强‘四种能力’（政治能力、学习能力、创新能力、执行能力）

建设，努力创建‘四型’（学习型、团结型、活力型、廉洁型）机关。”对标一流、多措并举、求真务实、开拓创新，推动忻州检察工作实现了阶段性进步、跨越式发展，队伍建设取得明显成效：市检察院被评为全国普法先进单位；忻府区院、原平市院、河曲县院被评为全国先进基层院；河曲县院被中央文明委授予“全国文明单位”的荣誉称号；市检察院、原平市院、代县院、岢岚县院、河曲县院被评为“山西省文明单位”；全市共有 47 个集体、85 名个人获得市级以上表彰，143 人被评为省级检察业务专家、业务尖子、办案能手。全市检察工作呈现出蓬勃发展的良好态势，队伍精神面貌焕然一新。

寒暑易节，春秋五载。回顾忻州检察五年来的发展历程，给予我们最有益的启示有：始终坚持党对检察工作的绝对领导，是人民检察与生俱来、始终赓续的红色血脉，更是检察工作坚定正确政治方向的根本保证；始终坚持围绕党和国家工作大局开展工作，是检察机关依法履职的本职要求；始终坚持以人民为中心、践行司法为民的根本宗旨，是检察机关人民性的最好体现；始终坚持检察机关的宪法定位，全面提升法律监督质效，是维护社会公平正义、捍卫司法公正公信的强有力保障；始终坚持打造一支让党放心、让人民群众满意的高素质检察铁军，政法姓党，是政法机关永远不变的根和魂。

峥嵘检察不了情，战斗正未有穷期！

周东曙，法律系 1981 级校友，现任晋中市人民检察院检察长

小蘑菇种出大事业

我叫常明昌，1964 年生于大同一个普通工人的家庭，1985 年山西大学生物系植物专业毕业，现为九三学社社员、二级教授，山西农业大学食用菌学院院长、山西省食用菌研究院院长、中国食用菌协会副会长、山西省食用菌协会会长、省食用菌产业技术体系首席专家、神农科技集团食用菌产业首席专家、省食用菌工程技术研究中心主任、省食用菌产业技术创新战略联盟理事长、省黄土高原食用菌提质增效协同创新中心主任等。

37 年来，我始终致力于食用菌教学、科研、成果转化、科技扶贫和乡村振兴，先后荣获“全国先进工作者”“全国五一劳动奖章”“全国脱贫攻坚创新奖”“全国师德标兵”“全国道德模范提名奖”“全国食用菌产业扶贫带头人”“中国科技扶贫十五年杰出贡献者”“中国小蘑菇新农村行动突出贡献者”“山西省五一劳动奖章”“山西省脱贫攻坚创新奖”“山西最美科技工作者”“山西省十大科技标兵”和“2020 年感动山西十大人物”等，所率领的团队获得首批“全国高校黄大年式教师团队”“山西省教育系统先进集体”“2021 年山西省常明昌劳模创新工作室”和“2021 年全国党建工作样板支部”等荣誉。

树高千尺不忘根

我的成长离不开母校的栽培，离不开母校的教导和老师倾注的心血。1981 年 9 月，我来到了山西大学生物系植物专业学习。在校期间，我十分珍惜大学生活，每天早起晚睡，刻苦学习，教室和实验室几乎成了我的家。每年暑假，我都跟随老师或单独在野外进行藻类和菌类资源调查，四年下来，我走遍了大半个中国；寒假，又在实验室帮老师做标本鉴定，每年干到除夕才回家，一般大年初五就又来到了学校学习。学生时代有幸遇到了一批德才兼备的好老师，如著名真菌学家刘波先生，藻类学家凌元洁、张吉科、李本良、余湘云、褚西宁、张江涛、郑耀武、郝军山、马恩波、张峰、上官铁梁等先生，他们对我的谆谆教诲使我终身受益，他们是我人生和事业的引路人。

令我难忘的是，凌元洁先生在我学生时代就带我参加了全国植物学大会和全国轮藻大会，我野外考察的经费也是凌先生支持的。使我倍感温暖的是，我大三的时候得了急性肠胃炎，住院期间余湘云先生和同学们多次看望我。

大学毕业后，我来到山西农大工作，依然能得到恩师刘波先生的悉心栽培，跟随了先生 32 载。刘先生德高望重，他严谨的治学态度、锐意进取和创新争先的精神一直激励着我不断前行。记得 1992 年我自己创业以来，刘先生和师母每年都来我创建的山西农业大学食用菌中心和基地进行指导和鼓励，令我备受鼓舞和鞭策。1992 年与刘波先生在管涔山野外考察的照片一直挂在我家里和工作室。

我能有今天，离不开母校和恩师的教育培养。这对成就我的梦想和事业起到了十分重要的作用。母校的栽培奠定了我成就事业的坚实基础，母校、国家与时代提供了我敬业奉献的坚定支撑，母校的老师赋予了我立德树人的永续动力。我一生都会牢记母校恩师的教诲，并会永远践行山西大学“中西会通、求真至善、登崇俊良、自强报国”的校训。

一生只做两件事

注重学科建设，担当育人使命

我作为学科带头人，2012 年率领团队在全国率先开创食用菌方向人才本科教育，经过 9 年的努力，在省教育厅和学校的关心和支持下，2020 年 3 月，“食用菌科学与工程”本科专业获教育部批准，正式列入国家普通高等学校本科专业目录，成为全国首个食用菌本科专业，开创了中国食用菌科学大学教育的先河，这为进一步推动我省乃至我国食用菌产业培养大量专业人才提供了良好的平台，使我校我省食用菌学科建设走在了全国前列。2021 年 4 月 20 日，在我校和神农科技集团的关心支持下，创建了全国第一个食用菌学院——山西农业大学食用菌学院，同时成立了神农食用菌产业学院、山西省食用菌研究院。

我亲自为近 15000 名大学生授课，不仅培养了一批批大学生和研究生，而且十分注重农民技能提升，先后举办食用菌培训 400 多期，培训农民 5 万多人次，培养出一批批技术骨干和“留得住，用得上”的本土人才，带动 3 万多户农民脱贫致富。依托食用菌科研基地培养出了一批大学生成功创业和扶贫的典型，如荣获“全国就业创业优秀个人”称号的“蘑菇王子”黄超、荣获“第九届中国大学生年度人物”称号的江利斌等，这些人在科技扶贫和乡村振兴中发挥了重要作用，成为脱贫攻坚的中坚力量，同时也成为大学生创新创业的“领头雁”。

加强成果转化，促进产业发展

脱贫攻坚和乡村振兴都需要真抓实干和久久为功。多年来，我先后在全省 85 个县区开展社会服务，助力乡村振兴，43 个县开展脱贫攻坚，推广优良品种 300 多个，在广灵、安泽、临县、汾西、高平、昔阳等地分别建立了省内最大的木耳、香菇、双孢菇、灵芝基地，社会经济效益约 42 亿元。

2005 年至今，我先后引领 31 家煤焦铁企业转型，建立了食用菌工厂化生产基地，其中年产值过亿的有 6 家，上市企业 2 家。

2010 年，我受聘担任广灵县食用菌产业总顾问，我不计报酬，随叫随到，及时热情地为当地农民朋友解疑释惑、排忧解难。山西农大到广灵往返一趟就是 800 多公里，10 年来我往返广灵 50 多次，行程达 4 万多公里。该县领导换了一茬又一茬，但食用菌生产从来没有断线，发展规模越来越大，现在食用菌年产量 2 万吨，成为“中国食用菌优秀主产基地县”，2020 年被科技部认定为国家级大同现代农业科技示范园区。

2021 年至今在省委统战部的大力帮扶，特别是在省委常委、统战部部长徐广国的亲自指导下，吕梁市委市政府、中阳县委县政府的推动下，我担任中阳县木耳产业总顾问，率领团队 35 次去中阳县进行技术服务，终于把中阳县打造成华北最大的木耳生产基地，并成为全国木耳生产十大基地示范县。2022 年 1 月，中阳县黑木耳高质量发展示范项目被中宣部评为 2021 年全国文化科技卫生“三下乡活动”示范项目。

善不为名而为，功不为利所动。人民给予了我很多的荣誉，甚至称我是山西省现代食用菌产业奠基人。面对未来，我将不忘初心，以立德树人为根本，以强农兴农为己任，一如既往，率领团队，用小蘑菇撑起大产业，为巩固脱贫攻坚和助力乡村振兴再立新功。学生的茁壮成长、农民丰收的笑脸是对我最好的回报。我会努力做一名为母校争光、为山西农业大学出彩的人民教师。

常明昌，生物系 1981 级校友，山西农业大学教授，山西省食用菌研究院院长

我把工作写在大地上

——中文系1983级校友耿彦波

他熟谙《论语》，钻研心学，以中国文人士大夫自诩；他强势“造城”，铁面“拆迁”，习惯在身体承受极限状态下与时间赛跑。从县长到市长，他誉满身、谤满身，“不到黄河心不死”，任何阻力都无法拖缓他迅疾的步伐。

他就是山西大学1983级中文系学生，太原市原市长、大同市原市长耿彦波。

“当市长就当最好的市长”

大同是1982年国务院首批公布的历史文化名城，排名仅次于北京和承德。2008年2月，耿彦波上任大同市市长第二天就去规划局调研，批评2006年刚通过国务院批准的原规划布局散、没特色，路网设计不够合理，产业布局不够集聚。上任一周，3.28平方公里的大同古城，耿彦波走遍了每个街巷角落，当时的大同古城“满目疮痍，整个古城被垃圾包围，小巷残破不堪”。

耿彦波惯打“文化经济牌”。从灵石王家大院到榆次常家庄园，他曾把两座“藏在深闺人未识”的古建民居推向全国市场。上任10天，他便提出“一轴双城”新规划，投资500亿元彻底改造建设，而大同当时年财政收入仅100亿元。

“不能有多少钱办多少事，应该办多少事就找多少钱。”这是耿彦波的理念。贷款100亿元，政府自筹100亿元，争取中央和省里的支持资金50亿元，剩下250亿元来源于“经营城市”。耿彦波将规划、土地、房管、城建四部门工作都攥在手里，以求在一届五年任内完成目标。

上任一月后，耿彦波开始浩大的拆迁工程。他强令古城在建工程停建，拆除古城墙原址房地产项目，又对街面上的违建房开刀。2008年至2009年，除城中村改造外，大同城市拆迁1.7万户，到2010年达2万户，当时的状况是：“整个城市就像发生过地震。”上访、堵路、告状场面不断，耿彦波本人也被冠以“耿拆拆”“耿一指”等外号,但拆迁进度却愈加严格。“宁挨一时骂，不挨千秋骂”，耿彦波说。

“城市建设是春天挨骂，夏天就好一些，秋天就有收获。但是，你能不能熬过春天和夏天呢？”据不完全统计，耿彦波在大同五年，共修道路200余条，400余公里。除此之外，复兴历史文化古城，大规模改造御东新区和棚户区，升级国家级经济技术开发区，打造“中国第九大古都”文化品牌……大同的金秋，硕果累累。

“我当市长就要当最好的市长，这是我的职责。”耿彦波无愧于自己的承诺。

“必须躬身入局”

耿彦波出生在山西和顺一个普通的农村家庭。他说他“家谱往上数十几代都是面朝黄土背朝天，所以从小觉得，做官到县长就已经很了不起了”。

18 岁时，耿彦波在和顺县委通讯组开始人生第一份工作，勤奋要强、吃苦耐劳从此成为他的标签。

“天下事，在局外呐喊议论，总是无益，必须躬身入局，挺膺负责，方有成事之可冀。”曾国藩这句名言是耿彦波从政的信条。一年到头，耿彦波只有 1% 的时间安坐办公室。“不能当甩手掌柜，与其在办公室拍脑袋，不如去第一线发现矛盾。”他的办公场所不是工地就是街道，他随时开会解决问题。

那时，一天中最早见到市长的人，往往是马路清洁工和街边小吃摊主。为防止开发商懈怠，耿彦波清晨五六点就出门，独自步行检查工程质量，连修路都要亲自走完每公里。据榆次工作人员回忆，2003 年 9 月，榆次老城和文化中心在建，耿彦波每天凌晨 2 点回家，5 点又回到工地。两个工程结束，他穿透了 6 双鞋。

早餐在路边摊买个烧饼、油条边吃边走，午餐用一碗刀削面解决，有时深夜 1 点，他还在施工现场煮方便面充饥。发高烧，他就用凉水洗把脸继续。长期超负荷工作给耿彦波的身体带来隐患，仅在大同工地上他就晕倒过 8 次，其中 2 次有生命危险。做完手术，医生告诫他静养 20 天，但他第 4 天就没了踪影。纪录片《中国市长》中，耿彦波夫人甚至不讳镜头骂他“活腻了”。“其实我知道怎样做既清闲又出政绩，但就是想为百姓做点实事。”他如此说。

做官做人，耿彦波都以曾国藩为楷模。“我是从文的，但搞城建就像带兵打仗，慈不掌兵。”下属办事拖延、质量不过关，耿彦波拍桌怒起：“能干就干，不能干去写辞职报告！”大同开源街的电线杆没挪到位，耿彦波厉声质问：“你是想花大同两次钱吗？”

耿彦波狠批大小干部是常事，有人说在他手下“不脱两三层皮交不了账”。但面对市民，他永远是那个平易近人，拿着图纸灰头土脸的耿彦波。一次，他在古玩店看古建构件，突然有市民闯进来喊“耿市长……”秘书要把人赶出去，却被耿彦波责骂：“你可以进来，别人就不可以吗？”

“报国尽匹夫之责耳”

公职背后的耿彦波，深受中国古代士大夫理想主义和传统儒家文化影响，骨子里将自己当作文人。他自幼喜欢国学，痴迷于唐诗宋词，年轻时能全篇背诵《论语》。1983 年，耿彦波以全省第二名的成绩，被山西大学中文系干修班录取。上学期间，他每天早上 5 点起床，抱着一摞书到图书馆，学到深夜才回宿舍。

两年求学生涯，耿彦波不仅打下坚实的国学基础，成为特殊时代为数不多的高学历人才，也对中国传统历史文化产生独特情结。此后工作中，他所有精力几乎都被城建占据，但始终不忘保护、挖掘山西历史文化资源。工程竣工，他会亲自撰写碑文铭文；接受采访，他会引经据典化用诗词；上任大同市市长，他也曾作《大同赋》寄托情怀与理想：“文化名城，古韵新章。一轴双城，无限风光。传统与现代齐飞，人文共生态一体。奋皇城古都之余烈，振大同崛起之长策……”

2013 年，耿彦波调任太原市市长。他针对太原五年规划建设，分别从民生、生态环境、历史文化、综合交通、产业转型、重大基础设施六大方向详细列出 24 条具体行动计划，力求将太原市建设成为功能完备、品质优良、环境优美、宜居宜业的现代都市。

山西大学是省城太原的一张重要文化名片，也是耿彦波的母校。新校区建设和老校区改造，是耿彦波心头一件大事。上任后，他多次前往山大现场办公，校区选址、调研论证、规划设计……无一不尽全力解决问题，推动建设。从勤勉好学到务实高效，耿彦波的足迹给这座百年学府留下难以磨灭的印象。

2021 年 8 月 28 日，历经八年奋战，山西大学东山校区正式启用。学府新地标一经亮相，便定位在中国高等教育史的时空坐标系中。10 月 28 日，耿彦波重回母校，参观这座他倾注心血建设的新校区。看到曾经沟壑纵横之地，如今已成历史风韵和现代化气息交相辉映的美丽校园，他感慨万千。“建校 120 周年是继往开来的新起点，希望母校接续奋斗，谱写内涵式发展的新篇章，为三晋人民办好高质量教育。”

“燕居田园，静听蛙声一片，动情于山水之间也，淡泊方是人生根本；财取天下，拓开长路万里，报国尽匹夫之责耳，富贵不过身外浮云。”在常家庄园“超然阁”门槛上，耿彦波亲笔题写这副楹联，这是他心迹的坦露，也是为人为官的志向。

2004 年 3 月，耿彦波离任榆次。老城修复开业当天，群众登上城墙挂出横幅：“谢谢你，彦波。”百度“榆次吧”里，耿彦波被公认为榆次人民最想念的一任书记。两年后，还有网友在新浪博客上开辟“耿彦波论坛”。

2013 年 2 月，耿彦波在离任大同时流了泪。春节期间，成千上万大同市民涌上街头，在他离市的必经之路拉起横幅“翻身不忘共产党，巨变离不了耿市长”，声声挽留。

纪录片、现代诗、格律诗词、报告文学……耿彦波所过之处，人民用他最喜爱的方式纪念他。然而，是“耿疯子”还是“耿菩萨”，耿彦波都不甚在意。“在我任上，没有虚度年华，没有浪费职位，这就是做官的最大满足。千秋功过由后人去评说，我把工作写在大地上，政绩在老百姓的口碑里。”

文学院供稿

用执着追求诠释使命担当

——外语系1984级校友代显梅

代显梅得知母校进入国家“双一流”学科建设高校行列的消息后，心里充满无限欢喜！她为母校悠久的历史和辉煌的发展历程感到骄傲；她作为外语学院1984级同学的代言人，带着无限感恩，谦卑地向母校提交了一份毕业三十四年的人生答卷，祝福母校桃李满天，四海名扬！

代显梅（左一）和她的硕博研究生们

她与山西大学的情缘：母校让她带着梦想启航

代显梅认为，一所好的大学，未必一定要有大楼，但必须要有大师，因为在毕业远行的人生路上，始终鼓励她前行的是恩师们根植在她心中的精神力量。她最感谢母校的就是曾经拥有这样一批德才兼备的老师，这些师长以其崇高的人格、过硬的专业知识在她心中播下了爱与梦想的种子，让她后来三十多年的人生路得以行稳致远。她至今还清晰地记得何茂海老师生动传神的精读课堂，记得彭阜民教授和高建教授的严谨治学、春风化雨。在后来很多年的教学和科研中，这些老师们的榜样力量督促她做人做事要恪尽职守、精益求精。

两位年轻英俊、毕业于国际名校（剑桥大学和哈佛大学）的外教老师 Krishnan Venkatesh 和 Samuel Overstreet 挥洒自如的课堂风范、博学深厚的知识修养，给懵懂无知的同学们带来不尽的惊叹和敬仰。《英国文学》课老师 Krishnan 因为有一半中国血统，更是让学生们感觉亲近。他带着剑桥大学文本细读的严谨学风，浑身洋溢着异域文明的清新气质，为学生们打开了一扇文学世界的大门。

课堂之外，Krishnan 老师还给喜欢英语诗歌的同学们“开小灶”。记忆犹新的是老师深邃的目光眺望远方，抑扬顿挫地诵读英国浪漫主义诗人济慈的《夜莺颂》，指出夜莺在黑夜丛林里的歌声中包含的想象力与人生哲思……窗外飘着雪花，室内温暖如春，杯子里黄澄澄的果汁、桌子上松软脆甜的小圆饼干，优美隽永的诗句、友好浪漫的气氛，给人一种温馨舒适的神圣感。学生就这样被老师引领，在英美诗人的情感世界和思想花园里遨游，慢慢学会深刻细腻地了解自己和他人的内心世界，关注特定时空中人的情感与思维意识的戏剧性变化。

德国哲学家费希特在《对德意志民族的演讲》中写道：“那种日常生活的压力和担心，那种由此而来的斤斤计较和利欲，必定会感染孩子们，拖他们的后腿，妨碍他们自由地飞向思想的世界。”如果这些凡俗是横亘在学生成长道路上的阻力，那么山西大学的老师们则身正为范，以他们坚定不移的榜样力量帮助学生们化解了这些人生的滞重，托举他们向自己的梦想飞升。代显梅的文学梦想就在此处启航，带着这样的梦想，她一路从山西大学走向西北师范大学、青岛海洋大学、中国社会科学院、北京邮电大学、美国的Creighton大学、中国人民大学、德国的莱比锡大学。从学生到老师，再到访问学者，她的身份发生了变化，然而，不变的是她的梦想，是她要当一名优秀教师的职业梦想。

她的人生和事业亮点：爱专业、爱学生

美国人类学家玛格丽特·米德在其名著《萨摩亚人的成年》中写道："我们必须把我们的全部教育努力倾注于训练孩子的选择能力上。"山西大学外语学院的教育实际上就完成了教育的这个最高目标，那就是赋予学生选择的能力。优秀老师们潜移默化的熏陶就像闪耀在学生心目中的灯塔，指引他们向真善美的方向稳步前行。

代显梅的专业是英美文学，从山大到人大，从学生到老师，她与文学结下了不解之缘，她说"文学救了我"，并进一步解释说，经典文学作品包含着美丽的语言艺术、丰富细腻的情感表达和深刻独到的洞察力；文学通过精彩的故事把生活的复杂性、情感的复杂性和人性的复杂性生动而深刻地揭示给读者，帮助读者超越自身的局限性，对生命的神奇萌发敬畏之心，教会读者懂得人生的不易，学会宽容，懂得尊重，让读者在对社会和身边人的理解与同情中，慢慢地与周围世界建立起真实而温暖的关系。她一直秉持的读书信念是：读书是为了生活，不能倒置。所以在她的课堂上，她不会机械地让学生去死记硬背任何抽象的概念，而是不断地把学生的思想带入现实、带入生活，让所学所思来解决生活中遇到的实际问题，用课堂获得的审美感知力去欣赏周围世界的丰盈之美，去接纳同伴身上的差异之美；让学生因为读书而变得通达、善良，具有高尚而明确的人生目标。

在三十年的从教生涯中，她先后在国内四所高校任英语系专业课老师，她爱岗敬业，不断在教学和科研上开拓创新，先后为本科、硕士、博士生开设十几门英美文学和世界文明史方面的专业课。她对教学倾情投入，深受学生们的爱戴，曾被中国人民大学评为“十佳班主任”和“十佳教学标兵”，被学校教师发展中心聘为“名师沙龙”课的主讲教授，每年都会为全校本科生设计专题沙龙课，为学校的人才培养做出了自己力所能及的贡献。同样，她在科学研究的道路上不断前行，深耕细作，她研究的美国经典作家亨利·詹姆斯和霍桑曾经三次获得国家社科基金项目的资助，并出版相关学术专著和译著四部，出版诗歌鉴赏教材一部，发表相关学术论文三十余篇。

转眼三十多年过去了，她由昔日那个奋发图强的青年变成了一位仁慈体贴的长者。岁月如泰戈尔诗中的浪花，温柔地打磨她的灵魂，磨去了她的青涩粗糙，破除了她的懵懂无知，如今年过半百的她像海底的一块鹅卵石，温润如玉、沉潜自如。时光仿佛发生了某种交错，当年与外教老师一起品读英诗的场景和今日与学生们在办公室聚谈的画面交织在一起，恍惚间，咖啡的浓郁与茶水的清香隔着时空交融，她也从那个心怀崇敬的学生成长为被学生簇拥的老师，怀着初始的心愿，站在曾经无限神往的讲台上。美国小说家亨利·詹姆斯说，“一个人的幸福就是年轻时理想的实现。”她是幸福的，因为她选择了自己喜欢的专业和职业。

外国语学院供稿

从山大出发，走向世界

——历史系1984级校友赵学功

“虽然硕士毕业后离开了母校，但不论走到哪里，母校一直都是我魂牵梦绕的地方。”

——赵学功

赵学功，1984 年 9 月考入山西大学历史系读本科，1989 年继续在历史系攻读硕士学位，在山大度过了极有意义的七年时光。

历史学是山大设立最早的学科之一，建校之时中国古代史和世界史即为学生的必修科目。当时的山大历史系汇聚了一批在国内外颇有影响的知名学者，实力雄厚，在学界享有盛誉。时任校长就是著名的东欧史和世界现代史专家程人乾先生，还有开创中国近代社会史研究先河的乔志强先生、捻军史专家江地先生等。

赵学功本科就读于考古专业。山西大学是国内较早开设这一专业的高校之一，当时是每两年招一届，赵学功是第三届学生。专业虽是初设，刚刚起步,但师资力量很强。当时负责这一专业的李壮伟先生以及授课的傅淑敏先生、李裕民先生、王鸿玲先生等都毕业于北京大学，有着很深的学术造诣。胡建老师、郎保利老师、孔富安老师和石金鸣老师等都是当时留校任教的青年才俊，富有朝气、思想活跃，平时指导学生们学习，与学生们接触较多。为拓展学生的学术视野，教研室还多次邀请国内知名专家前来授课，比如中国科学院古脊柱动物与古人类研究所的尤玉柱先生开设第四纪地质学、张振标先生讲授体质人类学等。美国新考古学的旗手宾福德教授等也曾来校举办讲座，讲授美国考古学研究的发展趋势。同时，鉴于考古学的学科特性，系里和教研室非常重视学生的田野实习和调查，每年都安排一定的时间到考古工地或古文化遗址进行实践教学活动，这也令其他专业的同学颇为羡慕。不论是学术讲座还是田野实习，无疑大为开阔了学生的视野，使其对考古学这门学科有了更进一步的认识和了解。

对于赵学功来说，本科阶段的学习既紧张又充实，不仅学习了考古学的基础知识,而且也系统学习了中外通史。授课的都是学术造诣深厚的知名学者。因为专业关系，当时的学生对中国古代史方面的课程更感兴趣。杜士铎先生讲授的中国古代史、崔凡芝先生讲授的中国史学史与中国历史要籍介绍及选读等课程，都颇受学生欢迎。

考古学是一门实践性极强的学科。要想在这一领域做出成绩，必须有较多的考古发掘实践，有独立领队进行考古发掘的能力。当时赵学功感觉自己的性格不太适合考古工作，便将学习的重点由考古学逐渐转向了世界史，特别是世界近现代史领域。

山大的世界史学科名师荟萃，其中对赵学功影响最大的是时任校长程人乾先生。刚入学不久，赵学功就听说程先生是国内研究东欧史、国际共运史和国际关系史的大家，在学界享有很高的声誉。赵学功对程先生十分景仰，但程先生身为一校之长，日常工作、各种事务非常繁忙，没有时间到系里开讲座，作为一名本科生，赵学功很难有机会向先生请教问题。直到程先生因为卓有成就的学术研究被收入“世界名人录”，学校有关部门专门请程先生举办讲座，讲述他的治学经验，鼓励青年学子努力学习。这时，赵学功才第一次听到了程先生的报告，第一次与程先生近距离接触，听了程先生的报告后他深受鼓舞，进一步坚定了学习世界近现代史的决心。

1988 年本科毕业之后，赵学功继续留在山大，师从程人乾先生、王文庆先生和张谦让先生攻读世界近现代史专业研究生。赵学功认为，研究生阶段对自己影响最大的是程先生。三年里，程先生耳提面命、言传身教、循循善诱、诲人不倦，先生的谆谆教诲令他没齿难忘。跟随程先生读书，赵学功感到程先生不仅专业知识精深、学识渊博，而且理论水平极高，对问题的剖析鞭辟入里、高屋建瓴，令人折服。先生授课大多是在主楼的最高一层，没有电梯，先生一步步爬上顶层，在一间狭小的教室中为赵学功等四人讲授世界现代史、国际关系史等课程；有时先生也会把几位学生叫到家中在书房里上课，赵学功等人围坐在先生身旁，听先生娓娓道来，谈古论今，令人如沐春风。

1991 年赵学功赴南开求学，距离母校远了，只能间接或通过书信向程先生和各位先生问安、求教，汇报自己的学习情况。由于对朝鲜战争问题有了初步的了解，收集了不少材料，而很多问题在撰写硕士毕业论文时限于资料等原因没有展开论述，所以他决定继续在这一问题上进行探索。这一想法得到了程先生的赞成。先生教导他要好好利用在南开读书的条件和机会，努力学习。到南开不久，赵学功曾写成一篇小文寄给程先生，请其指教。程先生从题目到内容、文章结构、文字表述乃至标点符号等都做了仔细修改。这篇文章后来发表在《山西大学学报》上，并收录在程先生出版的文集中，凝聚着先生的心血，但先生特地在文集中注明文章乃二人合作而成，这体现了程先生对学生的关爱和提携。1991 年，初赵学功完成博士论文写作后，诚惶诚恐地将论文寄给程先生，请先生赐教。先生在百忙之中审阅了论文，并撰写了评阅意见，对论文给予肯定的同时，指出了不少需要进一步完善和提高的地方。

在当时的情况下，限于各种条件，学者们同外界的学术交流较少，信息闭塞，程先生和各位先生多次教导学生要争取各种机会走出娘子关，多参加学术活动，向学界前辈、同仁学习，以此了解国内外学术发展动态，开阔学术视野。正是在程先生和各位先生的鼓励和支持下，1990 年秋，赵学功与师兄叶立森一起参加了中国美国史研究会在河南大学举办的学术讨论会，并由此结识了不少美国史研究的著名学者和青年才俊。这也是赵学功第一次参加中国美国史研究会的学术讨论会，获益良多。赵学功认为，尽管现在网络的快捷为获取各种学术信息提供了极大的便利，但研究生应适当参加一些学术交流活动和会议，应当面对面地向国内外的知名专家求教，并力争建立学术联系，这不仅有助于了解国内外学术动态，而且对个人今后的学术发展无疑也是大有助益的。

1994 年 6 月，赵学功从南开大学毕业，获历史学博士学位，并留校任教至今。他的学术经历丰富而多彩，研究内容与学习经历遍及世界：1998 年 11 月至 1999 年 1 月，作为南京大学中美文化研究中心访问学者在该中心从事短期研究；1999 年 8 月至 2000 年 9 月，作为富布莱特访问学者在美国马里兰大学和国家档案馆从事研究；2000 年 8 月至 9 月，为美国得克萨斯大学（奥斯汀校区）约翰逊总统图书馆、密西根大学福特总统图书馆、波士顿肯尼迪总统图书馆访问学者；2004 年 6 月至 8 月，在香港大学美国研究中心从事研究；2007 年 10 月为韩国国防部军事历史研究所访问学者；2008 年 3 月至 6 月，为南京大学—霍普金斯大学国际问题研究生访问学者。

多年来，赵学功专心致力于美国史、世界近现代史的教学和研究工作，出版《十月风云：古巴导弹危机研究》《巨大的转变：战后美国对东亚的政策》

《富布赖特：美国冷战外交的批评者》等专著，在《历史研究》《中国社会科学》（英文版）等期刊发表论文近百篇，对美国史、国际关系史和冷战史有着深刻而独到的研究与认识。

功夫不负有心人，赵学功的学术成就与学术能力得到学界的一致认同。2002 年，他入选教育部“优秀青年教师资助计划”项目，2016 年入选年度教育部长江学者特聘教授，现兼任国务院学位委员会世界史学科评议组成员、中国美国史研究会副理事长、教育部人文社会科学重点研究基地南开大学世界近现代史研究中心副主任等职。

赵学功，这位在山西大学历史系生根发芽的学术种子，在数十年的热爱与坚守下，成长为与他当初景仰的先生们一样的知名学者。

山西大学百廿校庆之际，赵学功深情地说道：“从大学到研究生毕业，再到参加工作，个人的每一步成长和点滴进步都感恩于母校多年来的培育，感恩于母校各位先生的谆谆教诲和辛勤培养。在这里，我们学会了为人为学；在这里，我们一步步迈入学术的殿堂；在这里，我们不断茁壮成长。近几年，回母校交流的机会逐渐增多。每每看到这里熟悉的一切都倍感亲切，心情格外激动。母校永远是我们的精神家园！最近从母校传来喜讯，母校入选国家‘双一流’建设学科高校。衷心祝福母校发展得越来越好！”

历史文化学院供稿

修身齐家护法治　素心做人卫民安

——法律系1984级校友齐素

齐素，1966年生，中共党员，山西大学法律系1988届本科毕业生，法律硕士，现任最高人民法院审判监督庭审判长。她曾参与内蒙古呼格吉勒图案、河北聂树斌案、吉林孙氏三兄弟涉黑案等案件的再审纠错工作，曾获“山西省（首届）优秀青年卫士”、山西省劳动模范、太原市特级劳动模范和“全国青年法官标兵”“全国法院模范”等荣誉，曾当选“（首届）全国十大人民满意的好法官”，并受到了尉健行、罗干、肖扬等领导同志的接见。

“石可破也，而不可夺坚；丹可磨也，而不可夺赤。理想信念决定着一个人的视野和行为方式。既然命运之神安排我做了法官，做好法官就是我的责任和义务。”不问收获，但为耕耘。光阴荏苒，二十余载。齐素法官自1993

年进入太原市中院刑事审判庭，从内勤、书记员做起，一步一个脚印，直到副庭长，再到被选调到最高人民法院工作，复核了多起死刑案件，参与了一系列重大冤错案件的纠正。一路走来，系统的刑法理论学习为她打下了扎实的基础，许多大案要案的审理为她积累了丰富的经验，她明镜高悬，守护着公平正义；她不忘初心，践行着不悔誓言；她春风化雨，维护着法治光明。

文瀛时光——实践活动展风采

1984 年，齐素进入山西大学法律系学习，她至今还记得，在当时录取率只有 4% 的情况下，考上大学是一件颇为不易的事情，也是很多人一生的转折点。进入大学后，她在认真学习各门课程的同时，还以饱满的热情和极大的努力积极参加学校组织的各项活动，为日后的成功打下了良好的基础。

在校期间，齐素和同学们来到吕梁临县参加了全国大学生暑期社会实践夏令营，在结束时参加了座谈会，并在会上代表山西大学发言，获得了好评。回校后，在全系同学大会上她作为代表报告了社会实践情况，得到时任系主任陈绍兴教授的赞许。第二年的夏天，她又参加了社会实践活动，和同学们深入山西锦纶厂，采取讲课、法律咨询、知识竞赛等方式普及法律知识。

毕业的时候，太原中院到学校挑选一名毕业生，综合各方面条件，班主任老师和系里推荐了齐素。“在大学时，我喜欢参加学校组织的各种社会实践活动，还参加过学生讲师团，到工厂、农村、企业去宣讲法律知识，以及到律师事务所实习。这些对我日后的生活与工作有很大的影响。讲课、主持竞赛、作为辩护人出席法庭，锻炼了我的口才，提高了我的语言表达能力、对知识的归纳总结能力以及分析问题、解决问题的能力，这些是一名称职的裁判法官必须具备的能力。”她得以去太原中院，成为一名法官，自然是得益于此。天道酬勤，机会总是留给有准备的人，正是在丰富的活动中展现出了自己的风采，使大家对她有了更多的了解，在机会来临时，她更是把握住了机会。

巾帼法官——坚定信念，默默耕耘

在谈起最初的理想时，齐素说她当时的志向是成为一名大律师，而不是全国法院干部业余法律大学山西分校太原分部一名小小的教师。但她有一股坚定的信念，她深信不管干什么，人都要有一种信仰和追求，就这样，她在三尺讲台上一站就是五年。为了能尽快弥补理论与实践之间的差距，她毛遂自荐，终于在 1993 年 11 月，成为刑事审判团队的一员。

"到刑庭后，我一方面多办案，累积办案经验；一方面通过知识的再回炉，又回到讲台上，做兼职教师。如此，从理论到实践，再从实践到理论，对我法治素养的养成、法律思维的形成、处理问题解决纷争的能力提升起到积极的作用。"那段时间，她白天开庭办案，晚上备课，钻研国内外刑事法学理论专著，从整理 600 余册各类情况复杂的卷宗开始，迈向了通往大法官的深耕之路。

她从书记员、助审员、审判员再到副庭长，1999 年荣获了"全国法院模范"等荣誉称号，2000 年被评为（首届）全国十大人民满意的好法官。齐素这样感慨自己的成长历程："一路走来，非常感谢太原中院党组，感谢我们这个伟大的时代，只要你肯努力、肯钻研，组织就会提供一个平台，让你在追求公平正义的道路上尽情驰骋。"不忘初心，方得始终。法官工作虽苦虽累，但她无怨无悔，她怀着赤子之心，奉献青春，挥洒汗水，以敬业之举践行着法官的使命，虽苦犹甜！

秉持公正——追寻梦想，做一名好法官

因死刑核准权统一收回最高法院，齐素于 2006 年 2 月首批被遴选到最高审判机关从事死刑复核工作，两年后，她来到审判监督庭从事冤错案件的纠正等再审工作，这期间，她指导下级法院纠正了内蒙古呼格吉勒图、辽宁刘凯利等案件，参与了河北聂树斌案的再审纠错工作。

参与办案的过程也引发了她深深的思考："从内蒙古呼格吉勒图冤案的平反昭雪，大家看到了国家法治的希望。但从发现呼格吉勒图可能被冤杀，到人民法院再审宣判呼格吉勒图无罪，竟然用了九年时间。说起来，这是让人痛心的事。作为最高法院审判监督庭的法官，我有幸以督办合议庭审判长的身份参与了内蒙古对呼格吉勒图案的纠错过程，以督办合议庭承办法官的身份参与了河北聂树斌案的申诉复查工作，既为自己能在其中发挥作用、捍卫法律的尊严、维护冤逝者的权益而欣慰，也为自己肩上的责任而诚恐。今后，可能还会面对这样的错案，怎么办？我想，法官必须坚守公平正义的底线。因为，也许正是这样一个个普通的案子，都可能成为中国刑事审判史上、人权保障史上的大事，都可能是对中国法治历史的检验和推动，不可不慎。"

2015 年初，伴随着司法改革的脚步，齐素克服了家庭困难，接受了组织的指派，与 26 名首批巡回法庭法官和工作人员奔赴沈阳，作为第二巡回法庭九名主审法官中唯一从事刑事审判工作的主审法官，开始了在第二巡回法庭这块司法改革试验田上的精耕细作。不得不说，第二巡回法庭的法官是"让审理者裁判，由裁判者负责"司法理念的直接实践者，是主审法官、合议庭办案责任制的最早实行者，还是众多成功改革举措的主要落实者。在短短两年的巡回期内，她主审的由最高人民法院第二巡回法庭提审的孙宝国、孙宝东、孙宝民等涉黑案依法予以改判，16 名原审被告人中的 9 名被宣告无罪，当庭释放，这个案件取得了较好的社会效果和法律效果。央视《今日说法》栏目也对此案高度关注，全程跟踪，并在 2015、2016 年该栏目之大法官开庭节目播出，引发了社会对公平正义、对大法官审案的讨论。公道自在人心，厘清事实真相、追求公平正义，这正是每一位法官所追求的目标。也正是这样的典型案例，能起到很好的普法宣传作用，对提高人们的法律意识、建设法治社会有着积极的意义。

谆谆寄语——敢于担当，把握大局

作为我们的学姐，齐素学姐满怀希望地说：“我希望同学们在校期间如饥似渴地学习法学理论知识，博览群书，培育自己的法律思维，培养法律人应具备的客观、公正、忠诚、干净、担当的品质，以及分析问题、解决问题、定纷止争的能力，还有为民爱民情怀和一颗追求公平正义的心。”

对于毕业后的规划，她认为因人而异，做自己喜欢的事情是首选。但是在现实和理想发生矛盾的时候，不要执念太深，要及时转舵。她以自身为例：“比如我，虽然毕业时特别想当大律师，但在没有律师指标的情况下，综合各方情况，到法院工作也未尝不是件好事。”

功崇惟志，业广惟勤。自建院以来，法学院培养了一大批优秀的人才，近三十年来他们作为中流砥柱，奋斗在中国法律事业的最前沿，为社会主义的法治进程贡献力量，保驾护航。齐素学姐作为我们的榜样，将她的经历为我们娓娓道来，给我们以启迪与鼓励。数年来，她坚守在一线，在工作中精益求精，于千头万绪的线索中抽丝剥茧，依法息诉；她问心无愧，干干净净做事，清清白白做人，无怨无悔；她信仰笃定，公正廉洁是她不变的本色，维护法治是她不变的初心。

齐素，依然在执着前行。

法学院供稿

诠释真正的英雄主义

——新闻专业1984级校友孟新利

孟新利，男，1984 年至 1988 年就读于山西大学新闻专业，毕业后就职于山西工人日报社，从事记者工作十年，1998 年创立山西尚风科技股份有限公司，现任董事长。他是阿拉善 SEE 生态协会山西项目中心副主席、山西大学教育发展基金会理事。

“世界上只有一种真正的英雄主义，那就是在认识到生活的真相后依然热爱生活。”这是孟新利一以贯之的信条。从一个怀揣梦想的学生到铁肩担道义的媒体记者，再到中国露天散料堆场扬尘污染治理和道路横风治理的领航者，从为全国 70% 以上的大型港口提供控风降尘技术服务，到为港珠澳大桥贴上“山西标签”，数十年风雨兼程，数十年筚路蓝缕，他将人生理想融入时代发展的洪流，以强烈的责任感和不畏艰难的勇气诠释了真正的英雄主义。

担当：敏于生活，培育责任

2020 年 12 月 11 日，新闻学院“比心”贫困生助学金资助仪式在山西大学博雅中心第四会议室举行，新闻学院的 49 名贫困生收到了共计 7.9 万元的专项资助。作为该项奖学金的设立人，自 2018 年以来，孟新利设立了总计150万元的专项基金用于资助贫困学生，支持新闻学院的建设发展。“将心比心，传递爱心”，这是“比心”助学金设立的初衷，凝聚着孟新利对母校的深切情感和对学弟学妹们的殷切期盼。

时至今日，孟新利依旧不忘母校的培养。作为百年老校，山西大学将“中西会通、求真至善、登崇俊良、自强报国”的校训贯彻在学生培养中，以良好的学风、优秀的师风、融洽的生活氛围为表征沉淀下来，这些都深刻地影响着孟新利，支撑着他前进，培植起他敏锐的观察力、敢为人先的魄力与强烈的责任感。疫情期间，他组织研发了智能测温仪、负压隔离舱和空气消毒机等防疫设备，第一时间就捐给了母校的食堂和校医院。为了弘扬百年山大的文化精神，他不计成本，为母校创办了文创店，设计了 80 多种带有山西大学元素的文创产品，并将销售收入的一定比例捐赠给母校。

跨界：敢为人先，勇于转身

1988 年，孟新利从新闻专业毕业，怀揣着梦想和内心的忐忑迈出校门，成为一名媒体记者。在多年的记者生涯中，他目睹了各行各业迅猛发展后带来的环境污染问题，让他越来越意识到环境保护的重要性，他希望可以通过自己的努力，实实在在地为环境保护做点什么。于是他决定去创业，投身于环保产业。

山西作为典型的资源型省份，每年有近十亿吨原煤从这里出发，运往全国各地，甚至漂洋过海。而这些煤炭几乎全部是露天堆存，在存储和作业过程中，遇到大风天气，会形成大量扬尘，不仅污染周边环境，还会造成大量的物料损失，而当时国内的治理手段大都采用喷淋降尘，缺乏有效的治理技术。

多年的记者生涯使孟新利敏锐地发现了这个问题，他组织技术团队对国内数十个港口码头、焦化厂、火力发电厂进行了调研和大风扬尘污染的数据收集和分析，彻底摸清了露天煤场大风扬尘状况，随后他带领技术团队，拜访了全国数十所著名的高校及科研机构，通过产学研合作，研发出了国内领先的露天煤场控风降尘系列技术。此后，他的公司承担了国家重大科技支撑计划——露天煤场控风降尘技术研发及工程示范项目，该技术成功应用于300多个国内各大港口、电厂、钢铁厂等料场扬尘污染治理项目，并随着“一带一路”走出国门，落户巴基斯坦、土耳其、印度尼西亚、越南、俄罗斯等多个国家。

创新：你的难题，我的课题

对陌生领域的恐惧让跨行业创业的诸多创业者望而生畏，作为新闻专业的学生，新闻教育培养了他敏锐的观察力与解决问题的创新思维。创业初期，他就提出了“你的难题，我的课题”的研发创新理念，始终把客户的需求放在第一位。针对跨海大桥道路横风影响行车安全的问题和露天散料堆场的扬尘污染问题，孟新利和他的团队跑遍了全国的相关科研机构，并长期驻扎在项目现场进行调研，他们穿梭于全国各地，最多一年里有200多天在飞机上度过，甚至一天之内就辗转于三个城市。掌握了一手详细的技术参数，积累了丰富的实战经验，通过艰苦努力，他们一步步攻克技术难关，最后终于解决了这些困扰客户多年的难题。从 1998 年企业成立至今，在孟新利与其团队的努力下，尚风科技已拥有自主研发的国家专利 300 余项，多项技术填补行业空白，荣获国家知识产权优势企业、高新技术企业、专精特新小巨人企业称号，他们研发的“道路风障”“可移动全封闭环保料仓”“智能火电厂消能导流”“高铁声屏障”等技术在多个细分领域中占据技术制高点，广泛应用于中国 50% 以上的高铁沿线噪声治理项目，取得了良好的隔音降噪和防风效果。从世界最长的跨海大桥——港珠澳大桥，到中国第一座跨海峡公铁两用桥——平潭大桥，从世界海拔最高的拉萨到日喀则的铁路，到中国一带一路第一条 350 公里时速的印尼雅加达至万隆高铁，处处可以看到尚风的身影，尚风科技已成为中国露天散料堆场扬尘污染治理和道路横风治理行业的开创者和领航者。

“一个人也好，一个企业也好，当你成功了，想要发展壮大，那就要承担更多、更大的社会责任。从最初的爱家人，到爱员工、爱公司、爱母校，最后到爱社会、爱社会上所有需要关爱的人，你承担的社会责任越大，为社会创造的价值就越大，你发展的路就越宽，续航的时间就越长！”孟新利曾这样总结他的创业经历。

“为社会创造价值”，孟新利以一以贯之的“大我情怀”诠释了真正的英雄主义，即肩负社会发展的责任感与不畏艰险的勇气。

新闻学院供稿

“新闻是一项需要永远奋斗的事业”

——新闻专业1984级校友尹长虹

尹长虹，男，1965 年 12 月生，山西省临猗县人，中共党员，高级编辑职称，1988 年毕业于山西大学新闻专业，从事新闻采编工作 31 年，现任山西晚报社社长、总编辑，山西大学新闻学院研究生导师。

当初在填报高考志愿时，看着各种各样的专业名称，尹长虹便意识到自己更喜爱文学。最初，他在《山西青年》杂志上看到一篇有关“在开业时不被重视，难以为继，经报道后得以解决的诊疗所”的文章，由此对为民服务的记者职业产生了崇敬之心。1988 年毕业之后他便就职于太原煤气化公司《煤气化报》，尽管这是一家企业报，却十分锻炼人。在《煤气化报》工作的四年半时间里，从煤矿到选煤厂，从铸造厂到公司，从采写到编辑、校对，他的脚步遍及企业的各个角落。他深入各个车间，在与工人交谈采访中不断提升自己的能力，《煤气化报》也成为他新闻梦开始的地方。在煤气化公司成立十周年之际，他创作了反映煤气化奋斗史的长诗《煤苑新章》；在《煤气化报》创刊二十周年时，获得了由煤气化公司颁发的“特殊贡献奖”。

自1993年始，尹长虹开始任《山西日报》编辑记者，从事经济类选题采编工作八年。2002年，任《山西晚报》编委兼经济中心主任。2003年2月任《山西晚报》副总编，2009年12月任常务副总编，2011年任总编辑，2017年至今任山西晚报社社长兼总编辑。

在晚报期间，尹长虹与班子成员共同策划了“感动山西十大人物评选活动”“3·15”大型暗访活动、“爱心送考生活动”及“山西最美基层干部”“山西最美社区干部”“山西最美村干部”等系列最美评选活动。同时，他也十分注重大型活动策划。他策划的“千里系列”成为《山西晚报》的大型招牌活动，如“千里走黄河”“千里走沁河”“重走万里茶路”以及即将实施的“千里走汾河”等。此外，他还策划开设“《山西晚报》封面人物”栏目，强化人物报道的深度和广度，将报纸的重点报道杂志化，在人物报道上探出了一条新路。在每年春节、五一、中秋和国庆节假期的时候，晚报都要进行记者走基层活动，把镜头永远留给一线工作者、基层劳动者。在团体的共同努力下，《山西晚报》也成长为山西著名的媒介品牌，目前已成为拥有两网一报、两微一端，具有50多个子账号的全媒体主流平台。

尹长虹于2011年被评为山西省宣传文化系统“四个一批”人才，2015年被评为山西省学术带头人，2018年被评为2018年度山西省“三晋英才”，曾获全国优秀新闻工作者的称号、山西省五一劳动奖章、省直机关劳动竞赛一等功、山西新闻工作者百佳，并两次获山西新闻奖一等奖。

他从自身经历出发，将记者的能力总结为“能吃苦，有思想，有技巧，有行动，有效果”。在尹长虹看来，一名合格的记者应将记者的职业要求放在第一位，深入一线，栉风沐雨，能针砭时弊，发现问题，保持对日常生活的观察。在写作时，从谋篇布局到遣词造句、从事实选取到文字推敲，都要求做到至善至美。记者永远要在新闻的风暴源中出现，在置身一线、置身基层、置身群众、置身实际中“踩”出新闻，只有这样，才能写出带有泥土芳香的、接地气的报道。作为媒体工作者，应该做到最大限度地满足不同读者对不同信息的需求，报道是否能满足读者需求、是否有效果，最终由读者来评价。媒体工作者应该时刻将读者放在心中，读者满意了才算是有效果。

2014 年至今，尹长虹一直在为山西大学新闻与传播学专业硕士研究生讲授媒介经营管理课程，2016 年开始担任山西大学新闻学院硕士研究生导师。在山大任课期间，他注重理论和实践的结合，未曾落下一节课，迄今已上了 200 多个课时，正在培养和已培养毕业的研究生 19 名。每一学期他都会带领同学来山西晚报社参观，和《山西晚报》采编人员交流，并向学生提供实习场所。

在他看来，学生带来的是对互联网的新理解。年轻人作为互联网的原住民，和以前的老师、同学以及业界工作者相比，具有明显的变化。他们的新闻理念和老一辈不同，对传统媒体的概念逐渐淡化，对传统媒体的运作方式、写作方法、采编流程已经逐渐扬弃，他们的思想更加解放，思维更敏捷。但是，无论如何变化，有一条不能改变，那便是作为新闻工作者对内容的尊敬不能变，平台可以创新，内容一定要守正。他认为，受众接受新闻的方式和渠道在变，但对新闻的基本要求是不变的，对新闻的党性原则、对新闻的价值、新闻的敏感是不变的，深入一线、深入基层、深入实际的原则是不会变的。年轻人应该学习前辈深入实际接地气的工作作风，老一辈应该向青年学习新的互联网知识，新老结合，才能让新闻事业更加生机勃勃。

尹长虹认为，从铅与火到光与电，再到数与网，新闻是一项永远艰苦，永远需要奋斗的事业。作为一名新闻人，要时刻学习、时刻联系生活、时刻守正创新。在新时代，要用新的眼光去看待新闻事业的改变，一代又一代的新闻人只有把火红的青春融入时代大潮，劈波斩浪、筚路蓝缕，才能在新时代的道路上不断前进。

新闻学院供稿

两地三十载　文旅新辉煌

——经济系1985级校友董韬

1985 年，意气风发的董韬走入山西大学，就读于经济系经济学专业，开始了孜孜不倦的求学生涯。1990 年的夏天，他走出象牙塔，沐浴着改革开放的春风，踏上了创业追梦的漫漫征途。从 1992 年开始，他先后成功创办北京派捷暖通、云南西双版纳打洛森林公园、北京派捷仓储、云南雪山户外运动乐园、北京奥林狩猎俱乐部等一批知名企业，事业发展一路高歌猛进。

2005年是董韬人生的转折点，他离开舒适圈，来到心仪已久的历史文化名城——丽江，在圣洁的玉龙雪山脚下，站在新的起点上，用户外运动这一新颖的旅游新业态，打破只有古城雪山游的传统旅游格局，开启了一段赓续云南文旅新辉煌的历程。历经十余年的发展，他成功打造了涵盖户外运动、休闲旅游、森林康养、生态农场、民族文化等板块的大型文旅康农综合体——丽江猎鹰谷景区，并在带动当地产业发展、增加就业、乡村振兴、脱贫攻坚等方面做出了应有的贡献。

追忆青葱岁月　难忘温情山大

2022年是山西大学建校120周年，也是董韬毕业离校的第32个年头，但回想起那些与青春融为一体的人与事，故人与往事皆历历在目，一切犹在昨日，不知不觉间泪水浸湿了他的眼眸。

英明睿智的系主任周寿萱、教学主任张华盛、行政主任解泽春、运动会上跳高姿势飘逸苍劲的刘建生、英年早逝的杨彦田，以及徐志明、陈玉芝、李志强、赵建伟、张代平、朱传法等授课教师……虽然时光荏苒，光阴不再，但所有恩师的谆谆教诲犹在董韬的耳畔回响。

在校期间，董韬也曾挥毫泼墨写下万言教学改革建议书，并赢得系领导的集体赞誉；在运动会中长跑比赛时奋勇拼搏获取优异名次；暑期骑行游遍运城十二个县市，写下翔实的考察报告；受邀跟随校团委组织的荧光自行车考察团费时二十余天跨越千里从长治骑行至青岛，一览壮美泰山日出……度过了意义非凡的大学时代。

毕业后，董韬也从未忘记过母校与恩师的恩情，一直在尽心反哺：曾远赴大洋彼岸的温哥华凭吊埋骨异国的周寿萱；与刘建生一道奔波于中国人民大学等高校为经济系建设硕士点殚精竭虑；与容和平及其亲友畅游西双版纳望天树公园……谁言寸草心，报得三春晖。

创办校园刊物　参加勤工俭学

在参与各类校内外活动的同时，董韬也在丰富校园文化、繁荣校园文学方面做出了贡献：他与同学一道创办油印刊物《6 号楼》，一起编辑、设计、排版、刻印、发行……力求展示山大校园生活，表现山大学子风采，提高同学们的创作水平与欣赏能力，为学校精神文明建设做贡献。此举赢得了师生的广泛赞誉。

在办刊之余，董韬还利用午、晚餐时间勤工俭学，负责 6 号楼厕所、楼道的卫生，减轻家里的经济负担。他明白，勤工俭学的意义不仅仅在于经济收入的增加，更重要的是在勤工俭学的实践中得到锻炼，这不仅不会影响学习，而且还可以和学习互为补充。

投身社会实践　荣膺学生标兵

大三时的一个冬天，董韬等一行学生在老师的带领下前往太原清徐县赵家堡暖气片厂进行考察。作为一名学经济的学生，董韬被工厂的发展规模与前景深深震撼，便做了一个大胆的决定：休学一年，到暖气片厂进行社会实践。

在学生处和周寿萱等多方推荐、支持下，董韬离开校园，来到暖气片厂开始为期一年的社会实践，从总经理秘书到基层推销员，他都做得有声有色。特别是在担任推销员时，他每到一座城市便买下当地黄页通讯录，然后逐个邮寄，此举使销量一跃而上，他的业绩做到了全公司第二，让当初对他不屑一顾的人对他刮目相看。

也因为此，董韬在经济上有了极大改变，成为远近有名的“万元户”，并荣膺山西大学 1988 年度“十大学生标兵”。在暖气片厂积累的经验，为他前往北京创业埋下了伏笔，也为他日后事业发展奠定了坚实的基础。

情归彩云之南 赓续文旅辉煌

2005年后，董韬奔波于云南、北京两地，在丽江这座被誉为世界旅游文化名城的千年古城，凭借户外运动刮起一阵文旅新风向——丽江猎鹰谷景区，并在疫情期间积极转型升级，深化全面多元发展，多业态深度融合，衍生出天养谷森林康养基地、天养农场等新业态。

丽江猎鹰谷景区总占地面积逾3000亩，深耕户外运动休闲旅游行业已十年有余，现有实弹射击、健康养生、生态农场、夏冬令营、房车营地、马术骑乘、越野卡丁车、真人CS、彩虹滑道、森林酒店、林空穿越、蹦极攀岩、户外烧烤、萌宠乐园等十余种参与性、体验性极高的沉浸式休闲文旅项目，且拥有承接大型团队住宿、餐饮、会议与游乐及举行大型活动的场地，曾举办过中国首届“雪山越野文化节”“雪山狂欢夜”与“丽江露营文化节”等节事活动，拥有丰富的大型节事活动、展览的策划与举办经验，在丽江乃至整个云南都独占鳌头，现已发展成为丽江本地市民日常出游、外地游客旅游休闲的重要目的地与网红打卡地。

在工作之余，董韬还兼任云南省山西商会常务副会长，积极加强商会与政府的联系，做好政府与企业沟通互动的桥梁、纽带，为政府决策发挥参谋作用，为企业争取更多的政策支持，共享各种信息资源。

最后，在山西大学迎来120周年华诞之际，董韬寄语母校：一百二十年的光辉历程，一百二十年的风雨飘摇，一百二十年的伟大成就，祝福母校永远辉煌，嘉誉满天下，再谱华丽篇章。

和佳雷，丽江猎鹰谷企宣经理

初心不改　守护绿水青山

——环保系1985级校友宋小燕

生态环境保护是世界热门话题。20世纪80年代初，保护环境已成为我国基本国策。1985年山西大学成立环境保护系，成为全国最早建立环境保护系的高校之一，宋小燕以优异的成绩成为热爱环境和立志为我国环境保护事业做贡献的21名学生之一。四年中，宋小燕认真学习环境保护专业知识，并在实验室跟随老师开展科学研究，积极参与环境考察和实习等工作，系统掌握了专业知识和实验技能，这更坚定了她日后从事环境保护事业的决心。在

山西大学的培养和环保系老师们的栽培下，1989 年 7 月，在万千环保卫士中又多了一名勇者，她便是宋小燕。

感恩母校，不忘初心，专注环保事业

1999 年，为提高自己的业务能力和管理水平，宋小燕在工作之余又回到母校，在山西大学环境与资源学院攻读管理科学与工程专业在职研究生。深造期间，每逢周末，她乘坐最早班车前往太原，乘坐最晚班车返回忻州，常常晚上 12 点多才到家，但绝对不耽误第二天的正常工作。三年如此，往复从未间断，她总是以积极饱满的状态对待工作与学习，在母校圆满完成了管理科学与工程专业在职研究生学业。系统和先进的专业知识使宋小燕在环保工作中得心应手，如虎添翼。

1999 年 7 月毕业后，宋小燕在忻州市环境监测站工作，曾任忻州市环境监测站站长、局总工程师，现任忻州市生态环境局党组成员、副局长。她在环保岗位上辛勤付出，默默奉献，三十年如一日，倾注所有心血，不畏艰难守护绿水青山。她先后获得全国“五一劳动奖章”、全国“三八”红旗手、山西省特级劳动模范、山西省百名优秀女知识分子等光荣称号，还是山西省第十次党代会代表、忻州市第四届人大代表。作为省委、市委联系的高级专家，宋小燕为环保事业做出了杰出的贡献，一切只为水更绿、天更蓝。

爱岗敬业，尽职尽责做好本职工作

宋小燕从忻州环境监测站到忻州市生态环境局，从基层岗位干起，一步一个脚印地走到今天。她最大的特点就是勤奋好学、争强好胜，不干则已，要干就要争第一。她作为市监测站综合业务室主任，每个项目都是第一参与人，她既是数据统计员，又是电脑打字员，还是主要报告撰写人，加班加点是常态，经她手的各类业务报告数也数不清，许多报告成为全省模板。

2000年，全国进行工业污染源排污达标工作，忻州市想要顺利完成达标工作，就必须拿到本市14个县、市、区中1000家企业的工业企业污染源第一手资料。时间紧、任务重，要想完成好这项工作必须深入一线基层每一家企业摸清具体情况。当时她的女儿才6岁，爱人工作繁忙，父母亲也年事已高。面对工作与家庭的两难抉择，她舍小家为大家。“领导既然把我安排在这个岗位上，就不能有丝毫怠慢！”她带领监测人员进厂矿、钻山沟、蹚河流，终于在连续奋战280天后拿到第一手资料，一回到单位又快速进入资料整理环节，仅经她一人之手的报告就有400多份。最终污染源治理达标工作顺利完成，她也被山西省环保局评为“山西省工业污染源排污达标工作先进个人”。

功夫不负有心人。她凭着勤奋、努力与一股不服输的韧劲儿在环境保护这个领域里逐步成长起来，从技术员到高级工程师，成为一位不可多得的专业型干部。

发挥专长，彰显全能型人才优势

2004年5月，经组织部门考察、民主推荐，宋小燕全票当选为忻州市环境监测站第七任站长。建站三十多年来的前六位站长都是男领导，人们对一位女同志能否胜任站长工作都持怀疑态度。面对当时状况，她没有受到一丝负面影响，反而在心中燃起熊熊斗志。

忻州市环境监测站是山西省成立较早的二级站之一，随着时间推移，站内呈现出单位仪器设备陈旧、人员结构老化、监测技术落后的问题。面对三只“拦路虎”，宋小燕面对困难不退缩，通过自筹、向上申请的方式成功解决了仪器设备陈旧的问题；为更好地发挥仪器作用，她走进招聘会，亲自挑选出三名技术人员；缺乏仪器操作知识，她派人参加仪器设备学习培训班补充养分。不出半年，忻州市环境监测站成为全市唯一具备大气、水土、噪声及各类污染源监测综合能力的二级站。

忻州环境监测站有时会发生一些内部矛盾，搞得人心不稳。为了改变这一状况，她主动申请下到基层了解缘由，收集群众意见，改革规章制度。她从大量杂乱无章的事项中理出头绪，用女人的温柔和真挚感化那些顽皮涣散的“刺头”，以男人般的阳刚和果敢处理了许多棘手的问题。在她的带领下，环境监测站各项工作都井井有条，在正轨上稳步前行。

在宋小燕主持工作后，监测站全体职工上下齐心，群干互助，关系融洽，工作效率也得到较大程度的提高，单位荣获“全国三八红旗集体”，她本人也荣获国家和山西省多次表彰和奖励。

勇挑重担，全力打好污染防治攻坚战

2017 年 6 月，宋小燕因在工作中的突出表现，被调入忻州市生态环境局，成为党组成员、总工程师；2021 年 2 月，她成为党组成员、副局长。依靠多年来扎实的业务专长和管理才能，宋小燕成为全局的业务领导。面对新的岗位，她始终认真履职尽责，敢于担当，主动作为；决策中，她始终坚持科学民主，表达个人观点的同时也认真听取各方意见；在遇到矛盾时，她能够做破解难题的“主攻手”，以“动真碰硬”的勇气和“一竿子插到底”的决心解决突发状况，在打好污染防治攻坚战中做出突出贡献。

忻州市作为“三河源头”和“华北水塔”，能否实现国家节能减排目标、能否顺利完成忻州市水质好起来的任务，责任重大。作为分管领导，忻州市两山、四河留下了她的足迹，从西八县的黄河干、支流到汾河、恢河，再到东六县的滹沱河、青羊河，从源头到河口，无处不留下她巡河的踪迹。宋小燕亲自带队到各县污水厂，采取突击检查、连续蹲守监测等方式，直至将污水厂实际运行情况弄清才离开。为追根溯源，精准判定入河排污口的影响因素，科学制定化学耗氧量、氨氮减排措施，宋小燕一次次与水利部门、滹沱河管委会沟通协商，精准管控农业灌溉用水，取得显著成效，连续两年水质量全省排名第三。在分管大气的几年，她善谋实干，重点推进秋冬季大气污染防治，从清洁取暖入手，使散煤污染得到遏制，秋冬季空气质量大大改善，忻州城区环境空气质量得到明显改观，空气优良天数一年比一年多，现在空气清新了，天空蓝了，星星也亮了。

山西是全国能源大省。在早些年，在煤炭行业支持全国经济发展的同时，山西生态环境形势严峻，水土流失、空气污染、水资源污染问题突出……如今人们欣喜地看到，在经过十余年持续不懈地开展“美丽山西”建设后，山西的自然环境已发生翻天覆地的改变，这背后离不开一批批前赴后继、不辞劳苦的“环保卫士”的辛勤工作。他们凝聚发展合力，持之以恒改善生态，使“绿色”成为山西发展的新动力，让“绿色”成为社会发展的主旋律。

作为我国高校第一届环境保护系毕业的学生，宋小燕选择了她热爱的环保事业，在环保战线三十多年，每一个平凡的岗位上都留下了她认认真真、兢兢业业的身影。她以巾帼之姿独立面对种种困难，在前行路上越走越稳，不怕磨砺之苦、不忘环保初心，为山西省地方环保事业贡献了自己的全部力量。每当看到家乡的青山绿水和蓝天白云，宋小燕都觉得无比欣慰。当谈到自己的工作职责时，宋小燕总是说：“我们做环境保护工作的，要为守护绿水青山站好每一班岗，全力以赴、尽职尽责、初心不改，守护绿水蓝天，做一名合格的基层环保人，方能不负母校、不负人民、不负时代。”

环境与资源学院供稿

心香一瓣寄情思

我于1985年考入山西大学哲学系哲学专业就读，1989年考上张恩慈教授的硕士研究生。但由于当时特殊的情况，我们这一届文科研究生当年并未入学，而是保留入学资格下基层锻炼。我被分配到洪洞县教育局，又被指派到洪洞二中。那一年，我没有承担什么教学任务，只待了几个月，大半年时间是在太原和老家度过的。第二年9月，我回山大开始硕士阶段的学习。1993年5月，我毕业后考入中国人民大学马列主义发展史研究所，跟随庄福龄教授攻读博士学位，1996年6月毕业后去中央文献研究室工作，1998年8月调入北京大学哲学系任教，一直到现在。

现在我虽然还没有退休，但也早过鲁迅写作和出版《朝花夕拾》的年纪了，所以开始不自觉地念旧，经常回味过去的时光，总结自己人生的历程和得失。屈指算来，我在山大学习、生活过七年。在这里，我确立了自己毕生的专业领域和研究对象，现在想来，以下两个方面对我以后的研究和人生具有重要意义。

一是外语学习。我们1985年入学时中苏关系开始缓和，在系里当政的杜镇远老师和武高寿老师做出了一个可能除我而外我们班50多位同学都认为是不正确的决定——学习俄语。我们是从零基础开始的，一般大学外语只开设两年，但外语系的孟老师和郑老师却自愿带着我与朱康有、吴秀生等学了6年！靠此奠定的基础，到人民大学后我才从俄文资料中知道，马克思著述是一个庞大的文献王国，他享年65岁，写作生涯长达50年，而且几乎没有中断过，但他写下来的作品中，成型、定稿的很少，不到其全部著述的三分之一，绝大部分是笔记、摘录、提纲、草稿和过程稿。对于一个思想深邃的人来说，其观点的复杂内涵并不完全体现在那些定稿的部分和表述明确的段落中，更可能蕴含在对这些观点的探索和论证中，而哲学探索和研究的关键也在于论证。

我更进一步了解到，迄今为止世界上并没有囊括马克思全部著述的全集出版，我们所熟悉的《马克思恩格斯全集》中文版50卷不完全是根据马克思原始手稿编辑的，而是由苏联文献专家根据当时特殊条件下的理解对部分手稿做了程度不同的甄别乃至改动后整理而成的，而且经过了德文—俄文—中文的转换。至此我才明白，对于马克思研究来说，回到原始文本、文献是多么重要和必要！这种信念支撑了我三十年来几乎全部的研究工作。现在设想，如果当初学习的是英语，并且以后从事学术工作，我很可能会选择西方哲学或者西方马克思主义的研究，而实际上在中国是不缺乏这方面的人的。另一个离奇的情况是，在庞大的马克思主义研究者中从事文本、文献研究的却屈指可数！这样说来，我今天的状况就与杜老师、武老师他们当年那个“错误”的决定很有关联了，为此我对他们心存感念之情！

第二个方面与北大有关。当年的条件肯定不能与现在相提并论，但那时哲学系有个好的做法和传统，就是规定研究生期间必须外出访学两次，系里提供经费。我和康有到北京访学是杜老师带着去的。我很清楚地记得，我们在魏公村国家图书馆招待所安顿下来后，杜老师先独自去北大拜访他的老师黄枬森先生和他的同学叶朗教授。他得到黄老师同意后，便带着我们去拜会。黄老师虽然德高望重，是我们这个学科的奠基人，但极其平易近人，很爽快地答应了。我和康有按照约定的时间赶到黄老师居住的中关园，黄老师在他那间由于堆满图书资料而显得很狭小的书房接待了我们。我没有想到的是，几年之后我成了黄老师的同事。现在想起这些往事,心里都充满了温暖和感激。

谈到与北大的关联，必须提到杜老师晚年的著述《他山之石》后记中的一句话——“自我反省，独立思考”。我觉得，这是北大的传统、哲学的要义，也是他那本书的精髓。哲学的进步有赖于哲学观念的变革和研究方式的转换。那部书是根据杜老师生前授课笔记整理而成的，其中所涉及的各个版块和具体流派在近年学界的研究中都取得了相当程度的进展，但这些进展是奠基于像杜老师这样思想解放的理念之上的。杜老师那代人从灾难深重的思想炼狱中走过来，我都能体会到当年张恩慈老师、余维综老师和杜老师这些人被迫离开北大，离开北京，流落到并非故土的山西时那苍凉的心境。从磨难中走出来的杜老师最切近的感受，就是必须决然地告别人云亦云、麻木追从的路数和思维，独立地进行思考，理性地看待世界。他强调哲学的科学基础，致力于哲学与科学的结合与联盟；而在我看来，更深刻的见解在于，把马克思放到西方思想发展史中进行讨论，认为不理解西方哲学史就不能理解马克思。

现在我还经常回味和思考张恩慈老师退休后独特的选择。由于多种多样复杂的情形和考量，一个人的思考在其公开发表的东西中并不能得到完整的体现，张老师的情况也是如此。我是张老师最后一个学生，送走我之后他就退休了。这时他的选择是不再从事所谓学术研究，特别是马克思主义研究。他没有沉浸在大部头的《认识论原理》的荣耀中，更很少提及20世纪60年代他所发表的论文和参与的论争所造成的轰动效应，以及那部《认识与真理》的小册子翻译成几种外文，相反，他想将过去的这些成就彻底忘掉。他对肖前教授说：以后开会我们就不要发言了，没有新东西讲什么呢？尽量让年轻人讲吧。他是很少向学生流露情感的，但我回去看他时他说的两句话给我的印象非常深刻。一次谈到北京学界的状况，他不再注视我，而是把目光转向窗外，望着黑沉的夜幕，停顿了一下说：“我回不去了！”另一次，他特别认真地对我说：“我们一辈子研究马克思，但从来没有到过他出生、生活和工作过的地方去看一看，这肯定是有问题的。”多年后，我几次到特里尔，在那里从事研究工作和学术访问。有段时间我几乎每天都要去马克思故居博物馆，每当我看完材料，在布吕肯大街出来的广场边上等车回住地时，遥望那些耸立着的古罗马宫殿和巴洛克建筑，浏览风景如画的摩泽尔河畔风光，无限地感叹：这块土地上酝酿、培育的理论和学说怎么会成为你死我活的斗争哲学、斯大林式的威权专制的思想基础和社会发展中的单线论？于是，我心里一再回味张老师那些话的深意和他晚年选择的价值——他是以自己的“无所作为”表达对以往的研究方式的反省。

从进入山大接触到马克思的著述，一直到今天在北大还在从事马克思与古典经济学关系再探究的课题研究，我在这条道路上已经走过了 38 个春秋。我和同道致力于从文本、文献的角度对马克思思想重新展开梳理、阐释和评论，这种研究方式在国内众多的马克思主义研究者中显得有点另类，但我们感到，它确实矫正了长期以来形成的某些误读和曲解，真正提升了马克思主义研究的学术水准，更有助于发挥它在全球化时代所具有的现实价值。迄今为止，我出版著作 21 部（其中独著 9 部，合著 3 部，主编 7 部，参著 2 部），发表学术论文 230 余篇。特别是 2018 年马克思 200 周年诞辰之际，由我领衔的团队推出 12 卷本、近 600 万字的《重读马克思：文本及其思想》，是“近年来国际学术界专门探究马克思本人著述及其思想最集中、最系统和篇幅最大的研究成果之一”，是继黄枬森、庄福龄等主编的 8 卷本、410 万字的《马克思主义哲学史》之后，中国学者在马克思主义哲学史领域所取得的最重要的进展和突破。此书不仅在国内，而且在德国学界也引起了很大反响，被称为是“马克思年”这一领域专业研究“最重要的收获之一”。

敝帚自珍。在此叙述以上经历和感受，罗列一些所谓的学术成果，借此向母校汇报，感念老师们当年的培养。谨祝愿 120 年的山大青春常在，蓬勃发展！

聂锦芳，哲学系 1985 级校友，北京大学哲学系教授，马克思主义文献研究中心主任

不忘初心使命　不负岁月韶华

——化学系1988级校友张炯玮

张炯玮，1968年生，山西沁县人，山西大学化学系环境化学专业毕业。1988年9月，满怀着新奇、期待和兴奋，他开始了充满着拼搏与奋斗的大学生活，由此也与山西大学结下了不解之缘。

脚踏实地干实事，不悔青春勇当先

山西大学不仅是知识的殿堂，更是学子们创造梦想和实现梦想的地方。校园里除了浓郁的学习氛围，别具特色的社团活动也开展得如火如荼，为广大学子提供了足够多极具特色、锻炼能力、展现自我的舞台。初入大学的张炯玮深受感染，努力的方向也渐渐清晰，他决定好好利用大学时光，好好利用这个平台，尽己所能为母校和同学们做一些有意义的事情。大学四年里，他无时无刻不在为了完成这个小小的目标而不懈奋斗。大学二年级的时候，他成为一名校学生会干部，任实践部部长，这给他带来了展示和作为的机会。从学校学术氛围培育、学生思想启迪、创新思维调动的角度出发，他组织创办了“星期五讲堂”，也叫“约题讲座”，让大家充分利用每周五的自由支配时间，充分感受和体验高校的学术氛围。由于讲堂的氛围十分轻松，内容也十分丰富，所以讲堂自开办以来就深受广大师生的欢迎，浓郁的校园文化氛围由此深深扎根，直至今日，这个交流平台还在发挥着重要的窗口效应和交流功效。

开发培育团结协作的活动形式也是张炯玮学生会工作的一个重要目标。在他的牵头带领下，山西大学组建成立了全省高校首支女子足球队，组织举办了山西高校第一届女子足球赛，让热爱足球的女大学生拥有了属于自己的舞台，山西大学的校园也因巾帼足球队的英姿而更加多姿多彩。随着学生工作的不断创新和深入开展，张炯玮成长为校学生会的主要成员，并驻会团省委工作，成为山西高校学联主席。他开拓进取、脚踏实地、勤劳务实的工作作风给老师和同学们留下了深刻的印象。

践行育人理念，做实感恩文化

岁月不居，时节如流。转眼间已离开山西大学校园近 30 年了，但作为山西大学学子，“中西会通，求真至善，登崇俊良，自强报国”的校训校风张炯玮始终铭记于心，以至于后来由他带领经营的山西金控所遵循的企业理念与山西大学崇尚的校训校风都有着一致的精神内核。不仅如此，二者在服务地方经济及社会发展、助力转型综改的发展目标定位上也高度契合。作为山西大学的一分子，他始终感念母校的培育之恩，不忘为母校的发展尽力，对母校的赤子情怀和殷殷深情，一直支撑着他不断寻找与母校合作的路径和机会。2021 年，在省委、省政府的大力支持下，山西金控与山西大学建立了校企合作模式，共建“山西金融研究院”，并借此平台，深入推进双方在基地建设、人才培养、科研开发、成果转化、决策咨询等领域的广泛合作。2022 年初，又合作设立“山西金融科技人才创新基地”，聚焦于大数据、人工智能、信息技术、金融工程等金融科技领域开展创新项目合作和人才联合培养，并设立山西金控“菁华”奖学金和山西证券创新竞赛“菁英”奖，鼓励支持青年学子创新进取。同时，合作建设研究生实训基地，鼓励经济金融、计算机技术、软件工程、人工智能、大数据等金融科技相关专业领域的研究生到山西金控完成实习实践，合力提升相关专业人才理论实践应用能力，通过打造金融、产业、科技融合的创新发展模式，联合培养一批懂金融、懂产业、懂科技的高素质复合应用型人才，为推进山西金融事业发展和高质量转型做出贡献。

应对防疫“大考”，尽显责任担当

2020年春节前夕，新冠肺炎疫情强势突袭，集团旗下所有业务无一幸免，酒店业务更是受到重创。面对来势汹汹的疫情，人们不免心慌，过节的气氛瞬间被疫情阴影笼罩。面对前所未有的困难，张炯玮第一时间组织成立疫情防控工作领导小组，在对疫情防控工作进行全面研究部署的同时，积极安抚大家不安的情绪，提振大家的士气。他对大家说：“越是危难时刻，越能检验我们的发展根基是否扎实；越是磨难阶段，越需要我们坚定信心，克难奋进。疫情不只是磨砺，更是挑战和机遇，是映照新气象、展示新作为的全新时刻！只要大家众志成城，扛过这个艰难时期，我们就会积累更多的自信！跨过这个难关，我们就能获得更大的发展保障和机会！”在他的激励下，大家的奋进力量再次被激发。在扎实做好自身疫情防控，有序推进复工复产的同时，他带领集团旗下公司认真研究落实省委疫情期间支持中小微企业发展的安排部署，加强对我省中小微企业稳定生产经营、平稳健康发展的支持力度，出台了加大融资支持力度、优化融资担保服务、减免企业交易费用、加大保险服务保障、发挥基金投资功能、减免中小微企业房租、开展线上金融服务、简化审核流程、创新金融产品、做好金融服务等十条实质性措施。成功发行了全国首单零售商超行业供应链储架资产证券化项目及山西省首单疫情防控公司债券，为企业复产复工提供了精准金融服务。与此同时，组织集团内部的青年力量，成立青年突击队、学雷锋志愿服务队，广泛开展“战疫情——金控青年在行动”系列活动。了解到疫情期间太原血库告急，他第一时间组织开展无偿献血活动，用热血为生命助力，主动帮助有需要的社区和小区开展疫情防控志愿服务，通过省青基会、省红十字会、武汉红十字会等机构捐款捐物，全力支援抗击新冠肺炎疫情。在他的号召和带领下，集团上下团结一心，凝心聚力，充分展现了金控人浓厚的家国情怀和强烈的社会责任感。

厚植为民情怀，践行服务初心

作为一名土生土长的山西人，他对于服务山西、建设山西、发展山西始终有着一份根深蒂固的执着。他曾多次在不同场合表示：“金融是服务行业，为实体经济服务是金融的天职，是金融的宗旨。我们作为山西国有金融企业的排头兵，对于服务山西实体经济发展有着不可推卸的责任和义务，我们要积极发挥全牌照金融平台的优势作用，努力为山西转型发展蹚新路提供金融支撑。”带着这份初心信念与使命担当，他带领集团上下勠力同心，逆势奋进，坚决将“一切为了转型，一切服务转型”作为出发点和落脚点，不断推动服务实体经济提质扩面。2021 年，为山西省实体经济发展提供融资或服务 1253 亿元，服务转型项目 103 个，服务国企国资改革项目 300 个，服务能源革命项目 33 个，服务中小民营企业项目 16.5 万个，为山西省内企业提供风险保障近 3000 亿元，为省属煤炭企业债券市值维护提供资金近 70 亿元，累计服务中小微企业近 20 万户，挂牌展示中小企业 2745 家，推动省内企业实现炭交易 220 万吨。与此同时，积极设立太忻经济一体化发展共同基金、能源转型发展基金、上市倍增基金，为服务山西经济转型发展提供强有力的金融支撑。在全心全力服务山西转型发展的同时，他始终以不忘初心的为民情怀增进民生福祉，保障民生、改善民生的事情一件接着一件办。为助力乡村振兴，选配 15 名驻村第一书记和工作队员赴临县开展帮扶工作。2021 年 10 月，面对突如其来的暴雨洪灾，他带头第一时间组织集团系统捐款 700 余万元，帮助受灾群众做好防汛救灾和灾后恢复重建工作，并运用金融工具对受灾地区进行金融帮扶，及时启动了农险重大灾害快速理赔机制，开通快速理赔绿色通道，保障投保农户的利益。此外，还组织开展“希望工程 1+1”助学、捐衣赠书等活动，共计帮助 357 名贫困孩子接续了求学梦……这一件件、一桩桩实事，无一不践行着他提出的“用心、用情、用力解决好基层的困难事、群众的烦心事，增强人民群众的获得感、幸福感、安全感”的初心使命。

在这个属于奋斗者的新时代，每个人都在奔跑中拥抱梦想，用汗水浇灌未来，用奋斗书写精彩。作为一名优秀的山大学子，张炯玮将赓续山西大学自强报国精神，肩负责任与使命，踔厉奋发，笃行不怠，以唯实唯先、善做善成的精神，继续书写属于自己的精彩人生。

张艳，就职于山西省金控集团办公室

我还是从前那个少年

我是理学学士、管理学硕士，正高级经济师，现供职于山西焦煤集团，为山西省高级经济专业职务评审委员会评委库专家、中国煤炭运销协会专家委员会专家。

一

1988 年到 1992 年，我在山西大学数学系度过了充实而难忘的大学时光。离开母校已经 30 年，青丝依旧，我的内心深处还是 18 岁时那个懵懂的少年，母校植根在我心中的真与善，从未改变。何其幸哉，我是母校的一名学子，母校永远是我内心的自豪和底气。是母校让我无论走到哪里，都有那么多同根同源的学长和学弟学妹。

母校是思想的熔炉。很幸运，同学们推选我担任了班里的团支部书记；由于喜欢写点小文章，我还成为校学生工作部学生记者站的记者、副站长。课业之外完成这些工作，需要付出很多精力，而更多的则是收获，比如结识了很多好朋友，培养了我的集体意识、大局意识和服务意识，让我的性格里多了几分担当和奉献的自觉。真心感谢母校、恩师和同学们，在我年少时给了我历练的机会和宝贵的掌声，让我始终充满勇气和力量。

母校是求真的沃土。20 世纪八九十年代，数学系的辩论队在山西大学颇有名气，我是一辩，还有一位特别要好的女同学担任四辩。有趣的是，她的名字叫周三变，大家都说，三变是四辩，在老师的指导下，我们所向披靡。四年级赛季，我们一鼓作气，冲到了决赛，当时由山西电视台的任志宏和白娟主持，我获得了最佳辩论员。辩论赛培养了我的思辨能力和逻辑的严密性。工作后，由于所从事的职业原因，经常受邀在全国性会议上演讲，有时也会应邀到高校为学生们做讲座，每每都会受到好评，大学时辩论赛的淬炼是一个重要的基础。

母校是至善的家园。30 年前，我们班有一个共同的编外小成员，她是在艺术系进修的部队特招小文艺兵，名字不大记得了，我们的缘分源于她来我们宿舍问数学题，我们由此开始辅导她学习文化课。30 年后的一场公益活动，我偶遇一位 00 后的广西籍小校友，一次我年事已高的父母外出需要有人陪同，我请小同学帮忙，小家伙开心地陪伴了他们一整天。她叫覃维暖，现在是教育科学学院的学生。从当年我们公益帮助不知名的艺术系小同学，到今天可爱的小校友帮助我的家人，中间隔了30年的悠悠岁月，这种友爱的精神，是母校的基因，代代传承。

二

母校让自强报国成为每一名学子内心的最高荣耀。离开母校后，我先后在一家世界500强企业的总部机关和销售一线供职，近年还被推荐选拔到全国煤炭交易中心和中国焦煤品牌集群任职，是我省较早的正高级经济师和高级经济专业职务评审委员会评委库专家、中国煤炭运销协会专家委员会专家。30年来，无论何时，我都始终铭记母校和恩师的教诲，时刻谨记家国担当。

工作上，我是出了名的拼命三郎，不因自己是女性而有丝毫的懈怠。1998年、2015年，我两次勇敢地接受组织挑选，在煤炭市场的最低谷，从总部机关走上销售一线。2017年，由于我的数学学科背景，集团安排我从销售一线回到本部，筹建中国焦煤品牌集群，研究中国炼焦煤指数，我欣然领命。

品牌集群是与国际跨国企业相对应的中国独创范式，是一项挺进无人区的工作。中国焦煤是我国最早成立的品牌集群，是国内头部炼焦煤企业组成的炼焦煤航母，如今，已是我省也是中国面向世界的闪亮名片。炼焦煤是钢铁工业的粮食，煤焦钢是我国在全球领先的优势产业。多年来，中国炼焦煤企业主要依托资源赋存地建设，布局分散，产业集中度低，企业之间缺乏高水平的协同。如何应对国际炼焦煤跨国集团的激烈挑战？如何服务好快速壮大的钢铁巨型集团？如何打破地域行业分割，极致发挥我国不同地域炼焦煤组合优势，形成统一的全国大市场？解决这些问题，没有现成的路可以走，没有成熟的模式可以植入，亟须我国炼焦煤领域的领先企业破冰前行。时代是问卷人，我们是答卷人，探索集群范式，通过集群解决以上问题，是山西焦煤集团等我国头部炼焦煤企业给出了中国方案。中国焦煤品牌集群的成立和发展，倾注了我和团队同志们的很多心血。特别要感谢母校经济管理学院的孟慧霞教授公益支持帮助我们，并长期担任我们的品牌专家。

价格指数是重要的定价依据。中国焦煤品牌集群成立前，全球炼焦煤定价面临缺乏客观指数作依据的共性难题。当时较为流行国际指数在方法论上主要以询价为基础，理论上存在人为干预的较大可能性。我国是全球最大的炼焦煤生产消费地，国内自给量每年近5亿吨，山西又是世界炼焦煤之乡。然而，如此大的交易量，由于缺乏权威的自有炼焦煤指数，常常是被小权重的国际炼焦煤价带了节奏。焦煤集群成立后，我们下定决心，狠下一条心创建中国自己权威的炼焦煤价格指数，坚决不走其他国家已经走过的、被多年实践证明并不符合中国炼焦煤交易实践的指数路线。在指数建立的过程中，母校1987级校友米子川先生带领团队给予了我们无私的帮助。2019年12月4日，万众瞩目中，中价·新华焦煤价格指数由国家发展和改革委员会价格监测中心和新华社中国经济信息社在北京面向全球发布，是世界上唯一的国家级炼焦煤价格指数。依托中价·新华焦煤价格指数，中国焦煤锻造出了集群的数字生产力、价格影响力和行业公信力，实现了全球炼焦煤价格的中国引领。

一入山西大学门，终生都是山西大学人。是母校和恩师培养教导了我，栽培和成就了我。饮水思源，唯有感恩。

母校，我们热爱并祝福您，永远以您为荣，永远为您奋斗。

我们永远是您的学子，我还是从前那个少年。

郭黎娟，数学系1988级校友，山西焦煤集团正高级经济师

在多彩的路上追寻美丽坐标

——数学系1988级校友王文刚

王文刚，山西高平人，数学系应用数学专业1992届毕业生、南开大学经济学博士研究生、美国杜克大学访问学者，内蒙古银保监局党委书记、局长，内蒙古自治区第十三届人大代表。

34年前的那个秋日，山村小伙儿抖落满身的泥土，挤上北上省城的列车，去编织美丽的憧憬。

校训，镌刻求知坐标

“中西会通，求真至善，登崇俊良，自强报国”，母校校训第一刻映入他的眼帘，宛如一道强烈的冲击波，在他那对世界充满爱的心灵深处赫然镌刻出清晰的求知坐标。四年的求学路上，他以师为友，以友为伴，充满好奇、自由自在地遨游在美轮美奂的数学殿堂里。他背着那个破旧的黄书包，往返于宿舍与教室，穿梭于南院和北院，驰骋于操场与图书馆。与老师深交，与同学夜谈，他逐步形成了扎实的专业积淀、求真务实的学风和严谨细致的作风，为他日后的事业追求插上了腾飞的翅膀。

他是数学人,更是山大人。结缘这所中国最古老的大学是他人生之大幸事。在深厚的文化底蕴、崇良的人文情怀下滋养成长，他以山大人独有的精神气质为钥匙，去开启一扇扇放眼看世界的窗户。他时常告诫自己，“不彷徨，不惜力,不贰过,止于至善”。在开放包容的象牙塔里,他以梦为马,多领域涉猎,跨专业求学。为练习口语，他趁周末借同学的自行车，到五一广场去参加英语角。为丰富思维，他经常寄宿于中文系同乡那里，与他们彻夜相谈。为磨炼意志，他延续多年习惯，独自在月光下万米跑，并与网球结缘，多年后获得中央国家机关杯团体第三名的好成绩。为突破个性，他毛遂自荐，勇敢地走上舞台，用极不标准的普通话去主持节目。为培养特长，他考取了校学生艺术团，开启了自己的声乐之路。那段岁月里的山大人，一定忘不掉数学系足球队所创造的不败辉煌，也一定忘不掉数学系一举夺冠的大合唱。“鸟在高飞,花在盛开。江山壮丽,人民豪迈。我们伟大的祖国,进入了社会主义时代”,《祖国颂》永远在心中回荡……

古训，接续事业坐标

常思奋，不顾身，以殉国家之急。告别美丽的校园，握别亲爱的师友，他循着司马迁的古训去追随学以致用、学以报国的事业坐标。他卷起满腹的“行囊”，重新踏上回乡的路。

这一路走下去，他便在金融监管的道路上走了整整 30 余载。每逢急难险重时刻，他都主动请缨，倾力奉献，用奋斗的足迹践行母校“自强报国”的教诲。他把数学知识应用到监管工具研发中，把计算机知识应用到金融科技监管探索中，把数学思维和创新思想转变成螺旋式上升的推动力。

一步步，他从县里走到地市，从地市走到大区，从大区走到总部，从总部走向风险一线。他全身心投入金融监管事业。第五次全国金融工作会议后，他被指定专门负责地方金融监管转隶和规制制定工作；在制定大区行金融监管责任制实施细则过程中，他用脚步丈量过多个地市之间的距离；在天津自由贸易试验区创建过程中，他积极争取建设完善的金融机构体系，在成立当天一次性颁发 20 多张金融许可证；在处置金融风险的大潮中，他被派往内蒙古去戍卫祖国北疆的金融安全，成功处置了轰动一时的重大信用风险事件及系列监管腐败案件。

一步步，他迈向了国际舞台，为祖国金融监管增光添彩。他曾作为访问学者被国家公派美国杜克大学攻读 MPA，在各种场合传扬中国文化；曾作为中国代表，参加美联储、国际货币基金组织、世界银行联合举办的国际金融监管研讨会；曾代表原中国银监会，在英国汇丰银行总部向全球介绍我国金融发展情况；成功地完成了由巴塞尔银行监管委员会发起的“第十八届国际银行监督官大会”组织筹备工作，被来自 90 个国家和地区的代表们誉为“国际银行监督官中国奥运会”；积极参与亚洲金融论坛（香港）、中国投资论坛（捷克）等多项国内外论坛活动。

是赤子之情，更是报国之志，让这个曾经的山大数学人成为今天的金融监管人。

愿力，点亮“人性坐标”

向善，向上，向强。这是他四载大学生涯烙印于心的愿力，更成为他后来矢志不渝的人性坐标。

初到祖国北疆，恰逢某银行宣告被接管，本系统也连续爆发系列严重监管腐败案件，对系统政治生态破坏之深、之重、之长、之远，前所未有。作为一把手，他靠前指挥，与大家心心相连、手手相牵，用自己的一言一行、用暖心的一点一滴，宣扬组织的善意和厚爱，激发大家向善向上的强大精神力量，感召大家快速走出泥沼，步入曙光。在职工的心目中，他是一位好领导；在朋友的心目中，他十分靠谱；在领导的心目中，他值得托付。

做一个满负荷带电，充满激情和正能量的人，面对急难险重的地区金融风险，他横刀立马，滚石上山，逆水行舟。在他的建议、推动下，自治区党委、政府主要负责同志亲自挂帅，金融风险攻坚战取得“破冰式”进展。他打造的“忠诚为民、砥砺奋进、精业求实、守正行廉”的监管文化理念成为全系统广大干部职工的理想信念和职业追求，他领导的单位多方面工作也在全国处于领先地位。

将科学的理论转变成真理的光芒，把管理的思想转变成团结的力量，把个人的追求转变成团队的方向。在导师的带领下，他积极参与多项国家重大社科项目研究，将自己30多年的金融监管经验上升到理念高度进行再研究、再升华。为探索“把权力关进制度的笼子”，他成功地建立并实施了金融监管“五项机制”，推进金融监管工作进入智能化、自动化运行的新阶段。他用近20年时间来实践、检验、完善，再实践、再检验、再完善自己潜心研究的领导力学说，为更好、更快、更多地培育接班人，点燃永不熄灭的青春火焰。

三十四载奋楫过，不负韶华永向前

在母校求学的时光仿佛就在昨天。母校厚德至善的精神、兼容并蓄的气质熏陶了他，培养了他，指引着他自信、自立、自强，不断标注出一个个奋斗的人生坐标，也让他从一个懵懂的少年一步步走到今天。在母校的光辉照耀下，他在人生路上收获了许多光彩，当初美丽的憧憬也渐渐变成了现实。

惟有绿荷红菡萏，卷舒开合任天真。王文刚永远感恩母校，感恩师长，感恩那些同行的奋斗时光。祝福母校在新时代、新征程上赢得更新、更灿烂的荣光。

数学科学学院供稿

阳光征迁　用真情助力美好家乡

——法律系1989级校友王迪录

王迪录系山西襄垣人，1993 年毕业于山西大学法律系。现任绿色庄园农业集团有限公司董事长、山西绿色庄园生态小镇建设股份有限公司董事长、加拿大 Arawma 健康产品有限公司总裁、潞安集团东能煤业有限公司副董事长，同时担任加拿大中国商会副会长、中国侨青委副会长、山西省侨联副主席、山西省侨青委主席、山西省海外联谊会副会长、山西省华侨公益基金会副理

事长、山西省新侨创新创业联盟副理事长、长治市政协常务委员会委员等社会职务。

二十多年前，有着赤子之心的王迪录，怀着好男儿志在四方的豪情，拒绝了体制内的“铁饭碗”，勇敢地投入改革开放的大潮中，胸怀万里，闯荡四海，实现梦想。创业伊始，他成立了绿色庄园公司，并将业务拓展到了北京、新疆和加拿大温哥华等地，将绿色庄园公司发展成为拥有好几家分公司的集团企业。十年后，王迪录又怀着故土难忘的乡情，义无反顾地回到故乡这片热土，结草衔环，以农共襄，投身家乡建设。同时利用海外和大城市的广博社会资源，运用历年来积累的成功经营理念，更加卓有成效地服务于乡村振兴。

他认为，山西的经济特点是能源占绝对主导地位，所以需要顺应政府依靠优势产业、拉动落后行业、转变经济模式、建立和谐社会的要求，找到优势与弱势行业的互补结合。事实上，随着我国经济的快速发展，能源需求越来越大，煤炭企业数量和煤炭产量随之增多；村庄下压煤田成为煤炭企业长远发展和持续发展的瓶颈，从而不得不搬迁村庄来释放煤炭资源，开采下压煤田。近些年来，因村庄搬迁所引发的上访、诉讼和群体事件层出不穷，如不能拿出系统、全面的解决方案，将会严重影响矿方的正常生产工作和社会形象。

于是，王迪录在充分分析家乡经济发展实况的基础上，与山西潞安股份有限公司合资成立了山西潞安东能煤业有限公司，开发山西省人民政府“关于支持社会主义新农村建设，开展国有大型能源企业与地方联合开采村庄下压煤田”的试点项目。

村庄搬迁工作是一项长期的、复杂的、系统的社会工程。所谓长期，是指一个项目要用两三年甚至更长的时间；所谓复杂，是指涉及多方的利益，相互关系较为复杂；所谓系统，是指搬迁是一个立体工程，涉及多种社会行业。社会工程是指搬迁业务一定要把社会效益放在第一位，经济效益放在第二位……看似简单易懂却一语道出了农村征迁工作的核心——将社会效益放在第一位。王迪录凭着多年来对搬迁工作的总结和探索，认为村庄搬迁工作公司化管理运作模式是解决村庄搬迁瓶颈的一个可行办法。作为一个与潞安集团有着长期业务合作的专业化村庄搬迁工作机构，山西绿色庄园农业（集团）有限公司一直坚持公司化管理运作模式，具体来讲，就是矿方将村庄搬迁的相关事宜，包括旧村拆除、土地复垦、新村建设等全权委托给熟悉“三农”问题，有一定的农村工作经验、有农村农民感情、有乡土情结，熟知政府有关政策和法规，了解熟悉煤炭企业尤其是国有煤炭企业运行流程，并能与其顺畅沟通的第三方来实施的模式。不仅如此，第三方还应具有法律财务、新农村建设和农业产业化的专业经验、具有高度社会责任感、正义感的专业团队，具有相应的资金实力……这些要素，缺一不可。

王迪录不拘一格，用创新思维走出了企业发展的新路：他用专业人员，运用专业知识，非常专业地核算每一个项目；他设定上限与下限，平衡好企业利益与村民利益，结合实际情况，一村一策，尊重、依靠政府，探索出了行之有效的政企关系，在法律授权与法无禁止之间规范行业行为。他认为，农村征迁不仅仅是为企业谋利益，更重要的是要让老百姓过上好日子。农村征迁方案要按照村民的需求制订，只要让老百姓各自把自家的“小账本”算清楚，就不怕征迁不成功。

正因有着这样的工作理念和思路，绿色庄园农业（集团）有限公司搬迁工作取得了不错的成绩。通过十余年的工作经验总结，形成了“五个一”工作目标和“六个心”工作思路。“五个一”，即：“搬迁一个旧村，建设一个新村，解放一块煤田，引导一个产业，造福一方百姓。”他们所做的工作，不是常规意义上的拆旧建新，而是既要建设一流的新城镇，彻底改变村容村貌，又要在拆旧建新的过程中，创办一个可持续农业产业，带动一批有现代化思维的农民，将农村征迁办成一件造福一方百姓的大善之举。这是山西绿色庄园农业（集团）有限公司每一位工作人员都熟知的信念。“六个心”，通俗来讲，就是良心、耐心、用心、细心、善心、决心。诚信是基石，言必信、信必行、行必果，老百姓的信任来之不易，要明确底线，不轻易承诺，真正从内心尊重他们，实实在在做好服务工作，共同圆梦。“五个一”工作目标和“六个心”工作思路遥相呼应、相得益彰。王迪录一语中的：“这就是拆迁工作，虽说复杂，但只要有心，何尝干不好”？

王迪录带领绿色庄园公司开展“阳光征迁”工作，大大推进了家乡城镇化发展和美丽乡村建设，创建了绿色庄园阳光征迁系统平台，现已成为区域内公司化阳光征迁产业的领军机构。作为一名成功的民营企业家，王迪录时刻没有忘记社会效益优先的初心，热心参与帮扶救贫。多年来，公司尽力救助和帮扶潞安压煤搬迁村及公司驻地附近村的贫困户，参与并资助了沁县南里乡东林村的脱贫攻坚，向山西华侨基金会捐款，参加了“寻根圆梦·爱满三晋”侨界青年公益行动——“侨之圆梦”奖学金计划；王迪录作为特邀企业家参加了长治市委党校中青班学员“心系扶贫牵线搭桥送项目平顺行”活动，还积极参与了关爱教师行动……他的善心、善行也得到了当地群众的称赞。

因王迪录为家乡经济转型升级和发展做出的突出贡献，他获得了多次政府表彰，担任了多项社会职务。由于他时刻不忘祖国和家乡的养育之恩，身为加拿大商会副会长，积极发挥侨界联系广泛、人才荟萃、智力密集的独特优势，充分发挥侨智、侨梁、侨心的作用，积极引进人才、资金与技术，被国务院侨办、中国侨联授予“全国归侨侨联先进个人”称号，被山西省侨联授予“山西省侨联先进个人”称号，并几次受到习总书记等党和国家领导人接见。

学子王迪录带领绿色庄园公司积极响应国家提出的“乡村振兴”伟大号召，将整合国内外特色小镇的先进运行经验和成熟优势资源，并最大限度结合山西省的经济特点和独有禀赋，全力打造、建设山西省乃至全国生态小镇和乡村振兴的标杆示范项目，为兴晋富民做出贡献。

法学院供稿

从山大校园到天安门广场

2021 年 7 月，在党的百年华诞之际，我所在的国家税务总局晋城市税务局机关党委被中共中央表彰为全国先进基层党组织，我有幸作为代表赴京领奖。在北京，我与全国“两优一先”代表共同参加了庆祝中国共产党成立 100 周年系列活动，在人民大会堂受到了习近平总书记等中央领导同志亲切接见并合影留念。

我深深地记得，当习近平总书记站在天安门城楼上庄严宣告“经过全党全国各族人民持续奋斗，我们实现了第一个百年奋斗目标”时，广场上顿时掌声雷动，人群当中的我心潮澎湃，被强烈的幸福感、自豪感和使命感所包围。在这荣耀时刻，我深知，荣誉属于集体，属于每一位基层税务干部，也属于培养我、指引我走过宝贵青年时代的山西大学。

进步：从第一步，到每一步

我的家乡在长治市城区，通过十余年寒窗苦读，我于 1989 年考入山西大学法律系攻读法学专业。师长们的言传身教，以及校园里浓郁的法学氛围，在我性格中深深打上了忠诚、正直、严谨、务实的烙印。这些让我受用终生。

1993 年，我怀揣着法律人良法善治、经世济民的理想，走出大学象牙塔，来到山西省税务局报到，从一名普通的科员做起，先后在省税务局、省国税局科研所、党办、办公室等行政岗位锻炼，又分别担任过政策法规处、国际税务管理处、征管和科技发展处等业务处室处长。每到一个岗位，我都牢记山大“中西会通、求真至善、登崇俊良、自强报国”的校训，脚踏实地、勤勤恳恳，走好事业中的每一步。

2018 年，按照党中央关于国税地税征管体制改革的决定，山西省国税、地税部门于 6 月份正式合并。合并的核心是征管业务和系统，而完成任务的期限仅有几个月！这是涉及两套系统、数百个流程、上万岗位、百万市场主体的庞大工程，每个月都有数百亿资金要通过这一“大动脉”流入国库，稍有疏漏，就是重大事故。

面对艰巨挑战，当时正任征科处处长的我，慌不得、慢不得、错不得，压力可想而知。我与处室同事们没有任何犹豫，从顶层设计做起，一条一条捋，一件一件推。在那些攻坚的日日夜夜里，每晚我都是最后一个离开，第二天又是最早来到岗位上。在我的带动下，全省征管条线的同志们斗志昂扬，纷纷加班加点，夜以继日推进改革。随着路线图上众多任务相继销号，改革中最为核心的征管业务整合圆满成功，这标志着我省优化统一高效的税收征管体系完成了初步构建，过去纳税人要分别跑国税、地税两个部门才能完成税收申报缴纳的时代一去不复返了。

转任：是挑战，更是机遇

2021 年 3 月，按照省税务局党委安排，我离开熟悉的省局机关，来到地处晋东南的晋城市税务局担任一把手。

到任后，我拿出调查研究的看家本领，走遍了全市税务系统的每一个县局、分局，拜访了大多数重点税源企业；记不清多少次与班子成员、基层干部、老干部推心置腹谈心谈话，也记不得有多少次各抒己见、畅所欲言，甚至红脸出汗的座谈研讨……

北京归来后，在强大精神力量的感召下，在长期调研积累的基础上，我与党委一班人厚积薄发，郑重提出：晋城税务要在山西税务跨越式发展中走在前列，蹚出新路，就必须聚焦税务系统绩效考评、驻市单位目标责任考核、纳税人满意度“三个目标”，实施政治机关大教育、治理短板大起底、改革创新大提速、干部队伍大练兵、纪律作风大整顿等“五大行动”。一年来，“三大目标”就像三维立体的导航仪，“五大行动”就像五枚强劲的助推器，推动晋城税务在税收现代化的赛道上瞄准目标，持续加速，不断跨越。

这一年，在我们共同的努力下，成绩斐然，受到省税务局、晋城市委市政府的高度肯定，以及纳税人、缴费人的广泛赞誉。更令我骄傲的是，在 2022 年全国税务工作会议前夕，晋城市税务局作为全国两个市级税务局之一，获得国家税务总局王军局长亲自视频连线征求意见，王局长对我所提的意见、建议十分重视，每一条都亲自答复，对其中两条予以采纳，体现到全国税务工作会议主报告中。

收好税的同时，带好队也是我作为一把手义不容辞的责任。上任之初，正值全省税务系统启动第二轮职级晋升，这项工作事关重大，落实得不好，就极有可能引发矛盾，不利于队伍团结。面对全市1300余名税务干部，我能叫上名字来的都没几个，时间紧、任务重，了解情况的人都替我捏了一把汗。

我想，这既是劣势，更是优势，作为新面孔，更有条件摆脱各种羁绊，以公平公正的立场放手工作。我与班子成员定下一个基调：开门搞改革，让大家的事大家想、大家说、大家办。通过耐心细致的政策宣讲，逐级逐人地谈心谈话，反复深入征求意见后，终于形成了一套大家都认可的实施方案，在此基础上圆满完成了职级晋升。继而乘势有序推开干部交流选任工作，搭建起了干部职务与职级“双通道”成长的立交桥。

一石激活满池水。通过两轮晋升和调整，全市税务系统在机构改革中累积的“正转副”干部全部得到了解决，正确的选人用人导向在晋城税务机关得到了鲜明树立，科学的选人用人机制做到了持续畅通，干部队伍呈现出了“人人争先，个个向上”的良好局面。

转变：在太行山水间实现

如果说为官做事是本分，在经事、办事、成事之间，我个人的思想、认识、心态也在不知不觉间发生着转变，这才是更大的收获。

来到晋城，感受最深的是从机关干部到基层干部的身份转变。在省局机关，虽然也经常下基层调研，但始终与乡土隔了一些距离，如今来到这千山万水之间，才真切窥探到如太行山丘壑纵横般的基层现实，触摸到如毛细血管般的体制末梢。从个体小商户喜悦的眼神中，我真正读懂了党中央、国务院持续推动减税降费的重大意义；从基层干部质朴的言语里，我彻底理解了上级党委反复强调严管厚爱、关心关爱基层的良苦用心。这些日子，我越来越喜欢和基层税务所所长、管理员们拉家常、谈工作，从他们的阅历、经验中，我似乎能听到中国税收现代化的脉搏和回音。

作为“班长”，面临的最大挑战是从纵管条线到总揽全局的视野转变。作为一名法学专业出身的干部，我始终坚信规则的力量，在省局业务处室工作时，通过刻苦钻研，成为所在领域的专家，依法依规办事，工作起来就能得心应手。而作为一局之长，面临的事务千头万绪，这一经验就不够用了。俗话说“上面千根线，下面一根针”，如今的我，不仅要从“线”变为“针”，还要是一根能揽瓷器活的“金刚针”。接受着系统与地方的双重领导，肩负着收好税、带好队的重大使命，履行着党建和全面从严治党第一责任人的责任，我更加深切地感受到习近平总书记所强调的“在干部干好工作所需的各种能力中，政治能力是第一位的”。带着这份责任和感悟，我如饥似渴地重新阅读习近平总书记的重要讲话和著作，许多以往隔膜、滞塞之处豁然开朗，用于指导实践常常有“直抵关键”的功效。

一年过去，我已然实现了从他乡异客到故乡亲人的心态转变。来到晋城，我是抱着“革命战士是块砖，哪里需要哪里搬”的觉悟的。但一块砖只有融入墙体才能发挥作用，熟悉的税徽下，陌生的城市里，些许的不适应，早已被连轴转的工作忙碌所冲淡。还好，这里有我热爱的事业，有对我关怀备至的同事，当我感到疲惫时，看到他们在殚精竭虑坚守岗位，作为他们的班长，我又怎能分心、抽身呢?

工作之余，我仍保留着大学时提笔写作的习惯。去年 11 月底，我在《中国税务报》上发表的随笔《在太行山水间的三重转变》获得了国家税务总局王军局长 200 余字的大段表扬性批示：“特别是我细细读了长期在机关而后下基层的向东同志的文章……更是让我获益匪浅，激动不已！他们的敬业爱岗精神，让我肃然起敬；他们的改革创新之举，让我心底欣慰；他们的心安是归处的高贵精神境界，让我倍为他们自豪！请……为他们的收获高唱赞歌！”

如此盛誉，我受之有愧。回顾从山大校园到天安门广场的近 30 年长路，唯愿归来依旧少年……

高向东，法律系 1989 级校友，晋城市税务局局长

我的大学

从七岁上小学开始，我就没有离开过校园。大学毕业后，我进入高校工作，先是当教师，后来从事管理工作，再后来走上领导岗位，在校园里工作生活了 44 年。其中，在山西大学 11 年的求学经历，是我人生中获益最多、对我影响最大的一段时光，是我思想、工作、生活的底色和底气。

大学遇到先生

1989年秋，我进入山西大学哲学系学习。当时，系里搞教学改革，课序、课时做了重大调整，欧洲哲学史、中国哲学史、马克思主义哲学史这三大哲学史都安排两个学期的课程，讲得充足、学得过瘾。第一学期，就开设了欧洲哲学史课程，课任老师是张晋斌老师，我们感觉像听天书，他解释说，要先培养哲学意识，建立哲学思维，先“立其大者”。后来每到一所学校工作，我都坚持突出专业核心课程，要求必须开足学时，把基本理论和基本观点讲深讲透，这与我刚入学的经历有直接关系。

大学时期，老师们上课比较随性，发的课本一律作为参考书，没有一个老师照本宣科。每位老师课前都做了充分准备，每堂课都是思想的盛宴，学生们听得如痴如醉。课堂气氛也很民主，师生互动频繁，少不了思想碰撞的激情时刻。课余时间，老师们经常与学生在一起，谈人生、聊社会、谈政治、聊未来，学生有问，他们有答，很真诚，很坦率，从不隐瞒观点。大学的课堂无处不在，一些非正式的交流、提点，效果往往超越时空，升华专业知识，影响学生一生。

毕业这么多年，我习惯成自然，凡有困惑，第一个想到的就是找大学老师寻求帮助。好的老师能为你打开一扇窗，让你看到精彩的世界。有一段时间，工作遇到困境，我的导师乔瑞金教授推荐我阅读罗素的《幸福之路》，受益良多。罗素在书中说：“灵魂伟大的人，心胸开阔，任由宇宙之风自由激荡。他将认识到，某种意义上，一个人能看到多大的世界，他的自我就有多大。摆脱了被环境奴役的恐惧，他将感受到深刻的幸福，无论生活如何沧桑变化，他在内心深处永远是一个幸福的人。”

我的博士论文被乔老师前后修改了16次。他告诫我：做学问要用心，绝不能含糊。博士毕业后，行政事务缠身，乔老师经常鞭策我不要忘记读书。他建议我精读亚里士多德的《形而上学》、斯宾诺莎的《伦理学》、康德的《纯粹理性批判》、黑格尔的《逻辑学》，说读懂这四本书，对整个西方哲学史就会有一个大体的掌握。其实每门学科、每个时代都是这样，要花大力气去读懂有代表性的著作。

我很庆幸，大学时代遇到了一群优秀的老师。他们每个人都学问精深、兢兢业业、传道解惑。我能取得些许成绩，离不开老师们不间断的悉心栽培。

铁不需要镀金

哲学不是拿来装饰门面的，是要致知于行，拿来用的，要改变自己，改造世界，造福社会。2010 年 1 月，我离开山西中医学院，到山西药科职业学院担任校长。当时，社会上对职业教育评价不高，职业院校招生困难，学生入学成绩很低，士气低迷，对前途缺少信心。

对大学领导而言，高度不够，看到的都是问题；格局不够，纠结的全是鸡毛蒜皮。对问题而言，一个好的解决方案，是把一个痛点解决到极致，越简单，越震撼。我首先从理念入手，作为解决问题的先手棋。

职业院校是另一种类型的高等教育，不能照搬本科的教育教学模式。要把注意力集中到授业培能上，不必纠结于知识系统的完整性。要与企业深度合作，与企业一起培养企业需要的高素质技能人才。有了较强的实践动手能力，创造性就蕴含在技术知识的应用过程之中。不同于本科教学，高等职业教育的专业教学应该坚持“首岗适应、多岗迁移、生动活泼、全面发展”的教育理念，注重理论与实践的无缝结合、平滑迁移，教学安排要更加注重实践环节的系统性、连续性、完整性。2012 年，山西药科职业学院在全国职业技能大赛中共获得集体和个人三个金奖，开创了山西职业教育的先河。

职业教育院校的学生，信心不足的问题十分突出。我坚持有教无类，因材施教。我认为，铁是不需要镀金的，铁的努力方向是百炼成钢，而非不切实际地期望成为金子，更不能为了虚荣，给铁镀上一层好看的金粉。我逐渐明白，所谓人的天性，就是上苍给人的不同赐予。有人生来热烈如火、有人静水流深、有人淳厚如木。没有好与不好之分，只是质地不同，只要掌握合适的技能，放在合适的地方，都会焕发耀眼的光彩。有些人聪慧一些，有些人执着一些；有些人胆子大一点，有些人胆子小一点；有些人刚硬一些，有些人柔和一些。教育必须包容，耐心、精心、平等地把适合的教育，给适合的学生。我经常教育学生：接受平凡，拒绝平庸；相信未来，珍惜现在；健康工作，快乐生活，让自己发光，胜过埋怨一切黑暗。

医学需要温度

2014 年 3 月，我离开太原，到长治医学院担任党委书记，重新回到了医学教育领域，重新回到了本科院校。我逐渐认识到，大学也好，学者也好，必须关注社会、服务区域、心怀群众。绝不能仅仅依靠抽象概念来思考中国问题，更不能依靠生活常识来进行政策判断，必须呼啸着奔向田野，在田野中形成各种机制性的认识，提炼出一般性机制，并因此具有结构性视野，具体问题具体分析，提升学术分析的深度，提高政策实施的效度，为区域发展乃至民族复兴贡献学术力量。

2021 年，一部反映 2020 年武汉抗疫的电影《中国医生》上映了，观众报以激动的热泪，我却没有一滴眼泪，我看到的、听到的要比电影丰富一百倍。人们习惯于在影视文学作品中讴歌，在现实中抨击。人们心目中的好医生应该是这样的：技术高超，医德高尚；随叫随到，百问不厌；打不还手，骂不还口；任劳任怨，无私奉献；钢筋铁骨，不辞辛苦。总之，医生是神不是人，只能学历高，不能薪水高；只能技术好，不能犯错误；只能谈奉献，不能谈收入；只能多付出，不能有享受；只能有工作，不能有生活。高大上、形象化的“捧杀”，对医生而言是一种伤害。

医学不是万能的，不能包治百病。医生的无奈在于，“有时是治愈，常常去安慰，总是去帮助”。中国的现状是，优质医疗资源供应不足，过度集中于大城市，广大农村地区看病难问题十分突出。基于这样的认知，医学院校要培养有温度的医生，也就是“下得去、留得住、用得上、够得着”，沾泥带土、贴心贴肺的医生。2019 年，我谋划了一个行动——“第一村医”，由附属医院的大夫和在校学生组成了覆盖长治市五个县区的医疗工作队，直接深入农村第一线，到最需要帮助的地方，为老百姓提供直接的医疗服务。

2021 年 11 月，驻壶关县的“第一村医”发现了一位病人，他的名字叫栗聚勤，病情复杂，反反复复，卧床多年。经过精准诊断、精心治疗，他很快就康复出院了。我体会到，现代医学越是发展，越易形成天然的知识垄断，并无情地将大多数人，特别是乡村、农民排除在一个共同体系之外。栗聚勤就是一个代表，某种意义上，他仅仅是作为一个专业医生服务对象的患者而存在，他的痛苦、无奈、焦虑，都只是一个现象。垄断如何被打破？医患如何成为客观、真实、感性的共同体？需要关注的不是一个抽象的群体，而是生活在一个个村庄里的一个个具体的个体。医学和医院，既要心怀“国之大者”，也要关注“民之小者”，都要有正常的恒定的温度。说到底，医学和医疗都是促进健康的手段，不是目的。

当华美的叶片落尽，生命的脉络才历历可见。走过人生五十年，回头望去，山西大学始终在我的身体里，她已经化作我生命的养分，被我消化、吸收，持久地发挥着不可替代的作用。

李华荣，哲学系 1989 级校友，长治医学院党委书记

我与山大哲学

今年是母校山西大学一百二十周年校庆，也是我现在任教的北京师范大学一百二十周年校庆。对我来说，从步入山大学习哲学到执教杏坛，再到任教北师大，从山西大学堂的老校门旁到京师学堂的匾额下，从时间上看，差不多各占一半。同样值得自豪的是，今年也是两校哲学学科进入国家“双一流”建设的开局之年。在好事成双的2022年，我为母校的校庆和哲学学科的长足发展感到骄傲，也深深感恩母校老师的培养，感念与师友们相互学习、共同成长的日子，感怀山西大学堂里的一草一木。

1990年，我进入山西大学哲学系学习，和大多数同学一样，在迷茫中开始了大学生活。很快，哲学就吸引了我，我也叩响了理性之门。宋炳延老师开设的欧洲哲学史是我的启蒙课程。宋老师是中国人民大学苗力田先生的研究生，具有苗门弟子的典型风格，为人谦逊内敛，治学厚积薄发，尤其重视教学，讲课极为精彩。欧洲哲学史课程每周四节课，从古希腊到德国古典哲学的爱智之旅就在宋老师循循善诱中拉开了帷幕。黑板前的宋老师睿智从容，授课清楚通透，我被从未接触到的课程内容深深吸引，开始体悟到哲学的魅力。一学期下来，我的各门课程成绩都很好，欧洲哲学史和形式逻辑尤其突出，总分和综合测评都是班级第一，极大地增强了我在哲学领域学习和钻研的信心。本科毕业论文也是在宋老师指导下，完成了关于休谟因果观的习作。

宋炳延老师是山大哲学系老一辈学者求真务实、默默奉献精神的缩影。杜镇远、刘翠兰、梁鸿飞、魏宗禹、冯菊盛等各位先生的课堂都是引导我开启理性之门的钥匙。山西大学堂一百二十年的深厚底蕴，哲学系几代人的奉献拼搏、薪火相传、学脉相承，使这里学风浓厚、人才辈出，成为高校哲学学科的佼佼者。无论是硕士点、博士点、一级学科、重点学科、教育部重点基地在省内都是首屈一指，在国内也成为学科重镇，今年成为“双一流”建设学科当之无愧。

当然，对我来说，收获最丰厚的还是郭贵春老师的教诲、引导和情谊。本科毕业时，郭老师刚刚从剑桥大学访学归来，我放弃了其他高校，幸运地成为郭老师在哲学系招收的第一届研究生。郭老师是国内科学哲学界里程碑式的人物，其哲学研究既与国际前沿接轨，又坚守自己的学术领地，砥砺深耕，开创了科学哲学的山大学派。郭老师既是我学术道路的引路人，也是我人生道路的航向标。我不仅接受了把握复杂概念与精细推理能力的培养，接受了智力训练、思想磨炼和人格锤炼，更重要的是获得了理智的启蒙，从自己的不成熟状态中走出来，从思想的未成年状态中走出来，着力培养学术传承与思想创新的能力，追求人格的独立和思想的自由。

在这期间，郭老师要求我先过专业英语关，其次过原文原著关，第三过问题分析关。郭老师要求与我每两周面谈一次，重点谈两周阅读的文献资料和论文选题思路，不仅耐心指导，也严格要求，手把手教我们写论文，有时修改的文字比原文还多。我选择罗蒂哲学作为硕士论文的选题，沿着郭老师的研究思路继续深入探索。那时文献收集非常困难，我多次到北京图书馆（现在的国家图书馆）、北京大学图书馆和中国社会科学院哲学所资料室查找资料，把凡能收集到的罗蒂著作和研究资料全都复印了，每天除了吃饭睡觉，就是去图书馆或者教室看资料、做笔记、写论文，研究生的第三个学期完成了四万字的论文初稿：《罗蒂后现代哲学的本质特征》。郭老师指导我压缩修改后在《自然辩证法研究》刊发，这是我发表的第一篇学术论文，极大地激励着我走哲学研究之路。

郭老师特别支持学生参加学术交流，培养开阔的学术视野，激发学术热忱。1995 年春天，我作为会务人员参加了在山西大学举办的第七届全国科学哲学学术会议，来自全国各地的名家学者齐聚一堂，向我开启了一扇瞻仰哲学殿堂的窗户。1995 年暑假，在中国社会科学院哲学所邱仁宗老师的邀请下，我顶替郭老师（那时不招收在校学生）到北京参加了中英澳暑期哲学学院的读书班，读的是 Derek Parfit 的 *Reasons and Persons*。读书班开始前要求学员认真阅读这部经典著作，并且撰写 3000 字左右的英文论文，读书班上跟着外教老师上课、讨论并修改提前写好的论文。那时候我才是硕士一年级，中文论文还不会写，遑论英文论文了。为了帮助我完成这篇英文小论文，郭老师费尽心力，从确立论文思路到语言表达，每一步都凝聚着老师的心血。在郭老师的精心指导下，我完成了一篇还算满意的小论文，参加读书班修改完善后作为结业论文还获得了 Distinction（优秀）的成绩。

1996 年山西大学主办了两岸三地的分析哲学与语言哲学会议，我不仅参与会务，还第一次走上主席台做了会议发言，特别紧张、特别激动，也得到了郭老师和其他老师的表扬，这对我来说简直就是最好的动力，我下决心要以哲学为伴，与真理同行。同年秋天，我和郭老师参加在广西师范大学举办的现代外国哲学学会年会，主题是“美国新实用主义”。郭老师鼓励我一定要把握这难得的机会，利用各种会议讨论的机会来和大家交流，作为研究生没有思想包袱，可以畅所欲言。我研究的罗蒂哲学是那次会议讨论的热点问题，由于我在这一领域既有深入研究又充分掌握资料，因此在会议上表现“抢眼”，当了一回满怀激情的哲学“侠女”，也和很多学者结下了长期的友谊。

经师易得，人师难求！生遇良师，何其有幸！老师既是学生成长道路上的铺路石，又是引路人。从本科到硕士研究生，在山西大学为时七年的学习，为我开启了理性之门，迈入了哲学门槛。硕士毕业后我留校任教，同时考入中国人民大学哲学系攻读博士学位，毕业后返校执教。这期间，我申请到教育部人文社科基金和国家社科基金项目，还在社科院哲学所做了博士后研究，并赴英国访学，2004 年被评为教授。在我担任哲学与社会学学院副院长期间，除了负责学院的科研和研究生工作之外，一项重点工作就是协助学校申请哲学一级学科博士点。2005 年 10 月，在学校和学院的艰辛努力下，终于成功获得哲学一级学科博士点授予权。这是山西大学哲学学科发展史上的里程碑事件，我也为通过努力回报母校感到格外骄傲。

2006 年，我开始在北京师范大学从事教学科研工作，仍然秉持母校“中西会通、求真至善、登崇俊良、自强报国”的光荣传统和“诚实做人、踏实做事”的原则，坚守学术阵地，引领国内分析哲学领域的学术研究前沿，同时也承担了哲学学院的管理工作。近年来，我主持完成国家社科基金项目、教育部重点研究基地重大项目等 7 项课题。2021 年还主持了国家社科基金重大项目“规范性哲学研究”，开辟了新的研究领域。

作为大学教师和学生导师，我一直谨记母校老师的殷殷教诲，怀着感恩的心以反哺的方式做好自己学生的引路人。无论是从事教学科研还是管理工作，我都深感母校的深厚基因已经内化为我做人做事的准则，“勤奋、严谨、信实、创新”的优良校风始终激励着我砥砺奋进。

李红，哲学系 1990 级校友，北京师范大学哲学学院党委书记、教授、博士生导师

他的“经济人生”

——经济系1990级校友王振彪

“经邦济世、经国济民”是山西大学经济系自建系以来始终坚持的教育宗旨，同时也奠定了王振彪的人生方向。多少年来，他以此为准则，从学经济到干经济，用坚守书写山大人的担当精神。

无法割舍的母校情结

受时代大环境影响，王振彪在 1990 年填报高考志愿时选择了山西大学经济系。大学四年，在求学的同时，他积极参加学校各项活动，与母校结下了深厚的感情。

2010 年，大学毕业 16 年后，怀着对母校无法割舍的情结，王振彪再次回到山西大学，攻读工商管理硕士（MBA），并担任班长及联合会主席。

参加工作以来，王振彪始终与母校保持密切联系，经常向当年经济系的老师们请教经济发展、企业管理问题，并担任经济与管理学院 MBA 校友会会长，负责校友之间的沟通联系。

王振彪表示，山西大学于他而言不单单是大学的四年时光，更是影响他一生的宝贵经历，特别是对他后来的价值观念、发展道路都有着很大的影响。

努力成为优秀企业管理者

1994 年大学毕业后，王振彪一直在坚持做一件事——努力成为一名优秀的企业管理者。历经 28 年磨炼、沉淀，王振彪从实践中总结出了三个标准。

勇于尝试

大学毕业后，王振彪被分配至山西省乡镇企业管理局，拥有了一个许多人羡慕的身份——政府机关人员。彼时，中国乡镇企业异军突起，成为改革开放和现代化建设的主力军。在机关工作四年后，看到乡镇企业如火如荼的局面，王振彪萌生了“下场游泳”的想法，主动请缨下企业锻炼，理由是“可以直接参与企业经营管理”。

2007 年，已经是正处级干部的王振彪，做出了一个让周围人不理解的决定。一次偶然的机会，得知山西能源产业集团（当时为省属特大型企业）正准备上马一个世行贷款煤层气开发利用示范项目（下称“世行项目”），计划公开选聘项目负责人。知道这个消息后，王振彪跃跃欲试，毅然放弃政府单位这个“铁饭碗”，实现当年“管理一个企业”的夙愿。

王振彪回忆道：“当时对世行项目是什么、煤层气又是干什么的，几乎没有概念，单纯地认为这是一个朝阳产业、新项目，想去尝试一下。”成功主导实施世行项目后，已经升任山西能源产业集团总经理的王振彪，并没有停下前行的脚步。从 2018 年开始，他又投身另一个新领域——生物质能产业，创建了全省第一个专业化平台公司，建成了全省第一个规模化示范项目。

善于创新

“现代管理学之父”彼得·德鲁克曾说：“企业只有两种事情要做，一个是营销，一个是创新。”

本科四年，MBA 三年，先后七年的经济专业学习，王振彪在积淀理论功底的同时，塑造了管理企业的理念。他清醒地认识到，在市场经济时代，企业面临着复杂的外部环境，企业管理者只有敢于和善于创新，才能不断拓展企业发展的空间，推动企业不断前进。

从 2007 年调任山西能源产业集团，王振彪在煤层气领域摸爬滚打十余年，从未停止创新的脚步。也正是得益于坚持不懈的创新，他闯出了一条发展之路，成就了一番事业：建成了当时全国规模最大的煤层气液化工程，日处理煤层气 100 万立方米，年产液化煤层气 20 万吨，实现煤层气产业化、规模化利用；打造了当时全省唯一的煤层气全产业链企业，实现集煤层气勘探开发、储运液化、市场销售、技术服务、加气站运营一体化运营；在全省率先开创煤层气资源区块合作开发模式，采取产量分成的方式，从中石油华北油田争取到 50 平方公里资源区块，破解企业资源瓶颈。

2018 年，世界银行给予项目“满意”评价，成为全省第一个获此评价的工业项目。世界银行认为：“项目实施效果显著，运营效力远高于业界水平，并高于世行的基准值 12%。”

敢于担当

日本著名实业家稻盛和夫坚持认为："领导者必须要由那种不管遭遇任何困难，都不会因此投降，而将永不放弃作为自身信条的人来担当。"

2001 年，当时只有 30 岁的王振彪，调任山西东兴经济发展公司（原中国人民解放军海军八〇二厂），负责企业接收重组。重组后由于军品任务逐步取消，民品项目又没有及时上马，工厂陷入青黄不接的断档期，全厂 380 多名职工面临吃饭生存问题。面对困境，王振彪没有退缩，而是四处找产品、找市场，带领企业成功实现转型。回想起这段经历，王振彪说："那时有种初生牛犊不怕虎的劲儿，总觉得办法比困难多。"

在担任世行项目负责人期间，王振彪遇到了一个进退两难的问题：在推进上游开采过程中，由于资源区块地质条件不同，如果按照常规方案建设，则有可能面临着数亿元的投资风险；如果不按计划施工，则项目进度会有所滞后。面对世界银行、主管部门和各股东单位对工程进度的压力，本着对企业负责、对职工负责的原则，王振彪下定决心，"坚持先打试验井，保证开发方案最优化、效益最大化，出了问题，我来担"。

实践证明，调整后的技术方案是成功的。单井日均产气量达到同等地质条件最好水平，并被推广应用至国内多个项目。世界银行在后来的评价中指出："项目使用的 L 型水平井技术，有着显著的经济和社会效益，不但对本项目做出了显著贡献，而且对以后的深部煤层气开发项目实施具有示范推广意义。"

一分耕耘，一分收获。凭借显著的工作业绩，王振彪先后两次获得山西省五一劳动奖章，并取得山西省转型跨越五四青年奖、山西杰出青年创业奖、省委组织部"担当作为先进典型""三晋英才"等诸多荣誉和奖励，于 2020 年调任省属重点骨干企业华新燃气集团党委委员、副总经理。过往是辉煌，未来是希冀，他将用无限热情继续书写他的"经济人生"。

经济与管理学院供稿

“英雄城市”的东航领头雁

——中文系1990级校友柴舸

在北京召开的全国中央企业抗击新冠肺炎疫情表彰大会上，作为中国东方航空武汉有限责任公司党委书记、董事长，柴舸在会上收获了两项荣誉——“中央企业抗击新冠肺炎先进集体”和“中央企业先进基层党组织”。而柴舸，正是山西大学 1990 级中文系汉语言文学专业的校友。

对柴舸而言，在山西大学中文系学习的四年时光是一段终生难忘的岁月。深厚专精的专业教育、综合高校的多元文化让他收获颇多，终身受益。他连任两届山大文学艺术联合会主席、校系学生会干部，紧张而忙碌的校园生活不仅让他的知识得到沉淀和积累，还让他的沟通协调组织能力以及开拓创新能力得到锻炼和提升。潜移默化中，山西大学“勤奋、严谨、信实、创新”的校风已深深植入他的思想和言行。

回望庚子年初，正是病毒侵袭时，武汉封城、商业客运停航、市民居家隔离，但抗疫航班运输保障工作并未停滞，反而更加紧急密集，更加考验严峻。作为东航湖北地区的主要负责人，柴舸在整个疫情期间都始终战斗在抗疫一线，面对生死考验，和班子成员一起勇于担当，及时科学决策，带头靠前指挥，带领东航湖北地区 3000 多名员工在极其艰难的情况下与病毒进行面对面的殊死搏斗。

围绕贯彻落实中央决策部署，全力做好旅客服务保障，切实做好员工关爱防护“三条战线”，以“六个第一”全面抓好防疫抗疫和复工达产。2020 年 1 月 4 日，年度第一次党委会上首先专题研究安全工作。1 月 21 日，习近平总书记对疫情做出重要指示后，第一时间召开党委会研究部署公司疫情防控工作。1 月 25 日，执飞民航首个防疫包机航班 MU5000（上海虹桥—武汉），运送首批 140 名上海援鄂医疗队及第一批医疗物资。3 月 2 日，执行湖北地区首个飞机持续适航本场训练航班，确保飞行人员资质和航空器适航，为复工时刻准备着。4 月 8 日，执行武汉天河机场恢复国内客运航班“第一飞”。在全国所有航空公司援鄂医护人员、防疫物资运送中，运输量排列第一。

同时，围绕“学习贯彻精神引领”这一主核，从七个维度进行发力：即时发出全员慰问信，及时下拨专项党费，评选表彰先进典型，择优推动一线发展党员，交流选聘领导干部，破格转制劳务员工，开展系列正面宣传。以“六个第一”“一主核、七维发力”的担当和魄力，有力地组织动员、激励和鼓舞各级党组织和广大党员干部凝心聚力，共克时艰，展现出强大的组织力量。

他把面对疫情的万千压力，全部转化为战胜疫情的斗志和鼓舞。夜深时，他写下《武汉三章》：

一

疫情大考意如何？
封城月余百战多。
防控包机昼继夜，
荆楚三千尽英模。

二

江城履职暂半年，
大庆军运又肺炎。
夙夜不怠战时急，
忍看永别无纸钱。

三

长城内外大河涌，
万千雄力万千情。
疫去银燕高飞日，
黄鹤楼前共赏樱。

武汉重启之后，柴舸带领东航武汉公司稳步有序抓好生产组织，阶段性、阶梯式恢复航班。为了响应中央支持湖北发展的一揽子政策，积极落实中国东航与湖北省主要领导座谈精神，他主动拜会省市政府及局方行业单位，深化政企合作，推动经济发展，在危机中育新机，于变局中开新局，打好发展主动仗，实现航班时刻增量历史最多，东航在武汉的旅客份额、架次份额在三大航中增幅最大，武汉站点完航率在三大航中最高。

疫情防控进入常态化阶段后，改革发展成为摆在他面前的最重要课题。东航武汉公司被中国东航赋予董事会改革的首家单位，努力做好实行现代企业制度改革的先行军，他肩上的责任更重了。如何把伟大的抗疫精神转化为改革的澎湃动力？柴舸提出，首先要以高质量党建引领保障高质量发展，把“两个维护”体现在工作中，落实到行动上；明确“讲政治、树正气、比奉献、塑形象”的总要求，全面倡导“旗帜鲜明、纪律严明、公私分明、正大光明”的企业文化；以“建家办学搭平台”为抓手，不断提高政治判断力、政治领悟力、政治执行力。其次，坚持安全发展、稳健发展、创新发展，不断破解公司发展中的各项难题，动态研究“十四五”发展规划，重点研究发展支撑资源，针对机队规模、人才队伍、时刻资源、过夜站点等发展核心资源开展多轮研讨。武汉天河机场东航综合楼、新维修区、新机库、新航食车间投产运行，标志着总投资11.46亿元、总建筑面积14.37万平方米的天河机场东航基地项目主体工程全部竣工并投运。牢牢守住确保安全生命线，牢固树立“系统思维、严管厚爱、敬天爱人”的安全管理理念。第三，坚持“人民航空为人民”，秉承“真情服务”和“四精”（精准、精致、精细、精彩）服务理念，推出“楚韵东方”服务品牌，从高价值旅客、普通旅客和特殊旅客三个方面提供优质服务。降低延误航班占比，大力解决行李运输难点，在天河机场进出港的航班正常率保持在三大航之首。做实做细员工关爱工作，开展“我为群众办实事”实践活动，有效增强了全体员工的获得感、幸福感。目前，公司已成为中部机队规模最大，湖北地区资产规模最大、利税贡献最大，东航分子公司中外部股权占比最高、资本结构最优、机型结构最佳的航空公司。

企业发展五年靠产品、十年靠制度、百年靠文化。柴舸非常注重企业文化建设，这也得益于他在山西大学的综合院校背景和文科专长，以及他连续读了三所高校研究生的专业知识，在将管理理念付诸企业实践的同时，他注重梳理、研究、思考、探索企业管理思想和企业文化。全民航首个“民航版文化图书展示中心”落成，企业文化系列丛书《东航武汉战“疫”记》《东航武汉：国企基层党建探索与实践》相继出版，东航武汉发展文化馆建成，“MU楚天书”公众号、企业宣传片等“五个一”相继发布……

这份敢为人先、信实创新的精神和责任担当，通过他的理念引领和身体力行，转化成了东航武汉公司干部员工攻坚克难、奋勇争先的力量源泉。

尽管工作忙碌，但他对母校的感情始终如初。在他和诸多老师、校友的共同努力下，山西大学上海校友会成立。一群从山西大学走出来的学子将母校精神弘扬光大，尽所能、展所长，在社会各领域做出积极贡献。

勤奋、笃学，从学生时代养成的良好习惯伴随他的成长脚步，先后攻读河北工业大学 MBA 硕士、复旦大学 EMBA 硕士、中央党校研究生等，并且先后在哥伦比亚大学、牛津大学、长庚大学、美国 GE 班以及北大、清华、武大等名校参加学习培训。工作之余，他还出版《告别江南——柴舸诗文自选集》《漠风不相识》等诗文集，主持或参与编辑出版系列文学类或企业文化书籍。

精神照亮前路，梦想铸就辉煌。置身新时代，柴舸将继续坚定践行山西大学校风校训，踔厉奋发，笃行不怠，逐梦前行，不负韶华！

宋莉，东航武汉公司融媒体工作室负责人

从数学跨界大气科学

——数学系1991级校友段晚锁

1991 年 9 月，一名来自山乡的青年踏上了开往省城太原的列车，终于走进了梦寐以求的山西大学，成为数学系的一名大学生，也与大气科学结下了不解之缘。2003 年，他获得了气象学博士学位，论文被评为“全国百篇优秀博士论文”。随后，他又因科研成果出色，于 2015 年获得了“国家杰出青年科学基金”资助；2019 年入选了“国家百千万人才工程”，并被授予“有突出贡献的中青年专家”的荣誉称号等。他兼任多个国际期刊的编委，以及国际动力气象学委员会、世界气候研究计划中国委员会等国内外学术组织的主要委员，同时被聘为中科院特聘研究员、中国科学院大学岗位教授等。

他就是中国科学院大气物理研究所研究员段晚锁。

他从数学跨界大气科学，数学给了他探索交叉学科的勇气，大气科学给了他广阔的用武之地。面对风云变幻的天气，他大胆拓展数学应用，探索天气预报的奥秘。

起点：数学

感受着“中西会通，求真至善，登崇俊良，自强报国”的光荣传统，漫步在校舍林立、宁静和谐的校园，段晚锁有说不出的高兴。而更让他高兴的是，来自全省各地的朝气蓬勃的同窗学友，使他这个农村孩子的那种拘谨和初到大城市的胆怯悄悄地消失了。他满怀希望地开始了自己的大学生活，而且是学习和学生干部双肩挑。

数学系学生最基础的课程是数学分析和高等代数。这两门课程比较难，但在高中阶段训练的缜密思维习惯，使他充满信心。他注重课堂听讲，也为自己留下了大量休闲和社交的时间。没想到，那场期中考试给了他当头一棒。

他清楚地记得，在数学分析考场上，他飞快地用熟悉的方法，做着看似熟悉的题，很快就做完了所有考题。“没想象得那么难嘛！”他自信满满，提前半小时交了卷子。三天后，成绩出来了，他惊讶地发现仅考了60分。为什么会这样？那些题跟平时做的题没啥大区别啊，究竟为什么？他茫然，彷徨……他的心跌入了谷底，但要强的他并没有就此气馁。

他反复推敲证明的思路，“没错啊。”他自言自语。既然思路没错，那是不是用到的定理不正确呢？想到这里，他兴奋了，如果能发现一个定理是错的，那不是自己的一个重大发现吗？一点一点地分析着，他开始重新审视考试中所用的定理，也再次认真推导这些定理的证明。经过多次推演，他发现不是定理错了，而是自己疏忽了定理成立的一个前提细节条件。他沉下心来，冷静地分析造成这种疏忽的深层次原因。经过分析，他最终认为是由于不够严谨，过于浮躁了。

他改变了入学时对大学学习和生活的认识，开始注重课堂听讲，而且常常把自己的解题思路和见解与同学交流。他甚至利用休息时间阅读拓展专业的书籍，加深对每个定理及其应用的理解。他认为，要想获得牢固的知识，唯有不断地学习，创造性地学习，才能越过重山。

水激石则鸣，人激志则宏。第一学年结束，他拿到了奖学金，被任命为学生干部，并多次组织学生活动，从另一个维度锻炼了自己的逻辑思维和组织能力，这极大地鼓舞了他的斗志。大学四年，他德智体全面进步，光荣地加入了中国共产党，并先后担任山西大学学生会秘书长和常务副主席，提升了自身的综合能力。这种能力一直影响着他后来的科研人生，他甚至将担任过学生干部作为招收研究生的一个条件。他认为这样的学生综合能力强，有更大的发展前途。

过渡：从数学到大气科学

1997 年，段晚锁考入昆明理工大学攻读应用数学专业的硕士研究生，师从国际著名动力系统专家李继彬教授。他跟随李教授攻读硕士学位那几年，感觉最充实的是李教授出国访问时对他的关心和信任。与其说是帮助李老师照看房子，还不如说是李教授给他提供了一个可以安静想问题、做硕士论文的良好环境。他硕士论文的选题是当时的国际前沿——广义 Hamilton 系统动力学研究，该研究有很强的物理背景。他漫步在楼下安静的小径上，常常思考如何构造该类系统的 Hamilton 函数、有没有一般规律等诸多问题。在那段时间，他顺利攻克了硕士论文研究内容的主要难点。他后来回忆，当时之所以能很快突破难点，很大程度上得益于李教授提供的良好环境使得他能够心无旁骛，专注地思考问题。

临近硕士毕业，当时就业形势很好，他在就业与读博之间犹豫。李教授坚持他应该继续读博，不仅如此，还推荐他报考中科院大气物理研究所穆穆研究员（现已是中科院院士）的博士生。跨专业考博、读博，显而易见，未来困难重重。他当时很不情愿，甚至私下与中科院数学所的其他博导联系。李教授很生气，认为他失去了一个很好的发展机会。不过，他最终还是听了李教授的建议，于 2000 年 3 月考取了大气物理研究所的气象学博士研究生。他回忆说，当时无法理解李教授的想法，直到几年以后才意识到李教授的良苦用心：李教授认为他硕士论文的主要物理背景是流体动力学，如果用硕士阶段学到的动力学知识，跨界研究自然界主要流体之一的大气动力学，会有更好的前途。

征途：攀登大气科学高峰

1800 多年前，诸葛亮凭经验“借东风”时，大概不会想到现代人可以通过计算机求解一组复杂的非线性偏微分方程组进行天气预报。这就是现代的数值天气预报。

数值天气预报对初始状态的准确估计有非常强的依赖性，初始存在一点偏差，预报结果就可能有质的改变，从而产生错误预报。国际学者比喻这一现象为“蝴蝶效应”，即一只蝴蝶在亚马孙河轻轻扇翅膀，一个月后就可以导致得克萨斯州发生一场龙卷风。那么，如何在数值天气预报中克服这一现象对天气预报的影响，是大气科学研究中一个极具挑战性的课题。2000 年伊始，考入中科院大气物理研究所的段晚锁，在非线性大气动力学专家穆穆研究员（导师）的鼓励和指导下，开始了数值天气预报和气候预测可预报性的研究。

他在读博期间，充分发挥自己交叉学科背景的优势，通过不懈努力，与穆穆研究员共同提出了用于研究最快增长初始误差的条件非线性最优扰动（CNOP）方法，被荷兰科学院院士 Dijkstra 称为“填补了能量稳定和线性不稳定之间的空白”。这一成果引领了国际学术界在该领域的发展，促进了数学与大气、海洋、流体力学、信息科学等学科的交叉。2004 年，他开始将 CNOP 方法应用于对全球天气气候异常具有重要影响的厄尔尼诺事件的可预报性研究，对长期困扰气象学界的“春季预报障碍”现象的发生提出了新机制，统一了国际上的争议，获得了国际同行的高度赞赏。

2010 年，段晚锁又开始研究最快增长模式误差。初始误差和模式误差都是导致天气和气候预报质量不好的主要原因，但模式误差更加复杂，它的研究更加困难。面对如此具有挑战性的研究，他带领团队迎难而上，将理论与实际相结合，逐步开展了更接地气的实时预测研究。功夫不负有心人，他与团队最终于在 2016 年建立了适用于研究模式误差的非线性最优扰动新理论，提出了非线性强迫奇异向量（NFSV）方法，被国际同行称为“卓越的贡献”“考虑模式误差综合影响的新方法”等；利用该方法，他和团队系统研究了厄尔尼诺多样性，建立了能够应对新挑战且具有自主知识产权的厄尔尼诺实时预测系统。段晚锁的研究引起了国际同行的关注并获得了好评，被国际著名气候学家 Hans Von Storch 博士邀请撰写综述文章，并被收录在《牛津气候科学百科全书》。

2016 年后，他和团队继续前进，发展了具有坚实理论基础的正交条件非线性最优扰动（O–CNOPs）集合预报方法，应用于对我国沿海地区人民生命和财产具有很大破坏性影响的台风事件，显著提高了台风的预报水平，为提高我国高影响天气事件的预报提供了新途径。O–CNOPs 方法的提出，受到了国际学者的重视，于 2019 年被收录在由多位国际大咖编著、由 Springer 出版社出版的《水文气象学集合预报工具书》中，该书荣获了“The Atmospheric Science Librarians International”甄选奖。

段晚锁从山西的农村走向中国首都北京，从农村孩子成长为气象学家，他是幸运的，但也付出了巨大努力。他说，科学研究充满艰辛，但也其乐无穷，前面的路还很长，他将抱着“路漫漫其修远兮，吾将上下而求索”的精神，为攀登大气科学高峰不断创新，不断奋进。

数学科学学院供稿

忆青春　致母校

1992 年踏入山西大学的时候，我的心情既不激动也不愉悦。当年高考需要在考前报志愿，我在未被第一志愿录取的情况下，直接被“打到”最后一个志愿山西大学，而且是没有人报考的专业——哲学。要不是我有一位高中特别要好的朋友要去山西大学对面的司法学校上学，我会选择复读，从而失去与山西大学的缘分。可以说，我是带着一种失望的情绪进入哲学系的。到现在已经整整 30 年了，我对山西大学的感情从排斥到认同，再到感恩，经历了多次转变。这些年来，我一直活跃在哲学领域，从事逻辑学研究，对山西大学哲学系给予我的教育，充满感激之情。

从高中进入大学，我感受最深的是山西大学自由的气氛。因为对哲学专业有一种抵触的情绪，我在第一学年去中文系、历史系、信息管理系（之前的图书馆系）等听了不少课。授课的老师们都很友好和宽容。我记忆犹新的一次是，中文系的一位老师得知我是哲学系的旁听生后说，中文系的学生更应该去旁听哲学系的课。这让我这个哲学系的“叛逆分子”着实震动了一下，开始重新思考哲学的学科性质。从第一学年的下半学期开始，在薛勇民老师的《马克思主义哲学原理课》上，开始接触费尔巴哈、费希特等哲学家的思想，我对哲学慢慢产生了好感。随后的《西方哲学史》课程更是让我领略了哲学家们深邃的思想和严密的论证，课程根据时间跨度先后由宋炳延、安希孟两位老师讲授。他们两位的教学风格迥然不同，但我都非常喜欢。魏忠禹老师带着我们读中国哲学经典，开篇的《周易》、他那娓娓道来的授课方式一直留在我的脑海里。武高寿老师的《形式逻辑》、毕富生老师的《数理逻辑》更是为我打开了一个崭新的领域，他们写在黑板上的推演总是让我着迷。我没想到哲学史上竟然还有这样的事情，发明出一种人工的形式语言来避免自然语言的歧义，用它精确地表达我们的思想，从而找到我们思维的规律，获得判断推理或论证是否正确的标准。逻辑学是研究思维本身的学问，而思维则是我们每个人时时刻刻都在进行的活动。我被逻辑学这一学科的独特性深深地吸引。回顾所学的西方哲学，我开始有意识地用一种批判的思维方式去看待哲学家们的理论，思考那些理论的前提或预设、可能的逻辑后承，思考不同理论之间的关系。我突然感到，逻辑学赋予了我看待问题的一个全新视角。我被逻辑学的简洁、优雅、精确之美所吸引，于是，开始了我的逻辑之旅。

大学的四年生活很快就过去了，除了找到自己的学术兴趣，我也结交了很多朋友，他们有的来自哲学系，也有的来自其他院系，成为我终身的知己。据说，当年的1992级，老师们并不看好，原因是我们比较散漫，没有纪律性。幸运的是，系里并没有采取任何措施提高我们的纪律性，大部分老师上课照旧不点名。我理解，这是哲学系所特有的一种宽容学风，习惯了以一种开放的态度面对中西、古今众多哲学家的思想，自然形成了海纳百川的胸襟。大学期间，我感觉读书的时间十分宽裕，可以整天泡在图书馆。当时的大学，好像还没有内卷之说，也不怎么强调绩分。我很幸运在大学找到了自己的兴趣，后来能够继续探索。

武高寿老师的课程使用的教材是金岳霖先生的《形式逻辑》，我因此也开始注意金岳霖其人。后来决定报考社科院的博士生与此也有一定的关系。

安希孟老师课上讲到基督教的内容，得知我感兴趣后，他向我推荐了英文论文，我记得那年暑假期间我带回家去读。毕富生老师课上使用他所著的《数理逻辑》，跟我讲他在南京大学跟随莫绍揆先生的学习经历。此外，还向我推荐了王宪钧先生的《数理逻辑引论》。对于我报考硕士、博士的选择等，毕老师一直倾力支持，积极推荐。山大哲学系老师们做人、做学问的态度，一直影响着我。能在年轻的时候遇到这样的好老师，真是人生的幸事！后来社科院博士毕业，因为家庭原因未能回到哲学系，我十分感激郭贵春老师（时任校长）、乔瑞金老师（时任系主任）的理解和支持。

离开太原，我辗转开封、北京、阿姆斯特丹学习，最后回到清华大学工作。我的逻辑之路经历了不少坎坷，让我能够坚持下来的依然是在大学就开始的梦想。我现在也成了一名教师，在清华大学给本科生上课，带着研究生做科研。尽管清华大学的学生个个都很优秀，但我知道，老师对学生的关心和爱护对他们的成长和成才至关重要。我时时想起山西大学的老师们，以他们的为人态度去对待周围的每一位学生，鼓励学生们找到自己的兴趣，支持他们追逐自己的梦想。若我还算一位合格教师的话，这要归功于我在山西大学四年学习过程中老师们的言传身教和潜移默化。教育的真谛，也许就是这样的“润物细无声”。

1990级师兄齐伟写文章祝贺母校哲学学科进入“双一流”建设学科名单。从他的文章中，我得知当年哲学系竟然如此之困难，顶着被撤掉的压力，幸存下来。能从那样的状态发展到今天，哲学学科进入“双一流”，确实不是一件容易的事。我想感谢所有为此付出心血的老师们！今年正值母校120周年华诞，哲学学科进入“双一流”是山西大学收到的最好的礼物。我衷心祝愿哲学学科以此为契机，更上一层楼！

刘奋荣，哲学系1992级校友，清华大学哲学系教授

跋涉在开掘“黑金”的路上

——化学系1992级校友赵建国

赵建国老师是山西省政协委员、大同市政协常务委员会委员，山西大同大学炭材料研究所所长、化学与环境工程学院院长、新能源学院院长，山西省青年五四奖章、山西省劳动模范、全国先进工作者、全国五一劳动奖章获得者，带领团队组建石墨烯林业应用国家林业和草原局重点实验室等6个国家及省部级科研平台，在石墨烯制备及其应用方面走在国内前列。他的日常

是在实验室做研究，在教学一线授课，外出进行学术交流，与企业合作实现科研成果转化……最令人敬佩的是，十多年来他一直坚持从事被誉为“黑金”的石墨烯研究，并带领团队成功开拓了石墨烯的五大研究方向，致力于石墨烯的产业化应用和开发。

1992 年，青年赵建国乘坐“高考”这趟列车成为山西大学的一名新生，阴差阳错地邂逅了化学。他没有抱怨和彷徨，抱着学一行爱一行的心态，只做一件事——埋头学习，从此便与化学结下了不解之缘。依托母校深厚的学术底蕴，在师长的引领下，他渐入佳境，在专业领域内自由游弋，拼命钻研，为他日后在学科专业领域不断取得一个个成果打下了坚实基础。

赵建国老师于 2002 年开始研究炭材料。两年之后，曼彻斯特大学的康坦丁·诺沃肖洛夫和安德烈·盖姆小组向全世界宣告了炭材料中石墨烯的存在。是从事国内外很多科研人员都在探索的石墨烯电池，还是另辟蹊径？“与其跟在别人身后，不如走一条自己的路。”赵建国和他的团队最终开启了石墨烯制备及其应用方面的研究，随后在攻克了大规模制备的技术难题后，更是选择了被大家所忽略却和百姓生活息息相关的石墨烯在农林方向的应用研究。

科学研究的道路都是坎坷而艰辛的，必须要有一往无前、破釜沉舟的思想准备。越是难走的路越要闯一闯。十多年来，赵建国老师不敢懈怠分毫。他每日凌晨 5 点起床，每天工作十三四个小时。他调侃道：“经常在家人都进入梦乡了才回到家，在家人还没起床就已经出发了。”所里的人说：“赵教授有时大年初一都会待在实验室！”而他却认为，搞科研就像一个人的兴趣爱好一样，是连吃饭、睡觉都放不下的事。

有了兴趣，便有了百折不挠的勇气。对于科研人员来说，最挫败的无异于实验屡次失败、科研进度止步不前了。失败是家常便饭，常常是费尽心思加工出来的实验材料被亲手倒掉，清理干净现场又重新回到起点，大家又全心投入下一次的实验。这样的情形几乎每天都会上演，失败，重来；再失败，再来……直到有一天黏稠状、糖稀般的固化剂呈现在眼前——成功了！大家哪里还顾得上疲累，内心都是满满的喜悦。

到现在为止，赵建国老师和他的团队已拓展了石墨烯规模化制备、石墨烯水性防腐涂料、石墨烯增效复合肥推广应用、石墨烯电热膜研究和石墨烯增强复合材料研究等五大研究平台，并取得了一批在省内领先的研究成果，在助推大同市及周边地区经济发展和科技进步方面做出了突出贡献。

说到历经艰难取得的成果，无论是赵建国老师还是团队成员，语气中都透露着欣慰。说到兴起之时，赵老师指着旁边桌上的“小黑金”说，别看它又黑又小，那就是成功从石墨中剥离出来的。赵建国老师和他的团队，就如这“小黑金”一样，看上去不起眼，却蕴藏着巨大的能量！

随着一个个科研成果的诞生，炭材料研究所也渐渐声名在外，企业、高校、政府等对研究所给予了更多的关注。2017 年，研究所的命运迎来转机，这一年山西省启动“1331 工程”，赵建国老师积极行动，带领团队组建两大省级科研平台——山西省石墨烯功能材料工程技术研究中心和山西省“1331 工程”石墨烯产业化应用技术协同创新中心，并成功获批。基于此，他们还获得了山西省政府的经费支持，同时学校也进一步加大了扶持力度，资金、人才、设备等问题都得到了解决，研究所迎来了曙光，漫长的黑夜终于过去了。

在漫长的研究过程中，研究成果的产业化应用和开发一直是研究所追寻的目标。赵建国老师说，任何科研成果如果不应用于实际，其实与石头无异。为真正实现科研成果的实际性应用，赵老师和他的团队与政府、企事业单位都有合作，形成了一套“高校—政府—企业”协同创新的成果转化模式，研究所也迎来了新的契机。

赵建国老师和他的团队开拓的石墨烯五大研究平台，即能够促进农业增产的增效肥推广应用平台、能够延长高速铁路受电弓炭滑板使用寿命的石墨烯增强碳基复合材料研究平台、可起到保暖效果的电热膜研究平台、用于金属防护的水性环氧防腐涂料研究平台，以及处于国内领先水平的石墨烯制备技术研究平台……

2008 年至今，当年立志研究石墨烯的赵建国也迈入了知天命的年纪。十年峥嵘，不变的是他对科研的热爱。十多年来，赵建国老师不辍耕耘，以其高度的社会责任感和勇于攻坚的求真精神，带领团队利用所掌握技术，在助推农业农村发展、绿色生态发展和解决突出环境问题等方面做出了突出贡献：建成 100 吨级石墨烯增效复合肥生产线，帮助农民增产增收，在沙漠绿化、盐碱地改良、矿山修复方面成效显著；建成年产 1000 吨石墨烯水性防腐涂料生产线，助力企业绿色发展；组建石墨烯林业应用国家林业和草原局重点实验室、山西省“1331 工程”石墨烯产业化应用技术协同创新中心、山西省石墨烯功能材料工程技术研究中心、山西省新型碳素功能材料工程研究中心、山西省碳素产业技术创新战略联盟和石墨烯应用技术院士专家工作站等 6 个国家级、省级科研平台，推动碳素产业发展，助力能源革命。

这就是赵建国。十多年来，他以一名科研工作者的执着至诚，勤勉奉献，将科研成果写在了祖国大地上。

化学化工学院供稿

山西大学：梦想起航的地方

在我的人生旅途中，山西大学是重要的驿站，是梦想起航的地方。我从小喜爱文学和写作，上中学时开始学习俄语，在大学阶段选择了俄语专业，酷爱俄罗斯文学。这些兴趣爱好影响到了我的职业取向。二十多年来，我投身于对独联体国家特别是俄罗斯的研究和报道工作。记得几年前一次聚会时，有同学对我说："你真幸运，作为文科生，把自己喜爱的写作、外语和工作结合起来了。"

在工作中能够学以致用，从这个意义上来说，我的确是幸运的。然而，让我自惭形秽的是，自己年近半百仍无所建树。当山西大学外国语学院俄语系主任赵建常教授约我写一写自己与山西大学的情缘时，我犹豫再三，起初推脱，说他最好去约那些功成名就的系友去写。后来，架不住这位师兄的耐心劝说和盛情邀约，我只能却之不恭了。因此，我在电脑键盘上敲下了这些文字。回望自己走过的路，除了生我养我的家乡湖北宜昌，我还要感谢三晋热土的滋养，感谢山西大学的栽培。

说来也巧，我早年就与山西结缘了。在我上小学高年级时，父母开始给我订阅山西出版的《语文报》。这份报纸为我管窥外部世界打开了一扇窗口，激发了我对文学的爱好和对写作的兴趣。然而，高考前填报志愿时，我选择了俄语专业，而不是一度梦寐以求的汉语言文学。究其原因，中苏关系正常化前后，中苏（俄）两国人文交流逐渐恢复，苏俄文学像春风一样吹拂中国大地。我对这个北方邻国产生了浓厚的兴趣。有同龄人在全国俄语奥林匹克竞赛中获得佳绩，被保送到了俄罗斯国立普希金俄语学院学习，更是让我羡慕不已。

从湖北宜昌千里迢迢来到山西大学，我没想到自己一下子就喜欢上了这所有着美丽的校园风光和厚重的历史文化积淀的高等学府。随后四年大学时光，给我留下了美好的记忆。老师对学生宽严相济，倾囊相授；同窗情同手足，和睦相处。课堂上的热烈气氛、图书馆里的书海遨游、小花园里的树下晨读，林荫道上杨柳依依，苏式小红楼宿舍干净整洁，北区零号餐厅的蛋炒面让人欲罢不能……

“打好基本功，扩大知识面，完善知识结构”，这是我上大学时在老师们的指导下为自己确立的学习思路。这一想法受到《中国俄语教学》杂志刊登的一篇文章的启发，让我受益匪浅。任何一门外语，归根到底都属于交流工具。除非毕业后专职当翻译或从事语言文学方面的研究、教学，任何外语从严格意义上来说都不能称其为一门专业。尽管如此，对我们来说，学好俄语，仍然是第一要务。

给我们授课的是一支拥有严谨的治学传统、德才兼备、对学生的成长极为认真负责的教师队伍。他们都善于运用各自总结的独特方法调动课堂气氛，让学生轻轻松松就能获得新知。郑海石、张文郁两位老师在俄汉翻译及俄语语言学领域成果卓著，郑老师的翻译课和张老师的俄语视听说课让人回味无穷。杨继舜老师有在俄罗斯从事翻译工作的经历，除了在学习上对我进行精心指导外，在我实习、毕业之初找工作等方面也给予了大力支持。王大禹、陈志廉两位老师曾在苏联留学或做访问学者，在俄语教学方面有很深的造诣。梁立生老师不仅俄语功底深厚，还有很高水平的中俄文篆刻技艺……

授人以鱼，不如授人以渔。老师们不仅指导我们掌握了俄语听、说、读、写、译的基本技能，还传授了宝贵的外语学习方法。熟能生巧，学习俄语亦然。老师们一再强调，要想学好外语，课前预习、课堂学习、课后复习都非常重要，缺一不可。我在学习实践中发现，只要把这三个环节都踏踏实实地做好，就能保障外语学习的高效率。

老师们在讲课时，不局限于教材内容，而是举一反三、旁征博引，丰富了课堂教学内容。受此启发，我感觉茅塞顿开：要先把书读厚，再把书读薄。具体而言，就是以教材为基础，辅以大量的课外阅读，对每一个知识点的学习都进行延展。随后，再回到课本，巩固所学知识。

我做出了一个“疯狂”的举动——背俄语词典。采用滚雪球的方式，每天背十页，日积月累。当背到第二百页时，我惊喜地发现，借助词典，自己能够比较顺畅地阅读梁立生老师送给我的俄语原版小说《钢铁是怎样炼成的》了。词汇量的大幅增加，也使我在俄罗斯教师斯韦特兰娜的口语课上敢于临场造句，大胆发言。我总是抓住一切机会和她交谈，希望从她那里学到地道的俄语表述方式。

在那个年代，全国大多数高校的外语类专业尚未实行“外语＋专业”教学模式，但我隐隐约约感到，如果大学阶段仅仅学习所谓的俄语专业，将来的发展空间就会受限。因此，我抽出大量时间进行课外阅读。20世纪90年代，互联网还没有在我国普及，手机更是闻所未闻，再加上我囊中羞涩，没有多少零花钱可以外出消费，山西大学图书馆便成为我打发业余时间的好去处。该图书馆和山西大学一样拥有悠久的历史，馆藏资源丰富，走进去，我仿佛置身于气势恢宏的知识圣殿，感到目不暇接，恨不能一口气“啃”完所有感兴趣的书籍。

古今中外文学经典是我的首选。比如，英国作家勃朗特三姐妹的小说《简·爱》《呼啸山庄》《艾格妮丝·格雷》、美国作家海明威的小说《老人与海》

让我沉浸其中，读着读着竟错过了食堂开饭时间。对于英国作家笛福的小说《鲁滨孙漂流记》，我则是将俄文翻译版和中文翻译版都找来，对照着读。我读得最多的是俄国文学作品。托尔斯泰、陀思妥耶夫斯基、屠格涅夫、普希金、叶赛宁、高尔基等文学巨匠的作品让我不惜牺牲考试前的复习时间。此外，对哲学、历史、经贸、国际政治等领域的书籍，我也如饥似渴地阅读。

与此同时，我开始尝试给报纸投稿。第一篇小短文被《山西大学报》刊用。大学三年级暑假，我去中俄边境实习，回校后根据所见所闻，在《太原晚报》发表了一篇千字文《边城东宁纪行》，收到了35元稿费和编辑部的一封约稿信。这对我来说是一种莫大的激励。

大学毕业以后，年少时培养的兴趣爱好和确立的人生目标，成为照亮我前行之路若隐若现的航标灯。大学时代打下的知识基础，培养的自信、自立、自强的精神，带给我不懈努力追求梦想的内生动力。在奋斗、探索多年之后我才发现，和文字打交道、分析报道国际形势，也许对我来说是相对合适的。我通过自学和考试获得了出版专业技术人员职业资格证书。此外，还在报纸上发表过多篇俄罗斯新闻事件的分析稿件。懂俄语、有新闻稿件写作经验、具备国际关系知识，这些使我顺利地通过了某央媒的招聘考试并被录用。

多年以来，无论在俄罗斯常驻还是在北京从事新闻编辑工作，我主要关注独联体地区国家的新闻，因此一直在坚持使用俄语。采访对象上至梅德韦杰夫、卢卡申科、亚努科维奇、纳扎尔巴耶夫等时任独联体国家领导人，下至各行各业人士。除了常驻俄罗斯，我还参加过中俄主流媒体举办的两次大型跨境联合采访活动，总共到访了沿途20多座城市，横穿几乎整个俄罗斯大地。此外，我还曾到白俄罗斯、乌克兰、哈萨克斯坦、吉尔吉斯斯坦、塞尔维亚、澳大利亚、日本、越南、马来西亚、印度尼西亚等国采访。如果说，读万卷书、行万里路是古往今来读书人追求的梦想，那么，我非常珍视新闻媒体这个平台带给我实现梦想的可能。

回顾半生，我只能说兜兜转转，如愿以偿，从事了自己喜爱的国际新闻报道工作，但本人愚钝，迄今并未取得大的成就。尽管如此，欣逢盛世，我还是要祝愿有着 120 年优良传统的母校山西大学在新时代实现高质量崛起，为社会培养更多有用之才！

张光政，外语系 1993 级校友，《人民日报》常驻俄罗斯记者

科技研发者的人生风景

——化学系1993级校友吕雪峰

吕雪峰，1997 年获山西大学学士学位，中国科学院青岛生物能源与工程研究所研究员、博士生导师、微生物制造工程中心主任，主要从事微生物合成生物技术和绿色生物制造研究。2009 年入选中国科学院人才计划，2015 年获国家自然科学杰出青年基金资助，2018 年入选国家人才计划，2020 年被评为第十届山东省优秀科技工作者。

习近平总书记对科技工作者提出了殷切期望：科学研究既要追求知识和真理，也要服务于经济社会发展和广大人民群众。广大科技工作者要把论文写在祖国的大地上，把科技成果应用在实现现代化的伟大事业中。如何成功实现科技成果的转化，是每一个科研机构和每一位科研人员所面临的问题，也是我国科技事业发展面临的难点、堵点、痛点问题。

作为一名科技工作者，吕雪峰始终践行着“做事情，做成事情，做成重要事情”的科研理念，努力开展具有创新性、突破性的科研工作，坚持基础研究与应用研究融合发展，推动产学研合作下多模式的科技成果转化落地。吕雪峰研究员带领的微生物制造工程中心设计开发了个性化的新型高效微生物细胞工厂，打通了多种能源、化工、医药产品的生物合成技术路线，与壳牌石油、道达尔公司、鲁抗医药等国内外企业建立了深入的研发合作，多项成果实现技术转让。

共建多家企业联合实验室，加强产学研合作，推动科技成果转化

吕雪峰研究员带领的微生物制造工程中心（以下称为中心）先后与浙江海正药业共建“真菌药物联合实验室”，与鲁抗医药共建“合成生物技术与微生物药物联合实验室”，与天津斯芬克司共建“中科—斯芬克司药物合成特种酶联合实验室”,与杭州时森海生物制药共建“药物绿色生物制造联合实验室”。吕雪峰说：“与企业共建联合实验室，从广度上讲，合作更广，不仅仅是单个项目的合作，而是一系列项目长期、稳定、持续地合作；从深度上讲，合作更深，双方合作技术层面更加紧密，中心主要负责上中游创新技术研发，企业主要负责下游的车间技术放大；从准度上讲，合作更准，中心研发中遇到的问题可以第一时间反馈给企业，企业在放大过程中遇到的问题可以第一时间反馈给中心，问题解决更精准。”正是因为有了这样的产学研合作平台，中心先后成功实现多项科技成果的技术转让，如植物源杀菌剂大黄素甲醚的微生物高效合成、新型杀线剂反式乌头酸的绿色生物制造、降血脂药物辛伐他汀的绿色全生物合成技术等。

打通科学发现、技术攻关、产业化应用的创新链，孵化创业公司，探索科研人员自主创业之路

吕雪峰研究组在国家杰出青年科学基金等项目支持下，基于微藻高盐胁

迫适应机制方向十余年的基础研究成果，创制了微藻源高值天然产物甘油葡糖苷的先进生物制造技术。该技术打破国外垄断，针对在日化、健康、医药等领域具有巨大应用潜力的生物活性物质甘油葡糖苷，建立了具有完全自主知识产权的纯天然、绿色制备路线，大幅提升了产品质量并拓展了产品功效，推动了传统螺旋藻产业的变革性升级。基于该技术已成功孵化创业公司——青岛中科蓝智生物科技发展有限公司，建成两个生产基地和配套产品精制中心，实现全套工艺定型和产品的商业化销售，产品荣获欧盟 COSMOS 天然认证以及中国最具国际性和专业性的工业行业技术创新奖——荣格技术创新奖。基于巨大的技术潜力和良好的企业发展态势，公司已经完成两轮融资，估值上亿元，并在青岛蓝海股权交易市场成功挂牌，走出了一条原创性科研成果实现产业化的自主创业之路。

加强科研团队文化建设，坚持产研合作发展理念，厚植科技成果转化土壤

一个科研机构完备的科技成果转化制度体系固然重要，但一个科研团队的文化理念对于科技成果转化工作同样非常重要，因为这涉及科研人员做什么、怎么做、做成啥等一系列核心问题。吕雪峰这样谈他们的科研团队文化建设："所有这些成果的取得离不开我们团队一直以来坚持的文化：问题导向、严谨认真、追求卓越。要不就不做，要做就要看准问题；要做就要认认真真做，要做就要做到最好。这个不是喊口号，而是要落实到每一次的科研选题中、落实到每一次的项目合作中、落实到每一次的实验设计中、落实到每一次的成果总结中、落实到每一次的对外交流中。"这些科学思维及素养，无疑是一个优秀科研团队的核心要素。同样，要做好科技成果转化工作，还需要有务实的产研合作发展理念。

"搞企业合作，不只是为了拿到横向经费，为了签协议扩影响，而是要以企业能用上科研成果为最终的、唯一的目标，也就是要有真正的成果，要把

事情真正地做成落地。”吕雪峰强调这个理念对应用项目落地至关重要。

“目前，我们只是取得了一点阶段性成果，还需要一步一个脚印地继续往前走。科研成果和理念文化，和每个人的教育、科研经历密切相关。大学教育可以说是根基。”吕雪峰谈到母校山西大学的培养时说：“我是 1993 年开始在山西大学化学系读大学，很幸运遇到了一批非常优秀的老师，对我影响最大的就是老师们治学严谨和求真务实的精神，无论是几大基础课教学中老师们对学科知识的精准把握，还是每周几次实验课中对学生每个实验细节的严格要求，还是日常与学生交往中的谆谆教诲，都为我现在的科研工作奠定了基础。这些治学严谨的品质、求真务实的精神，也是我科研人生的追求，当然也是我科技成果转化工作能够取得一点成绩的前提。”

山西大学治学严谨、求真务实的校风学风，不仅赋予了吕雪峰“问题导向、严谨认真、追求卓越”的科研文化追求，也赋予了吕雪峰积极践行“把论文写在祖国的大地上，把科技成果应用在实现现代化的伟大事业中”的科研发展理念。

化学化工学院供稿

志定光自发　潜心促转型

——环境与资源学院1993级校友周汾涛

从 17 年前首次提出“绿水青山就是金山银山”的理念，到 17 年后“保护生态就是发展生产力”的论断，我省在实现经济转型跨越发展与生态环境保护双赢过程中的成功实践，见证和彰显了习近平总书记“绿水青山就是金山银山”的“两山”理论的前瞻指导性和巨大生命力。在“两山”理论指导下取得的显著成效，离不开广大环保实践者的孜孜追求和不懈努力，毕业于山西大学环资学院且从事生态环境保护工作 25 年的周汾涛，便是其中的一位代表。

他是河北宁晋人，1993年考入山西大学环资学院，毕业后，先后任山西省环境监测中心站大气室主任、山西省环境保护技术评估中心总工程师、山西晋环科源环境资源科技有限公司总经理。25年，他志向坚定，潜心努力，为我省生态环境保护事业的发展及产业升级转型做出了积极贡献。目前，周汾涛同志为中国环境保护产业协会环境影响评价行业分会常务委员，中国环境科学学会特邀常务理事，环保行业知名专家，生态环境部和山西省生态环境厅、山西省国土资源厅、山西省工信厅等专家库成员，山西省环境保护标准化技术委员会和山西省煤化工标准化技术委员会委员。2018年荣获山西省“三晋英才”之“拔尖骨干人才”称号，2019年担任第二届全国青年运动会火炬手。

没有爬不上去的烟囱

环境监测人员就是环境保护工作的“哨兵”，像一只眼睛时刻注视着环境各项指标的变化。他严寒酷暑、白昼黑夜、春夏秋冬，采集、分析各类环境实时信息，为环保工作开展提供了一手有力的数据支撑。

在几十米高空中，戴着安全帽，手持采样枪，这是进入监测站后的周汾涛工作的常态，他坚信，吃苦一直是传家宝，奉献必须是家常饭。

连续30天，10家企业、20余台锅炉或烟囱，工作时长累计达510小时，他圆满完成了上级部门交办的任务，为各项制度的制定出台做出了巨大贡献。这段时间，他早上天还没亮就到企业，爬上50多米高的烟囱开始监测，白天监测，晚上分析，平均每天工作近17个小时，时常错过饭点，只能在路上简单应付一下，连夜赶往下一个监测点附近住下，准备好第二天的校准调试仪器等准备工作；经常遇到上烟囱的楼梯坡度很陡，还要扛着五六十斤重的监测设备往上爬，有时候碰上下雨等不利天气会增加难度，在更换采样枪时，监测口的废气常常会吹到身上。从六米到七八十米，他不断刷新着监测的高度，从室外温度零下一二十度到工作烟囱旁高达近五十度，他不断挑战着监测工作者的抗压度，但从不抱怨，反而更加严格地按照技术规范完成监测，因为他心里都明白，所有付出是为了让监测数据更准确一点，更加贴近、符合上级决策服务要求。

打铁必须自身硬

在做好一线工作的同时，周汾涛也充分认识到，随着当前环保建设水平的不断提升，各项技术规范不断修订更新，管理部门和企业环保要求不断增强，作为环保工作者，只有在提高自身能力和素质上下功夫，才能适应新时期生态环境保护工作的需要。因此，他始终坚持高标准、严要求，在繁忙工作之余，见缝插针，苦练内功，系统研学环保相关政策和法律法规，在投身全省各类常规监测、应急监测任务和各类型项目的达标验收监测工作的基础上，紧密结合实践中发现的问题和技术规范的要求，及时进行归纳总结，实现了实践能力和业务素质的双提升，并积极进言献策，促进了全省环境监测水平的不断提升。

通过在环保一线的工作经历，周汾涛锻炼出了过硬的技术，积累了丰富的经验，为后来的环保工作打下了坚实的基础。

严守环评质量关

在从事监测工作 8 年后，周汾涛于 2005 年调入山西省环境保护技术评估中心任总工程师，从事环保管理工作，负责山西省焦化、冶金、火电、交通运输等各类环评文件的评估。

进入新的岗位，迎来新的挑战，环评报告的技术评估工作指导着项目的建设、生产、排放全过程，周汾涛立志要为集体苦行，为严谨先行，坚决守好环评技术评估质量关，绝不辜负组织的信任。

成百上千个文件规范，他一条一条学，对“逗号、分号、句号”的关系，他仔细研究；对“或、且、并”的含义，他认真揣摩；在共性和个性问题的判定上，他深入思考；在必须和可以的把握上，他耐心推敲……无数次的学习，力求科学严谨。

为了实现业务理论和现场实际的有效统一，避免审批和建设生产两张皮，他不辞辛劳，针对企业的各项生产工艺及环保措施，挨个过，仔细看，在准确掌握生产工艺和详细了解现场实际的基础上，有效提升了评估工作的科学性、指导性。

在项目评审会通过后的无数个夜晚，他放弃了个人休息，以办公室为家，以沙发为床，加班加点看意见、写报告，力求在最短的时间内完成评估工作，为项目的早日投产争取了宝贵时间。

他的不懈努力，为我省首个百万级火电机组的顺利投产奠定了坚实基础，为我省焦化行业的升级改造做出了巨大贡献，协助山西省生态环境厅把好了环评质量关，为山西省的污染源头控制守住了第一道防线。

不忘初心，恪尽职守，开拓创新

2016 年，山西省原环境保护厅直属单位山西省环境科学研究院环评中心进行了环评体制改革和脱钩改制，成立山西晋环科源环境资源科技有限公司。出于对环保事业的热爱和为环保事业做出一份贡献的初心，周汾涛毅然放弃现有的事业单位身份，从山西省环境保护技术评估中心离职，就任山西晋环科源环境资源科技有限公司总经理，决心在环保领域打拼和创业，为环境保护事业做出应有的贡献。

周汾涛坚定志向、不忘初心，恪守职业操守、严格廉洁自律、规范承接业务，牢记环保实践者的原则立场，在新的领域带领技术团队开拓进取，屡创佳绩。六年来，带领团队牵头完成国家焦化行业排污许可证申请与核发技术规范，并深度配合全国固定污染排污许可全覆盖工作，因表现突出，2020 年获得生态环境部的通报表扬，后续又陆续完成了多项技术导则、国家和地方标准、科研课题等，为各级生态环境部门提供技术支撑和环保管家服务，并协助完成多项省级政策、文件的制定、起草；六年来，为全省 20 余个各类型开发区和工业园区提供技术支撑，明确区域环境准入清单，把住了生态环境保护底线，推进了开发区产业布局、结构和规模的优化调整，促进了开发区绿色转型发展；六年来，为省内外上千个企业提供全过程、全方位的环保咨询、评估和环保管家服务，完成多个市县生态调查以及多项土壤调查与修复、生态环境损害司法鉴定和评估等，为环境污染的源头治理和重污染行业的专项治理出谋划策。

周汾涛同志凭着对环保事业的热爱和执着，始终如一、不忘初心，在生态环境保护的道路上履行着一个环保实践者的职责，做出了不平凡的成绩，为生态环境保护和高质量转型发展提供智慧源泉和力量支撑，为山西省的绿水青山保护和建设做出了重要贡献。

环境与资源学院供稿

从数学到金融学的跨界融合

——数学系1993级校友刘莉亚

刘莉亚，上海财经大学金融学院教授、党委书记，上海国际金融与经济研究院院长。长期潜心于国际金融危机、商业银行风险管理及中国金融业开放与国际资本流动等方面的研究。在权威学术期刊上发表论文70余篇，出版学术专著两部。作为首席专家，主持国家社会科学基金重大项目、国家自然科学基金面上项目、国家社会科学基金青年项目等多项国家级课题。研究成果荣获高校人文社会科学优秀成果奖、上海市哲学社会科学优秀成果奖、上海市教学成果奖等多个奖项。入选教育部长江学者特聘教授、国家百千万人才工程、教育部青年长江学者、教育部新世纪优秀人才支持计划、上海市领军人才、上海市曙光学者人才支持计划；获中国金融博物馆授予的“青年金融学者奖”等多项荣誉。

时光荏苒，岁月如歌；孜孜以求，砥砺奋进。我们许多的山大学子，得益于学校深厚的学科底蕴，跨界到许多不同的领域，并取得了很好的发展。刘莉亚，从数学学科跨界到金融学，并一直专注于中国金融风险领域的研究工作，一路走来，从扎实的履历和工作业绩中，我们看到了她勇于探索、敢为人先的精神，领略到了尚德务实、求真拓新的作风。

谈及自己与母校的“度”，我们再次了解到她勤奋的品格、严谨的作风。

学术之高度

在山大求学期间，学校严谨治学的作风培育了她孤往的精神。何为孤往？孤往的精神便是当你认为一件事情是对的，即使它充满了困难，你也有坚定走下去的勇气和精神。初入数学系时，由于大学的课程在广度、深度、难度等多方面较之高中都有着跨越式的差异，难度之大常常会让学生们感到束手无策。然而，当时教学系的老师们并未因为课程难就降低教学标准。虽然难，但是老师和学生都知道重要，所以他们都没有放弃，而是下了很大的功夫去学习，也为她日后的学术研究打下了坚实的理论基础，此乃学以致知。不经一番寒彻骨，哪得梅花扑鼻香。更重要的是，学校严谨的治学作风、迎难而上学习知识的过程，锤炼了她直面困难、战胜困难的信念，无论是多么未知和艰难的事情，只要坚定信心去解决，挖掘潜能，总能办到，此乃学以立志。

孔子曾说：“古之学者为己，今之学者为人”。后来刘莉亚校友走上教师岗位后，也将母校严谨治学的态度和作风一以贯之，传递给自己的学生，希望能够帮助他们成长。在从事学院管理工作时，为了加强经济学专业学生的理论功底，在教学改革中提高了课程教学难度。尽管方案制订时存在一些争议，担心过难的课程带来心理健康等方面的负面影响，但她还是坚持严格要求，因为在困难面前，设定简单模式，意味着选择了逃避和放弃。金融学子们在勤勉治学、孜孜求索的过程中，也定能获得克服困难后的体会和感悟。克服学习困难的过程更有助于培养他们步入职场后应对压力和未知的能力。金融工作本身就常处于高压状态之下，而且充满了挑战性，没有扎实的基础和顽强的心态，如何能走得更远呢？人生前行过程中困难是客观存在的，遇到困难不作为、看到风险则躲避、遭到阵痛则不前，势必会影响人生进程，唯有逆流而上、激流勇进，才能势如破竹、一路高歌。

老师之温度

那些知识和信息密度都远大于学生的人，愿意俯下身来和学生交流，尊重学生、鼓励学生、引导学生，这便是温柔。温柔之人，不失温度，亦有高度。三生有幸，在山大所遇之每位老师，以学术之高度育人，以体贴之温度护人。她回忆说，教数值分析课程的一位老师，当时年纪已经比较大了，每节课会专门带一个凳子，不是因为身体状态欠佳需要坐下，而是为了让同学能及时完整地记录笔记，不耽误后续的学习。站在凳子上板书，能最大化利用黑板的面积,尽量少擦黑板。她们当时既担心老师站在并不平稳的凳子上会摔下来，又担心老师上了年纪，长时间站立讲课身体吃不消。就这样，一节又一节的课程讲解留下了老师颤颤巍巍地站在板凳上、趴在黑板前的身影。山大的每一位老师都是这样，治学态度严谨，同时又给予学生很大程度的关爱。兴甘霖而润万物，老师们始终站在学生角度考虑问题，也对她日后为人师、育人行的工作产生了很深刻的影响。

人生之深度

学校的良师益友以及良好的成长氛围宛如大学生涯中的一盏明灯，为她的成长拨开迷雾，更是她后来人生的灯塔，指引她航行。上大学后，社会环境逐渐复杂，经历的事情也瞬息万变，总会遇到许多大小各异的矛盾、挫折和冲突。而老师们会在日常教学中润物细无声地进行人生方向的指引。当时有一位姓郝的任课老师，给她们留下了深刻的印象。在快要毕业的时候，她曾去跟郝老师请教问题，郝老师的一句话给了她深深的触动，话语平实却有着千钧之力。他说："如果你觉得现在的生活比较舒适，那你就要警惕了，因为这说明你在退步了。"郝老师一直鼓励她一定要走出去多看看，最大限度地开阔视野，不要做井底之蛙。临毕业之际，郝老师这一番话更是让她明白，安不忘危、乐不忘忧，在该奋斗的岁月里，就该对得起每一寸光阴。这些生活的真谛，老师们将它化作质朴的话语，同学们将它融入共同奋斗的鼓励中，产生了强大的精神动力。我们每个人都是时代的一粒沙，而大学时光正如一阵风，将她带向了远方更广阔的舞台。

友情之厚度

在大学里一定要珍惜、维系和发展那种一辈子都很难遇到的集体的友情。当大学时光在一起奋斗的汗水中，在面临人生转折的迷茫中。在一起熟悉环境的亲密中悄悄溜走时，友情建立起来了、牢固起来了，她们在彼此面前是最真实的模样。刘莉亚特别提道："尽管后来我们身处不同的城市，彼此各自忙碌，但地理上的距离丝毫不会阻隔我们内心的亲近感和熟悉感，只会身处远方而互相牵挂。去年我们宿舍八位姐妹相约在母校相聚，虽然因为疫情未能入校，但我们围绕校园共同漫步，让回忆如潮涌般袭来，感动萦绕于心间。夜里，挚友重逢，灯火可亲，我们依然紧密无间，无话不聊，甚至彻夜长谈，感受不到时光的流逝，直至天亮……"马克思曾说，人是一切社会关系的总和，大学友谊这段社会关系，会是我们一生当中最珍贵的际遇。因为他们都是和你一样出色、一样精彩的人，因为他们和你共同拥有一段最温暖的过去，在曾经的集体生活中，互相督促、一起成长、共同进步，学会了站在他人的角度思考问题，知道了团结和合作在未来学习工作中的重要性，大家因为优点而亲近，因为缺点而学会相处。在这个阶段建立起来的感情基础尤其经得起未来的挑战，会慢慢成为我们下一个十年、二十年特别有力的支撑和后盾，在需要帮助的时候，他们会走过来，彼此启迪，互相成就。

桃花潭水深千尺，不及母校育我情。老师们如旗如炬、洞察未来、引领方向；朋友们如山如海、涵养人生、岁月温柔。岭山常得蛟龙在，梧高自有凤凰栖；百年已展千重锦,他日再登万丈楼。刘莉亚坚信母校在各级领导的关怀下，在广大校友和社会各界的支持下，在全校师生的共同努力下，定能赓续绵延、云程发轫，展望新蓝图、开启新征程。

上海校友会供稿

母校之光永存

——化学系1993级校友宋宇飞

宋宇飞，博士生导师，化工资源有效利用国家重点实验室主任。1993 至 2002 年在山西大学完成本、硕、博连读，获得理学博士学位。先后入选北京科技新星计划和教育部新世纪优秀人才计划，获得第一届国家优秀青年基金资助；入选第一届教育部青年项目奖励计划，获得国家杰出青年基金资助、中国石油和化学工业联合会“青年科技突出贡献奖”；获得科技部“中青年科技创新领军人才”称号，获得“侯德榜化工技术创新奖”和“国际杰出青年化学工程师奖”；入选中组部科技创新领军人才—万人计划，获得中国石油和化

学工业联合会科技进步一等奖（第一排名）。目前担任《科学通报》和 *J. Energy. Chem* 杂志编委。

1993 年，怀揣着对大学的无限憧憬与美好梦想，宋宇飞考入山西大学化学系，开始了长达九年的求学生涯。来到大学的他，倍加珍惜时间。每天早起锻炼身体、学习英语，上午聆听各位老师传道、授业、解惑，下午的实验课很好地锻炼了他的动手能力，晚上则是上晚自习。他一头扎进化学里，日子在如饥似渴的学习中一天天度过，非常充实，成绩一直排名全年级第一，因此，多次荣获"国家一等奖学金"和"省三好学生"等荣誉。

1997 年，宋宇飞被免试推荐，成为分子科学研究所的一名硕士研究生，师从我国著名的生物无机化学家杨频先生。本科期间，他就立志要成为一名科学家，在杨先生的谆谆教诲和殷切关怀下，硕士研究生前两年的学习让他积累了较为扎实的理论知识，大量的实验工作提升了他对科学研究的热情，同时他的研究工作也取得了不错的进展，第一篇中文和英文文章于 1999 年先后发表，同年，他获得硕、博连读的机会，成为山西大学自主招收的第一届化学类博士生。

1999 年 6 月，受"台湾奖励大陆来台研究生奖学金"的资助，宋宇飞作为山西省第一批研究生赴中国台湾进行交流，在台湾东海大学师从著名的抗癌药物专家佘亮教授。当时大陆的相关科学研究还处在追赶时期，台湾有些学科发展相对早一些。近半年的交流学习过程中，他从未有丝毫懈怠，每天都泡在实验室里，合成药物、分析数据、整理进展。这次交流不仅对他的博士论文产生了深远的影响，而且对他后来所从事的科学研究也提供了更全面的视角。半年后，他一回到分子科学研究所就立刻开展了多肽类抗癌药物的研究工作，一篇篇学术论文相继在国内外学术刊物见刊，整个博士学习期间共发表了 12 篇学术论文。山西大学本、硕、博的九年时光，是他终生难忘的岁月！

2002 年 8 月，受荷兰皇家化学会的资助，宋宇飞加入荷兰莱顿大学化学系，师从世界著名的无机化学家 Prof. Jan Reedijk 教授开展博士后研究。在荷兰的前半年，文化差异和崭新的课题对他来说都是挑战。博士后的生活丝毫没有变得轻松，他每天都是早早赶到实验室，准备一天的实验工作，晚上到家继续整理研究进展。在持续的努力和积累下、在导师的关心和支持下，研究工作进展顺利。在2002—2004年的博士后学习期间，他共发表13篇SCI研究论文。

2004 年 8 月，为了进一步提升自己，受德国马普基金会的资助，宋宇飞来到德国马普生物无机所，师从国际著名的生物无机化学家 Prof. Karl Wieghardt 教授开展研究，在一年多高强度的训练过程中，围绕高价铁的合成与表征等研究，共发表 2 篇学术论文。2005 年 8 月，宋宇飞加入了英国格拉斯哥大学化学系，跟随著名无机化学家 Prof. Leroy Cronin 教授开展多酸化学研究。在 2005—2008 年的工作中，通过自身努力，伴随着 Cronin 教授课题组的发展，他不断取得新的进展，以第一作者和合作者身份共发表了 18 篇 SCI 论文，协助指导了 8 名博士生和 6 名硕士生。在国外开展博士后的研究过程中，一方面加深了对西方文化的认识和理解，另一方面加强了与国际同行的研究合作，为他今后开展国际合作打下了良好的基础。

2008 年 9 月，宋宇飞正式被引进到北京化工大学。他爱岗敬业、学风严谨、勇于创新，围绕社会发展需求，坚持基础研究与应用基础研究紧密结合，取得了一系列创新性的科研成果。多年来，他瞄准多酸化学发展的国际前沿，坚持“功能导向的多酸分子组装和先进材料”这一研究方向，深入开展了一系列基础和应用科学研究。他发展了多酸共价修饰的研究策略和修饰方法，提出了采用“冷喷雾质谱技术”与“单晶技术”相结合的办法解决多酸这一类复杂分子组装的表征问题，对促进多酸化学的发展具有重要的价值和意义。相关研究工作在 *Nature. Protocol*、*Angew. Chem. Int. Ed.*、*J. Am. Chem. Soc.* 等高水平国际刊物上发表，受到国际同行的广泛关注和高度评价。宋宇飞以基础研究为创新源、以行业产业需求为导向，与企业紧密合作，将所设计和创制的多酸插层结构催化剂应用于醋酸甘油酯的工业化生产过程，解决了采用硫酸催化剂存在的设备腐蚀、环境污染等问题，实现了合成反应的连续化。

研究成果促进了行业科技进步，取得显著经济社会效益。

作为北京化工大学无机化学和应用化学学科的带头人之一，宋宇飞不仅承担了培养硕士生、博士生的工作，而且非常重视本科生的培养。他认为大学应该把最好的师资用于本科人才培养，尤其是低年级学生的启发和引导；“教师的责任不在教而在于引导，授人以鱼不如授人以渔。”因此，教书不仅仅是传授，更重要的是要教会学生如何获取知识和能力。他注重培养学生学科知识的系统性和逻辑性，耐心指导培养本科生，获得学生的高度评价。他所指导和培养的本科生中百分之八十以上的学生都在国内外高校和研究所继续深造。在研究生的教育教学过程中，他注重启发式教育，培养学生分析问题和解决问题的能力，至今已有 50 余名硕士研究生顺利毕业，多名研究生在攻读学位期间被选送到欧美知名高校和研究所接受国际化教育。

回首过往，与山西大学结缘，为他走上科研道路打下了坚实的基础。桃李不言，下自成蹊，他感恩导师们一路走来给予的支持和帮助；登崇俊良，求真至善，感恩山西大学的校训指引他勇敢攀登科技高峰、不断追求真理和卓越。

化学化工学院供稿

母校，我永远的力量！

韶光流转，盛世如约！亲爱的母校，您好！在鲜花烂漫的季节，我们迎来了母校的120周年华诞！而我与母校，也分别了近20年。亲爱的母校，你一定还记得我吧？我是闫瑞霞，于1994年9月—1998年7月及1998年7月—2001年7月间在外语学院分别攻读学士和硕士学位，毕业后又于2001年7月—2003年7月留校任教两年。回想一下，我最年轻、最美丽的九年，三千多个日日夜夜都是在母校的怀抱里度过的！此刻，发自肺腑地想对母校说："想您，亲爱的母校！您是我永远热爱的一片净土！这么多年，我一刻都不曾把您忘怀！"

岁月如歌，记忆永恒。此刻，我尽管身在美国，但思绪早已徜徉在母校历经风雨沧桑而又生机勃勃的校园里。我看到了那依稀可辨的百年西式建筑，抚摸着历史岁月侵蚀的斑驳老墙，仰望那一幢幢万象更新的教学楼，更闻到了沁人心脾的槐树香！母校的每一个角落，我都可以看到自己当年的身影和足迹：跑道上，有我奔跑的身影和挥洒过的汗水；教室里，有我埋头奋斗的激昂；图书馆里，有我徜徉书海的身影；花园里，有我甜蜜的恋爱……此刻，记忆里母校的一切都那样的五彩斑斓，一切都是那么明艳鲜活！这些尘封的点滴都是母校风采的剪影！在我心中，母校的天总是蓝的，大树总是在跳舞，小鸟总是在歌唱。我们山大人，在母校的怀抱里总是那么有激情、爱拼搏！母校，给了我太多的力量，而这力量，让我受益终生，为我在人生道路上的奋斗奠定了坚实的基础！此刻，回忆的小船把我载回到人生路上的三个片段：

片段一：2001—2002 年，当时我在努力学习 GRE，准备申请美国大学的奖学金去攻读博士学位。在学习的过程中，我遇到了重重困难：那个时候，资讯不像现在这么丰富和便捷，很多关于考试、美国大学申请、签证等方面的信息对我而言是一鳞片爪；而且我身边很多人都说这是一条几乎走不通的路，因为就算我考过了 GRE，也不一定能申请到奖学金，而且当时的赴美签证难于上青天。坦诚来讲，我不是没产生过放弃的想法，但是内心里总有一个声音在告诉我：要不懈奋斗，不惧困难！我想这就是母校给予我一名山大人的力量！感激母校给我信心和吃苦耐劳的精神，让我自强不息、砥砺奋斗！2003 年，我顺利申请到全额奖学金，并且奇迹般获得了赴美签证！

片段二：2003 年 8 月 8 日，我远赴美国开启攻读博士学位的生涯。那时，有相当长的一段时间，我因为学业压力和身体的原因，深陷失眠的旋涡，而且我跟导师就我毕业论文的实验设计、数据分析和结论导向产生了非常大的分歧；另外，我又给自己额外加码——努力获得本专业的全美临床资格证，所以几十门专业课、全美临床资格考试、将近两千个小时的临床经验等硬性条件一个都不能少……其实，我当时完全可以稍微放缓脚步，或者可以不做临床，但母校给我的力量已经深深地刻在我的骨子里，这种力量让我在压力和阻力面前，总能拼尽全力，发出最高的热度！所以我咬着牙坚持，再坚持！终于在 2007 年的春天，顺利完成了博士论文！我的导师以及整个论文委员会对我的论文给予了非常高的评价，我的论文答辩获得了极大的成功。当听到导师对我说我的博士论文的水准以及答辩是他整个教学生涯里最让他满意的时候，喜悦、激动的泪水不禁夺眶而出！那一刻，我觉得自己的所有付出和坚持都值了！更让我雀跃的是，我的博士毕业论文顺利出版；而且，在努力和坚持下，我也顺利取得了本专业的全美临床资格证，为我的事业发展又打开了一扇门。每当想起这些，我就感到热血澎湃！感恩母校每每在我困难的时刻给予我力量！是母校让我懂得有一种美叫越挫越勇，而最美、最幸福的人生就是奋斗！

片段三：几年前的一个契机，我开启了自己在美国金融行业创业的篇章。那个时候，很多亲友都持反对态度，因为他们觉得大学教授的工作那么稳定，我已经是终身教授了，为什么要创业呢？而且他们反复跟我强调创业的艰辛以及风险。当时，我不止一次地问自己该何去何从，又是母校在我犹豫和软弱的时候给予我力量！力量即决心！古人说："人而不学，其犹正墙面而立"。如果我们不坚持学习，世界就会被我们排除在自己之外，无论它多么精彩，都不再与我们有任何关系。而且作为一名山大人，我有奋斗的激情，有对事业的执着和对人生负责的态度。正如唐僧西天取经，后来取到的是有字真经，而先取的是无字真经，而如来说，无字才是真经中的真经！如果说我在母校学到的知识是有字真经，那我在母校汲取的精神力量就是让我受益终生，引领我矢志不渝、努力奋进的无字真经！

正是母校引领我们一代代山大人在神州大地、五湖四海把这种温暖和力量传递下去，把收获播种下去，变成更多希望。昨天我们以母校为荣，今天母校以学子们为傲。回想自1902年起，山西大学的先辈以一颗培育英才的爱国之心创立了山西大学堂，至此120年光阴流转，母校这片浸润着山大人青春热血和辛勤汗水的沃土，记录着代代师长的师德风范，为培养国之栋梁铸就了丰碑；120年，母校承载着学子们孜孜以求、锲而不舍、严谨笃学、立志成才的山大精神；120年，母校见证着山大人砥砺耕耘、求索进取、自强不息，在山大这片肥沃的土壤中发芽成长，为母校增添抹抹碧绿！

回首往昔，往事如歌，我们因是山大人而骄傲；展望未来，未来如诗，母校的力量让我们山大人以青春之我、奋斗之我挥斥方遒，尽情书写激情岁月！

愿母校春秋双甲励精图治，桃李万千再铸辉煌！

闫瑞霞，外语系 1994 级校友，美国北卡罗来纳中央大学传播科学与疾病学副教授

企业是一场修行　修己亦度人

——经济系1994级校友李有泉

在燕之屋普通员工心中，李有泉作为公司总裁就跟超人一样，拥有源源不断的动力能源。一听到他要来厦门，各部门都提前预约工作汇报会议，最高峰时一天 6 场，从早上八点半持续到凌晨的情况也时常有之。他只能压缩自己的吃饭和休息时间。即便如此，在休息间隙，他还关注每一个工作微信群，“艾特”他的事项太多了，他会认真看并给予答复，花很多精力去了解员工的动态和企业的动向。

公司OA开了个“总裁信箱”，有员工抱着试一试的心态，投了一封建议信，希望每个月的特殊时期给女性员工半天假。提议者都没放在心上，没想到三天后公司人事行政部就发了公告“全体员工每人每月都可享有无因假0.5天”，不仅实施了，还男女平等。这是一件小事儿，但正是这样一件件有回响的小事，让员工拥有了极大的向心力。这是李有泉作为管理者的“仁”与“智”。

作为企业管理者，拥有站在高处“一览众山小”的格局和视野，而大部分基层员工更多的是以“以小见大”的方式进行判断。企业经营的核心就是文化战略，往往是从凝聚的精神内核出发，员工如何保持凝聚力和活力，看的就是中心点，这个中心点就是公司的价值主张，而价值主张底层链接的则是企业管理人的人格。

守正业，信奉“长期主义”

长期主义的一头是愿景、使命和核心价值观，另一头则扎根于具体的经营与管理实践，前者为指引和标准，让当前的所有活动服务于长远目标的实现。

李有泉信奉长期主义，很大一部分原因与他的父亲有关。他的父亲如今86岁，57年的党龄，是中国最老的“农村电影放映员”，一生只专注做好一件事。60岁退休后，仍然义务为农村、福利院、特殊儿童学校、部队单位放电影，宣传党的政策，传播正能量，获得了“光荣在党50年”的纪念章。

良好的家风胜过万贯家产。他传承了父辈的文化精神，并实践到企业当中。2004年与合作伙伴出资成立广东润生药业有限公司时，企业价值观便是：专注、坚持、成长、奉献。这样的理念也影响到后来的燕之屋。

自2011年开始，整个燕窝行业遭遇经营和信任危机，标准化不够、加盟管理弊端、产品同质化问题一一显露，这也倒逼燕窝行业开始整改。燕之屋正在经历前所未有的困难时期，在燕之屋黄健董事长等老燕之屋人的努力下，李有泉等一众管理团队于2014年4月底正式加入燕之屋，那时候燕之屋团队只剩下20多人。燕之屋重组，家族式企业成为“中国合伙人企业”。两年后，燕之屋扭亏为盈，到了 2022 年，燕之屋全国员工上千人，门店超 600 家。

作为金牌主理人，李有泉带领下的润生药业，与广药集团广州白云山陈李济药厂股份有限公司合作，代理营销陈李济“舒筋健腰丸”，营销网络覆盖全国各地，连续 10 年名列中国 OTC 骨关节药品首位。他有着丰富的企业管理和营销经验，在进入燕之屋后，帮助燕之屋制定了清晰的发展战略和实施路径。

其中最重要的是打造了燕之屋的企业文化纲要，让一切行动有据可依。树立了“长期主义、极致主义、创新主义、奋斗主义”的企业精神，以及“以客为尊、守正利他、创新实干、行稳致远”的价值观……一系列的核心纲领为全公司上下指向了一个共同的愿景：引领全球燕窝行业，打造百年民族品牌。

有了愿景的指引，那么商业就是要扎扎实实、稳步前进，如果有什么捷径，就是信奉长期主义，用李有泉的话说，“做企业就是一场修行，做正确的事，时间就是答案。”

现在的燕之屋已有 24 年的历史了，早就成为行业的领军企业，坚持长期主义的意义就是抵制短期利益的诱惑，把企业管理者的精神用在打磨自己企业的核心竞争力上。在这样的内核驱动下，燕之屋的企业经营核心就是专注高品质燕窝，推动燕窝标准化建设以及燕窝科学技术的研究。

守正业，信奉长期主义，才能让企业更强壮、更健康持久，与利益相关者（员工、客户、社会）双向奔赴、彼此成就、共生发展，才能实现价值的共创与共享。

促发展，追求“无我利他”

企业的发展就是以人为本，对于管理者来说，就是要把企业打造成一个成就他人、成就自己的平台。用通用电气 CEO 韦尔奇的话说就是：“在你成为领导以前，成功只同自己的成长有关。当你成为领导以后，成功都同别人的成长有关。”

关于“利他”，对李有泉来说，就是“发展比发财更重要，成长比成功更重要”，在他行使领导权的过程中，很大程度上都在不断地发现别人，发展别人。这个过程，也是团队提升的过程。在他的指引下，很多人获得了思想的启迪，把握住机会，完成了职场生涯的自我升级和蜕变。

李良杰从2009年跟随李有泉至今，最早是加入李有泉的润生药业，成为一名项目负责人，在他的印象中第一次接手的项目因为厂家问题等种种原因失败了，年底给公司造成了很大的亏损。本以为自己的职业会止步于此，更别奢求年终奖，没想到公司在年底还是给他发了6000元，并让他加入了当时做得最好的陈李济“舒筋健腰丸”的项目。在执行的过程中，除了定目标、给方法，最重要的是李有泉给了他充分的信任和支持，丝毫没有因为之前的失败经历而对他有所怀疑。这对李良杰之后带领团队的方法有很大的影响和启迪。

2013年，随着“极草”项目结束，李有泉再次找到李良杰，邀请他去厦门一起加入燕之屋。从广州到厦门，再次进入一个新的领域，且当时的燕之屋正处在低迷时期，李良杰不是没有犹豫。那一晚，他们在珠江公园走了很久，李有泉向他描绘了对未来的规划，他说：“这次我们一定要干一个属于自己的品牌，要做一家上市公司。”那种理想和坚定实施的决心，让李良杰再次跟着李有泉加入燕之屋，又开始了一次全新的尝试。

李良杰回忆说：“他（李有泉）一直在给我机会让我成长，给我寻找新的挑战和刺激，我在燕之屋的岗位变了好几次，从线下转到电商，不专业，也不懂，但是他还是信任我，永远激励团队，挑战更大的目标。”如今的李良杰是燕之屋副总经理、电商事业部总经理，是李有泉最得力的干将之一。

管理者的智慧，除了给予信任和机会，还要给予价值观的指导，在这方面，李有泉无疑是出色的精神领导。他的一句话往往可能在他不知情的情况下，给别人带去巨大的能量。

“只要你想做好一件事，任何时候都不晚。认定对的事，就不要犹豫，把握时机，一鼓作气。”张宁说他永远记得李有泉说过的这句话，在燕之屋十年，从一名法务专员到董事长秘书，再到高级法务经理，张宁一路走来并不容易，被称为“中国第一考”的法考她考了四次，终于在2020年成功了。她说：“我大学毕业十年，面对工作、家庭压力还去参加司考，就是受到李总的启发。”这种坚持何尝不是长期主义的一种体现？领导的精神就是通过这样潜移默化的形式，深深地影响着员工。

李有泉的“立仁”以及“立人”的方式是对古典东方哲学的修身传承，也是对其家风的传承，而作为传承者的他，既有俯首谦逊、脚踏实地的耕耘，也不忘抬首仰望星空，胸怀浪漫宇宙。

李文革，经济系1994级校友，深圳富存投资管理公司CEO

放我的真心在你的手上

——法学院1997级校友姜海斌

每一个山西大学毕业的学子，脑海里都深深烙印着“长夜星光，文瀛激荡，飞雪迎春绽丁香。勤耕四野，勇拓八荒，育桃李天下芬芳……”仿佛这首歌响起，就回到了初民广场那些激扬青春、肆意奔跑的日子！姜海斌也一样，毕业十几年，山大的一草一木、一砖一瓦都成了他心底的牵挂，拳拳在念，山大带给他的一切成了刻在他身上的印记，永恒不灭。

缘起：18 岁，青春逐梦之行正式起航

提起姜海斌，认识他的人都会说起他的专业和敬业。初见他时，颀长的身材、睿智的眼神、真诚的微笑、谦逊的言辞，言谈中，北方的豪爽中藏着南方的细腻，让人信任，给人温暖。

姜海斌的家乡坐落在浙皖交界，这里山水秀美却经济落后。他的父母所受教育有限，却坚持让他上学读书，同时教给了他善良和责任。家庭条件的窘迫让他很早就知道了生活的艰辛，同时也赐予他独立和勇于承担的性格。早在高中时，他就对法律这一学科产生了兴趣。为了实现自己的法律之梦，他报考了山西大学法学院，开始了他的法律之路。

大学里，姜海斌的起步并不顺畅。由于成长环境的原因，他的知识面不是最宽的，眼界不是最广的，但他身上有一股劲儿，坚忍且奋进、积极且自律,用他自己的话说,就是冒着一股初生牛犊不怕虎的“傻气”。凭着这份“傻气”，他认真地上好每一堂课，做好每一次实践，真诚地对待每个人。他抓住每个机会来磨炼自己，在努力学习专业知识的同时积极承担学院的学生工作，全面提升综合素质。不懂计算机就天天泡在机房里学，英语不好就在空闲时间听磁带练发音，四年的大学生活让他从一个懵懂的乡村学生蜕变成了成熟的学生会主席。他带领学院辩论队参加中国国际经济贸易仲裁委员会主办的“贸仲杯”辩论赛，在全英文的赛场上慷慨陈词，妙语连珠，给评委留下了深刻的印象。他组建学院篮球队，带着队员们请教练、搞训练、打比赛、跑赞助，几年下来，篮球队成为学院男孩子争相要加入的社团“天花板”。

大学毕业之后，他又考入山西大学法学院继续攻读法学硕士，在深造的同时他利用所学做了多份兼职，三年的研究生生涯让他的法学功底更加扎实，待人处世的经验更加丰富，对母校百年积淀的理解更为透彻，这一切都为他之后的专业之路打下了深厚的基础。

前行：5800天，专业服务之路高歌猛进

研究生毕业后，姜海斌顺利进入杭州劳动保障监察支队，并迅速完成了从校园到职场的过渡，赢得了领导和同事的肯定。2006年底，他和同事一起代表浙江省参加全国的《劳动合同法》《就业促进法》电视知识大赛，取得分组赛第一的好成绩，进军全国总决赛，并最终取得全国第四的好成绩，得到时任浙江省劳动和社会保障厅厅长的陈小恩和现任人力资源和社会保障厅黄亚萍副厅长的高度评价，创造了浙江省有史以来劳动类法律知识竞赛的最好成绩。

2009年，姜海斌正式进入律师队伍。有人说他进入律师行业后如鱼得水，却不知他背后付出了多少精力。他深知律师是一个对脑力和体力都有着相当高要求的职业，不仅需要熟知法律法规的细节，而且需要极高的逻辑思辨能力；不仅需要具备良好的记忆力，而且需要冷静睿智的头脑；不仅需要雄辩的口才，还需要敏锐的应变能力。16年来，姜海斌以劳动争议处理为专业发展方向，坚持理论和实践相结合，用热情和激情认真负责地对待每一个当事人、每一个案件，竭尽所能地为当事人的利益最大化考虑，踏实做好诉讼中的每一步工作。

劳动争议案件往往争议标的不大，案件本身却并不简单，很多律师并不愿意涉足该领域，但姜海斌却不这么认为，他牢牢记着导师赵宵筠的教导："学法学，不仅是为了自己学本事，是为了千万人的公道，更为了国家法治的权威！"他常说："我手上的案子，标的也许小、收益也许少，但这个案子就可能是当事人一生中碰到的唯一一个官司，作为案件的代理人，应该把它当成自己一生中办的唯一一个案件来对待。"曾有一名来自安徽的农民工找到姜海斌，说自己打工十多年，施工过程中不慎受伤，经鉴定伤残等级高达六级，但包工头并未注册公司，而是接到业务后再找公司挂靠。事发之后，包工头不辞而别，这位农民工兄弟不仅没有拿到任何补偿，甚至连最基本的医疗费都无着落。听了整个事件的原委后，姜海斌主动提出以法律援助的形式帮助

这名农民工兄弟维权，经过不懈努力，最终帮其拿到 15 万多元的赔偿款。

不积跬步，无以至千里；不积小流，无以成江海。很快，姜海斌在劳动和社会保障业务领域取得了一定的影响，他先后担任聚光科技、万事利集团等三十余家大中型企事业单位的常年法律顾问，展现了深厚的法学功底、精准独到的辩护意见和细致入微的专业服务。随着专业领域认可度的提升，他被选为浙江省律师协会常务理事、浙江省律师协会民商事专业委员会副主任等职，受聘担任杭州电视台栏目嘉宾，担任法院特邀调解员，曾荣获浙江省服务中小企业优秀律师、杭州市首届“十大律师先锋”提名奖等十余项奖项。

如今，姜海斌办案的脚步已经逐渐地走出了浙江，通过一个个案件，他努力将公平正义传递给当事人，肩负着律师应有的社会责任。

牵挂：1300 公里，羊羔跪乳之情积微成著

这些年，离别校园来到杭州，姜海斌遇到了不少志同道合的校友，也更读懂了山大学子在外打拼的苦与乐，这也让一个大胆的想法在他头脑里萌生——给在浙的山大学子一个家。他知道，这件事不容易，可能会面临很多困难，但他还是做了，他说：“一个共同的家对漂泊的人，不仅是交流分享的平台，更是遮风挡雨的港湾。”

姜海斌与多位热心校友率先为校友会的成立募捐启动资金，为校友会的工作理念、工作定位、阶段性工作目标等开了一次又一次的碰头会。经过多方筹措，山西大学浙江校友会于 2014 年 10 月 25 日成立，时任山西大学党委副书记、山西大学校友会常务副会长张汉静等领导专程到杭州祝贺支持。

校友会运转七年来，秉承“我参与、我奉献、我快乐”的服务理念，为在浙校友们搭建交流平台，共叙母校之情，畅谈同窗之谊。如今，山大在浙校友会的会员，已经从最开始的 38 人，扩展到了如今的 600 余人。面对“回家”的校友日益增多，姜海斌又提出了新的想法。他说：“把人聚起来不难，难的是把心聚起来，咱们要做就做个精神出来。”校友会工作不易，每次开展活动，

事无巨细，他都要求尽善尽美。要组织大型活动没场地，他就一家家跑；要组织考察没合适的交通工具，就一个个电话联系……为了搞好每一次活动，自掏腰包在他看来更是应当应分。几年来，也曾碰过钉子、遇过坎坷，但对母校的情谊和母校领导老师们的支持，让他坚持了下来。在他的带领下，校友会完善了组织机构，凝练了品牌活动，开辟了交流渠道……渐渐地，校友会成立周年庆暨迎新大会和校友会新春大会成了校友们“回娘家”的日子，校友群和公众号成了校友们微信置顶的栏目，校友会给大家带去了温暖和欢乐，增强了广大在浙山大校友的向心力和凝聚力，并积极为母校的发展献计献策。校友会的工作也一次次受到母校的嘉奖。

2021 年初冬，山西多地遭受严重雨涝灾害，山西大学浙江校友会积极践行“登崇俊良，自强报国”的校训，第一时间发起募捐倡议，获得校友们积极响应，大伙儿捐款捐物，一边联系物资，一边联系车队，从 10 月 10 日上午 9 点起，仅用时 28 小时便将物资送到了孝义市大孝堡乡北桥头村受灾村民手里，帮助村民们扛过了最艰难的日子。

君子养心，莫善于诚。姜海斌带着三晋大地赋予他的大气和灵气，在繁忙的都市中修炼，在多彩的生活中徜徉。他带着山西大学教给他的正气和勇气，保持着对工作的热爱，坚守着待人如己的真心。当初，山西大学是他的骄傲，如今他是山西大学的骄傲！

郭翠萍，文学院 2006 级校友，上海飒起文化传媒有限公司市场经理

新时代“我们村里的年轻人”

——经济系1997级校友邢万里

邢万里，1978年1月生，山西省汾阳市人，中共党员，大学学历，现任汾阳市贾家庄村党委书记、村委主任，贾家庄腾飞旅游开发有限公司董事长，山西大学经济系1997级校友。他先后荣获“全国农村青年创业致富带头人”“2008年北京奥运会火炬手”“全国乡村旅游致富带头人”“全国农村青年致富带头人”“第九届‘中国青年创业奖’创业新星奖”“山西省第七届十大杰出青年”“山西省五一劳动奖章”“山西青年五四奖章”“山西青联优秀委员”“山西省劳动模范”“2019感动山西十大人物”“山西省三晋英才拔尖骨干人才”等荣誉，2019年受邀参加中华人民共和国成立70周年国庆大典，2020年被评为“全国十佳农民”。

作为土生土长的贾家庄人，邢万里从小就深受前辈们的影响，树立了“共同富裕，和谐发展”“不当百万富翁，要建亿万富村”的信念。大学毕业后，他毅然放弃大城市的优厚待遇返乡创业，积极投身到建设家乡的热潮中，谱写了一曲新时代“我们村里的年轻人”的新故事、新篇章。近年来，邢万里发挥个人特长，引项目、搞旅游、谋拓展、铸品牌，一桩桩兴村富民的大事、实事、好事，让社会各界及父老乡亲看到了这位年轻人的干劲和魄力。2017年11月1日，他光荣当选新一届贾家庄村党委书记；2021年11月1日，再次当选为贾家庄村党委书记；2021年11月24日，全票当选为贾家庄村村委主任。

2017年上任之后，他结合中央精神，紧扣本村发展实际，进一步强化“五个坚持不动摇”的治村理念，创造性地提出了以“政治领先、酒业振兴、旅游升级、村庄改造、普惠民生”五方面为抓手，坚持在高质量发展中促进共同富裕，努力将村集体经济做大做强。在他的带领下，近年来，贾家庄先后荣获了“国家AAAA级旅游景区”“全国最美生态旅游村镇”“中国最美休闲乡村”“第一批全国乡村旅游重点村”“国家森林乡村”等称号，众多党和国家领导人先后莅临视察指导，70多个国家的外交使节、国际友人慕名而来参观访问。

讲政治、纯党性，政治领先，永葆红旗本色

邢万里始终坚持党的领导不动摇，以党建为统领，推进贾家庄村各项事业的振兴发展。为强化理想信念，传承红色基因，分批次组织全村的党员干部赴井冈山、西柏坡等地，重温历史，锤炼党性，锤炼政治本色，夯实党建基石，积极搭建党务实景课堂，全面提升各支部日常党建工作科学化、规范化水平。目前，贾家庄作为全国农业农村实用人才培训基地和山西省党性教育培训基地，截至2021年底，已完成39期农村实用人才带头人和大学生村干部示范培训班，培训学员3900余人；承担省内外基层班干部培训等747班次，培训学员50720人次。

谋全局、促提升，改革创新，激发活力动力

邢万里经常挂在嘴边的一句话就是：新时代就要有新气象，新时代就要有新作为！今天的贾家庄，不仅是贾家庄人的贾家庄，是所有热爱贾家庄人的贾家庄，是中国的贾家庄，是世界的贾家庄；要站在贾家庄，发展贾家庄，跳出贾家庄，发展贾家庄。为进一步解放思想、对标一流，组织党员代表赴雄安新区、河北保定大汲店、南方美丽新村等地进行实地考察，放眼全国学习先进的发展理念，以开放包容的胸怀构建贾家庄发展新格局。

转思维、求突破，产业振兴，再造经济新引擎

邢万里担任村党委书记以来，带领村两委班子狠抓产业转型、三产融合、集群发展，坚持在高质量发展中促进共同富裕，努力将村集体经济做大做强。目前，村集体经济包括以特色农业为主的第一产业，酿酒生产、玻璃制造和建材为主的第二产业以及乡村旅游、教育培训、粮食仓储为主的第三产业。截至 2020 年底，村集体固定资产达 10.2 亿元，人均纯收入突破 2.8 万元。

创品牌、强产业，旅游升级，打造绿色新发展

邢万里注重打出乡村旅游的一系列“组合拳”，引进四川华景彩灯有限公司和南旺涛游乐设备有限公司，打造了山西省独一无二的大型彩灯项目和游乐设施项目，贾家庄成为“淡季不淡”的山西乡村旅游首选地。在生态园内引进动物和梦幻星空馆、蹦床主题游乐馆等系列新项目，为贾家庄文化旅游业注入新的生机和活力。贾家庄每年游客接待量均超 200 万人次，年旅游效益超 1 亿元，辐射带动 1500 人就业；贾家庄也成为山西乡村旅游的一张靓丽的新名片，成为一个“人人都想来，来了不想走，走了还想来，时刻挂心怀”的优秀旅游目的地。

贾家庄的作家村是山西省第一个为作家群体打造的专业创作基地。2019年5月，首届吕梁文学季在贾家庄成功举办，莫言、苏童、余华、格非等20多位文学大家以及来自电影界、音乐界、建筑界的众多知名人士齐聚贾家庄，共同见证了文学在乡村的萌芽，进一步提升了贾家庄的知名度和美誉度。

同时，贾家庄还不断进行新的探索和尝试，投资3000余万元将原贾家庄特种水泥厂厂房改建成贾樟柯种子影院；86358贾家庄短片周（86代表中国，0358是吕梁当地的电话区号）已成功举办五届，已逐渐成长为国内电影短片展（周）的重要平台之一，在促进文化资源回流基层的同时，也推动了电影艺术教育与文旅深度融合发展；与《小康》杂志社联合举办2021新时代乡村振兴座谈会；成为山西农业大学乡村振兴文创研学基地、中国石油大学思想政治教育基地、青年马克思主义者培养工程实践基地。

夯基础、强环保，持续推进美丽乡村建设

邢万里坚持绿水青山就是金山银山的理念，全面提升环境基础设施水平。在夯实基础、完善设施上，建起3幢居民住宅楼，幸苑二小区、福苑一小区按时交付使用；“友谊万岁乡村振兴计划”项目在贾家庄落地生根，这是栩栩华生全媒体集团在非媒体业务领域的第一个公益项目，也是第一个乡村项目；投资800余万元，实施贾家庄绿化提质工程；在强化环保、科学处置上，生活垃圾由中环洁公司日产日清，每日清运至汾阳市进行垃圾焚烧发电；生活污水全部通过管网收集进入汾阳市污水处理厂进行处理。除个别户不具备改厕条件外，全村改造户厕542座，改厕率高达99%；建成水冲式的星级厕所8座，对粪便全部进行无害化处理。

守初心、讲宗旨，普惠民生，心系百姓福祉

邢万里始终不忘初心、牢记使命。他主动联系省重点中学汾阳中学，创

新办学合作。2019 年 7 月 18 日，汾阳中学升级为“汾阳中学直属中学”，从 2021 年开始，每年支持教育的资金近 30 万元，扎实推进农村基础教育发展；在每年的春节、828 乡村旅游文化节、中秋节之际，拿出 500 余万元给村民发放慰问品、慰问金；创新老年人日间照料服务模式，投资近 200 万元新建贾家庄村老年人日间照料中心，为全村 65 周岁以上党员、70 周岁以上的村民提供免费就餐和健身活动场所；投资上亿元，实施气化贾家庄项目，为全体村民免费安装了清洁环保的天然气，完成集中供热大暖工程、街巷雨污分流工程。

一代人有一代人的长征路，每一代人都要走好自己的长征路。一心向党守初心、一马当先敢担当、一心一意谋发展、一丝不苟抓落实。邢万里正带领新一代贾家庄年轻人，改革创新、奋发有为，为实现乡村振兴目标而不懈努力！

山西大学校友会供稿

母校百廿正芳华　逐梦七载忆师恩

我叫武建国，1976 年 5 月出生于山西省孝义市，先后在山西大学攻读本科和硕士学位。目前担任华南理工大学外国语学院副院长、学科带头人、国际韩礼德语言学研究会副会长，入选广东省高等学校“千百十工程”培养对象、广东省南粤优秀教师，担任长江学者、国家社科基金、国家留学基金等项目的通讯评审专家。

武建国（右一）毕业师生合影

山大之缘　往事如斯

二十多年前，我满怀憧憬走进山西大学校园，与外院结缘。山西大学外国语学院作为我国高校创设最早的外语学科之一，代代薪火相传，如今已经走过了 103 年的历程。在百余年的发展过程中，一大批名师名家相继在此弘文励教，开拓耕耘，奠定了山大的文史底蕴，每每思及，心向往之。何其有幸，我得以在山大外院度过人生七载，牢记“中西会通”的训导要求，树立“自强报国”的远大理想，砥志研思、笃学不倦。虽未至俊彦良才以臻于恩师高度，但总不敢怠惰，以不负母校栽培之恩。虽已历经 20 年的岁月积淀，山大往事仍如昨日，撰文回忆，又恍若浮于眼前。

20 世纪 90 年代的大学生活，和现在有诸多不同，物质条件还较贫乏，精神文化单一，社会背景也差异甚大。在那个崇尚“科学报国”的年代，英语专业并非主流，但我坚信只要功夫下得深，在任何领域都可有所作为。我也正是怀着这样的信念，开启了属于我的大学生涯。我还清楚地记得每一个去外院新旧教学楼的日子，晨曦朝阳为伴，傍晚余晖夕阳并肩，勤奋而踏实；还能忆起当初遇到疑难问题时老师的谆谆教导与悉心指正，恩师夜阑人静明灯伴，霜鬓早染顾不暇，耐心而细致。思绪至于此，提笔写相思，值此母校 120 周年华诞之际，谨借此文，向她致以我最衷心诚挚的感谢：亲爱的母校，谢谢您！

山大逐梦　学术之始

追求的后面没有句点，人生也没有太晚的开始，只要听从内心召唤，勇于迈出第一步，人生的风景就永远是新奇美妙的。1994 年的我正值十八岁，少年血气方刚，与山大 1994 级外语系同学一起书写属于我们校园时代的绚丽华章。年少的我们风华正茂，充斥着对美好未来的期望、对将来工作的跃跃欲试。七月流火，毕业时我挥别了曾经一同做伴的恩师和同学，开启了自己短暂的创业之旅。然而角色的迅速转变曾让我经历了诸多诱惑，物质条件的改善却伴随着精神层面的空虚，我开始意识到自己在知识积累方面的不足，回忆起那个曾经意气风发的自己，便萌生了重返校园读书的念头。在母校恩师的循循善诱下，阔别校园一年后，我再次回校，开始我的硕士学习生活。

在山大的七年,奠定了我追求理想的知识基础,激励了我奋勇拼搏的勇气，培育了我脚踏实地、与人为善的品格，诠释了我纷彩斑斓的青春。每次重返山大，山大的校园景致都能勾起我满满的回忆：斑驳树荫、飞鸟歌鸣、少年嬉戏、人群涌动都会让我遥想起当年夹着厚重的英汉词典穿梭于此的我们，奈何时光总像“林花谢了春红”，只恨脚步太匆匆。

在山大求学的七年宛如昨日，无论身处何方、身居何位，我始终铭记母校的校训：“中西会通、求真至善、登崇俊良、自强报国。”持之以恒将中西学问融会贯通，心怀祖国，一以贯之，孜孜不倦，探求语言本质，恪守研究初心。在山大，我从无到有，摸索出了学术的门道；在山大，我从泛到精，探寻到了话语的奥秘；在山大，我从虚到实，立志于兼顾学术研究与家国情怀。每所学校都有自己的独特和闪光点，而正是山大，赋予了我全球视野、开阔胸怀，在语言研究之路上把个人的小我融入国家的大我之中，为社会为国家研究“真问题”,提出“真方案”。山大的求学路和校训是我一生的记忆和财富。

山大之魂　耕耘不辍

在山大求学过程中，我愈发领悟到了杜甫曾提到的“文章千古事，得失寸心知”。求学之路苦中有乐，苦多于乐。自己读完一本书、发表一篇小文章、科研上有进步的乐总会被接踵而至的新目标、急待吃透的经典书目的苦所替代，但也正是这种艰辛、苦楚与快乐让我在学术之路上不断奋发进取，执着求索。早在硕士阶段，我就致力于从事话语分析、语用学、文体学、外语教学等领域的研究，在母校庞人骐教授、刘海量教授等众多恩师的悉心指导下，有幸取得了些许成绩，之后去港澳台高校交流，进广东外国语大学攻读博士学位，赴英国剑桥大学访学，一步步走上了学术道路，懂得了严谨治学，学会了如何为文、为学与为人。学术上的成绩让我愈发领悟到了母校培养与恩师领路的重要性。作为教授、博导，我更是时刻铭记“登崇俊良、求真至善”的山大校训，尽己所能赓续传承，以教书育人，树德务滋。我一直认为，做学问要做到“顶天立地”：研究语言的学者要聚焦国家战略需求，应关注中国话语体系的建构，关注中国文化的对外传播，要与国际学者展开对话，要用外语讲好中国故事，让世界了解一个崛起的中国；语言学者还应该有一种人文情结和社会责任感，从事的学术研究要接地气，要有问题导向，要解决社会的实际问题。学术前沿和热点需要落地生根，需要与国家现实问题密切相关，因此，我致力于带领博士和硕士生仰望星空、脚踏实地，将论文写在祖国的大地上。

与此同时，我分管所在高校学院的科研工作，致力于提升学院学术水平，带领全院师生实现了一个又一个学术成绩的突破，带领学院获批的国家社科基金项目数量连续两年位居全校第一、全国外语学院第一；分管研究生工作并大幅提升了生源质量和培养质量，将一个以工科为主的高校外语研究生的代表作提升至教育部学科评估中全国领先；其间，我作为学科带头人，在这所人才济济的985、双一流A类大学与创业团队一道在激烈的竞争中胜出并创建了外国语言文学一级学科博士点，并在五年内将学科水平大幅提升了20%。这一系列成绩的取得何其艰辛，均得益于母校之魂。饮水思源，常怀感恩，生根于山大，建功于华园。

看到一批又一批的学生毕业后或继续从事学术研究，或就职于各类高校教书育人，或进入国家机关服务人民，或自主创业回报社会，或投身于商企如鱼得水，让我颇感欣慰，感恩母校山大之魂。

山大精神　薪火相传

大学要有大学的使命与担当，要有自己的格局和站位，更要有不凡的气度和风范。山大 120 年一路走来，一直在求真务实、与时俱进、改革创新、活力发展之路上砥砺前行。在争创“双一流高校”、以区域繁荣发展为己任的使命中，艰难困苦、玉汝于成，体现了强有力的山大精神。子曰：“知者不惑、仁者不忧、勇者不惧。”我身虽距山大千里之遥，心却与山大时刻同在。“做事做学问，先学会做人”，这是我对每届新生及自己的博士生、硕士生必讲的一句话，现在也想把这句话送给山大的师弟师妹们，我衷心希望大家能珍惜在校的美好时光，以梦为马、不负韶华、力学笃行、深稽博考，在知识的海洋中畅游，在母校的怀抱中成长；我也由衷期盼大家能专注于拓宽眼界、丰盈自我，勇于尝试、无畏前行，在时间的流淌中寻找方向，在祖国的巨变中奉献自己。我们每个人在自己的“小时代”里也许有过不少的不尽如人意，但在“大时代”的浪潮中，我们的前途必定一片光明。

光阴似箭，岁月如梭，人生如白驹过隙。当年，满眼尽缘、一帘幽梦；如今，翠色依然、生生不息。苍榕依旧，流光抛抛；风又飘飘，雨也潇潇；红了樱桃，绿了芭蕉，浓了情义。还望，时光静好，师长安康！展望未来，风雨兼程，愿我亲爱的母校蓬勃发展，一起向未来谱写百廿山大新篇章！

武建国，外语系 1998 级校友，华南理工大学外国语学院教授、博士生导师、副院长，广州校友会副会长

火星与元宇宙

我叫梁博，男，1981 年 7 月生，山西临汾人，中共党员，2003 年本科毕业于山西大学计算机与信息技术学院。本科毕业后考入北京某高校读了三年硕士，毕业后在微软（中国）有限公司服务了几年，开启了职业生涯；后加入百度公司，负责过商业产品、公共事务和智能云政务解决方案，现任百度公司智能云事业部政务解决方案总监。

二十年前，我幸运地考入山西大学计算机系，才有机会进入这个充满魅力的领域。我有幸亲身经历了中国信息技术、互联网、数字化浪潮快速发展的二十年，也目睹了微软公司 Windows 98 的推出、2000 年全球互联网泡沫破灭导致科技股股价暴跌、搜狐等门户网站和电子邮箱及 BBS 论坛等业务的兴衰发展、2010 年苹果公司 iPhone 4 手机的推出、2011 年乔布斯去世、Web 2.0 时代搜索电商聊天等业务的蓬勃发展、美团抖音等外卖短视频业务的爆发、2020 年新冠疫情后互联网泡沫再次爆发并在 2021 年破灭、2021 年国家对互联网行业的反垄断打击、特斯拉比特币元宇宙新浪潮再起……

这些经历都来源于我的大学时光：组装第一台电脑、在搜狐网申请自己第一个电子邮箱、做自己第一个个人网站、与其他两名师兄一起组成团队代表学校参加山西省首届互联网知识大赛并取得第一名、写下第一段代码、考了第一个认证……

给世界首富打工

前微软有个中国高管叫唐骏，写了一本书叫《我的成功可以复制》。有好事者评论："你的成功可以复制，但是不能粘贴。"人生发展的过程，也是不断仰望成功人士的过程，就像看明星演戏就幻想自己也能出名，看世界名著就幻想自己也能写书，看硅谷英雄创业的故事就幻想自己可以改变世界。从做软件到做互联网，比尔·盖茨、郭士纳、杰克·韦尔奇、乔布斯、扎克伯格、拉里·佩奇、张朝阳、丁磊、李彦宏、雷军、马云、马化腾、马斯克、霍华德·舒尔茨、鲍勃·艾格等都非常伟大，但是这些成功，可不容易复制粘贴。

梦想者都想打败对手，但是古罗马的智者说："如果打不过他们，那就加入他们。"显然，我打不过微软的创始人比尔·盖茨。幸运的是，我给比尔·盖茨打过工，这是我的第一份工作经历，那一年，比尔·盖茨是世界首富。几年后，我离职的时候他已经不是世界首富了，当然，这不能怪我。现在，微软公司仍屹立于科技公司第一梯队，市值不断创新高，达 2 万亿美金，我由衷地为微软公司高兴。

我一直关注着比尔·盖茨。盖茨退休以后把主要精力放在经营梅琳达·盖茨基金，在不断追求更高的人生目标，例如推动阿尔茨海默病的攻克，支持发明彻底灭绝蚊子的技术以及如何阻止奶牛放屁等。他出版了一本新书《如何避免气候灾难——已有的解决方案和尚需的技术突破》，书中将碳排放主要来源分为五大类：电力（25%）、农业（24%）、制造业（21%）、交通（14%）和建筑（6%），其他各类来源占 10%。书中称，如果全世界所有牛是一个"国家"，那么它的碳排放水平位居前列。为了更好的地球，为了全人类的福祉，为更高的理想去做事情，人生值得。

微软公司最牛的人是比尔·盖茨、史蒂夫·鲍尔默等，同时基本上所有的员工也都很牛，与高手共事，有一种会当凌绝顶，华山论剑的感觉。人才，是企业的核心资产，公司招聘极其严格，只招最好的人，给最大的发展，人才战略应该是从硅谷到中国的科技公司蓬勃发展的根本战略。微软公司给我的帮助是很大的，十年后再看原来身边的同事，基本上也都发展得很好，有上市公司创始人，有公司副总裁，有早已实现财务自由的风险投资人，他们大部分成功并低调，且成功的姿势各自不同。例如，微软上海有个叫刘润的销售负责人，就变成了知名慈善家和企业导师，和从央视转业的罗振宇一起通过《得到》给全国人民上课。所以，伟人就在身边，与优秀的人共事，就是成功。

给中国首富打工

除了给世界首富比尔·盖茨打过工，幸运的是，我也给中国首富打过工。我入职百度公司的时候好像李彦宏还是中国首富，现在华人首富貌似是加拿大裔的赵长鹏，还有农夫山泉的钟睒睒、二马等都排在前面。当然，如果说老板暂时掉队，也不能怪我，可能是别人跑得太快，未来还有机会。

众里寻他千百度，蓦然回首，那人却在灯火阑珊处。百度公司的名字来自南宋辛弃疾词作《青玉案·元夕 》。众里寻他，充满诗情画意，可见老板是个浪漫的人。在互联网上搜索，就像是在人海中去寻找，寻到了、搜到了是很惊喜的，所以这首宋词的意思正好贴合公司的核心业务，即搜索业务，简直是完美无缺。百度，摆渡，谐音，好像是划着一叶轻舟，游荡在湖面之上，有一种轻舟已过万重山的感觉，豁然开朗，逍遥快活。当然，众里寻“她”，寻找的其实是姑娘,所以在百度公司内网有个“相亲交友论坛”,就叫“寻她”，以单身优质女青年委托在百度工作的朋友发帖征友为多，据说姑娘们的微信很快就会被热情的百度单身男人们加爆。

划水当然是愉快的，但如果是赛龙舟的话，并不轻松。在商业模式不清晰、不知道怎么赚钱的时候也曾经一筹莫展，在赚到第一笔一毛钱的时候也曾经欢呼雀跃。最早的百度广告业务系统叫 shifen，十分就是一毛，赚一毛钱就满足了。巧的是，腾讯的名字 tencent，也是十分钱，十分钱的公司最后都成长为千亿万亿港币市值的公司。

变化是常态，没有行业、企业的发展是一帆风顺的。互联网行业实际上是个充满竞争的市场化的行业，在政府的支持下，过去十年得到井喷式发展，未来在政府的规范下会更加蓬勃地发展。互联网企业的公司治理和人才储备是最好的，充分的竞争带来了充分的活力，战略定力保障了可持续发展，有些互联网企业甚至已经成功出海，把国外的互联网公司和 App 打得满地找牙，这是真正扬眉吐气的。做正确的事情，高瓴资本的张磊说："长期主义"。坚持下去，坚持就是胜利。

为宇宙首富打工

Tesla 的 Elon Musk 说他要上火星，Facebook 的扎克伯格说他要建元宇宙，李彦宏出版了新书《智能交通：影响人类未来 10—40 年的重大变革》，思考解决交通拥堵问题。在此时此刻，我们仍然看到大量创新在层出不穷，通过人工智能技术提升药物研发速度，通过基因技术解决疑难杂症，清洁能源技术让地球更美好，互联网和数字经济的持续发展带来更多便捷……我们仍然需要解决疾病、灾荒、饥饿、不平等，仍然有大量的未知需要探索。

我的第一份工作是为世界首富打工，后一份工作是为中国首富打工，照这个趋势下去，下一份工作可能是给村里的首富打工了。梦想还是要有的，万一实现了呢？

梁博，计科系 1998 级校友，百度公司智能云事业部政务解决方案总监

母校，我科研生涯的起点

——环境与资源学院1999级校友付永硕

“山西大学既是我的母校，也是我科研生涯的起点。”2022 年 2 月，回忆起自己的科研路，付永硕肯定地说。付永硕是山西大学环境与资源学院 2003 届校友，现为北京师范大学水科学研究院京师特聘教授、博导，流域水安全与综合管理学科创新引智基地主任。

付永硕（中）与毕业学生

大三时的一次实习，让他开始建立起对科研的兴趣

1999年9月，山东小伙付永硕第一次踏上山西的土地，就读于山西大学环境与资源学院环境工程专业。“山西大学与北京大学一样，是全国最早的三所国立大学之一，一定错不了。”付永硕在网上收集信息后，坚定地选择了山西大学。“山西大学有着非常深厚的文化底蕴，我对母校一开始就有着强烈的文化认同感。”付永硕说，时间和事实证明，自己的选择是对的。

与同学们一起在足球场上踢球，在宿舍里打牌，一起听音乐学院大楼里传出的美妙音乐，中午在学校图书馆读书……四年大学，给付永硕留下许许多多美好的回忆，他也把母校深深地刻在了心底。

付永硕印象最深刻的，是2003年去山西省忻州市宁武县芦芽山的实习。“大三时，上官铁梁老师带我们去芦芽山实习，从山脚一直到山顶，从森林到草甸，我们看到了整个植被的演进过程，很有意思。”付永硕回忆说：“当时我学的是环境工程专业，已经有了一些学习和思考，比如经济发展以后会对环境产生什么影响、环境的破坏会对植被产生什么影响等。那次实习课让我开始对科研产生兴趣，也坚定了要进一步考研深造的想法。”

“对我而言，山西大学既是我的母校，也是我科研生涯的起点。”回忆起自己的科研路，付永硕认真地说。如今，全球气候变暖加剧，生态系统如何响应和反馈气候系统的变化成为全球变化研究的一个热点问题，这也是他研究的方向，而这一方向自大学期间便开始萌芽。攻读博士期间，他先后运用野外控制实验、数据挖掘和整合分析以及生态模型模拟等研究手段，围绕植被响应和适应全球气候变化的机理以及可预测性开展了一系列原创性研究，相关研究成果发表在*Nature*、*PNAS*和*Global Change Biology*等国际顶尖期刊，所取得的研究成果为阐明陆地生态系统碳、水、能量、营养物质循环奠定了坚实的理论和数据基础。

认真、专注、投入、热爱，恩师们的教诲成就了他的科研素质

2003年大学毕业后，付永硕先后赴北京师范大学、比利时安特卫普大学攻读硕士和博士学位，在北京大学、比利时全球变化生态学创新中心从事研究工作，2017年作为青年千人被引进回国，成为北京师范大学水科学研究院一名教授。一路走来，他一直执着并热爱着自己的科研。“朴世龙和郝芳华两位恩师对我的影响最大。”2022年2月，付永硕在接受采访时充满感激地说。

2012年的一天，付永硕因为刚回国倒时差，早上很早便醒了，睡不着的他走进实验室，此时朴老师已经进入工作状态。老师对他的惊讶只用了一句回复：“多年做科研，已经习惯了。”一句简单的回答，却令当时的付永硕颇为震撼。“朴老师是北京大学教授，当时已经取得了比较高的学术成就，但他一直坚持早上很早到办公室，晚上很晚回家——有时10点多回去，有时更晚。”“朴老师对科研的态度非常认真、专注，而且对科研问题有很敏锐的洞察力，经常抓得很细很准。”付永硕说，持续保持热情，认真扎实、全身心投入地做科研，这是他从老师身上学到的品质。

郝芳华教授是付永硕在北京师范大学读硕士时的导师，有一次她严厉地批评了付永硕。“当时做的研究问题，因为觉得不是特别喜欢，所以没有干劲儿，整体学习状态和成果都非常差。郝老师对我提出了批评，她说：‘做研究要有一个认认真真的态度，有了认真的态度，你才能做好事情、做好科研。’”他说，那次批评很严厉，之后自己仔细琢磨，郝老师说得很对。“要做一行爱一行，而不是爱一行做一行。既然选择去做科研，就要认认真真去做，做了之后要慢慢喜欢上它。那次批评是一次非常重要的教诲，我至今铭记于心。”

受到恩师们的影响，付永硕对科研工作越来越热爱，也在科研的路上走得越来越远。如今，他成了博士生导师，有了自己的科研团队、课题组、实验室，近年来还承担了国家自然科学基金、国家重点研发计划等多个国家级科研项目，相关研究发表SCI论文80多篇，还获得了国家杰出青年基金、测绘科技进步一等奖、千人计划青年项目、欧盟玛丽居里个人基金、北京大学优秀博

士后等多个荣誉称号。

热爱科研、热爱祖国，他想做出更好的成绩予以回报

付永硕的研究领域是全球变化与植被物候学、生态水文。全球变暖是当前世界各国关注的焦点，立足这一前沿热点，他积极探索，取得了不菲的成绩。

植物可以有效缓解温室效应，对气候的变化又十分敏感，研究植被物候对气候变化的响应和反馈，以及植被物候的水文气候效应，对我国应对气候变化的影响，充分发挥生态系统功能，保证经济社会的可持续发展，具有重要的战略意义。

春季升温和光周期被普遍认为是物候变化的决定性因素，然而光周期与温度如何调控植被物候一直存在较大争议。针对这一问题，付永硕率领团队结合大尺度数据分析和野外控制实验，提出并验证了温周期与光周期协调控制春季物候期的理论框架。全球著名生态学家、德国科学院院士 Christian Krner 高度评价这一发现，称其解决了光周期与温度如何调控植被物候这一存在几十年的争议问题，将推动植物物候领域和全球变化生态系领域的研究，相关成果 2019 年发表在 *Global Change Biology* 杂志上。

结合温—光周期物候调控机制改进物候模型并耦合分布式水文模型，研究团队提出了气候变化—植被物候—流域水平衡的链条响应模式，发现了春季物候提前导致干旱区植被夏季水分干旱胁迫增强，进而导致植被生长受限的延迟调控植被生长机制，并进一步发现植被物候变化对流域水循环影响的时空变化特征，相关研究成果于 2020—2022 年相继发表在 *Global Ecology and Biogeography*、*Journal of Hydrology*、*Frontiers in Plant Sciecne* 等顶尖期刊。诺贝尔奖获得者、巴西圣保罗大学 Patricia 教授对此项工作给予很高的评价，认为付永硕教授研究的植被物候与水文过程动态耦合具有重要意义，并认为温度和水分动态调控植被物候过程及其延迟效应的发现是全球变化生态学领域一个非常重要的贡献。

因为热爱，科研路上鲜少痛苦的回忆，他也从没觉得有多辛苦。相反，科研带来的幸福、兴奋更令他印象深刻。2015 年，科研成果在顶尖期刊 *Nature* 上发表。“我的博士导师 Ivan Janssens 教授对我的工作评价很高，他博士期间出了一篇 *Science*，我这篇是他的第二篇。但能将科研成果发表在这么高级别的期刊上，其实出乎我的意料。看到自己多年的思考和积累得到肯定，付出有了回报，还是非常兴奋的。”他说。2021 年，付永硕回国后带的第一个博士和硕士毕业了，“作为老师，心里很兴奋也很紧张，毕竟是自己培养的学生，我都是用比较高的标准要求他们，希望他们每一个人都很优秀。”付永硕的科研路上还有很多幸福点：作为青年千人被引进回国，建立了研究理论，研究领域逐渐扩大，研究问题更为深入，国际合作项目越来越多……

“目前我们的工作是研制出一套全球动态植被物候模型并在耦合动态植被模式中，更好地模拟全球生态系统对气候变化的响应与反馈，尤其是关注气候变化对植被动态和生态系统碳水耦合过程的影响。”付永硕感叹自己赶上了一个好时代，身处这样一个时代是幸运又幸福的，他说他要“认认真真、扎扎实实做科研，把自己的科研与国家重大战略需求、与双碳目标的实现结合起来，争取做出更好的成绩，为祖国的繁荣发展、为实现中华民族伟大复兴，贡献自己的力量”。

环境与资源学院供稿

命运不是机遇，而是选择

——计算机与信息技术学院2000级校友张春生

张春生，男，1982 年 5 月生，江苏盐城人，中国民主同盟盟员，2004 年本科毕业于山西大学计算机与信息技术学院，毕业后先后在深圳美资旭电有限公司、深圳市翡翠航空国际货运有限公司、深圳市美联保险经纪有限公司工作，现任深圳市美联保险经纪有限公司总经理，山西大学深圳校友会会长。

向内用力，做好自己

他来自江苏苏北的农村，那会儿读书似乎是他唯一的出路，张春生说："在上大学前，我从没见过山，也没见过火车。”怀着无限的憧憬和满腔的热忱，张春生来到了山西大学计算机与信息技术学院。山高水阔多歧路，何不策马扬鞭慰年华？短短四年的大学生活，对那时的张春生来说就是那时他的诗和远方。大学阶段是他人生观和价值观形成的阶段，他开始独立面对各种各样的问题，有了深入的思考；开始逐渐了解自己的个性，探索自己的发展道路；也开始思考自己所追求的目标，为自己的未来做打算。大学四年，张春生收获了很多知识，也有了很快学习新事物的能力，思想更成熟了、性格更坚毅了、目标更明确了，也有了一帮一辈子的兄弟。他说，那些少年时的记忆很多一直留在心里，不经意间总能回想起这些事情来。

懂得选择，把握机遇

当今社会，我们的痛苦不是没有选择，而是选择太多。这是一个繁荣时代带给我们的迷惑。工作、生活中努力、坚持很重要，但很多时候懂得选择更重要。作为一个江苏人，在毕业后他可以选择回南京、苏州，去上海、去北京，但最后，他选择了深圳。他说深圳很繁华也很简单，那是一个年轻又充满机会的城市。正确选择机会无疑是人生中一大难题，而这一问题却经常出现在我们的生活中。懂得如何选择和取舍，才能成为捕捉机会的高手。张春生的第一份工作是去了一家世界 500 强的美资企业，该企业当时在世界制造业里面也是排在前列的，那里有比较规范的管理机制、相对先进的理念和系统的培训，能学到很多东西。

2005 年，中德成立了第一家合资航空公司翡翠航空，这个公司起点很高，是温家宝总理跟当时德国总理默克尔签的一个重要的合作项目，公司成员来自 26 个国家。张春生知道，这是他离梦想更进一步的机会。人生没有白走的路，生命本来就是一连串的累积。我们在当下，在不知不觉间积累了生命的厚度，最后才有机会有知有觉地到达最初的方向。正是因为有了第一份的履历，得益于已有的外企工作经验，能讲英语又懂 IT，还有一些大型项目实施经验，在翡翠航空国际货运公司公开招聘时，张春生得以入职。在航空公司，张春生参与了整个 IT 规划的筹建，负责整个公司的 IT 运营管理，也接触到了更加全面领先的管理机制及一些比较前沿的系统开发技术。面对各种各样的困难，张春生更加成熟，也更加平静。在他看来，最大的困难其实来自自己。经过这么多年他发现，当你的心相对比较定、对做的事情比较坚持的时候，一切都不是困难，人焦虑的东西百分之八九十都不会发生，专注当下便是。

但这是自己一直想要达到的目标吗？快要 30 岁的张春生这样问自己。在航空公司工作的那五年里，事情不算多，薪水不算少，似乎一眼就看到了天花板在哪儿。很显然，这并不是张春生一直所追求的。经过一年多的思考，他义无反顾地选择出来创业，他说他得创造出属于自己的远方！

张春生选择进行合伙创业，开始了自己的互联网保险事业。刚开始定位是服务有进出口需求的货运险业务，慢慢逐渐拓展了其他的产品线。他说，要注重积累，无论做哪个行业，一定要充分了解这个行业，不能只关注自己当前接触的这一小块。因为他有制造业的经验，可以轻松地给供应链金融平台设计保险；因为有航空公司工作的经验，他做了航班意外险、航班延误险，还做了国内第一款飞行员执照失能保险。他说，去年整个国家对互联网进行了严格的监管，这对他的事业起到了一个很好的促进作用。中国的企业逐渐要更规范地经营，它的保养是不可缺少的一个风险转移的手段，再加上中国的企业要走出去，这更是一个机会。整个疫情期间，中国的出口又增长很快，他们在线的货运险投保这块儿做得不错，这个行业现阶段的发展其实还是不错的。社会犹如一条船，每个人都要有掌舵的准备。注重积累、善于思考、懂得选择、把握机遇，毕竟机会只会留给那些准备好的人。

生命不息，学习不止

工作若干年后，张春生发现，很多同学、校友一跨出大学校门，就再也不读书，再也不学习了。张春生认为，人生无论得意也好，失意也罢，持续学习、持续读书，是我们一生都应该坚持做的事。人一生的工作，精巧还是粗劣，都由他的习惯所养成。他认为我们都应当多读书，多出去开阔眼界，去接触、接收对自己有益的新鲜事物，从而使自己保持一种精神上、认知上的活力。在获取新的知识时，不要仅仅局限于自己在校所学的专业知识，而要拓宽自己的知识面。只有多读书，多出去开阔眼界，多收获新鲜事物，才能使自己在看同一事物时，站在比别人更高的层面上去进行分析和判断。

在创业之初，张春生也遇到了一些瓶颈，他现在从事的工作与金融息息相关，而金融是一个很专业并且与时俱进的领域。在 2015 年，他选择了继续深造，读了香港中文大学和清华大学合办的金融 MBA。在读书的过程中，他遇到了新的良师益友，受到了很大的启发，设计了不少产品，也取得了一些成绩。

在正确的时间点做出正确选择很重要。当然，前提是我们永远要保持一颗上进的心，因为我们平凡，所以要不忘初心；因为我们平凡，所以更要努力上进。

计算机与信息技术学院供稿

学无止境　勇攀高峰

——自动化专业2003级校友魏文江

魏文江，山西孝义人，2007 年至 2017 年就职于华能国际电力股份有限公司玉环电厂；2015 年 6 月获中国社会科学院研究生院经济学硕士学位；2020 年 6 月获中央党校（国家行政学院）经济学博士学位；目前在中国社会科学院财经战略研究院从事博士后研究工作。

从当初的懵懂年少到今天的沉着稳重，从满脸稚气到几经岁月沧桑，天南地北，每一步走过的路都见证了他成长的经历，于平凡之中坚守信念，不懈奋斗，方能铸就属于自己的辉煌。莺歌燕舞，鸟语花香，在母校迎来 120 周年华诞之际，魏文江言语之间无不表达了他对母校的感恩之情：“感激母校的悉心培养，自豪母校今日的成就与荣誉。无论我身处何方，对母校永远怀有拳拳之心、眷恋之情，沧海桑田，不移桃李之情。在未来的工作岗位上，我将带着母校老师的教诲和希望，一如既往地坚持和努力，做全面发展的优秀人才，为母校增光添彩。”

学有所成，综合素质全面提升

2003 年 9 月，魏文江考入我校信息工程系自动化专业学习。他学习刻苦认真，在学好专业知识的前提下，广泛涉猎各种知识，培养兴趣爱好，积极参加各种实践活动，提高自己的实践动手能力。在老师的精心教育、培养和同学们的热心帮助下，他度过了四年充实多彩的美好时光，曾多次获得校级奖学金和“三好学生”等荣誉。

大学期间，他充分发挥自己的兴趣特长，参加学校计算机协会社团工作，并凭借自己的能力竞聘上了计算机协会第三任会长一职，组织计算机硬件培训、网站及 FLASH 动画设计大赛等活动，得到了丰富的锻炼和提高。“金创明杯”网站及 FLASH 动画设计大赛是他在担任计算机协会会长期间举办的校园社团精品赛事，从赛事的内部分工到外部协调，他事无巨细，安排得井然有序，经过为期 4 个月全体协会成员的辛勤付出和团结协作，赛事活动取得圆满成功，极大地激发了在校同学对计算机的兴趣，切实提高了同学们的计算机应用技能和水平，得到了院、系团委和同学们的一致好评。

回忆在母校的四年美好时光，他深情地说：“是母校严谨的治学精神及开阔的学习氛围让我收获了知识和技能，懂得了思考和探索；是母校的开阔与大气，使我的视野得以拓宽，梦想得以升华，意志和品质得以磨炼，这是我一生受益的精神和知识财富。”

爱岗敬业，工作表现突出

2007 年 7 月，魏文江从母校毕业，顺利入职华能国际电力股份有限公司玉环电厂，从事集控运行工作。华能玉环电厂是国家“863”计划中引进超超临界机组技术并逐步实现国产化的依托工程，创造了全国第一个投产百万千瓦超超临界机组、第一座百万千瓦超超临界燃煤机组电厂、一个年度内投产四台百万千瓦超超临界机组等一系列骄人业绩，先后荣获国家科学技术进步一等奖、国家优质工程金奖、国家环境友好工程、中华人民共和国成立 60 周年“百项经典暨精品工程”等重大奖项。在这样优秀的企业工作，他倍感荣幸，但也感到莫大的压力。工作中，他不敢有丝毫的懈怠，认真钻研业务、钻研技术，虚心向有工作经验的师傅学习、请教。他兢兢业业，扎实工作，把从学校学到的专业知识尽可能地运用到工作实践中，业务水平不断提高，从巡检员工作岗位一步步提升为值班员，负责整台 1000 兆瓦机组的启停、运行调节、隔离检修及调试工作。随着自身岗位提升和角色的转变，他努力做好“传、帮、带”工作，开展技术讲课，分享工作经验，打造良好的学习氛围，帮助新员工快速成长。同时，他还主动发挥自己在计算机方面的特长，协助绘制电厂系统图、建设部门网站等。由于表现出色，2011 年 3 月，他被评为厂级优秀员工；2012 年，被中国华能集团评定为热能动力工程师。工作之余，他积极参加篮球、羽毛球、网球比赛和文艺汇演等活动，融入集体大家庭。

学无止境，挑战自我，勇攀高峰

书山有路勤为径，学海无涯苦作舟。为了提升自己，实现自己在校期间的“考研梦”，工作之余，他一直没有放松考研的复习准备工作。鉴于对经济学、金融学的浓厚兴趣，2011 年，他攻读中国社会科学院金融学在职研究生。在硕士学习期间，他结合自身工作实践发表了两篇电力市场化改革相关学术论文，硕士学位论文《中国电力金融市场的实现路径探索》在我国深入推进电力市场化改革的背景下，前瞻性地研究了我国电力金融市场的实现路径。2015 年 6 月，他顺利通过了学位论文答辩，获得了经济学硕士学位。

硕士阶段的学习，开阔了他的视野，从而使他坚定了要继续深造的信念。

在工作之余，他继续徜徉于经济学的知识海洋中，向更高的顶峰攀登。2017年9月，魏文江顺利通过了中央党校博士生入学考试，于是他辞去工作，专心致志地攻读全日制经济学博士学位。在攻读博士研究生期间，他以独立作者或第一作者的身份发表多篇学术论文，参与中央党校经济学部改革开放40年丛书《经济体制改革发展史》的编写。他撰写的博士论文《经济高质量发展背景下的金融结构优化》，在匿名评审环节被两位专家推荐为优秀博士学位论文，同时，他还获得了两届中央党校研究生院“优秀研究生”的荣誉。学习之余，他参加了两届“学习时报”杯校园篮球赛，强健体魄的同时加深了同学情谊。2017年12月，魏文江作为志愿者参加了首届中美青少年友谊篮球赛，担任美国佛罗里达州高中队的领队，负责全程的翻译和接待事宜。

2020年9月博士毕业后，魏文江在中国社会科学院财经战略研究院博士后流动站从事研究工作。他勇于创新，不断挑战自我，主持和参与了国家社科基金、中国社会科学院创新工程等多个项目，在核心期刊发表了多篇高质量学术论文。

从当初的懵懂年少到今天的沉着稳重，从满脸稚气到历经岁月沧桑，天南地北，每一步走过的路都见证了他成长的经历，于平凡之中坚守信念，不懈奋斗，方能铸就属于自己的辉煌。莺歌燕舞、鸟语花香，在母校迎来120华诞之际，他表达了对母校的感恩之情：“感谢母校的悉心培养，自豪母校今日的成就与荣誉。无论我身处何方，对母校永远怀有拳拳之心、眷恋之情，沧海桑田，不移桃李之情。在未来的工作岗位上，我将带着母校老师的教诲和希望，一如既往地坚持和努力，做全面发展的优秀人才，为母校增光添彩。祝敬爱的老师及校友们工作顺利，身体健康，生活幸福。祝愿母校桃李芬芳，乘风破浪，再创辉煌！”

王国民，自动化与软件学院教师，原校工会副主席

打好“组合拳” 争做“大先生”

——马克思主义学院2003级校友裴晓军

裴晓军，男，1979 年 4 月生，山西临猗人，法学博士，山西大学科学社会主义与共产主义运动专业 2003 级硕士研究生，马克思主义中国化研究专业 2007 级博士研究生，现为北京邮电大学马克思主义学院教师。他是 2013 年北京高等学校“青年英才计划”项目获得者、2013—2014 北京高校优秀德育工作者、高校思想政治理论课教师 2014 年度影响力人物候选者、2015 年第 26 届“丹柯杯”优秀研究成果一等奖获得者、2016 年北京高校首批思想政治理

论课特级教师、2017 年北京邮电大学爱心使者、2018 年北京邮电大学“周炯槃优秀青年教师励志奖”获得者、2020 年北京邮电大学“烛光奖”获得者、2020 年北京市优秀思想政治工作者、2020 年北京市大中小思政课一体化建设指导委员会专家组成员。

求学山大，难忘师恩

2003 年，本科毕业后的裴晓军满怀憧憬与好奇走进了山西大学，在这所百年老校度过了他难忘的七年时光。在这里，裴晓军结缘了改变他一生的老师——邸敏学教授。

在裴晓军的印象中，邸老师为人随和，没有任何架子，但在学术上要求极为严格。读博士的前一年半，邸老师让裴晓军写了很多文章，但不允许他发表，让他改了又改。但到了第四学期，邸老师让他全部投出，结果全部快速发表，并有多篇被转载。毕业论文修改期间，裴晓军担心邸老师年纪大，看电子文档费眼睛，每次都是用四号字打印稿件交给老师。邸老师了解此阶段博士生时间的宝贵，不管多忙，都在三日之内，用红笔密密麻麻改好每一页。

博士毕业前最后一个月，裴晓军每天休息时间不足三小时，体重降了十五斤，头发也掉了不少。每天满脑子都是论文，回宿舍的路上撞过树，去学院的路上掉到过水塘里……这些经历也成为他决心不开车的原因。

毕业前裴晓军又面临着择业问题。这时，邸老师鼓励他：“晓军，你要相信自己，放开手脚在北京一搏。放心，我永远是你的后盾！”“一定要记住，讲课要自信，但绝不能自负，同时不管是什么人听课，你都要把他们当成本科生。”

博士毕业时，裴晓军和父母专程去山大看望邸老师，邸老师却只是淡淡一笑：“没什么可感谢的，学生都是我的孩子。”

毕业十多年了，裴晓军对邸敏学老师的那份尊敬与感激不但没有丝毫减弱，反而变得愈加浓烈。他深情地说：“邸老师就像屹立在我面前的一座雄伟大山，永远是那样的雄浑与神圣。”

三尺讲台，言传身教

在北京邮电大学从事思想政治理论课教学工作以后，为提高教学效果，准确把握学生思想状况及群体特点，裴晓军主动申请搬进学生宿舍，三年里与学生同吃同住，主动征集学生建议 3484 份，有效拉近了师生间的距离，获得了课堂出勤率、抬头率近百分之百的良好效果。自入职以来，裴晓军共完成教学任务量 6000 余课时，课堂教授学生 20000 余人；平均每年从事党课教学校内 30 余场，校外 10 余场。裴晓军深得学生的认可和喜爱，在学校组织的学生评教活动中，7 次位列学院第一名，2 次位列全校所有课程第一名。每逢毕业季，学生们相约重温裴晓军的《毛泽东思想和中国特色社会主义理论体系概论》课程，成为北邮校园内的一道靓丽风景。

2011 年 6 月，学校安排裴晓军去国家教育行政学院学习一个月，时间恰好与期末前剩余课程的教学时间冲突。在裴晓军的坚持下，他每周安排两个晚上分别回学校西土城路校区和宏福校区各授课一次，并且每次都是在下午培训结束后赶回学校，来回路程要 5 小时，授课 2 小时，每次回到国家教育行政学院都是凌晨 1 点。裴晓军的付出深深感动了所有上课的学生，每次上课前都有一份煎饼、一杯奶茶静静地放在讲桌上，这是学生对裴晓军大爱的无言诠释。

勇于创新，打造精品

与学生的长期零距离交流，为裴晓军以学生喜闻乐见的方式讲好思想政治理论课奠定了坚实的基础。他在教学上，以问题链为引导，打造特色定制思政课，实现与课堂所有学生一对一交流。在这一过程中，裴晓军进一步明晰了思想政治理论课教学改革的四个方向：由粗放型向细节型转变；由结果型向过程型转变；由灌输型向疏导型转变；由重理论型向理论与实践并重转变。

为了开拓思想政治理论实践课的新渠道，裴晓军花费了三年多的时间，亲自参与 20 余个社团活动，并主动与支教保研同学建立长期联系，厘清了教学思路，总结到了第一手的经验，实现了社会实践资源共享，有效推动了思想政治理论教育的常态化、分散化和多样化，收到了良好的效果。

裴晓军基于“综合推进、重点突破、适时总结、不断提升”的思路，深入探讨新技术视野下的高校思想政治理论课教学改革。2019 年 10 月，裴晓军在全国率先尝试了 5G+ 全息 &4K 直播思政课，把思想政治理论课打造成北邮的精品课程，同时也把课程的思想性源源不断地拓展到课堂之外，完美体现了思想政治教育的初衷与魅力。

12 年来，他多次作为北京市高校思政课程建设典型案例，受到北京市教育工委主要负责同志在北京市、教育部层面的点名表扬。其研究成果《高校思想政治教育话语方式存在的问题及改进对策》《将基础思政理论课讲到年轻大学生的心坎里》以成果要报、政工参阅等形式上报北京市委宣传部。

他十分注重精品课程打造，从《毛泽东思想和中国特色社会主义理论体系概论》课中凝练出的《互联网时代下的高校思想政治理论课教学改革》《新时代思政课教学方法改革与重构》《“信息黄埔 ”助力“数字马院”》《习近平的治国思路》《百年未有之大变局》《历史与人民的抉择》《中国共产党一百年》《构建基于“双循环”的新发展格局》《中美关系二百年》《中国特色社会主义协商民主》《中国共产党是谁？》《全民战“疫”——国家治理体系和治理能力的现代化》《开启全面建设社会主义现代化国家新征程》《全面建成小康社会大事记》《对话未来——人生的青春之问》《中国共产党的历史使命和行动价值》等精品专题讲座，已经在教育部、工信部、国安部、国资委、国管局、中国联通、中国移动、中国电信、北京市教工委、北京市港澳台办及一些地方省市行政事业单位、高校等进行了宣讲交流，收到热烈反响。

默默奉献，痴心不悔

为了发挥北邮的信息科技特色优势，裴晓军坚持课上线上讲授、引领，课下线下服务、交流的良好氛围。他的微信有校内学生 5000 余人、187 个班群。五年间他连发 400 余篇考研政治日志，义务为同学答疑解惑，赢得大家一致好评。

在工作中，裴晓军是爱岗敬业的优秀教师；在生活里，是学生们贴心的好兄长。他每年与学生邮件往来百余封，真诚地为学生排忧解难。裴晓军的微信主页是北邮最大的失物招领平台，“丢东西，找裴帅”已成为校园流行语。裴晓军十多年一对一资助本校贫困生 9 名，北邮扶贫点贫困生 1 名；学生腿脚扭伤，他第一时间赶到学校送药；他多年参加志愿服务活动，每次都为同去的学生准备好早餐；学校团委、学生会，各个学院的学生工作需要帮助时，他从来都是义不容辞。裴晓军作为一线教师，长期兼任本科生班主任，从国家育人高度关心和引导班级每位学生健康成长。

裴晓军说坚持做一名好讲师，目的只有一个：一生只为一事来。那就是讲好每一节立德树人的关键课程，把为学、为事和为人统一起来，争做塑造学生品格、品行、品位的“大先生”。

马克思主义学院供稿

以确定性应对不确定性　律政人生愉悦有希望

人生有很多不确定性，小时候不知道长大了会当律师，当律师的时候也不清楚能否做得好；人生也有很多确定性，保持善良、充满智慧、积极勇敢，一定会过得不错，在某一专业领域强化基础、不断学习、多沟通交流一定可以成功。律政人生中，本身就充满各种未知和挑战，我们只能坚持自己确定的品格、能力、团队、平台，应对各种不确定情况的发生，才会愉悦并有希望。

我叫包祖春，梅主任戏称“包二爷”，律所同事称“包主任”，团队人称“包老师”，公司外人称“包老板”……其实，我就是一名律师，2013 年 5 月，成为盈科昆明律所专职律师；2013 年 7 月，成为盈科昆明合伙人；2014 年 6 月 1 日，成为盈科昆明权益高级合伙人；2014 年 6 月 14 日，被任命为盈科昆明首届管委会主任；2014 年 9 月 14 日，被聘为盈科全国新三板委员会专委会主任；2016 年 1 月 21 日，被聘为盈科律所首批全球合伙人（共五位），这是在万人盈科大所中我取得的最高荣誉头衔，凭此我能吹很长时间的牛。

很多律师总结成功的经验都会提到专业、团队、平台、努力、交际等关键词，这些确实很重要。我想从另外一个独特视角去展现，人生如何用确定性应对不确定性，不断创造辉煌。

学习法律的选择是偶然的，也是必然的

初二那年，父亲出了车祸，多处骨折并颅内受损，那段时光虽然难过，但教我学会了照顾家人。我会给父亲买他喜欢吃的卤猪蹄，借此和平时严肃的父亲亲密接触，也是一种不错的经历。

接下来一个重大事项落在我这个全家学历最高的初中生身上：和肇事车辆方谈赔偿。就是从这个时候，我和法律结下了不解之缘，翻看法律法规，和医院医生沟通伤残鉴定事宜，统计和计算相应的医药票据。肇事方是内江百货公司的大货车，他们承担 70% 的交通事故责任，父亲的伤残等级确定为肢残四级，据此，我算出了他们应当赔偿的金额，和家里长辈找来的公交公司的熟人进行核对，得到了高度表扬。再后来，高中选择读了文科，高考所有报考专业都是法学，本科在山西大学法学院就读，研究生在重庆大学法学院攻读经济法学硕士学位。

一场意外，让我坚定了选择学习法律的信心；从另一个维度来讲，也是因为社会需要法治快速建立并发展完善，法学蓬勃发展，选择学习法律是我的一种必然。

初出茅庐，各种锻炼和意外收获，总结有其确定性

大四时为了补贴家用，我在一家财务税务代理公司兼职，收获了熟悉企业财税知识和实际操作的经验。为了更好地锻炼自己，我不要底薪，只拿提成，到公司的营销部门锻炼，每天打电话，约客户面谈，大讲财务税务代理的好处，但是应者寥寥，很多都是直接挂断电话。

一个月没成功一单，没有一分钱收入，可还有一个月就开学了，实在不行只能灰溜溜地回家。一个周末的上午，我准备收拾东西回宿舍时，突然想到应该再努力把之前没有明确拒绝的客户联系一遍。奇迹发生了，居然有 5 单客人愿意来公司商谈，最后有 3 单成功签约，凭此我可以拿到 3600 元的业务提成奖励，这对那时的我而言是个巨额数字。好戏还在后面，那个月我拿下了 9 单，成为公司的销售冠军，提成上万元，走的时候老板都舍不得。我买了人生中第一张卧铺票，还在回重庆的列车上认识了女朋友——我生命中的第一个女人，这是一个真实的故事。

在绝望中寻找希望，人生可以辉煌，这段经历是很好的诠释。

公司法务用制度去管理、去应对各种不确定性

云南某大型企业集团是重大的校董单位，来招聘法务的时候要求有两年的工作经验，凭着对人力资源的熟悉及对资深美女招聘官张姐姐的软磨硬泡，我选聘成功。这是一次人生的重大选择，当时，我可以留在重庆律所，但我觉得资源都是主任的，作为助理不知道何时能熬出头；也可以去广东某著名律所，当时我是非西政毕业唯一通过面试的，这家律所在广州还给新入职人员提供二十万元的无息贷款用于买房，其业务主攻房地产和金融板块，但我没去，去了可能就在广东娶妻生子了。为什么去云南？是因为这个地方是法律人才洼地，适合年轻法律人的发展，同时风土人情、语言饮食很适合我那没有出过远门也没有什么文化的父母，一毕业，他们就跟我来到这里。在我的观念中，善良孝顺是第一位的，这是人之所以为人之根本。为什么选择省属国企？因为平台大，法务工作施展空间高，可以锻炼自己，积累广泛人脉资源。事实证明，我的选择是对的。

当时集团刚好重组五家大型磷复肥企业，组建了集团国际公司，并赴香港上市，我应聘到了董事会办公室，负责公司法务管理和项目投融资的合规性工作。

尽管我最后离开了国企法务部门，但对在国企工作期间为人处世能力和公司法专业的提升心存感激，那里的好人很多，能人也很多，卧虎藏龙。

加入盈科，打造一个确定性团队

盈科律所这些年发展很快，2001 年成为一个精品律所，梅主任作为创始合伙人加入后向规模大所不断发展，用了十余年的时间发展成为亚太地区规模最大的律所，2020 年成为创收第一律所。2010 年，盈科昆明所成为盈科在西部成立的第一家分所，现在人员规模、收入水平在云南省律所方面排在最前列。在近期，昆明市司法局局长考察指导律所时，提到 2019 年昆明律师收入 12 亿元，而盈科昆明所的律师收入占全昆明律师收入的 15%。

正是有了盈科律所这么好的一个平台，我的律师生涯起步就很跨越，堪称完美。开篇提到，用了三年时间成为盈科首批全球合伙人，带领的盈科昆明和盈科北京团队创收达到千万级别；担任盈科新三板全国专业委员会主任期间，盈科成功挂牌新三板企业 600 余家，成为盈科律所在资本市场上弯道超车的经典案例；盈科在全国进行巡回讲座 60 余场，在大连和泉州做讲座时现场参加人员超千人，在业内形成了一定的知名度和美誉度。

律师业务是持续性的，要面临随时不确定性内容的挑战，需要组建一个确定的团队。我最自豪的事情是，2013 年来到盈科昆明所执业后，带了三位助理——刘旭、崔仕强、岳腾三位律师，现在我们仍然在一起并肩作战，并且在各自领域成为骨干精英律师；2014 年和付律、郭律组建了盈科“包富国”团队，现在仍保持紧密合作，当年的实习生刘律师也成为北京团队的主要合伙人。

未来不确定性增多，以不变应万变

律师行业受疫情、经济和世界环境的影响，很多时候不能开庭，不能见面谈判，涉外业务基本停滞，民营企业和个人付费能力变弱，发展举步维艰，如何应对呢？

当灵魂发问后，其实答案很清晰，用确定性的品格、能力、交际、团队、平台去面对，一定可以成功。世界从来没有太平过，唯有强大才能平安；经济永远都在发展过程中，民营中小企业如雨后春笋般起来，就看能否抓住机遇。国有企业是自己的老本行，而且有多年积累，迎难而上，才能强者恒强。

聚焦到自己的法律服务行业，聚焦到团队擅长的公司法法律服务，重点突破国有企业的法律服务屏障，既要有拓展，还要有深度。

法律服务不是一成不变的，我们要拥抱变化、适应变化，甚至于去引导变化。以确定性对待不确定性，愿你我的人生都充满愉悦、充满希望。

包祖春，法学院 2004 级校友，盈科律师事务所全球合伙人

改变命运在山大

——音乐学院2005级校友牛犇

牛犇，中共党员，文学硕士，现任山西禹宸教育集团董事、太原朱莉亚音乐学校校长，太原市民办教育协会培训专业委员会副主任，山西省音乐家协会会员，山西省合唱协会常务理事、融合发展委员会副主任，山西晋之韵合唱艺术团艺术总监、常任指挥，山西音乐剧协会理事，太原市中考特长生考试评委，中国青年歌唱家学会会员。

严于律己求进步，高中加入党组织

自幼热爱祖国热爱党，一直担任学生干部，一直走在进步前列。小学第一批入队，初中第一批入团，高中第一批入党！1999 年（初二年级）被评为“太原市优秀学生团干部”“太原市新长征突击手”；2003 年 5 月（高二年级）被评为“山西省优秀共青团员”；18 岁时（高三年级）于太原成成中学党委文科支部光荣地加入中国共产党。

考入山西大学后，本科和研究生阶段两次被评为“山西省优秀学生干部”，两次被评为“山西省优秀毕业生”，曾被评为“山西省优秀辅导员”“山西大学优秀辅导员”，曾获国家奖学金、国家励志奖学金；曾被评为“山西大学优秀共产党员”。

出身贫寒不认命，自强不息学音乐

热爱音乐，自幼就展现出相当的音乐天赋。然而因出生在困难下岗职工家庭，父亲待业在家，母亲体弱多病，家庭经济非常困难。初中时跟随中学音乐老师学习，用捡易拉罐、矿泉水瓶、硬纸片换来的钱支付每节课 10 元钱的课费。在初中时参加太原市“乐府杯”音乐比赛荣获一等奖！高中考入太原成成中学后，看到多位校友通过参加艺考考入音乐院校，他更加坚定了自己的目标！但是，不同于高中普通文化课高考教学体系，参加音乐艺考在当时必须专门找老师额外支付学费学习，而对于一个经济极为困难的家庭，音乐学习费用是绝对难以承受的。当时成成中学的老师了解情况后，给予“特困生学费减免”，减免了 800 元的高中学费。用这 800 元钱，他仅仅上了四节专业课就踏入高考考场，并取得了专业主项 86 分的优异成绩！然而，由于没有最起码的音乐学习条件，完全靠“自学成才”的音乐基础理论在考试中分数偏低，最终在第一年高考中未能如愿。

追求音乐大学梦，从头再来不怕苦！为了解决音乐学费的问题，高中毕业后他多次辗转，终于应聘到太原麦当劳五一广场餐厅工作，用自己打工挣来的微薄工资支付学费继续学习音乐,备战第二次高考。由于挣到的工资有限，不足以支付每周一次的学习费用，无奈只能减少应有的课时量，有时候还会受到不知情的老师的责备。在麦当劳打工的经历也不是一帆风顺的，有一次炸鸡翅时被溅出的热油烫伤胳膊，他顾不得疼痛，继续工作，以免延误出餐时间。还有一次，打扫餐厅卫生间，被一个年轻的妈妈当作反面典型教育自己的孩子，说：“不好好学习，以后这就是下场！”当时泪水盈满眼眶，对于一个曾经优秀，并在太原长大的追梦青年，这段艰辛经历实在是充满苦楚和酸涩。由于在麦当劳工作踏实勤奋、任劳任怨、精益求精，尤其是声音洪亮、充满激情、为人和善，入职三个月他就被提拔为“训练员”，后被评为“季度服务之星”,受到了麦当劳华北区域督导的接见并被确定为“见习经理”候选人。就在前途一片大好,有了进入餐厅“领导层”的时机时,他婉言谢绝领导的好意,在做好本职工作的同时专心准备高考，每天在体力劳动十余小时后开始音乐专业练习，在上下班的马路上“放声高歌”更是家常便饭，引来路人诧异的目光。望着一碗羊肉汤舍不得喝却攒钱买到了“世界三大男高音”录音磁带反复欣赏琢磨，实在没钱买学习教材，就到各家书店现场阅读。功夫不负有心人，凭借高考时的出色发挥，他最终以优异成绩考入山西大学音乐学院。

改变命运在山大，回馈社会创大业

在山西大学十年间,他先后担任年级班长、学生会主席、学生党支部书记、年级辅导员、专业助教，在音乐学院各位老师的培养下，在山西大学百年辉煌的感召下，在不辞劳苦、勇往直前的拼搏中，他从一个无依无靠的“穷小子”蜕变为一名青年音乐才俊和成功的教育行业精英。本科毕业后被学院保送为免试硕士研究生。他曾多次在各类专业比赛中获奖，曾随山西大学合唱团赴北京、重庆参赛，为母校赢得荣誉；曾作为独唱演员参加中共山西省委新年团拜会、庆祝山西省文联成立六十周年文艺晚会、山西黄河电视台中秋晚会、中央音乐学院新作品专场音乐会等演出；曾为中共山西省委办公厅、山西省委党校等百余单位排练合唱并屡获佳绩；曾任“庆祝山西大学音乐学院建院五十周年专场音乐会”舞台总监；曾两次带队赴“山西大学文化共建单位——中国酒泉卫星发射基地”举办文艺演出；曾任山西大学音乐学院 2009 级本科班辅导员,并被评为“山西省优秀辅导员”,所带班级被评为“山西省优秀班集体”。

踏入社会后，他积极从事音乐事业，继续自己的音乐梦想：担任山西晋之韵合唱艺术团艺术总监、常任指挥，在山西省合唱大赛中获得一等奖；率团到数十个中学、小学，开展“高雅艺术进校园”公益演出；担任山西省音乐家协会会员，山西省合唱协会常务理事、融合发展委员会副主任，山西音乐剧协会理事，积极为山西音乐事业献计献策，奔走呼号；创办太原朱莉亚音乐学校，培养数百名音乐艺考学子考入国内外知名音乐学院，其中 2015 级学生丁逸飞、2016 级学生邢睿杰、2019 级学生王璐瑶以全省第一名的成绩考入山西大学！他还无偿资助 70 余名家境贫寒但怀揣音乐梦想的艺考生考上了大学，改变了命运；解决了百余名音乐专业毕业生的就业，多次为山大校友免费提供演出场地、就业咨询；曾于 2019 年 4 月和 2021 年 4 月两次回母校义务为毕业生举办就业讲座，为音乐学院的师弟师妹们提供力所能及的帮助。

回首过去，饱经风霜而愈宏，感慨万千；展望未来，羽翼已丰欲翱翔，未来可期！巍巍山大蕴，悠悠百年风。我们每一位山大人在母校深厚文化底蕴的滋养下，必定不负韶华，百折不挠，再谱新篇！

音乐学院供稿

四朝传奇：华丽转身再出发

——体育学院2006级校友董栋

自 2000 年起，蹦床成为奥运会项目之一，无数蹦床运动员用自己的辛勤与汗水诠释着“空中芭蕾”这一美誉，在这其中就有来自山西大学体育学院的 2006 级校友董栋。

董栋，1989 年 4 月 13 日出生于河南省郑州市，5 岁就进入郑州市体操队开始接触体操。2002 年，山西省体操队教练陈锋将董栋选入山西省体操队。

机缘巧合，董栋接触到了蹦床项目，惊喜地发现这个项目可以更好地发挥自己的长处后，果断加入了山西蹦床队。随即他表现出在蹦床项目上极高的天赋，再加上刻苦训练，在短短两年时间内就成为我省乃至全国蹦床界的新秀。2004 年，他在全国蹦床锦标赛中代表山西蹦床队获团体冠军，次年入选国家队代训。2005 年，他在第十届全国运动会上帮助山西队获蹦床团体冠军，并于同年以预备队员的身份进入国家队，正式师从蔡光亮教练。蔡教练对工作极度专注，为本组队员制定了很重的训练任务，让他们没有偷懒的机会。正是这种笨鸟先飞的做法，缩短了新人董栋赶超前辈的时间。

2006 年，董栋考入山西大学体育学院，并开始参加国际性比赛。2007 年，无论对董栋还是中国蹦床队，都是值得纪念的一年。加拿大世界杯系列赛，年仅 18 岁的董栋获得了中国男子蹦床队的历史首金，一战成名。紧接着世界杯系列赛昆山站，他又蝉联了冠军。2008 年北京奥运会，董栋和陆春龙一同参加男子单人网上项目的决赛。19 岁的董栋当时是队里的绝对主力，技术、难度、姿态都独占鳌头，是夺冠的最大热门。赛场上高手如云，激烈竞争，任何细小的失误都将导致与金牌失之交臂。最终，董栋获得了一枚铜牌，初出茅庐的他站在了奥运会的最高领奖台上。北京奥运会之后，他将对奥运冠军的渴望转化为接下来训练的强大动力，斗志更好地被激发。北京奥运的经历让董栋变得成熟，此后的比赛每次上场前他都会仔细检查器械，将服装、比赛用品摆放得整整齐齐，准备工作细致入微。

董栋深知，真正的裁判不是场边西装革履的人，而是时间。在那卧薪尝胆的四年中，董栋几乎囊括了国内外大小蹦床赛事的冠军，从世界杯总决赛到世锦赛，从全运会到亚运会，一个个冠军头衔让董栋迎来了大丰收，而这种大满贯不是偶然的，而是长期以来对蹦床技术的刻苦训练的结果。2012 年 8 月 3 日，我国选手陆春龙与董栋共同出现在伦敦奥运会男子蹦床决赛中，最终董栋以 62.990 分的成绩战胜各路高手获得冠军，实现了山西在奥运会上个人项目冠军的梦想，让山西时隔 28 年再次实现奥运金牌梦！

辉煌的荣耀并没有让董栋停止前进的脚步，在接下来的四年里，他仍竭尽全力挑战着自己。2016 年 8 月 14 日，第三次登上奥运舞台的董栋在决赛中以 60.535 分的成绩摘得银牌，让他成为蹦床史上第一位连续参加三届奥运会都获得奖牌的运动员，并且他还是中国唯一一位夺得蹦床大满贯的运动员。里约奥运会之后，他认为自己的最后一届奥运会应该在 2016 年。“因为比赛前压力很大，要承受身心疲惫的煎熬，我告诉自己再也不要经历这些了。”但思来想去，董栋还是心有不甘，他说：“觉得自己还有能力继续战斗下去。里约比完之后，发现很多东西能扛过来，走更远的路。”更重要的是，他对训练和比赛有了更高层次的认知：“接下来干好了是创造奇迹，干不好也收获这么多了。”于是，董栋在新的奥运周期轻装上阵，继续保持在顶尖运动员序列，他开始期待在东京完成连续参加四届奥运会的壮举，更期待能再收获一枚金牌。

2021 年，32 岁的董栋向自己的第四次奥运会之旅发起冲击，在国内的 5 次选拔积分赛后以总成绩第二名入选中国代表团参加东京奥运会蹦床比赛名单。2021 年 7 月 31 日，董栋与高磊组成中国男子蹦床队双保险并肩作战，但高磊因为腰部受伤，踩出网外未能进入决赛。面对众多压力，奥运“四朝元老”的董栋表现稳定，尽管位移稍微出现偏离，但他及时调整过来。两套动作过后，董栋以资格赛第五的成绩孤身挺进决赛。在决赛中，他顽强拼搏、奋勇争先，以完美的发挥夺得银牌，成为中国蹦床项目参加四届奥运会的男子第一人，并且四届奥运会均有奖牌收入囊中，创造了“四朝传奇”，充分展示了精湛的运动技能和新时代中华体育健儿“使命在肩，奋斗有我”的体育精神。

在赛后的采访中，董栋表示这将是自己最后一次参加奥运会，也是自己最满意的一届奥运会，虽然最后只获得一枚银牌，但他享受比赛的整个过程。东京奥运会结束后，董栋并未一直沉浸在成功的喜悦中，而是马上开始全力以赴备战第十四届全运会。2021 年 9 月 5 日，山西蹦床队在董栋的带领下，以总分 177.195 的成绩获得全运会男子团体亚军，在个人比赛中以 60.945 分斩获一枚银牌。至此，董栋在五届全运会中共获得 3 金、5 银、1 铜。届时，32 岁的董栋已经在赛场上征战 19 年，并在赛后表示一切皆有可能，他将会在蹦床事业上不断坚持下去，不断刷新高度。

2021 年，在蹦床世锦赛中，中国队收获两金两银，董栋作为国家队教练员出现在赛场上，最后他所带领的运动员胡译乘和张欣欣获得女子双人同步冠军。这样优异的成绩就是源自董栋的坚持与付出。对蹦床的热爱并不只有征战赛场争金夺银，幕后工作是新的起点和奉献，是董栋在蹦床事业上新的征程。

回首董栋的四届奥运会之旅，从初露锋芒到新王加冕，再到享受比赛过程，董栋的实力与经验是他在蹦床事业上最宝贵的财富，四朝传奇为中国蹦床队摘金夺银；华丽转身成为教练员后继续创造传奇，延续辉煌。

董栋作为山西大学体育学院的一名校友，2012 年让山西时隔 28 年再次实现奥运金牌梦。“传奇”“四朝元老”“蹦床第一人”，这些荣誉是对董栋优异成绩与十几年坚持的肯定。董栋不仅是中国蹦床项目的传奇，更是世界蹦床项目的传奇，是蹦床后备人才的榜样，是中国蹦床队的骄傲，更是山西蹦床队、山西大学的骄傲！

冯本余，体育系 1998 级校友，山西大学体育学院教授

态度高配、工作满配、精神顶配的学子

——计算机与信息技术学院2010级校友王亚坤

“中西会通，求真至善，登崇俊良，自强报国”是百年学府山西大学的校训。一百多年来，一辈又一辈山大人铭记着这样的精神，在各行各业积极工作，发光发热，传承着山大人优良的学风作风，将百年学府的文化底蕴发扬光大。这其中，就有山大精神的受益者和传播者——王亚坤。

王亚坤，中共党员，毕业于山西大学计算机与信息技术学院，硕士研究生学历，本科获工学学士（软件工程专业）、文学学士（新闻学专业）双学位，研究生获工程硕士（计算机技术专业）学位。在校期间，曾任全国学联执行主席、山西省青联常委、校学生会主席、山西大学研究生支教团团长等职务。2013 年 8 月至 2014 年 8 月，赴共青团中央学校部驻会工作一年，任全国学联执行主席。2014 年 8 月至 2015 年 8 月，在陕西省延安市黄陵县支教服务一年，任山西大学第十六届研究生支教团团长、赴陕西省延安市黄陵县服务队队长。2017 年 7 月入职工作，现任华新燃气集团（省属重点国企）销售公司行政办公室主任。

王亚坤在山西大学求学期间，在母校的文化熏陶下、在老师们的谆谆教诲下，获得了骄人的成绩。2015 年 7 月入选清华大学苏世民学者项目夏令营，并获该项目硕士培养计划提名；开发的《面向微博的观点句抽取系统》获得软件著作权；获得 2016 年度研究生国家奖学金；获 2016 年山西大学五四奖章；参与开发的《创新成果及技能作品评价系统》荣获 2015 年全国职业院校专题专项创新成果交流赛优秀项目一等奖等。曾参与撰写《大学生思想动态调研报告》《教育助力成长之中国青少年校内校外教育情况介绍》等十余份报告；发表论文《教育欠发达地区的发展现状及发展政策的认识与讨论》；著有《拓——张叶的诗和文》一书。他常说在山西大学求学的经历是他毕生难忘的财富，他被这百年学府深厚的历史底蕴和文化所折服、所影响。

条件都是标配，态度必须高配

大一时，初来乍到的王亚坤也是众多大学生中的普通一员，和其他同学一样，也对大学生活充满了好奇、期待和忐忑，但是从踏进校门那刻起，他就决心拿出一万分的认真态度，在校园里踏实做些事。深受山西大学这所百年学府的文化感染，他在这里光荣地成为一名学生干部，并创建了山西大学第一个有影响力的新媒体时政宣传平台——博雅新闻中心，在这个平台向周围的老师和同学们传播着正能量。此后，当选了山西大学计算机与信息技术学院学生会主席和山西大学学生会主席。

在本科生涯的最后一年，他在众多重点高校的优秀对手的竞争中，在获选率只有不到 20% 的情况下，积极筹备三个多月，凭借着优异的成绩和不俗的表现，最终从 37 名候选人中脱颖而出，力压全国众多重点高校优秀同学，获得赴共青团中央、全国学联驻会担任执行主席的工作机会，也是山西大学在团学工作历程中为数不多的宝贵佳绩，他在中西会通的信念影响下超越了自我。

物质可以低配，工作必须满配

在大学毕业之际，获得研究生推荐免试资格的他在一次“大学生西部服务计划”专场报告会后，选择了到基层支教。2014 年 8 月，他担任山西大学第十六届研究生支教团团长，带队到陕西省延安市黄陵县开展了为期一年的支教工作，成为山西大学支教团十年来唯一一位高中文科班班主任，并且担任了三个班的历史教师。

支教的岁月是艰苦且令人难忘的，尤其是对环境不适应，使他身体和精神都吃尽苦头，黄陵县地处陕北山区与关中平原过渡地带，当地饮食普遍偏辣，什么食物里都多多少少要放辣椒，这对王亚坤这个从小不习惯吃辣的地道山西人来说是个不小的挑战。初到的一段时间，他反反复复在与吃辣引起的肠胃炎进行着激烈抗争，夜里无法入睡，甚至疼到进医院都是家常便饭，直到几个月后才逐渐适应，总算是过了第一关。

但物质上的艰苦还不是最困难的，第二个要过的便是语言关。地处山区与平原、陕北与关中交界地带，黄陵当地方言杂糅了中原官话的关中方言东府话和晋语系的陕北话的发音和韵律特点，外地人较难辨听和理解，也给不熟悉这套方言体系的晋北人王亚坤带来了不小的困扰。学校的学生还好，基本能用普通话交流，但是学生家长大部分还是操一口地道方言，导致家访、谈心谈话等工作十分困难。不过他没有被困难吓倒，而是迎难而上，积极主动多与学生和家长交流，在谈话中用心学习和记忆方言的特点和含义，有时用手机查询，有时用笔记录，很快就积累了厚厚一本“单词”手册。就这样，他迅速掌握了当地方言，做起工作来更加得心应手。

自此，他更加卖力地投入教学，更加细致地了解学生的家庭情况和思想动态，更加真诚地进行家长的思想教育工作。对一些家庭困难不愿上学甚至差点误入歧途的学生，他不抛弃、不放弃，主动在物质上帮助，在精神上鼓励，贴近他们，做学生的知心朋友，帮他们重拾学习改变命运的信心；受当地交通不便和贫富差距大的影响，家长普遍有不重视孩子教育的风气，对此，他苦口婆心地家访，一遍遍做家长的思想工作，最终转变了他们的观念，使他管理的几个班从孩子到家长，学习热情都为之一新，历次考试成绩都在学校名列前茅。

不仅如此，这一年里，他积极联络各级团组织、社会人士为黄陵中学、隆坊镇中心小学的孩子们筹措课外读物和文具，爱心资金共计一万余元，开展“暖冬迎春”公益活动；带队赴枣园毛泽东同志故居学习，攀登宝塔山重温入党誓词，深入习近平总书记的知青点延川县梁家河村，先后开展三次集体学习，并针对黄陵县中小学教育困境，对“教育资源的分布不均引发不良反应”这一课题进行实地调查研究。最终他获得了“陕西省优秀志愿者”“延安市优秀志愿者”“黄陵县优秀志愿者”三级优秀志愿者称号。

在低配的物质条件下，他做到了工作的满配，在艰苦的地方、在需要的地方，践行着自强报国的誓言。

求知务必高配，精神才会顶配

回想从大学一路走来的岁月，如今已在省属重点国有企业工作的王亚坤结合几年工作中的沉淀积累，更对自己求学时的求知精神深有感触。十年来，给他留下印象最深刻的，就是他作为山西大学 110 周年校庆的亲历者、参与者和贡献者的那份自豪感和使命感。

110周年校庆，他作为学生会干部、志愿者，全程参与了庆祝活动的组织筹备和支持服务工作，当时的情景，他现在还记忆犹新，中央电视台著名主持人孙正平（1973级校友），中科院院士、著名生物学家、中国农业大学教授武维华（1977级校友），某集团军政委白吕少将（1979级校友），著名国际问题研究专家李绍先教授（1979级校友），世界射箭锦标赛金牌获得者杨建平（2005级校友）等在各领域做出卓越贡献，而校友们谦虚的言行、渊博的学识、儒雅的风度更是让他深深折服。他看到了学识和远见带给人精神上的富足和自信的光辉，认识到在知识的海洋面前，自己的渺小和巨大的进步空间，也坚定了自己在求知和报国道路上不畏困难、勇毅前行的信心，在内心里播下求真至善、登崇俊良的种子，并立志将这百年山大精神发扬光大。

人间万事出艰辛，先怀感恩再奋进。王亚坤同志在自己的工作岗位上带领着他的团队，无时无刻不谨记“中西会通、求真至善、登崇俊良、自强报国”的山大校训，感恩百年山大带给自己的精神和思想洗礼，把山大的包容精神、格致精神、求贤精神、报国精神带到自己的本职工作中，以严谨、认真、求实、包容的工作态度和工作方法，去影响周围的每一个人，把工作做到最好，把山大人的风骨、山大人的气节、山大人的精神和山大的百年底蕴传承发扬下去，以实际行动为母校120周年华诞献礼！

计算机与信息技术学院供稿

一颗扎根在祖国西南边陲的“螺丝钉”

——法学院2012级校友王鹏

“所以说我们的老百姓一定要打心里认识到，我们走的乡村振兴路子不仅使我们村民增收致富就可以了，更要实现我们村里的全方位的振兴，特别是我们本地的门巴民族特色文化，一定要振兴发展并走出去……”

“今年你们村的茶叶收入很可观，要继续追肥除草，动员我们的群众主动加强管理，争取明年收入再创新高！”

“最近雨季来临，各村地质灾害隐患问题突出，一定要劝导我们的群众做好个人防护，注意出行安全……”

王鹏（左）走访牧民家

“郭达（门巴语‘小伙子’），给你介绍的民间艺术团的工作做得怎么样？”“好着呢，王乡长，我这平时就爱跳个舞，没想到还能用来赚钱呢！”

类似的场景和对话每天都在雅鲁藏布江边上演，而这个场景中的主人公、门巴小伙口中的王乡长，是西藏墨脱县德兴乡的副乡长，同时也是山西大学法学院2016届的毕业生王鹏。从黄土高坡到雪域高原，从繁华城市到乡野村落，3000多公里的距离承载着王鹏对两个家乡的浓浓深情。

放弃家乡安稳工作机会，毅然决然成为援藏一员

2016年的夏天，与所有即将毕业的学生一样，王鹏也面临着选择。当时的王鹏报考了临汾市某县法院的公务员，并通过选拔进入复试，但当西藏林芝市的人才专招计划走进山西大学时，他不顾家人的劝阻，毅然放弃了面试，响应国家号召只身前往西藏，成为援藏“专招生”的一员。

在公务员培训班期间，王鹏就主动向组织递交了前往墨脱工作的申请。这个决定让培训班的老师和同学都很诧异，毕竟对于各个方面表现优异的王鹏来说，这实在不是一个好的选择，因为如果对西藏林芝市的几个县区工作生活条件进行排名，墨脱绝对属于倒数第一。这个全国最后通公路的县城，2013年才迎来与外界的通车，基础设施建设严重滞后，各项社会产业基础薄弱，脱贫攻坚任务繁重，且地处边境一线（与印控区最近距离仅20余公里），守土固边责任重大。他常常会对身边存有疑虑的朋友半开玩笑地说：“如果我们挑肥拣瘦，都不去偏远地方，那来西藏的初衷和价值又是什么呢？”往往看似一句随意的玩笑话，其中却饱含着一腔青春无悔的热血和一种对前途命运的抉择。

进藏的热情是高涨的，入墨的道路是艰辛、曲折的。平均海拔1200米的墨脱，在西藏高原是一个另类，独特的自然地理环境，也让墨脱成为名副其实的“高原孤岛”。从林芝市区到墨脱县城，一路需翻越两座雪山，穿行原始森林，跨过雅鲁藏布江，要通过山涧、沙石、流水，雪崩、泥石流、塌方，

在这条路上可谓“家常便饭”。近 13 个小时的颠簸车程、现实环境的残酷、强烈的心理落差，让晕车的王鹏特别难受，但想到自己的选择，想着“西藏都来了，墨脱怕什么”，他逐渐平稳了心态，投入紧张的工作中。

攻坚克难，履职尽责，为民办实事、解难题

对于在西藏工作的人来说，最难的两关就是“高反关”和“语言关”。但在墨脱，“语言关”成为横亘在王鹏心头的一道坎，需要下大力气集中精力迈过去。墨脱主要生活着门巴族人，他们常用的语言为门巴语，且没有文字，语言的接续仅靠口口相传。起初，由于语言不通，与群众沟通基本靠比画和猜，这种原始的沟通方式也让王鹏闹了几次笑话。慢慢地，王鹏通过向同事学、群众学，渐渐掌握了一些基本用语，能与群众进行简单的交流和沟通。

乡镇干部工作没有惊心动魄的壮举，没有催人泪下的故事，有的只是朴实无华、枯燥无味的日常。边疆人才缺乏是公认的事实，这就使得每个干部都需要具备“十八般武艺”。乡村振兴、基层党建、社会稳定、安全生产、防汛抗灾、道路交通、生态环保、基建项目、政务服务等，都成为王鹏的工作内容。在驻村期间，王鹏发挥专业优势，开办“法治大讲堂”，结合法律知识，用浅显易懂的身边事向农牧民群众普及交通法、劳动法、婚姻法等与群众息息相关的法律常识。

由于交通不便，群众出行困难，王鹏常常需要靠自学的手艺为群众理发，帮他们解决一些日常生活需求；在全民抗疫期间，王鹏放弃休假机会，冒险翻越雪山回到工作岗位，白天深入村庄排查，夜晚总结一线抗疫事迹，有效带动凝聚起基层一线疫情防控群防群治合力；在分管政务工作期间，创新策划开展“爱路我先行，护林我有责”“险情就是命令，安全就是使命”等群众性活动，凝聚起群众的力量，强化了当地农牧民群众的获得感、幸福感和安全感。

在乡镇工作期间，由于表现突出，王鹏先后 6 次被组织安排到市、县等各级部门跟班学习，广泛接触党委、人大、纪委监委、组织党建、宣传文化

等各项工作内容。多岗位的历练，使得他对各级机关职能部门的组织领导架构、工作职能分工、综合业务开展、科室规章制度等情况有了更加直观且深入的认识和掌握，进一步拓宽了专业视野、丰富了工作经历、加深了思想体会、提升了业务水平。五年时间从科员到副乡长，王鹏成为这一批专招生中的优秀榜样。

家人无条件地支持，坚定扎根的决心、信心

“当时放弃家乡的面试机会，坚决要来西藏，一开始父母是不同意的。为了说服他们，我晓之以理、动之以情，先是说动了爷爷，又由爷爷出面搞定了爸妈。”说起当初说服父母的一系列操作，王鹏有些不好意思，话间表达的都是对父母的感激，同时也夹杂着隐隐的愧疚。在工作中游刃有余的他，在面对家人“多会儿能回来”的问话时，一句“很快”回答得略为心虚。这五年来，他为老百姓办了很多实事，却向家人许了很多“空头支票”，基本每一次都食言。不能在父母身边尽孝，是每个援藏人的遗憾。

在藏工作近 6 年的时间里，王鹏仅休过两次假，回过两次家，一次是结婚，一次是爱人生宝宝。王鹏的爱人，也是一名援藏专招生，他们因工作结缘，因西藏定情。或许是相同的信仰、相同的经历，加快了两颗心的靠拢，也让扎根西藏的种子发芽生根。“有了家庭、有了孩子，才真正体会到‘儿行千里母担忧’的心情，也更感激双方父母的信任和支持。”

“如果说当时选择来西藏是一时的热血沸腾，而让我决定扎根西藏的是这片雪域高原，是生活在这片土地上质朴的人们，是像孔繁森一样践行‘老西藏精神’的千万同事和先进榜样，也离不开家人的陪伴和支持。西藏是我的第二故乡，我就是一颗扎根在祖国西南边陲的‘螺丝钉’。”

法学院供稿

携笔从戎　无悔青春

——文学院2012级校友郭增

郭增，男，1994 年 4 月生，山西介休人，中共党员，山西大学文学院 2016 届本科毕业生。在校期间曾任校国旗护卫队队员，现工作于中国人民解放军第 32710 部队。2020 年 11 月赴南苏丹（瓦乌）执行为期 13 个月的国际维和任务，荣获联南苏团西战区司令个人嘉奖，被联合国授予二级和平勋章。

从长夜星光到号声嘹亮

岁月如歌，光阴似箭。从 2012 年到 2022 年，弹指一挥间，10 个春秋须臾而过，郭增已经从刚踏入山西大学的莘莘学子，成长为一名军营战士。山西大学这片热土，带给郭增许多永难抹去的记忆。读书时的生活和心路历程，至今仍激励和鼓舞着他勇敢地面对一切艰难险阻。穿越时空去追寻，心底深处的爱校之情、师生之情和同窗之情，再次浮现于眼前，带给他无限追忆。

初入大学，作为国防生，郭增的任务和目标与其他新生不一样，既要紧跟课堂，学好专业理论课，同时还要加紧训练，以军人的标准严格要求自己。当时的他和所有大一新生一样，都带着对大学自由生活无限的新奇和向往，其间不免因学业和训练压力大而神伤，不免因起早贪黑、训练艰苦而抱怨。在向梦想跋涉的过程中，也曾叹羡其他同学下了课可以随时出校门玩耍，也因自己要时刻保证在队状态，任何行动都需要请假而不满。在思想稍有松懈的时候，温文尔雅、亦师亦友的辅导员朱丽老师，成为郭增的指路明灯，她的谆谆教诲，引领他在求学求知路上坚实地走好每一步；乐观豁达的学工部老师、严格“苛刻”的选培办老师教会他自强报国，引领他在初心使命道路上奋力担当作为。

岁月带走了青春，时光改变了容颜，唯有师生情谊天长地久。他们的师生情永存，像鲜花一样永远盛开。

坚定理想信念，不辱初心使命

2012 年入学以来，郭增从懵懂到成熟。2016 年，他结束了在山西大学文学院的学习生活，投身于军营，立志奉献青春、报效祖国，继承先辈遗志、接续开创未来。

身穿绿军装的战士们，奋战在硝烟弥漫的战场上，为了保卫祖国抛头颅、洒热血，战争年代的军人战士，以“我以我血荐轩辕”的气势，手握钢枪，征战沙场，用生命去谱写对祖国的忠诚。每个中国人在幼年时，都曾受到过关于军人的启蒙。自那时起，成为一名军人战士，报效国家、保卫人民，就成为郭增心中的一粒种子，在不断学习、实践中生根发芽。担任山西大学国旗护卫队队员期间，支撑着他的是国旗，是身上的正装，是对成为一名真正的军人的向往与追求。

军人，为人民服务是最彻底的、是最明显的、是最纯洁的、是最无私的、是最伟大的、是最感人的。为了人民，军人可以不惜一切代价，甚至牺牲自己年轻的生命。因为他们知道，在党和人民面前，他们是党和国家的忠诚卫士，是百姓生命财产的守护神。在无数次考验面前，郭增刻苦训练，不怕吃苦，以“咬定青山不放松”的精神，以“时刻准备着”的态度，以良好的精神状态和饱满的热情投入各项工作当中，以军人的要求严格要求自己，向理想信念不断进发。最终，他如愿成为一名中国人民解放军军人。为了无愧于共产党员、革命军人的光荣称谓，郭增正在并且必将继续严格要求自己，永葆军人本色，继承千千万万革命前辈为理想拼搏接力的精神，尽己所能为国防事业贡献力量。

瓦乌维和，顺利归国

2020 年 9 月，郭增有幸被上级抽调参加国际维和任务。历经两个月的行前集训，顺利拿到“出国证”，正式赴南苏丹（瓦乌）执行为期 13 个月的维和任务。

抵达任务区初始，郭增所在的营区没有门，四周是一些树木杂草形成的围挡，联合国工作人员、当地雇员在院内随意穿行。联合国南苏丹特别代表团西战区工程处副处长告诉他：“你们分队是整个联南苏团唯一一个开放式的营区。”面对这个情况，郭增主动请缨，设计施工方案，列材料清单，经过与联南苏团各主管部门的反复沟通、多次申请，在兄弟单位帮助下，历时 100 多天，分队“安全墙”、北营门、东营门工程建设全部完成，并穿插完成了营区道路平整、排水渠修缮、400米跑道拓建等工程，累计消耗沙箱、铁丝网、铁皮钢管等各类耗材600余件套，沙土1000余立方米，动用车辆200余次、人员500余人次，彻底结束了分队15年开放式营区的历史。施工完成后，联南苏团西战区多个部门以“China，good”表示对他们工作的高度赞扬和肯定。本次“战役”，不仅是对当地营区外观的美化，更是对我们的军人形象、国家形象的提升。

2011年公投独立的南苏丹，是世界上最年轻和最贫穷的国家，常年动乱。分队执行国际任务，安全是头等大事。作为医疗分队，主体力量是医护人员。面对无专门防卫力量、人员军事素质薄弱的现实挑战，郭增作为分队参谋，立足现实，直面困难，制订训练计划，开展科目演练，与友邻维和部队建立联防联动机制，与中国驻南苏丹大使馆、维和警察、驻地中资企业等建立了情报共享机制，确保分队能够应对各类突发状况。2021年12月15日，郭增与分队62名战友零事故、零伤亡平安回国。对他们来说，平安就是最大的胜利和荣誉，这背后是扎扎实实的训练演练，是中国军人实力与素质的最好展现。

经年累月的坚持没有辜负郭增，“绿军装”的梦已经实现。作为我国“城墙堡垒”坚强的一分子，郭增表示将“永葆军人本色，不辱肩上责任使命”，他将扎根军营，担当使命，为理想抱负奉献终生，矢志不渝！

文学院供稿

阳光女孩

——政治与公共管理学院2013级校友高思恩

高思恩，曾是一名弃婴，先天左臂残疾，从小到大与收养她的奶奶高占仙相依为命。历经生活磨难的她，现已成长为山西大学政治与公共管理学院的一名专职辅导员，也早已成为一名笑对生活的阳光女孩。悠悠母校情，深深学子恩。从本科生到研究生，再到如今留校工作，谈起母校山大的点滴，高思恩说："这是我在山西大学学习、工作的第八个春秋。我了解到了什么叫'中西会通，求真至善，登崇俊良，自强报国'，在政治与公共管理学院的光阴里，我学到了知识，更懂得了感恩。"

磨砺人生

2013 年 9 月，一个让高思恩无法忘记的日子。在踏入校门的那一刻，就感受到了母校怀抱的温暖，山西大学为她免除了四年的学费，让她没有后顾之忧；政管院的领导又安排老师帮助她办理了入学手续，所有的忐忑、所有的不安、所有的陌生感、所有难言的困难，都被一一解决。而她没有显赫的身世背景，更没有华丽的头衔，只是一个 27 年前被父母遗弃在纸箱子里，靠好心的奶奶含辛茹苦捡废品养大的残疾女孩。

1994 年 7 月的一个早晨，太原火车站旁，一位年已六旬的老人将被遗弃在纸箱中的独臂女婴带回家，为她取名高思恩。此后，老人起早贪黑地捡废品，含辛茹苦抚养她。几经周折，高思恩得到了上学的机会。为了省些车费，她经常跑着往返学校。到中考时，她竟成为班上唯一一个体育考满分的人。进入高中后，她被推荐代表省里参加全国性的比赛，每一次训练她都要求自己拼尽全力，90 公斤的杠铃把脖子压出了肿块，反反复复的冲刺使脚底磨出了水泡，但无论多苦多难，她都咬牙坚持着。2012 年参加为健全人设置的达级赛测试，她拿到了国家二级运动员证书。虽然训练和比赛占用了学习时间，但她还是利用一切可利用的时间努力学习，因为她没有忘记最初的大学梦。功夫不负有心人，2013 年她圆梦山大。

高思恩的人生跌宕起伏，但是扛过所有苦难后，她终于寒门逆袭，蜕变成如今的模样：山西大学硕士研究生、中共党员、大学辅导员、国家二级运动员、全国二青会开幕式主火炬手、时代新人说全国总决赛银奖获得者等。她还是太原时代新人跑团团长、山西大学思恩工作室主持人……从孤女到人民教师，从运动健将到公益爱心人士，高思恩一次次奋力书写励志人生。

如果说奶奶的养育之恩让她学会正视生活的苦难，绝不向命运低头，努力奋进，实现了大学梦，那么山西大学这座百年老校的深厚底蕴和人文情怀，滋养了她，感染了她，激励着她把学校当家，把母校当恩人，努力成为更好的自己，为母校争光，报答知遇之恩。

留校工作

2020年，高思恩硕士毕业，考取山西大学政治与公共管理学院辅导员，在她七年生活、学习、成长的地方，开启了新的篇章。2020级政治与公共管理学院（下简称“政管院”）大一新生134人，来自大江南北，大都是2002年出生，比辅导员高思恩小七八岁。2020年8月下旬刚拿到新生名单，高思恩就和未谋面的学生们建起微信群，每天上万条的微信，她抱着手机回复“十万个为什么”，对见到同学们满怀期待。她建群不仅仅是答疑解惑，而且帮助同学了解百年山大，也借机了解每一个学生，为增强集体凝聚力、宣传学院文化、激发学生学习兴趣打底。如此负责任的辅导员，感动了学生和家长。一些有心的学生在网上知道了她的故事，知道要和偶像在一起共度四年，更是惊喜不已。

在山西大学迎新典礼上，黄桂田校长在众多新生辅导员中特别提到了高思恩，简单地讲了她的经历。台下政管院的新生眼里放光地看着思恩，热烈鼓掌。随后的主题班会上，高思恩给新生们布置任务，每个人都给她写一封信，说出自己想说的话。第二天，134封信全部交到她手上，沉甸甸的，她逐一细读，有泪有笑，知道了每个学生的性格、喜好、经历和苦痛。随后几个月中，这批信对她了解学生起到了重要的作用。她说她会一直把信珍藏到孩子们四年后离校。

疫情防控需要，2020年新生报到时家长止步于校门口，不能像往年一样进入校园和宿舍，尤其是对于初次离家的学生，家长的牵挂让高思恩感同身受。回忆起8年前，搀着奶奶在山西大学校园里散步，看奶奶在宿舍里帮着收拾，自己就泪目。她想着，学生们都是独生子女，首次离家，怎么能帮家长们弥补这份遗憾呢？她眼前一亮，在学校超市，掏钱买了一百多套山西大学的风景明信片和信封，“命令”学生们写下一封家书，中秋节的时候寄给父母，思恩特别强调，在家书中要表达“思念和感恩”，她收回后，自己出钱给家长们邮寄出去。

高思恩说："2020级小可爱们一共134人，加我就是1314！"在学生们离开父母，放飞成长的时光里，她用自己的深情、善良、智慧做学生们的家长、老师、姐姐、朋友，被学生亲切地称为"思恩姐"。

从2020年6月份实习起，她既是学生也是即将入职的老师，昔日的老师将成为身边的同事，她每天第一个到岗，最后一个回家，帮助整理毕业年级的档案，领取、整理、邮寄毕业证书。她像小蜜蜂一样，助力办公室老师们，也为下一步进入工作积累经验。8月底，山大西校门设置消杀测温点，一天一万多人次的学生量，门口有十多位老师轮流值守，每人半天，高思恩一大早从家中赶来，维持秩序，登记名单，整整一个上午手不停、嘴不停，午饭换岗时间她让同组老师先吃饭，有时看到人手紧张，她主动待到晚上八点，在老师们的劝说下才离开。新生报到行李多，她自己帮助学生提着大行李箱，来来回回好几趟。入学工作总结会上，学工部特别将她作为榜样。

从读大学到研究生，到留校，高思恩对山西大学的熟悉和热爱很难用语言表达。留校工作是她的梦想，梦想成真的时候，她深深感恩，觉得怎么付出都不够。她说："与山大走过了七年，就是一辈子。"她将感召更多山大学子用奋斗擦亮青春底色，书写属于自己的炫彩华章。

政治与公共管理学院供稿

后　记

走过一百二十年沧桑，山西大学这所历经风霜洗礼的学府，踏上了第三个甲子的新起点。在喜迎百廿校庆的时刻，由校友总会及校友工作办公室牵头组织并编辑的校庆纪念文集《大学堂走出的山大人——山西大学校友故事》即将与各界校友和广大读者朋友见面。此书的出版旨在回顾我们鲜明的办学历史，讲好我们山大人勇毅前行、追求卓越的感人故事，彰显我们立德树人的教育宗旨，弘扬并铭记我们山西大学中西会通，求真至善，登崇俊良，自强报国的优良传统。

校友不仅仅是学校曾经的学生，是学校今天的资源和财富，更是一所大学精神和品格的展示。为传承和展现我们优秀校友的荣光，为建校一百二十周年奉献一份厚礼，校友总会及校友工作办公室策划推出了优秀校友故事文集。校领导高度重视此项工作，校党委书记王仰麟在百忙之中为本书作序，校长黄桂田亲自部署并担任主编，副校长程芳琴具体指导，中文系校友、书法大师欧阳中石女弟子解小青教授为该书题写了书名。本着真实记录优秀校友故事的原则，校友总会及校友工作办公室多次召开专题会议，从书稿征集的通知、校友资料的收集、人物故事的精选、篇目标题的拟定、格式图片的选择等进行了深入的思考研究，并听取各方意见和建议。在时间紧、任务重的情况下，各学院及各地各界校友会给予了鼎力支持。他们克服了疫情干扰，放弃了寒假休息，深入挖掘鲜活事例，慎重遴选学院、分会优秀校友，积极组织人员收集撰写，两个月的时间里，校友故事编辑委员会陆续收到各方大量来稿，为《大学堂走出的山大人——山西大学校友故事》顺利出版打下坚实基础。校友办王雪丽、李秀彬精心组织，多方协调，把此项工作作为校友工作的重要内容之一，扎实推进；校党委原委员、宣传部部长王世杰及新闻学院教授李雪枫以爱母校、爱校友的情怀，积极参与组织策划，特别是机关党委委员石海红、文学院副教授郝静静及党委办公室、校长办公室范艳华同志以回报母校培养、感恩母校栽培之心，无以言说的荣誉感和强烈的责任感投入了大量的时间、精力对稿件进行了编辑加工整理，大家团结一致，秉承求真至善、务实高效的精神，在共同努力的基础上，精心打磨、数易其稿、精益求精，终于顺利完成编纂任务。

“乘众人之智，则无不任也；用众人之力，则无不胜也。”《大学堂走出的山大人——山西大学校友故事》的出版不仅得到了各学院、各部门、各地校友会和各界校友的积极投稿，校友家人的踊跃参与，还得到山西人民出版社社长姚军的大力支持，责任编辑王新斐、冯灵芝的严格把关，如若不是大家一次又一次的相互激励、共同努力，如此艰巨的工作也许不能如愿结稿，在此我们由衷地向大家致以真诚的感谢！

因时间仓促、篇幅所限，《大学堂走出的山大人——山西大学校友故事》的征采编辑难免有疏漏和遗憾，敬请各位读者多多批评指正。在今后的编辑工作中，我们一定会把更多、更优秀的校友故事呈现在大家面前，谢谢！

《大学堂走出的山大人——山西大学校友故事》

编辑委员会

2022 年 3 月